21世纪中国高校

系列教材

律师与公证制度

（第二版）

主　编　王进喜

撰稿人（以撰写章节先后为序）

吴洪淇　王进喜　杜国栋　徐新跃

中国人民大学出版社

·北京·

图书在版编目（CIP）数据

律师与公证制度/王进喜主编．—2版．—北京：中国人民大学出版社，2012.11
21世纪中国高校法学系列教材
ISBN 978-7-300-16560-8

Ⅰ．①律… Ⅱ．①王… Ⅲ．①律师制度-中国-高等学校-教材 ②公证制度-中国-高等学校-教材
Ⅳ．①D926

中国版本图书馆CIP数据核字（2012）第247800号

21世纪中国高校法学系列教材
律师与公证制度（第二版）
主　编　王进喜
Lüshi yu Gongzheng Zhidu

出版发行	中国人民大学出版社		
社　　址	北京中关村大街31号	**邮政编码**	100080
电　　话	010－62511242（总编室）		010－62511770（质管部）
	010－82501766（邮购部）		010－62514148（门市部）
	010－62515195（发行公司）		010－62515275（盗版举报）
网　　址	http://www.crup.com.cn		
	http://www.ttrnet.com(人大教研网)		
经　　销	新华书店		
印　　刷	北京溢漾印刷有限公司	**版　　次**	2009年11月第1版
规　　格	185 mm×260 mm　16开本		2013年1月第2版
印　　张	21.25 插页1	**印　　次**	2020年4月第12次印刷
字　　数	477 000	**定　　价**	38.00元

主编简介

王进喜，男，1970 年生，中国政法大学证据科学研究院副院长，律师学研究中心主任，教授，法学博士，博士研究生导师，《证据科学》杂志副主编。2008 年度教育部新世纪人才支持计划入选者；2010 年教育部长江学者和创新团队发展计划“证据科学研究与应用”创新团队负责人；澳大利亚新南威尔士大学 2009—2012 年度客座研究人员；2002—2003 年度美国西北大学法学院富布莱特项目研修学者；2010 年 9 月—2011 年 6 月美国加州大学戴维斯分校法学院高级访问学者。主要著作有：《法律伦理的 50 堂课》（台湾五南图书出版股份有限公司 2008 年版）、《美国律师职业行为规则理论与实践》（中国人民公安大学出版社 2005 年版）、《美国〈联邦证据规则〉（2011 年重塑版）条解》（中国法制出版社 2012 年版）、《刑事证人证言论》（中国人民公安大学出版社 2002 年版）等。主要译作有：《论律师的流动管理》（中国人民公安大学出版社 2005 年版）、《美国律师协会职业行为示范规则（2004）》（中国人民公安大学出版社 2005 年版）、《证据法：文本、问题和案例》（高等教育出版社 2006 年版）等。

修订说明

自本书第一版出版以来，在律师与公证制度方面，《中华人民共和国刑事诉讼法》等相关法律进行了相应修改，司法部、中华全国律师协会、中国公证协会等规制部门对先前的规章、行业性规范进行了部分修正，并颁行了一些新的规定，如司法部2010年《律师和律师事务所违法行为处罚办法》、中华全国律师协会2011年《律师执业行为规范》、中国公证协会2010年《公证员职业道德基本准则》等。这些规定对律师与公证职业活动提出了更高的要求。本次修订，旨在及时、全面地反映这些变化，准确、系统地阐述学科基础知识。

编者

2012年11月

编写说明

随着我国政治、经济和社会的发展，律师、公证事业在服务于国家和社会的同时，其本身也得到了迅速发展。关于律师、公证工作的法律法规不断完善；律师、公证员队伍不断壮大，律师和公证事业在推动社会主义和谐社会建设中发挥着越来越重要的积极作用。因此，让人们更好地了解律师和公证制度，获得律师和公证员队伍的有效帮助，具有重要的意义。本书的编写从这一目的出发，在全面系统地介绍我国律师和公证制度的同时，力求反映律师和公证事业的最新发展动态，理论与实践相结合，在培养学生职业精神的同时，注重发展其基本职业技能。本书既可以作为普通高等院校本科生、法学硕士研究生、法律硕士研究生的教材，也可以作为执业律师和执业公证员的重要参考资料。

本书由中国政法大学王进喜教授主编。第二章至第八章由王进喜（中国政法大学教授，律师学研究中心主任，证据科学研究院副院长）撰写；第一章、第九章、第六章部分内容由吴洪淇（厦门大学法学院讲师，法学博士）撰写；第十章、第十一章由杜国栋（中国政法大学博士研究生）撰写。吴洪淇、杜国栋为编写工作提供了许多基础性资料。第十二章至第二十五章由徐新跃（西南政法大学副教授）撰写。全书最后由王进喜教授统稿。

在编写过程中，我们参考了众多作者的最新研究成果，在此表示衷心感谢。

编者

2009 年 9 月

目　录

第一章
律师制度概述

第一节　律师制度的起源和发展

一、西方律师制度的起源和发展

二、中国古代讼师制度的起源和发展

第二节　当代几个主要国家的律师制度

一、英国律师制度

二、美国律师制度

三、法国律师制度

四、德国律师制度

五、日本律师制度

第三节　我国律师制度的历史发展

一、清末改制

二、民国时期

三、新中国成立至“文化大革命”时期

四、改革开放时期

□・本章导读・□

律师制度是由国家确立的关于律师性质、律师管理体制、律师执业准入、律师业务范围以及律师权利义务等内容的国家司法制度。律师制度是一个国家民主制度和法律制度的重要组成部分。从学理角度来说，律师制度是指与律师相关的各种规范。从我国现行立法体制来看，律师制度有广义和狭义之分。狭义的律师制度仅指专门用于规范我国律师制度的《中华人民共和国律师法》（以下简称《律师法》）所确立的律师制度。广义上的律师制度不仅包括《律师法》，还包括国家机关、法律授权组织所制定的规范性文件（包括宪法、法律、法规、条例、决议、命令、指示、通知、批示、批复等）中与律师相关的各种规范的总称。

律师制度的产生与发展经历了一个漫长的过程，在古今中外各个不同时期呈现出非常不同的发展状态。本章主要系统介绍中外律师制度的起源和发展，通过了解律师制度的产生和发展，我们可以探究律师和律师制度的最初形态，律师制度得以产生的一系列客观条件和因素，以及这些条件和因素在律师制度的演变过程中所起的作用，研究律师制度发展的规律。学习律师制度产生和发展的历史，目的在于系统地总结历史上多种类型律师制度的有益经验，批判地加以借鉴、吸收和利用，以促进我国律师制度的建设。

第一节 律师制度的起源和发展

由于历史环境、法律制度、民族文化等多种因素的差异，中西律师制度在起源和历史发展进程中呈现出了截然不同的发展道路。在西方，古希腊、古罗马时期，辩护士和辩护制度便已非常发达。但在西欧中世纪封建时期，律师制度则遭遇了前所未有的挫折。近代西方资本主义时期之后，西方律师制度进入了全新的发展时期。我国也早在春秋战国时期便有了作为职业辩护者的讼师，但是由于我国长达两千多年封建社会的制度环境影响，讼师制度一直只能在一个非常狭小的空间中发展。讼师和律师尽管都是职业辩护者，但是由于制度环境和所发挥功能的不同，讼师和律师也存在相当大的差异。

一、西方律师制度的起源和发展

（一）萌芽雏形期：古希腊、罗马时期

人类的法律服务活动至少可以追溯到两千多年前的希腊。据史料记载，早在公元前5世纪至公元前4世纪，古希腊雅典已出现“雄辩家”的活动。当时古希腊雅典的诉讼主要实行由城邦普通公民组成陪审团的审判制度。在这种制度体系下，由于采用陪审团方式，裁决的结果往往取决于双方当事人的辩论结果，因此是否善辩对裁决结果的影响是显而易见的。当事人觉察到法官易受善辩的影响，于是不惜花钱雇用精通法律而又口齿伶俐的人来为自己在法庭上辩论。这种受委托在法庭上为他人辩论的人被称为“雄辩家”，作用上有点类似现在的诉讼代理人。由于他们的活动并没有形成一种职业，诉讼代理人也没有形成一个阶层，因此，只应看作是律师制度的萌芽。

罗马律师制度被认为是世界各国律师制度的初级形式。在古罗马初期，主要实行“保护人”制度。所谓保护人制度是指保护人（Patronus）代表被保护人进行诉讼行为，也就是由被告人的亲戚朋友陪同被告出席法庭，在法庭审理时为被告提供具体意见和帮助。能够作为保护人的只是少数地位显赫的公民，而且这种诉讼代理人的选任，必须在法庭上为之，选任时还得用一定的术语，相对人也须到场，被选任的人可以不到场，事后承认即可。代理人出庭应诉，都用自己的名义。公元前3世纪，僧侣、贵族对法律事项的垄断被取消。此后，凡罗马公民只要权利能力不受法律限制，都享有出席法庭为诉讼当事人利益进行辩护的资格，诉讼代理行为渐次扩大了适用范围，一些

善于辞令的人就经常代人出庭辩护和代人办案，被称为辩护士（Advocatus）。在著名的古罗马法律文献《十二铜表法》中也有关于辩护人活动的记载。到了共和国后半期，古罗马经济生活迅速发展，各种社会矛盾也日趋尖锐，古代的法律规范已难以适应新的形势，统治阶级为了维护其统治秩序，缓和社会矛盾，制定和颁布了大量法律、法规，但社会经济生活日益复杂化，法律又尚未完备，统治阶级不得不借助法学家的研究活动和他们的著述，以弥补法律上的某些不足。法学家的活动十分活跃，他们不仅从事法学研究、著书立说，而且解释、答复法律上的疑难问题，编撰合法证书，指导当事人诉讼。法学家作为法律顾问、律师和法学研究人员三位一体的崇高社会地位逐渐得以确立。罗马皇帝又进一步以诏令的形式承认了诉讼代理制度，律师可为平民咨询法律事项，法律也允许他人委托和聘请律师从事诉讼代理活动，而且国家还通过考试制度来遴选具有法律知识的善辩之人担任诉讼代理人，规定他们代理诉讼可以获得相当费用的报酬，职业律师阶层得以形成，律师制度得以确立。

（二）停滞与复兴期：西欧中世纪时期

公元5世纪，随着西罗马帝国被日耳曼人所灭，相继出现了一批蛮族国家，相对发达的罗马法被相对封建落后的日耳曼法所取代。从诉讼形态上来看，这一时期的诉讼形态主要是神明裁判，在这种非理性的诉讼形态中，发挥重要作用的是作为神明裁判意志传达者的神职人员，而纠纷双方的辩护几乎没有什么作用。[①] 以诉讼代理为主要业务的律师自然也就失去了生存的空间。在法国，12世纪以前，有资格担任律师的是僧侣阶层，他们主要在宗教法院执行职务，世俗法院的诉讼中，虽然也允许请律师辩护，但只有僧侣阶层的人才能充当辩护人和代理人的角色。这些僧侣参加诉讼的目的，不是维护当事人的利益，而是向当事人灌输宗教思想，让刑事被告人认罪服刑。在英国，13世纪以前，任何公民只要在诉讼当事人申请到专门的“国王许可证”，并到法庭上证明其有代理权时，就可以作为代理人参加诉讼。在教会法逐渐渗入世俗法院后，诉讼代理权转到了僧侣手中，当时规定不是僧侣不得被委托为诉讼代理人。

但到了中世纪后期，随着罗马法的复兴以及一些城市商品经济交易活动的发展，律师活动又开始得以复兴。在英国，12世纪便出现了教会法庭律师。到了亨利三世时期（1216年～1272年），便出现了真正的律师职业群体。而在英国律师制度萌芽之初，便已经开始形成了两大律师职业并立的格局：“巴律师”（Barrister）和“沙律师”（Solictor），其中“巴律师”主要职责是代表一方当事人出庭辩论，而“沙律师”的主要职责是代表当事人到庭、委托安排庭审辩论阶段的“巴律师”等。这两个律师职业在行业组织、教育形式、业务范围乃至行为方式等方面都存在很大的差异。[②] 15世纪时，英国创建了四所律师学院，即林肯律师学院、格雷律师学院、内殿律师学院和中殿律师学院。此外，还有一个资格比较低的具有同样功能的衡平法律师学院。在16世纪至17世纪期间，律师学院对英国律师制度的建立发挥了很重要的作用。而在法国，同样存在着和英国一样的双层职业结构。这个职业结构由代理人和出庭律师（advocates）组成，前者属于较低层次的法律职业者，其工作主要是与诉讼当事人打交道以

① 参见［英］罗伯特·巴特莱特著，徐昕等译：《中世纪审判》，119页，杭州，浙江人民出版社，2007。

② 参见陈绪刚：《法律职业与法治——以英格兰为例》，第三、四章，北京，清华大学出版社，2007。

及为辩护律师准备大量材料，而后者主要工作则是在法庭上为案件辩护，撰写书面辩护状以及为当事人提供法律咨询。当时的出庭律师已经自发地组成一些行业团体来表达自己的主张。①

（三）发展期：近代西方资本主义时期

随着近代资本主义革命的胜利和资本主义国家的建立，资本主义经济开始进入一个全新的发展时期，这一时期，资本主义律师制度开始逐渐走向成熟。这种成熟的标志在于以下几个方面：一是律师业的迅猛发展，律师业的规模日益庞大。在16、17世纪，英国由于资本主义革命的完成和资本主义经济的飞速发展，法律业务市场急剧扩大，这就带来了英国律师业急剧的膨胀。“巴律师”的影响力已经扩展至地方各郡，“巴律师”队伍出现稳步增长，到詹姆斯一世在位中期，“巴律师”总人数已经达到五百多人，比16世纪初期增长了十多倍。而“沙律师”也同样出现迅速增长的趋势，1560年，在民诉法庭与王座法庭执业的代理律师不过是一百五十名左右，到了1606年，人数增加六倍多，达到了一千名左右。② 在美国，19世纪是美国律师制度逐渐形成并走向成熟的时期，到了19世纪末，美国律师总人数已经突破十万。

二是律师自治组织的成立与律师自治制度的发展。在律师历史发展源远流长的英国，早在1590年起律师学院律师资格的获得便被司法界承认为获得法律学识的标志，在此后的数百年里，四大律师学院中获得律师资格的学生不断增加，业务范围也不断地扩大，提供不同法律服务的主体间也在不断分化。在14世纪末期，“巴律师”已经组成了同业公会，享有国王赋予的特权，形成了所有法官都必须从“巴律师”中任命的惯例。但“巴律师”的律师公会一开始就将“沙律师”排除在外，这些“沙律师”在1729年左右组成自己的同业行会，1831年，这个行会组成法人性质的律师协会，并于1845年获得皇家特许状。根据1903年的特许状，组成存在至今的律师协会（Law Society)。③ 而在美国，早在19世纪早期，法律便是唯一限制人们从事的职业，对加入这个职业的人设立了相应的门槛。此时，律师业已经成立各种各样的律师行业组织。但是，随着律师职业民主化要求和杰克逊民主主义的影响，法律职业的职业化进程随后便遭受到较大的挫折。一方面，从立法和宪法上废除对律师的专业资格要求，许多州都通过立法给每一个公民或居民从事律师业务的权利，比如新罕布什尔州在1842年，缅因州在1843年，威斯康星州在1849年都通过此类法律；另一方面，各地的律师专业组织也陷入困顿状态，律师专业组织对成员的专业训练、对新成员的接纳或对渎职行为的审查等权力均被剥夺，律师协会成为有名无实的社交性组织。1878年，美国律师协会（ABA）宣告成立，这一事件对法律职业的发展产生了巨大的影响，它标志着律师职业活动新时代的开始。在美国律师协会诞生后的10年里，有25个州组成了律师协会。与此同时，律师内部职业规范的建设也开始起步，1887年，美国亚拉巴马州制定了第一个州律师行为守则——《亚拉巴马州道德守则》（Alabama Code of Ethics)。1908年，美国律师协会通过了《职业道德准则》（the Canons of Professional

① 参见［英］威尔弗雷德·波雷斯特著，傅再明、张文彪译，陈端洪校：《欧美早期的律师界》，122页，北京，中国政法大学出版社，1992。

② 参见陈绪刚：《法律职业与法治——以英格兰为例》，215～217页，北京，清华大学出版社，2007。

③ 参见陈绪刚：《法律职业与法治——以英格兰为例》，215～217页，北京，清华大学出版社，2007。

Ethics)，来规范律师的行为。这一道德准则包括32条规定，在很大程度上是《亚拉巴马州道德守则》的翻版，这是美国律师协会将律师职业道德规范化的第一次尝试。该准则后为许多州以制定法、法院规则或者州律师协会的规则的形式所采纳。不仅如此，在美国律师协会的倡议下，美国法学院协会于1900年成立，为律师职业的准入控制奠定了坚实的制度基础。

二、中国古代讼师制度的起源和发展

（一）讼师制度的起源和发展

在我国古代同样存在着发达的诉讼代理活动，而承担着这一活动的主体则是被称为讼师的法律职业群体。早在西周时期，我国便出现了诉讼代理活动，据《周礼·秋官·小司寇》记载："凡命夫命妇，不躬坐狱讼。"《周礼疏》对此解释说："古者取囚要辞，皆对坐。治狱之吏皆有威严，恐狱吏亵，故不使命夫命妇亲坐。若取辞之时，不得不坐，当使其属子或子弟代坐也。"这充分说明当时已经出现了诉讼代理活动，但是，代理诉讼之人并非专业从事此一行业的从业者，而是自己的下属或者子弟。史上可考第一个专业从事诉讼代理的人便是春秋时期郑国的邓析（公元前545年—前501年）。据史料记载，邓析在当时主要从事两方面的工作：一是欲改旧制，私造"竹刑"。晋人杜预在对《左传》的评注中提到：邓析"欲改郑所铸旧制，不受君命，而私造刑法，书之于竹简，故言'竹刑'"，换言之，邓析是我国民间立法建议的先行者。二是传授法律知识，承揽诉讼。《吕氏春秋》说：邓析"与民之有讼者约，大狱一衣，小狱襦裤。民之献衣而学讼者不可胜数"。这反映了邓析以专业法律服务来换取报酬，并且教授徒弟。因此，邓析是中国古代有史可考的最早的完整意义上的诉讼代理人。邓析及其所代表的名家在春秋时期的兴起有其独特的历史社会环境，春秋是历史上的大变革时期，"礼崩乐坏"，各项制度都处于急剧的变革当中，各种利益群体也纷纷通过各种学说活动来彰显自己的利益诉求，而邓析所代表的名家实际上便是当时商品经济中商人阶层的利益代表。①

秦始皇统一全国后，法家思想占据了统治地位。商鞅认为，"为法，必使之明白易知"，"万民知所避就"。换言之，法家追求的是法律通俗易懂，令民众可以直接遵守，而不是追求民众去知法用法，这样就大大压缩了讼师代理活动存在的空间。尽管如此，在秦朝，代书活动仍然相当普遍。但依照规定，代书活动必须是由"乡"以上的人物操持。因此，在春秋时期一度兴起的讼师活动，到秦朝则相对归于沉寂。秦朝覆亡后，汉朝吸取秦朝之教训，汉初贯彻"黄老"思想，废除苛法严刑。至汉武帝时期，为统一封建集权，确立封建正统思想，在司法上采取春秋决狱。春秋决狱之于讼师而言有两个后果：一是春秋决狱使法律进一步深入到基层，非正式司法解释在官方和民间越来越多，产生了许多类似现代的法律顾问；二是春秋决狱的精神对后来法官的审判产生了巨大影响②，特别是西汉之后，允许私家解释、注译现行律文，经律之学由此而兴起。东汉时期，律学进一步发展，律学家人才辈出，而且官府也承认诸家学

① 参见党江舟：《中国讼师文化——古代律师现象解读》，26页，北京，北京大学出版社，2005。

② 参见党江舟：《中国讼师文化——古代律师现象解读》，35页，北京，北京大学出版社，2005。

说，并用以断狱。律学的兴起为讼师这一行业奠定了坚实的基础。

唐朝作为中国封建盛世的顶峰为讼师的发展提供了很好的环境。一方面，农业、商业和手工业等行业空前兴旺。经济的繁荣带来了民间交往和贸易活动的大发展，这也使得民众的所有权、契约等法律观念不断深化；另一方面，唐朝建立起了完备的封建立法，具体、严密合理的礼法合一的规范使得整个司法过程更富有技术性和可预见性，这也为讼师行业发挥作用提供了重要的条件。比如说，唐朝对不动产土地的转让规定了严格的条件，如果不符合这些转让的条件，转让便归于无效，这就产生了对专业化法律服务群体的需求。到了宋朝，我国商品经济进入一个空前的繁荣期。经过汉唐时代的稳步发展，宋朝讼师也进入了一个空前的发展期。这主要体现在三点：一是民间好讼之风大兴。《宋史》卷五十八《地理志》称："登、莱、高密负海之北，楚商兼凑，民性愎戾而好讼斗。"这主要是因为南宋偏安南方，长江流域的经济得到了空前的发展，民间土地、房屋等财产流转速度加快，商品经济的空前发展催生了民间的争讼之风。二是讼学的兴起。所谓讼学是指教人打官司的学问。[①] 据《癸辛杂识》："江西人好讼，是以簪笔之讥。往往有开讼学以教人者，如金科之法，出甲乙对答及哗讦语，盖专门于此，从之者常数百人。"[②] 讼学的兴起直接反映了讼师行业的巨大发展。三是讼师制度空间的扩大。与前朝特别是秦朝相比，宋朝官方对于讼师行业的管制要相对宽松得多。对于代书行为人、"写状钞书铺户"等讼师行业中人，官方并不是完全禁止他们的活动，而是在对他们的活动加以规范的情况下，使其得以存在。

相比于唐宋时期的发展，讼师在元朝的活动则相对沉寂。一方面，在宋朝作为讼师之重要栖身之所的书铺到了元朝一律改为官办，通过这种改制，官方很大程度上控制了讼师行业。另一方面，元朝的诉讼制度得到了很大的发展，主要表现在"诉讼"开始独立成篇，诉讼范围也得以扩大。因此，尽管在官方态度上对讼师采取较为严厉的管制措施，但是从整体制度环境和社会需求来说，讼师的作用却处于扩大之中，因此，许多讼师的活动实际上处于半公开的状态。明清时期，我国封建专制发展到了顶峰，集权统治也日益完善。与此同时，商品经济的萌芽历经宋元时期的发展，在明清时期也达到了新的发展高峰。这种时代背景为讼师行业的生存发展带来两方面的影响：一方面，政府对讼师的打击和禁止越来越严厉。明清以八股考试来选拔人才，八股考试与法律毫不相关，这样就大大限制了法律人才的培养。学习法律的人一般只能从事三项职业：书吏、刑名幕友和讼师。而且讼师在当时的活动范围极为有限，甚至明、清律中有"教唆词讼"条，明文规定："凡教唆词讼及为人作词增减情罪诬告人者，与犯人同罪。"[③] 清条例中对讼师更是从严治罪："若系积贯讼棍串通胥吏，播弄乡愚恐吓诈财，一经审实，即依棍徒扰害例问发云、贵、两广极边、烟瘴充军。"[④] 但另一方面，

---

① 参见党江舟：《中国讼师文化——古代律师现象解读》，48页，北京，北京大学出版社，2005。

② 周密：《癸辛杂识》。转引自党江舟：《中国讼师文化——古代律师现象解读》，48页，北京，北京大学出版社，2005。

③ 《明律例·刑律·诉讼》，"教唆词讼"；《清律例·刑律·诉讼》，"教唆词讼"。转引自瞿同祖：《瞿同祖法学论著集》，414页，北京，中国政法大学出版社，1998。

④ 《清律例·刑律·诉讼》，"教唆词讼"，乾隆二十九例。转引自瞿同祖：《瞿同祖法学论著集》，414页，北京，中国政法大学出版社，1998。

讼师在民间的活动却一直相当活跃。明清时期，“好讼”、“健讼”之风相当兴盛，据滋贺秀三考证，清代嘉庆年间安徽省刘安州知州在任10个月间，曾处理1 360件案件。[①]而且，“词讼必由讼师”，讼师不但在社会的法律生活中发挥着重要作用，而且在民众的非法律事务中也扮演着重要的角色。

（二）讼师与律师之比较

讼师一般是指我国古代的法律服务工作者，而律师则是清末改制之后从西方国家引入我国所建立起来的新的行业。讼师与律师之间的关系如何一直是学界争论的焦点问题。学界当前的通说认为：传统讼师与近代律师之间存在质的差别，因为前者是中国封建专制法律制度下产生的，而后者是在近代西方资产阶级民主法制基础上产生的职业群体。这种判断主要依据以下三点：一是近现代意义上的律师与古代讼师所处的政治制度和诉讼制度环境是完全不同的。律师是商品经济和民主政治大环境下的必然产物，是在作为民主政治之重要组成部分的辩护制度下应运而生的，这一点从西方律师制度的起源和发展过程便可以看得很清楚。而讼师则一直是在我国封建集权统治之下艰难发展，无论是封建政治制度还是高度集中的诉讼制度给讼师留下的空间都非常有限。二是讼师和律师在行业制度的发展方面也存在很大的不同。在西方，律师行业的发展带有很大的独立性，律师行业早在13世纪便形成了相对独立的行业空间。以英国为例，早在亨利三世时期（1216年～1272年），便出现了真正的律师职业群体。律师行业的发展也相对独立于整个社会政治制度的变更，从而形成了相对稳定的律师职业，形成了相对较强的自治传统，律师的社会地位也相对高一些。而在我国古代，讼师一直是以一种较为松散的方式存在，始终未能形成相对组织化的讼师行业群体，而讼师行业的发展状况也与社会政治大环境休戚相关。因此，讼师在我国古代社会一直缺乏一种相对独立的发展空间，社会地位也相对低下。三是讼师与律师的业务范围差异甚远。古代讼师的业务范围一般局限于代书、诉讼、调解等业务领域，在诉讼中的活动也受到官方较大的限制，而近现代律师的业务范围则要广泛得多，包括代书、诉讼、调解、见证乃至其他诸多非诉讼业务。因此，尽管古代讼师与近现代律师同是社会法律工作者，其业务范围也有相当程度的类似，但是由于所处社会政治和诉讼制度环境的差异，律师与讼师呈现出完全不同的发展态势。

第二节　当代几个主要国家的律师制度

现代意义上的律师制度主要来源于西方，特别是以英国和美国为代表的英美法系和以法国和德国为代表的大陆法系国家。在这几个西方国家中，律师制度不仅有着悠久的历史和完善的建制，而且律师业本身也非常发达。这几个国家的律师制度都独具特色，彼此之间存在着很大的差异。

---

① 转引自党江舟：《中国讼师文化——古代律师现象解读》，64页，北京，北京大学出版社，2005。

一、英国律师制度

英国是英美法系的发源地，其法律制度具有独特的历史传统和发展道路。苏格兰的法律制度具有大陆法系的许多特征，英格兰、威尔士的法律制度，则为英美法系的代表。本书所称英国律师制度，是指具有标本意义的英格兰和威尔士的律师制度。

英国律师职业从其产生的初期便沿着双轨制的方向发展，“巴律师”与“沙律师”之间有着严密的分工，这种发展状态一直延续到当代英国律师业。从现有法律规范来看，与法律形式相适应，英国没有系统的律师法典，有关律师的各项法律制度规定，散见于宪法性文件如《人身保护法》、习惯法及其他单行法律中。这些规范对律师资格、律师协会、律师业务等方面都作了规定。此外，律师自治组织制定的《律师组织规章》，虽然不是法律，却起着规范律师行为的作用。

英国律师职业的二元结构体制是英国律师制度最富有特色的一部分。所谓二元结构体制是指律师职业是由“巴律师”和“沙律师”这两个差别甚大的行业组成。其中，“巴律师”（Barrister）又被译为“高级律师”、“大律师”、“出庭律师”、“辩护律师”等，是指已取得出庭律师资格并被准许在高级法院（superior courts）执业和在诉讼中代理当事人出庭者。“巴律师”一般是精通某门法律或某类案件的专家。此外，“巴律师”经过大法官的提名，还可由英王授予王室法律顾问（Queen's Counsel）的称号。“巴律师”还有更多的机会被任命为高等法院法官和上诉法院法官。“巴律师”办理的事务除了出庭办案之外，还包括起草法律文件、就法律问题提供书面意见等。但“巴律师”一般不能由当事人直接聘请，而是通常由当事人的“沙律师”代表当事人聘请，而且“巴律师”一般也不能与其他“巴律师”合伙。近年来，英国“巴律师”的专门化倾向越来越明确，出现了商事律师、专利律师、税务律师等新业务领域。

获得“巴律师”资格需要符合相当严格的要求：第一，需要受过一定的高等教育。包括：已有二等以上（upper second class degree）大学或工艺学校的法律学位；获有英国大学或工艺学校其他学位的需完成一年以上的课程以参加普通人员职业课程学习；具有国外或爱尔兰某些大学法律学位，按规定可以免除学术训练两项科目以上的；年满25岁以上，通过其专业考试，并且已有相当的学业、专业或商业能力的成熟学生。第二，必须参加一个律师学院，作为四大律师学院的学生，完成学术与职业训练，达到一定的参加学院内餐会次数（Diningterms）。第三，必须提交品格良好的证明书。曾犯某种罪行及现被宣告为破产之人，现为代理人、商标代理人和“沙律师”的人，不得参加训练，取得律师资格。第四，法学院学习期满后，在有经验的“巴律师”指导下，实习一年，签署入会誓言。以上四个条件具备后，方可成为“巴律师”①。

在英国，“巴律师”和“沙律师”是由各自不同的行业组织进行管理的。英国的巴律师组织是四大律师学院（inns of court），即林肯律师学院、内殿律师学院、中殿律师学院和格雷律师学院。这四个律师学院互不隶属，成员包括正在各该律师学院学习的学生及已从各律师学院毕业的“巴律师”。这些律师学院没有法人资格，基本上是自

① 《元照英美法词典》中“barrister”一条，载薛波主编：《元照英美法词典》，136～137页，北京，法律出版社，2003。

由的社会团体，它们自订章程和行业规则，决定律师学院律师资格的授予和免除。学院由君主或皇族担任名誉院长，院长由资深的“巴律师”互选产生。各律师学院都设在伦敦，并在高等法院附近，院内有礼拜堂、图书馆、食堂兼礼堂的会馆、专门律师事务所等。律师学院的职责是训练和考核律师，监督“巴律师”的活动，决定纪律处分。①

“沙律师”(Solicitor)，又被翻译成“初级律师”、“诉讼律师”、“小律师”、“事务律师”等，是指直接受当事人委托，在下级法院及诉讼外执行律师职务，为当事人提供多种法律服务的人。“沙律师”是由15世纪衡平法诉讼程序中的申请人演变而来的。最初他们只是一般事务代理人而非律师，但很快便赢得了认可，被准许在衡平法院中执业。“沙律师”的活动范围主要是在治安法院和郡法院，他们可以担任政府、公司、银行、商店、公私团体的法律顾问，可以在下级法院执行代理和辩护职务，可以处理非诉讼案件，为当事人起草法律文书和解答一般法律问题。

根据1974年颁布的《沙律师法》(The Solicitors Act 1974)的规定，取得“沙律师”资格必须具备以下条件：(1)为英国公民，性别、民族不限；(2)满21周岁；(3)必须经法律社议会按照《资格规则》(Qualifying Regulations)吸收为沙律师协会的学生，经过一年时间的学习，通过最后专业考试；(4)在律师事务所实习两年。具备以上四个条件，在向沙律师协会缴纳了印花费、常年执照费、准备赔偿当事人损失的费用后，即由沙律师协会汇录于“沙律师”名册，取得“沙律师”资格。

沙律师协会(Law Society)是“沙律师”的领导管理机关。该协会由上诉法院的档案长领导，它自设学校，负责“沙律师”的培养、教育工作。此外，沙律师协会还有授予“沙律师”资格权，颁发“沙律师”行业执照权，可以对“沙律师”进行奖惩，制定“沙律师”酬金，掌握全国“沙律师”名单等。“沙律师”执业机构是律师事务所。“沙律师”事务所一般是数人共同执业，没有个人执业的。

从历史发展过程来看，“沙律师”与“巴律师”之间分工明确，相互合作，形成了相对封闭的两个职业群体。不过，这种状况在近些年有了一定的变化。根据1990年《法院和法律服务法》(Courts and Legal Services Act)和1999年的《诉诸司法法》(Access to Justice Act)的相关规定，现在已被获准执业的所有出庭律师和事务律师在完成必要的培训后都可以获得充分的出庭权。即便是那些还没有获得充分出庭权的“沙律师”也可以出席高等法院办理破产案件或者宣读正式的、无异议的陈述，其在治安法院出庭辩护的案件上诉至刑事法院或已被送至刑事法院量刑的，其也可以出席刑事法院办理该案件。② 这样，“沙律师”与“巴律师”之间原来泾渭分明的范围划分实际上在一定程度上被重新界定了。

于2009年开始实施的《法律服务法》(Legal Services Act)将对英国律师行业产生进一步的影响。按照该法的规定，在英格兰和威尔士将会成立一个统一的监管机构——法律服务委员会(Legal Services Board)，用于监督其他具有公信力的律师管理

① 律师学院又被译为律师会馆，关于律师学院的历史及具体运作状况，可参见［英］塞西尔·黑德勒姆著，张芝梅编译：《律师会馆》，上海，上海三联书店，2006。

② 参见《元照英美法词典》中“solicitor”一条，载薛波主编：《元照英美法词典》，1270～1271页，北京，法律出版社，2003。

机构；批准设立受理消费者对法律服务投诉的机构——法律投诉办公室（Office for Legal Complaints）；解除律师事务所对合伙人律师身份的要求，允许设立非传统型律师事务所（Alternative Business Structures，简称 ABSs），该律师执业组织允许律师与非律师合伙成立，并且允许律所接纳外界资本；对所有监管机构设定法定目标和职责，并要求各律师管理机构将监管职能与代表职能相分离。

二、美国律师制度

美国是从英国在北美的 13 个殖民地发展而来的。如果说美国的革命时代是律师主导的法律时代，17 世纪的殖民时代则是一个没有律师的法律时代。这个时期的法律是由政治人物、农民、商人、渔夫等塑造的。“尤其是，当时在一些殖民地，例如马萨诸塞州和宾夕法尼亚州，并非由法官进行审判，而是由神职人员根据圣经进行审判。在此，实行政教合一，并显然努力实践着德治的理想。”① 乘坐“五月花”号船到达马萨诸塞的人中，没有一个律师，但是十年后，一些受过法律训练的人到达了北美。大约 1637 年，第一个受过法律教育的律师出现了。定居美洲的殖民者对律师的态度并不友好，并不热衷于引进英国的法律传统。一些殖民地通过要么禁止律师出庭，要么禁止为法律服务付费的方式，试图完全排除律师。例如在宾夕法尼亚，“‘他们没有律师。每个人自己讲述自己的案件，或者由朋友代理他……’这是个幸福的国度”②。“古代英国对律师的偏见在美国获得了新的力量……对律师的不信任成了一个风俗。”③ 这种敌视态度的产生有很多原因。旧的律师制度必须抛弃，因为新的、理想的社会需要从新的法律和新的习惯开始。许多殖民者曾是英格兰政府起诉活动的受害者，对所有的法院职员仍抱有强烈的不信任。商人和农场主常常想在没有中介者介入的情况下来自己运作自己的事务。一些宗教或者政治领导人则担心法律会限制他们的权威或者要应付那些律师所鼓励的论点，阶级偏见也仍然存在，律师经常因为他们和不受欢迎的有经济特权的群体在一起而遭到诋毁。尽管在美国立国时期，律师扮演了非常重要的角色，但是像英国那样把律师划分为“巴律师”和“沙律师”的做法并没有在美国立足。换言之，“法律等级的思想从来没有在美国扎根”④。

随着一个稳定的社会的建立，殖民地的社会经济结构发生了变化。富裕的阶层对安全和稳定的追求，商业的扩大和更为复杂的交易文书的使用，使得需要由律师处理的法律问题越来越多，律师业也开始繁荣起来了。大约 1690 年，律师在殖民地有了立足之地。在殖民地，并没有为律师提供职业训练的法学院。许多律师，特别是南部的律师，来到英格兰接受训练。其他的律师则通过学徒方式来学习业务知识。学徒制既是一种训练方法，也是一种控制工具。这种方法使得律师界整体规模较小，并处于资深律师的控制之下。直到 20 世纪，法学院才主导了法学教育。1928 年，西弗吉尼亚州成为第一个要求律师必须受过法学院的教育的州。这是强制性法学教育的开始。到了

① ［日］大木雅夫著，范愉译：《比较法》，320 页，北京，法律出版社，1999。

② Lawrence Friedman，A History of American Law 81～85（1973）.

③ Daniel J. Boorstin，The Americans：The Colonial Experience 197（1958）.

④ ［美］波斯纳著，苏立译：《超越法律》，56 页，北京，中国政法大学出版社，2001。

1950 年，法学院的学习在整个美国都是强制性的了。1950 年，经学徒培养和自学出身的律师基本上没有了。根据 1951 年的调查，全国 94%以上的律师在加入律师协会前都在法学院受过某种教育。

经过 19 世纪的曲折发展，美国律师业在 20 世纪经历了稳步发展，而且 20 世纪中叶之后出现了跨越式发展。1900 年全美国律师总数只有 10 万人左右，到了 1950 年，为 22 万人左右，到了 1995 年总数则达到了 85 万人左右。这种发展态势给美国律师制度带来了诸多挑战。这些挑战主要体现在律师管理体制、律师事务所组织结构以及律师职业行为规范等多个方面。

早在 19 世纪初期，美国各地便都成立了各类律师行业组织，这些行业组织大小不等，对所在范围的律师行业的组织管理起到重要作用。1878 年，美国律师协会（ABA）宣告成立，随后各州也都纷纷成立州一级的律师协会。这些律师协会通过行业惩戒机构和行业行为规范等手段，在律师行业准入、律师的行业培训、律师薪酬、律师广告等多方面都行使了管理职能。应该指出的是，从行业管理的权力格局上看，律师行业管理权一开始并不属于律师协会，而是属于作为司法部门的法院，各级法院对本地律师行业拥有固有的管理权，但是在实践中，这种管理权一般授予律师协会。

关于美国律师事务所组织，最为抢眼的变化就是大型律师事务所的兴起。在 20 世纪 50 年代末，全美只有 38 家律师事务所的律师超过 50 名，到 1995 年，已经有 702 家律师事务所律师人数超过 50 名，321 家律师事务所律师人数超过 100 名。2004 年全美最大的律师事务所人数已经达到 2 000 人（包括合伙人和非合伙律师）以上，总收入达 13 亿美元。[①] 大型律师事务所的兴起带来的是事务所内部组织结构进一步复杂化，律师事务所内部律师之间也进一步分化。在组织结构方面，传统的合伙制逐渐不能满足律师事务所扩张的需要，于是出现了像职业公司、有限责任公司、有限责任合伙这样新的组织形式；相应的，在决策机制方面，逐渐由原来的平等权利管理（collegial arrangement）发展为科层等级结构；在合伙人关系方面，逐渐由原来的熟人化转向陌生化，合伙人之间也出现了分化，出现了像参股合伙人（equity partners）、领薪合伙人（salary partners）这样的新类型。[②]

整个 20 世纪，美国主要通过律师行业规则对律师进行规制。1906 年，美国著名法学家罗斯科·庞德发表了著名的演讲《公众对司法不满的原因》。美国律师协会对此迅速作出了反应，于 1908 年通过了《职业道德准则》，在此后的一个世纪中，美国律师协会先后颁布了《职业责任示范守则》（1970 年）和《职业行为示范规则》（1983 年）。现行美国律师行业规则主要是以 1983 年《职业行为示范规则》为基础制定的。历经多次修改和完善，目前的《职业行为示范规则》主要从委托人—律师关系、法律顾问、诉辩者、律师事务所、公共服务等八个方面对律师职业进行全方位的规范。[③] 如果说律

---

① 以上数据根据两份资料整理而来：[美] 劳伦斯·傅利曼著，吴懿婷译：《二十世纪美国法律史》，493 页，台北，商周出版社，2005；《美国律师事务所 100 强（2004 年度）》，载《中国律师》，2005（9）。

② 参见 [美] 罗伯特·汉密尔顿、理查德·布思著，吴洪淇译：《美国律师事务所组织结构的变迁：1960—2000 年》，载《律师文摘》，2008 年第 1 辑，北京，中国法制出版社，2008。

③ 美国律师协会《职业行为示范规则》的中译本，可参见美国律师协会编，王进喜译：《美国律师协会职业行为示范规则（2004）》，北京，中国人民公安大学出版社，2005。

师职业行为规则是美国律师协会从行业规则的角度来规范律师行业的话，那么美国法律协会（American Law Institute）编纂的《律师法重述》则是美国法律协会从判例法重述的角度来规范律师行业。美国法律协会从1986年开始起草《律师法重述》，经过多年努力，终于在2000年正式出版。《律师法重述》涵盖了与律师执业相关的众多判例，它不仅仅是对有关律师执业活动的判例的重述，而且旨在提醒和促使判例法向特定的方向发展。

三、法国律师制度

法国律师业深受罗马法影响，采用传统的二元主义，有律师和代诉师之分。律师也可以分为两类：一种是由政府任命的在最高法院执行职务的律师，这类律师在法国只有60人，他们的前身是法国大革命前旧王朝的王室参事院律师。这种律师除了在最高法院执行职务外，还在最高行政法院执行职务。另一种是在其他法院执行代理和辩护职务以及在非诉事件中为社会提供法律服务的律师，除最高法院外，可以在任何法庭进行代理和辩护。这些律师主要的业务是围绕诉讼进行的，但也为社会提供非诉讼方面的法律服务。律师公会是法国律师的管理机关，它属于公共法人的性质，设在各法院所在地。各律师公会内部设有三个机构：会员大会、律师公会理事会以及公会理事长。律师公会的职责包括制定并监督律师遵守内部规章；决定对律师的惩戒等。各律师公会之间不论成员多寡，地位一律平等，彼此互不隶属，互不干涉。法国本土现有各级律师公会174个。而代诉师则是指附属于一定法院，主要为当事人提供庭外服务的法律工作者。代诉师的职责是为诉讼当事人办理各种诉讼手续和按照诉讼当事人的意图撰写书状。代诉师的组织有代诉师会，其职责主要是制定内部规则及决定对代诉师的惩戒。①

除了律师和代诉师之外，法国法律服务市场上还存在着第三类法律服务提供者，这就是“法律顾问”。法律顾问产生于19世纪中期，其最开始是为了弥补法律服务市场上公司法、财税法等非诉业务方面的不足。这种多元法律服务格局在当代法律服务市场全球化的背景下日益显露出弊端，为了克服此类弊端，从20世纪80年代起法国开始酝酿改革。1990年，法国通过新的法律将法律顾问与律师行业进行合并。在这一影响深远的改革中，改革措施包括：向国际社会开放律师业、进一步强化律师准入资格、设立全国律师公会、重新修订律师规范伦理等。目前，这场改革对于法国法律服务市场整体格局的影响还在进一步延续。

四、德国律师制度

在德国，“法律职业”一词一般是用于指代法官、检察官等公职人员的，律师行业主要被限制在辩护领域。从历史发展来看，过于强大的政府集权对律师业的发展空间产生了巨大的限制，19世纪后期甚至一度取消律师业。但是，随着历史的发展和民主进程的推进，近几十年来，辩护律师在德国得到了迅速的发展，1960年至1994年间，

① 参见徐家力、吴运浩编著：《中国律师制度史》，262页，北京，中国政法大学出版社，2000。

德国辩护律师的数目增加了几乎 3 倍，从 18 327 人增加到了 70 438 人。[①] 辩护律师垄断了出庭和法律咨询业务。与普通法律师相比，德国辩护律师在收集和出示证据方面所起到的作用不大，提起诉讼后，调查事宜主要由法庭掌握。德国辩护律师主要是以个人执业为主，拥有 10 个以上合伙人的事务所大概仅占注册辩护人的 6%，80%的合伙事务所的合伙人不超过 4 人。

凡在各上诉法院执业的律师都隶属于“辩护人委员会”，约有 60%的注册辩护人属于该委员会成员。该委员会旨在维护职业利益，为其成员提供援助以及组织继续教育等。1994 年，德国政府修订了《辩护人条例》，该条例从辩护人的录用、管辖、业务垄断、惩戒和职业协会等几个方面对辩护律师进行全方位的管理。传统上，德国辩护律师在管理上基于防止从业律师之间的竞争，维护法律咨询业的垄断地位的目的，在业务范围上基本固守着传统的业务，不太与邻近专业进行合作。联邦《律师收费条例》也对辩护律师行业实行强制性收费标准。这样就使辩护律师行业处于相对有限的发展空间，有学者甚至指出，德国的辩护律师至今仍类似于那些手工艺行业的手工艺者。[②] 在全球化和法律服务市场需求的冲击下，1994 年的《辩护人条例》修正案作了一些相应的改革，这些改革包括：允许律师有限地宣传其从业范围，允许辩护律师与某些专业人员（如专利机构和税务顾问）联合，提供其他服务，组建国内及国际合伙公司等。

五、日本律师制度

明治维新以前，日本并无律师制度。明治五年（1872 年），日本以法国律师制度为蓝本制定了司法职务制度。根据这个制度，日本采取了法律服务二元结构，将法律职业划分为“代书人”和“代理人”两类。1903 年，日本颁布了第一部《律师法》，该法基本贯彻了大陆法系的基本精神。直至第二次世界大战之后，在美国的改造和影响下，日本改革了司法制度并于 1949 年颁布了新的《律师法》。该法成为日本当前律师法的基础，经前后几次修改，目前共 11 章 92 条，对律师的使命、资格、权利和义务、组织、罚则等作了全面的、系统的规定。

一般情况下，日本律师资格的获得程序是先通过难度极高的法曹资格考试，考试合格后，经最高法院下属的司法研修所一年半（1998 年之前为 2 年）的研修（带薪）方可获得法曹资格。正因为这种严格的准入程序，日本的律师数量相对较少。据统计，2004 年，全日本律师总数为 20 034 人，而且 70%以上集中在东京、大阪、名古屋等大城市中。[③] 为了弥补律师人数相对于整个社会法律服务需求的不足，日本法律服务市场上还活跃着另外一些主体，这就是司法术士、专利代理人以及税理士三种准法律家。司法术士的业务范围主要包括登记（即商业登记及不动产登记）；代理寄存手续（向法院、检察厅、法务局、地方法务局提交的文书制作等）。专利代理人的服务内容主要是与专利相关的业务。税理士的业务范围主要涉及税务方面。

---

① 参见宋冰编：《读本：美国与德国的司法制度及司法程序》，215 页，北京，中国政法大学出版社，1998。

② 参见宋冰编：《读本：美国与德国的司法制度及司法程序》，230 页，北京，中国政法大学出版社，1998。

③ 参见［日］六本佳平著，刘银良译：《日本法与日本社会》，116～117 页，北京，中国政法大学出版社，2006。

日本律师行业基本实行完全自治，他们主要通过律师组织来实现自我管理。日本的律师组织分为两类：日本律师联合会和律师会。日本律师联合会是全国性组织，其任务是保护律师品格，谋求律师改善和进步，对律师和律师会进行监督和业务联系。而律师会则是日本的地方律师组织，它在每一地区裁判所辖区内设立，负责审查律师资格、指导律师开展业务，对律师活动实行直接的监督，并接受日本律师联合会的指导和监督。近些年来，日本启动了大幅度的司法改革，对日本的律师制度也进行了一系列改革。这些改革主要包括：降低司法考试的门槛，扩大律师规模；律师的广告原则上采取自由化；废除了律师报酬采用律师协会标准制度而改采自由化；实现法律事务所法人化，允许在其他地区设立支所；在法律援助方面，律师值班制度为公费刑事辩护制度所取代。目前，日本的律师制度改革还在进行之中。

第三节　我国律师制度的历史发展

我国近代意义上的律师制度是清末沈家本领导变法改制时开始从西方国家引入的。民国时期，我国律师制度经历了短暂的兴盛之后便频遭战乱和时局变动的影响。新中国成立之后，律师制度发生了较为重大的变革，至“文化大革命”时期，律师制度则被整体废除。改革开放为律师制度带来全新的时代环境，律师制度得以重建并且逐渐走向稳步的制度建设阶段。

一、清末改制

鸦片战争之后，通过《中英五口通商附粘善后条款》等一系列不平等条约，欧美列强在中国境内取得了领事裁判权，领事裁判权的内容主要包括：享有领事裁判权的国家在中国的侨民，无论居住在租界内外，如果成为民事或刑事的被告，都不受中国司法机构的管辖，中国的司法机关无权对其进行审判，而由各所属国在租界内建立的领事法庭依据其本国法律进行审判。领事裁判权的建立为外国律师进入中国执业提供了条件。随着时间的发展，在一些租界地区，外国律师不仅为外国侨民提供代理服务，也逐渐为中国国民提供代理服务。[1]

到了20世纪初，清政府为了收回领事裁判权，开始进行大规模的变法修律活动。在引入西方诉讼制度的过程中，身为修律大臣的沈家本看到了律师对于诉讼制度的重要性。在一份奏折中，沈家本提到“盖人因讼对簿公堂，惊悚之下，言词每多失措，故用律师代理一切质问、对诘、复问各事宜”[2]。沈家本还在该奏折中对律师的性质进行了探讨。在1906年由沈家本、伍廷芳等拟定的《刑事、民事诉讼法草案》中，专门用一节规定了“律师”，该节对律师的职责、律师资格获得程序、律师权利义务等都作了较为明确的规定，但这一草案因为种种原因最后并未实施。1909年颁布试行的《各

① 参见徐家力、吴运浩编著：《中国律师制度史》，35页，北京，中国政法大学出版社，2000。

② “修律法律大臣沈家本等奏进呈诉讼法拟请先行试办折”（《大清光绪新法令》第19册）。转引自李贵连：《沈家本与中国法律的现代化》，149页，北京，光明日报出版社，1989。

级审判厅试办章程》和1910年颁布的《法院编制法》，对律师代理、律师辩护等都作出了具体规定。

二、民国时期

1911年辛亥革命推翻清王朝之后，南京临时政府仿照西方国家的法治原则，确立了全新的法律制度体系，其中包括建立系统的律师辩护制度。在伍廷芳、王宠惠等民国政府要员的积极推动下，律师制度取得了重要的进展。1912年9月16日，民国政府公布实施《律师暂行章程》，这标志着律师制度在近代中国的正式确立。此后，民国时期关于律师法律体系的建立和完善大体上经历了三个阶段：第一阶段为初步建立阶段，在南京临时政府时期与北洋政府时期，以《律师暂行章程》为主，制定了与其相配套的一系列相关法律，初步建立了律师法律体系。这些法律法规包括《律师应守义务》、《律师登录暂行章程》、《律师考试令》、《律师考试规则》、《律师惩戒会暂行规则》、《甄拔律师委员会章程》、《复审查律师惩戒会审查细则》、《无领事裁判权国律师出庭暂行章程》等。第二阶段为发展期，在南京国民政府统治前期，以《律师暂行章程》为基本依据，结合第一阶段律师制度实施的经验和不足，对于各项具体制度进行大规模的修改、重建。第三阶段为定型期，在南京国民政府后期，1940年制定、颁布《律师法》，民国律师制度基本定型。① 经过多年的积累和建设，民国律师制度建立了以司法监督与行业监督双重管理体制为核心，包括律师准入资格条件、考试、甄拔、职责、义务、惩戒等多方面内容在内的律师制度体系。

自《律师暂行章程》实施开始，民国律师制度便逐渐确立了司法监督和行业监督的双重管理体制。司法机关对律师的监督管理主要体现在对律师登录和惩戒权的控制。而作为律师行业自治组织的律师公会对执业律师的监督和管理，则主要体现在以下四个方面：制定会则以“维持律师德义”；确定律师收费标准；对于违反法律规定、违反律师公会会则的律师，有声请惩戒权；沟通律师与司法机构之间的联系，为律师争取自身权益。在这种双重管理体制下，律师在性质上被视为自由职业者。《律师暂行章程》第14条规定：“律师受当事人之委托或审理衙门之命令，在审理衙门执行法定职务，并得依特别法之规定，在特别审判衙门行其职务。”这一规定确立了委托代理和法定代理两种代理类型，从而也就确立了为当事人的利益而展开业务这一“自由职业者”的根本特征。律师作为自由职业者的另一表现还在于律师执业机构的自由灵活。无论是民国前期的《律师暂行章程》还是民国后期的《律师法》对律师执业机构都没有加以特别规定，这就意味着律师在执业形式方面是可以自由选择的，既可以个人独立执业，也可以在律师事务所中执业。

民国律师制度实际上是在清末变法改制的基础上进一步引入近代西方律师制度。从律师制度的整体风格来看，民国律师制度主要是以大陆法系律师制度为参考样本确立起来的。这一时期的律师制度建设为中国律师业的近代化奠定了坚实的基础，也为后来律师制度建设带来极为深远的影响。

---

① 参见徐家力、吴运浩编著：《中国律师制度史》，66页，北京，中国政法大学出版社，2000。

三、新中国成立至“文化大革命”时期

人民律师制度最早根源于新民主主义革命时期各革命根据地红色政权的辩护制度。在新民主主义革命早期，革命根据地的司法审判便确立了辩护制度，但早期的辩护人并不是由专业化的辩护人来担任，只要是非剥削分子的一般公民都有资格担任辩护人。到了抗日战争时期，红色政权便对辩护人的范围作了一些规定。陕甘宁边区的司法机关在审理案件时，除了被告人自己辩护之外，还允许请其亲属或者聘请具有法律知识的人出庭为其辩护，人民团体也可以派人出庭为本单位的被告人担任辩护人。在解放战争时期，随着革命形势的发展和纠纷类型的复杂化，解放区政权开始在各级人民法院下面设立法律顾问处，“为人民解答法律上及诉讼程序上一切疑难问题”而提供无偿服务。

新中国的律师制度是在摧毁旧的法律制度的基础上建立起来的。1949 年 2 月，中共中央发布了关于废除国民党《六法全书》和确定解放区司法原则的指示；1949 年 9 月，《中国人民政治协商会议共同纲领》第 17 条规定，要“废除国民党反动政府一切压迫人民的法律、法令和司法制度，制定保护人民的法律、法令，建立人民司法制度”。1950 年，中央司法部发出《关于取缔黑律师及讼棍事件的通报》，重申旧律师制度已经依《中国人民政治协商会议共同纲领》第 17 条的规定废除，对私自从事律师业务的非法活动加以取缔。与此同时，中央司法部讨论了《京、津、沪三市辩护人制度试行办法（草案）》，该办法暂设了公设律师、职业律师和辅佐人三种类别的律师，特别是以公设律师为主。公设律师由人民法院指派司法干部担任，并报中央司法部备案，主要担任刑事被告人的辩护人或者民事代理人工作并对贫困的劳动人民减免收费。到了 1956 年，中央司法部在全国律师工作座谈会中明确提出在全国范围内建立法律顾问处。法律顾问处直接隶属于各级司法行政机关，律师的工作任务主要是对公民、机关、企业和团体给予法律上的帮助，保护他们的合法权益。到 1957 年，全国范围内已有 19 个省区成立了律师协会；大中城市和中级人民法院所在地以及一些县共建立律师的工作机构——法律顾问处 820 个，有专职人员 2 572 人，兼职律师 350 人。①

1957 年下半年开始，随着“反右”斗争的严重扩大化，律师队伍也受到严重的冲击。由于极左思潮的影响，“反右”斗争扩大化，一批律师被打成“右派”，被下放、劳动改造，甚至被判刑，律师队伍受到严重破坏。律师执行职务被说成是“丧失立场”、“为罪犯开脱”，律师制度被宣布为资产阶级的东西，被彻底否定，律师机构相继瓦解，正式推行不久的人民律师制度便被中断。在此后的 20 年里，随着各项政治运动的开展及至“文化大革命”，“砸烂公、检、法”、“群众专政”盛行，人民的辩护权被完全剥夺，律师制度实际上被完全废弃了。

四、改革开放时期

（一）律师制度重建阶段

1978 年 12 月，中国共产党十一届三中全会召开，确立了“解放思想，实事求是”

① 参见徐家力、吴运浩编著：《中国律师制度史》，181 页，北京，中国政法大学出版社，2000。

的思想路线，作出了党的工作重点向经济建设转移的战略决策，并提出了发展社会主义民主、健全社会主义法制的历史任务。从此，社会主义法制建设逐步展开。1979 年 7 月，第五届全国人民代表大会第二次会议通过了第一批七个重要法律，其中《刑事诉讼法》和《人民法院组织法》都明确规定被告人享有辩护权，并可以委托律师辩护。这两部法律的颁布，为律师制度的恢复拉开了序幕。1980 年 8 月 26 日，第五届全国人大常委会第十五次会议通过了《中华人民共和国律师暂行条例》（以下简称《律师暂行条例》），它规定了中国律师的性质、任务、权利、活动原则、律师机构的设置等内容，为中国律师制度的恢复提供了法律上的依据。作为中国第一部关于律师制度的法律，它的颁布，是十一届三中全会精神的直接贯彻和体现，标志着中国律师制度的建设进入了新的阶段。① 1986 年 7 月，第一次全国律师代表大会在北京举行，通过了《中华全国律师协会章程》并正式成立中华全国律师协会。这一系列努力代表着律师制度在“文化大革命”后的初步重建。

总之，《律师暂行条例》从司法行政机关、律师协会、法律顾问处、律师的性质和相关关系上，构建了一种行政型的律师管理体制。这体现了实事求是的思想路线，符合当时中国政治、经济和社会的发展状况。在当时，律师工作机构由司法行政机关组织领导，这一方面是因为 1979 年开始重建律师制度时是一切从无到有，对于律师人员的调配、考核、奖惩、思想教育、转业培训，以及律师经费的管理、律师机构的设置和各项物资设施的筹措等一系列组织建设和行政工作必须依靠各级司法行政机关来抓；另一方面也是鉴于中国的律师制度需要不断完善与健全，律师工作也有一段试行和发展的过程，这当中所需要的以政治思想指导为中心的管理工作，由司法行政机关来组织领导也较为合适。总之，《律师暂行条例》首要的目的就是为中国律师制度的恢复和重建提供法律依据，并据此建立律师制度恢复和重建的行政支持体系。因此，作为世界上最简明的律师法律，其主要篇幅都是对这种行政管理体系的规定。②

（二）脱钩改制阶段

重建阶段所确立的律师制度逐渐无法满足日益活跃的市场经济生活的需要，律师制度的变革在律师业管理方和律师业内部逐渐酝酿。1983 年 3 月，司法部召开了六市一县律师工作体制改革座谈会，探索实行律师的体制改革。1984 年 8 月全国司法行政工作会议后，一些法律顾问处改为律师事务所，并在经营管理上进行了改革的尝试，打破了收入和支出由国家包办的框框。1986 年 7 月，第一次全国律师代表大会上成立了中华全国律师协会。1988 年年初，深圳三名青年律师创办了新中国第一家个体律师事务所，同年 3 月，河北保定市成立了全国第一家合作制律师事务所，随后，上海、天津、北京等地都创办了合作制律师事务所。1988 年 5 月，司法部下发了《合作制律师事务所试点方案》，对合作制律师事务所的设立、组织形式、经营管理分别作了规定，稳妥地进行律师体制改革。1993 年合作制律师事务所在全国推广，1994 年北京大部分合作制律师事务所转为合伙律师事务所。1992 年中国共产党十四大报告中将法律、会计审计咨询等纳入第三产业，根据这种精神，1993 年国务院批准了《司法部关于深

---

① 参见王进喜：《中国律师法的演进及其未来》，载《西部法律评论》，2008（4）。

② 参见王进喜：《中国律师法的演进及其未来》，载《西部法律评论》，2008（4）。

化律师工作改革的方案》，该方案明确将律师定位为为社会服务的法律工作者，并确立了多种形式的律师事务所组织形式和司法行政机关的行政管理与律师行业管理相结合的行业管理体制。这个方案基本上确立了中国律师业此后十数年的改革走向。

（三）《律师法》阶段

随着中国经济体制改革和对外开放的不断深入，《律师暂行条例》的局限性也不断暴露。例如，中国律师制度于1986年开始进行改革，在国办律师事务所之外，还出现了民办性质的合作制律师事务所。因此“律师是国家的法律工作者”的定性已经不能准确、全面地反映中国律师的整体性质。在这种情况下，中国于1989年开始了《律师法》的起草和论证工作。1996年5月15日，第八届全国人大常委会第十九次会议审议并以130票全票通过了《中华人民共和国律师法》。这是新中国颁布的第一部律师法。在邓小平理论指导下制定的《律师法》比较充分地体现了律师行业的内部规定性和中国市场经济体制对律师业发展的现实需要。该法对律师性质、律师行业管理体制、律师执业条件、律师事务所、执业律师的业务和权利、义务、律师协会、法律援助、法律责任等方面进行了全面规定，反映和落实了律师管理体制改革所取得的成果。

1996年制定的《律师法》尽管本身还存在若干不足，但是其确定了近十年来中国律师业发展的基本走向和格局，宏观指导了律师行业的资源布局。《律师法》实施之后的近十年时间里，无论是中国律师业行业本身还是其所处的社会环境，都发生了巨大的变化。除了在2001年对《律师法》进行了一次局部修改外[①]，中国并没有随着时代的进步、形势的变化而对其进行整体性的修正；与此同时，《律师法》本身的一些规定并没有得到具体落实。2004年6月，司法部正式启动了《律师法》的修正工作，进行了大量调研和意见征求工作，并形成了若干阶段性成果。2007年10月28日，第十届全国人民代表大会常务委员会第三十次会议对《律师法》进行了较为全面的修订。修订后的《律师法》于2008年6月1日起施行。这次修订，进一步确认和完善了司法行政机关行政管理与律师协会行业管理相结合的体制，消除了立法本身存在的一些技术性瑕疵，在进一步完善律师事务所的组织形式、强化对委托人—律师关系的维护、加强对律师执业权利的保护、促进律师积极参与国家政治生活、促进法律职业合理流动等方面都有重要的突破。

律师业逐渐进行脱钩改制之后，如何对其进行有效的管理便成为司法行政机关必须应对的一个问题。司法部1990年公布的《律师十要十不准》和1993年公布的《律师职业道德和执业纪律规范》便是应对此难题的结果。《律师十要十不准》以简明扼要的十句话规定了律师的执业纪律，其中实际上已经包含了律师行业规范的一些内容，比如维护委托人利益的义务、为委托人保密的义务、禁止不正当竞争的义务。1993年的《律师职业道德和执业纪律规范》则是对《律师十要十不准》的进一步细化。1995年7月召开的第三次全国律师代表大会是律师行业管理进入实质性阶段的重要事件，在此次代表大会上，律师行业选举产生了全部由执业律师组成的理事会和领导班子。1996年，中华全国律师协会颁布了《律师职业道德和执业纪律规范》，这一规范取代了

① 2001年12月29日，第九届全国人民代表大会常务委员会第二十五次会议对《律师法》第6条进行了修正，协调了《律师法》、《法官法》和《检察官法》的相关规定，确立了统一司法考试制度。

原来司法部颁布的行业规范，标志着我国律师职业行为规范进入了名副其实的建设性阶段。此后北京、上海等地的律师协会也对律师行业规范建设进行了积极的探索。2004年，中华全国律师协会又公布了《律师执业行为规范（试行)》。无论是从数量上还是从涉及的问题的广度上，该规范都达到了一个新的高度。尽管这一规范还存在一些问题，但是它大大提高了律师职业行为规范的技术因素，大大扭转了人们对律师职业行为规范的传统认识，对于律师的执业活动具有重要的指导意义，这也是中国律师职业行为规范从雏形向成熟发展的重要步骤之一。为了贯彻落实《律师法》对律师执业行为的要求，2009年中华全国律师协会对《律师执业行为规范（试行)》进行了修改，形成了新《律师执业行为规范》，并经中华全国律师协会七届二次理事会审议通过。2011年11月中华全国律师协会正式颁布施行了新《律师执业行为规范》。

纵观我国律师制度百年来的发展历程，律师制度建设尽管辗转曲折，但一直围绕着律师行业现代化的轨迹向前发展。经过改革开放三十多年来的制度建设，我国律师业和律师制度都取得了长足的进步。随着依法治国方略的进一步实施和法律服务市场国际化进程的进一步深化，我国律师制度将在机遇与挑战中不断地朝着成熟的现代化律师制度迈进。

本章思考题

1. 英国律师制度有什么样的特点?
2. 我国律师制度经历了怎样的历史发展过程?

第二章 律师的性质和使命

第一节　律师的性质

一、律师的职业性与商业性

二、律师性质的立法演变

三、律师种类

第二节　律师的使命

一、维护委托人合法权益

二、维护法律正确实施

三、维护社会公平和正义

□·本章导读·□

所谓“性质”，是指事物所具有的本质、特点。律师的性质，也就是指律师所具有的本质特点，律师职业区别于其他职业的本质属性。如何界定律师的性质是有重要意义的。在一国的律师制度中，律师的性质是一个根本性的问题，它体现在律师制度的各个方面，制约着律师的地位、权利、义务、作用和律师制度的发展方向。因此，能否正确地认识、界定律师的性质，直接关系到律师制度在国家生活中的职能作用能否正常发挥。律师的使命，也被称为律师的责任、律师的职责、律师的宗旨、律师的功能或律师的任务，它是指律师通过执行职务所要达到的目的。律师的使命也是律师法中的一个根本性问题，它反映了人们对律师的性质的认识。改革开放以来，我国律师行业的定位一直处于不断变动之中，这种变动主要体现在以下三个方面：一是我国对律师性质的界定在不断地变化，这一点集中体现在各类规范性文件对律师含义的表述方面；二是我国律师种类也在不断地变化，由国家法律工作者一元格局变成当前社会律师、公职律师、公司律师、军队律师等多种类并存的多元格局；三是我国律师使命也在不断变化之中。

第一节　律师的性质

一、律师的职业性与商业性

律师的性质是一个众说纷纭的问题，无论是在西方学界还是在我国法学界中，对这一问题一直存在着相当大的争议。有两性说、三性说、四性说等诸多观点。[①] 为了进行分析，我们首先了解关于律师性质的基本理论。

国内学界对律师性质问题之所以众说纷纭，其原因在于：首先，作为律师性质之重要范畴的“职业”一词本身定义繁多。几乎所有的学者都同意将律师看做一个职业，在西方职业社会学中，律师是与牧师、医师、建筑师等行业并称的几个较为古老而又典型的职业代表。但是，职业本身具有什么样的性质，这本身又是相当含混的。美国著名法学家理查德·波斯纳法官就曾经感慨地说：“职业”和“职业主义”这两个术语的意义很广，范围很含混，令研究职业最多的社会学的这一学科感到绝望。[②] 这种基本范畴的含混性使得对律师性质的许多争论本身停留在语词之争的层面上。其次，许多争论未能很好地区分实然和应然两种立场，实然立场主要是对律师在具体时空下的具体定位，带有一种客观的描述性质，而应然层面则是从相对理想的状态来观察律师，更深入地探查律师制度背后的运作逻辑。我们应该很好地处理作为整体的律师行业与作为个体的律师之间的关系。把作为整体的律师行业作为观察对象，能够更好地将律师视为一种整体，从一种相对抽象的、普适的视角来观察律师的定位问题。而如果以作为个体的律师作为观察对象，则更多地拘泥于细节和叙事。律师的性质只有在与其他行业进行比较的基础上才能凸显出来。因此，本书从应然的、整体的角度出发来理解律师的职业性质。

（一）律师的职业性

律师行业在其发展历史上，一直被视为“职业”（profession）的典型代表。这里的职业（profession）与一般意义上的行业（occupation）并不相同。正如皮特·怀特所说：“把‘职业’一词适用于所有行当是语言的一种堕落。”[③] 在西方职业研究中，律师等职业存在着与其他行业不同的一些特殊属性，这些特殊属性被学界笼统地用职业性来涵盖。但是职业性本身并不是一种单一的属性，而是具有多重属性的意义丰富的一种指向。这种内涵的丰富性也是导致职业之多义性的重要原因。职业性这种特殊属性主要包括三个维度：

1. 专业性。这里的专业性既是指律师行业所提供的服务所蕴涵的专业性、技术性，也是指律师为委托人服务、忠诚于委托人的专业精神。专业性是律师作为一个职业的

---

① 关于律师性质各种观点的概述，可参见陈宜、王进喜主编：《律师公证制度与实务》，16～17页，北京，中国政法大学出版社，2008。

② 参见［美］理查德·波斯纳著，苏力译：《道德与法律理论的疑问》，216页，北京，中国政法大学出版社，2001。

③ Peter Wright，“What is a ‘Profession’”，29 *Canadian B Rev*. 748，752（1951）.

首要特征，其他诸多特征都是由律师的专业性衍生而来的。律师行业所提供的法律服务往往带有很大专业技术性，这种专业技术性往往无法为一般人所迅速理解和掌握，而需要经过长期的学习或者法学院中的训练方能掌握。正如英国历史上著名的大法官柯克所说的："法律是一门艺术，在一个人能够获得对它的认识之前，需要长期的学习和实践。"而且，随着社会的日趋复杂，社会分工的日趋细化，法律系统更加变成一个复杂庞大的自创系统，律师所提供的法律服务的技术含量也更加为常人所无法理解。专业性隐含的第二层意思是忠诚地为委托人提供服务。律师所服务的对象就是委托人，与委托人之间形成委托人—律师关系，尽管这种关系的性质目前还处于争议之中[①]，但是律师必须忠诚地为委托人提供服务却是毋庸置疑的。这方面的一个经典的也是有些极端的表述是由英国的布鲁厄姆勋爵在卡洛林王后案中为王后所作的事实陈述中提出的："……一名律师在履行其职责的过程中只知道这个世界中的一个人，这个人就是其委托人。为了保护他的委托人，他可以采取任何手段和权宜之计，而不必顾忌其他人的危险和付出的代价，这就是他首要的也是唯一的责任；在履行这些责任时他一定不要顾虑他会给其他人带来的惊吓、痛苦和破坏。要把爱国者的责任和辩护人的责任区分开来，因为他必须不顾一切地勇往直前，尽管他不愿看到他的国家陷入混乱。"[②] 这种为委托人服务的主张虽然略显极端，却明确无误地表达了为委托人忠诚服务的专业精神。美国律师协会在《职业行为示范规则》的序言中指出："作为委托人的代理人，律师执行多种职能。作为建议者，律师使委托人明确理解其法律上的权利和义务，向其解释这些权利和义务的实践含义。作为诉辩者，律师按照对抗制的规则，充满热忱地维护委托人的立场。作为谈判者，律师追求有利于委托人的结果，但是也遵循诚实地对待他人的要求。作为评估人，律师考察委托人的法律事务，并就此向委托人或者他人报告。"这条原则性规定就是律师为委托人服务的专业精神的规范化表现。

2. 公共性。律师的公共性是律师作为一个职业的重要特征。在西方，"职业"一词最早是用来指代神职人员的，以表明他们因为对上帝的虔诚而献身于传播神之精神的事业之中。从词义学角度来看，"职业"（profession）来源于拉丁语"professionem"，意思是进行公开的声明。这一词语历经演变，被用来描述这样的职业，即要求新成员进行宣誓，声明他们要致力于与一个博学的职业相关的理想和职业活动。[③] 因此，隐含在职业一词背后的是一种为公众利益服务的精神。美国律师协会《职业行为示范规则》在序言中便开宗明义地指出："律师，作为法律职业的一员，是委托人的代理人，是法律制度的职员，是对司法质量负有特殊职责的公民"，并且在该示范规则的第六章专门

① 对于委托人—律师关系的性质，国外学术界主要存在三种主张：第一种为信托关系模式。这种模式认为委托人要依靠律师的知识和技巧来维护自己的利益。由于委托人不能评估法律服务的质量，他必须信任他的律师能够在合理耗费的基础上为其提供忠诚的、称职的、勤勉的服务。第二种是市场模式。这种模式认为律师和委托人之间实际上是在协商一致基础上的交换行为，委托人根据合同条款和市场标准获得服务，律师因为提供法律服务而获得报酬。第三种则是公共事业模式。这种模式认为律师是准公务人员，执行重要的公共职能。这种模式认为争端的解决以及其他活动对于社会而言至关重要，因此，对于这些活动必须加以规制，以服务于合法性、终局性、公平性和效率等价值目标。事实上，这三种模式一定程度上都反映出了委托人—律师关系的特性的某一方面。参见王进喜：《美国律师职业行为规则理论与实践》，26页，北京，中国人民公安大学出版社，2005。

② Trial of Queen Caroline 8 (1821).

③ See Debrah L. Rhode and Geoffery C. Hazard, Jr., *Professional Responsibility and Regulation* 1 (2002).

规定了律师的“公共服务”。日本现行《律师法》第1条也宣称：“律师以拥护基本人权，实现社会正义为使命。”各个国家基本上都规定了律师职业向无力承担法律服务费用的社会群体提供法律援助的义务。由此可见，律师的公共性也是众多国家律师的宗旨性要求之一。律师的公共性是与律师所提供的法律服务性质密切相关的。其公共性来源于两个方面：一是作为法律服务之最原始、最重要的诉辩业务是司法活动的重要组成部分，而人类恰恰对于司法活动寄予了非常高的期望，希望司法是实现社会正义的最后一道防线。作为司法活动的诉辩活动也一齐被寄予厚望，希望通过律师的诉辩活动来实现当事人所希望的正义。因此，律师行业便被赋予了公共性的特性。二是律师职业的公共性也来源于律师执业活动的特殊性，律师在日常执业活动中不仅仅是完成了委托人的委托，而且作为法律职业之一员，律师本身在委托人和公众眼中常常成为法律的化身，公众正是通过律师的执业活动才更好地理解了宪法和法律，更好地接受法治这一公共的善，而且通过日常的执业活动，律师也能有力地促进法律缺陷的弥补，维护法律的权威性。

3. 自治性。律师行业的自治性是律师作为一门职业的最显著特征，也是专业性和公共性所推演出来的必然结果。正因为律师行业所提供服务的专业性，所以作为外行人的政府和社会公众要对其实行有效的监管将会存在一定的困难，其中最重要的困难就是信息不对称。所谓信息不对称（asymmetric information），是指在市场经济活动中，各类人员对有关信息的了解是有差异的；掌握信息比较充分的人员，往往处于比较有利的地位，而信息贫乏的人员，则处于比较不利的地位。而在法律服务市场中，基于法律服务的专业性特征，这种信息不对称更加明显，而且连政府本身都无法对这种信息不对称有多大的作为。因此，社会公众和政府一般将一定的规制权力交给律师行业本身。律师行业自治性的正当性来源于权力分立理论。律师行业是保证政府依法办事的重要力量。只有律师行业具有一定的自治性即独立性，才能够保证律师行业能够代表国家权力之外的力量发挥应有的监督作用。美国律师协会《职业行为示范规则》在序言中指出：“就律师应当遵循其职业上的（professional calling）义务而言，受政府规制的需要被排除了。自我规制也有助于不受政府的控制而保持职业上的独立性。一个独立的法律职业是保证政府依法办事的一支重要力量，因为法律权力的滥用更容易受到一个其成员的执业权利并不仰赖于政府的职业的挑战。”①

目前各个国家都在一定程度上将律师行业的监管权赋予了律师行业本身，都普遍设立了实施这种监管权的律师协会。这种行业的监管权一般包括了成员的准入权、成员的处分权、成员的职业行为规范等，其具体规范一般体现在行业协会的章程和律师职业行为规则之中。以美国为例，美国律师协会《职业行为示范规则》在序言中便直接指出：法律职业很大程度上是自治性的。虽然其他职业在这方面也被赋予了权力，但法律职业在这方面是独一无二的，因为在这一职业与政府和执法程序之间，存在着紧密联系。日本的律师联合会也负有审查律师资格、监督律师行为、惩戒违法律师、监督律师会的工作等职责。

① 美国律师协会编，王进喜译：《美国律师协会职业行为示范规则（2004）》，序言，北京，中国人民公安大学出版社，2005。

（二）律师的商业性

与律师的职业性相伴而生的是律师的商业性，律师的商业性与律师的职业性可以说是一个硬币的两面。律师这个职业，既有职业（profession）的因素也有商业（business）的因素。就像美国联邦最高法院首席大法官伦奎斯特曾经指出的那样，律师职业是一种商人和神职人员所组成的微妙的混合体。前者以追求利益的最大化为目标，而后者则完全漠视经济上的诉求。[①] 换言之，律师职业本身即包含着公共利益和自身利益的冲突和调和。律师在为委托人提供法律服务的同时也是一个甄选委托人的过程，而在这种甄选过程中，经济因素占据了重要的地位，特别是在大部分资源都由市场来调配的市场经济大环境中，律师行业的商业性将会被急剧放大。

商业性是律师这一行业与生俱来的属性之一，在律师职业发展的早期，诸多讽刺律师贪财好利的笑话、漫画、小说等文学作品一直是人们津津乐道的话题。到了市场经济高度发展的今天，律师的商业属性更是被进一步激发和放大出来。这主要是由于以下两层原因：(1) 市场经济的大环境使得法律服务以商品交换的形式展现出来。市场经济的大环境极大地激发和刺激了商品交易活动和市民社会的形成，而这又恰好为法律服务市场的繁荣发展奠定了重要的基础，作为法律服务市场之最重要主体的律师与委托人之间的交易也恰恰是通过货币交换的形式来完成的，这使得律师商业化的一面被强烈地激发出来。(2) 大型律师事务所的兴起为律师商业化之路打破了组织结构方面的障碍。传统律师的执业形式一般是通过个人执业形式或者是通过规模相对较小的合伙制形式来开展业务的。一方面，个人执业和合伙制的一个特点在于业务规模相对较小，无法大规模地提供服务并进行业务宣传，律师更多地通过其在公众中的影响来获取自己的业务，这样律师会更注重其个人声誉及在社会公众中的影响。另一方面，合伙制的内部组织制度一般是平权结构，各个合伙人之间进行分权，在决策方面相对民主，在人员管理方面，也形成了较为稳定的升迁机制和激励机制，身处其中的律师可以更加从容地经营自己的职业规划。大型律师事务所的兴起是20世纪60年代以后伴随着跨国企业的迅猛发展和律师事务所业务范围的拓展而产生的。大型律师事务所的特点在于三个方面：首先，大型律师事务所拥有更强的经济实力，更有能力去推广自己的业务并兼并其他相对较小的律师事务所，这就使得法律服务市场的竞争变得非常激烈。在这种激烈的竞争环境中，律师往往无暇顾及其他目标，而更多地将创收作为其最重要目标。其次，大型律师事务所的组织结构往往仿照公司制或者有限责任合伙形式，在组织架构上由传统的平权体制向科层制转化，对律师的管理也趋向于公司制的管理模式，在这种架构之下，整个律师事务所与作为营利单位的公司实际上相差不远，这就更进一步强化了律师的商业化形象。最后，大型律师事务所所服务的主要对象往往是大型的跨国公司，其业务范围相当大一部分是与传统诉辩业务相去甚远的公司并购、上市、改制等业务，这样大型律师事务所在整体气质和文化层面上也与传统的律师事务所存在相当大的差异。

总之，律师职业本身即包含着公共利益和自身利益的冲突和调和。如果将法律视为要么是商业要么是专业，也就是说二者只能择一，在历史上、理论上及实务上

---

① See William H. Rehnquist,"The Legal Profession Today", 62 *Ind. L. J.* 151.

都是匪夷所思的。律师商业性的一面，从来就没有消失过，只不过在现代的社会生活中，这种经济因素得到了放大而已。法律服务是一个职业性的服务业。对于以职业方式提供法律服务而言，合理的商业操作是必要的。对于许多委托人而言，如果律师事务所能够以一种商业化操作的方式提供法律服务，则他们得到的法律服务将更富效率，更加经济。从这个意义上讲，律师的商业化本身就是个不存在的问题，是个理论上的假设。律师这个职业本身就有商业的因素。因此我们通常所说的律师的商业化，更准确的表述，就是律师执业活动中商业化因素与律师执业活动中的职业化因素的比例的消长的过程。律师的商业化在特定条件下能够促进律师职业目标的实现，商业化并不是律师职业化的必然敌人。如果说律师行业的商业性是律师业发展的动力的话，那么律师行业的职业性便是律师业发展的基础。律师的商业性和职业性这两个特性犹如律师业这辆战车的两个巨轮，缺任何一个都无法正常地前进。

二、律师性质的立法演变

律师的性质无疑是律师法中的一个基本问题。律师的性质既是一个宏观的理论问题，也是一个具体的实践问题。对律师性质的界定不能脱离一个国家的具体历史条件。我国关于律师性质的立法界定，经历了从“国家的法律工作者”到“依法取得律师执业证书，为社会提供法律服务的执业人员”，再到“依法取得律师执业证书，接受委托或者指定，为当事人提供法律服务的执业人员”的认识过程。这一立法变化反映了我国律师管理体制改革的阶段性成果，也反映了人们对于律师性质认识的不断深化。

1980 年 8 月 26 日第五届全国人大常委会第十五次会议通过的《中华人民共和国律师暂行条例》第 1 条规定：“律师是国家的法律工作者。”这是当时立法对律师性质的界定。所谓“律师是国家的法律工作者”，具有两层含义：第一，律师是国家公职人员。律师接受当事人的委托办案或办理其他法律事务，与当事人不是雇用与被雇用的关系，而是履行公职，执行国家赋予的维护社会主义法制的使命。他们所从事的工作构成了我国公益事业的一部分。第二，律师作为国家的法律工作者，是司法行政机关的内部在编人员。也就是说，律师事务所（法律顾问处）是事业单位，由国家设立，编制由国家确定，律师工作是非营利性的，律师收费统一上缴国库，律师经费列入国家事业预算。律师事务所（法律顾问处）受国家司法行政机关的组织领导和业务监督，律师的调配、考核、奖惩、思想教育、专业培训、经费管理、机构设置以及各种物质设施筹措均由各级司法行政机关来抓。

强调律师是国家事业单位的在编人员，本身就破坏了律师的独立性。同时，这种界定使得人们对于律师的作用作出了许多简单化的理解。此外，这一界定又包含有抹杀律师执业活动中的商业因素的强烈政治意蕴。因此，律师性质的这种界定表明，我国律师制度在开始建立的时候，对其中的商业因素是持漠视甚至否定态度的。

然而，中国律师业的商业化进程却是惊人的。中国律师商业化是去行政化的一个结果。中国律师商业化的进程源于律师行政化管理的极大经济压力。从 1984 年开始，在律师的财务管理上就开始试行全额管理、差额补助、超收提成以及实行自收自支的经费管理体制。在此基础上，在1988年又开始了不要国家编制、不要国家经费，完全由律师养活自己的合作制律师事务所的试点工作。这种让律师破“旧皇历”、端“泥饭碗”、拿“活工资”、用“流动人”的改革，就是中国律师去行政化的开端。中共中央十四届三中全会通过的《关于建立社会主义市场经济体制若干问题的决定》则明确规定了律师事务所的中介组织地位，正式肯认了律师执业活动中的商业性因素。此后，在中央司法行政机关的屡次行政性推动下，中国律师业的商业化基础基本奠定了。1996年制定的《律师法》，把律师界定为取得律师执业证书，向社会提供法律服务的执业人员。这一界定，标志着关于律师行业去行政化的问题，在思想认识上实现了统一。

2007年我国对《律师法》进行了修改，修订后的《律师法》第2条规定：“本法所称律师，是指依法取得律师执业证书，接受委托或者指定，为当事人提供法律服务的执业人员。律师应当维护当事人合法权益，维护法律正确实施，维护社会公平和正义。”这一修改具有重要的意义。首先，这一规定，在立法上完整地体现了律师的职业因素和商业因素。其次，明确了以“委托人”为中心的设计理念。使律师的职业使命在逻辑结构上更加完整了。“律师应当维护当事人合法权益”表明，律师要最大限度地争取当事人的利益最大化，这是律师的本职；律师通过维护当事人的权益达到“维护法律的正确实施”的目的。应当说，本次修订将该表述由原来第1条的立法目的，变更为律师服务的目的，是律师使命的回归，更加明确强调了律师行业的职业属性，这表明新《律师法》在对律师性质的认识上达到了一个新的高度。

三、律师种类

随着我国法律服务市场体制改革的推进，我国律师业也逐渐由原来的国家法律工作者的一元律师行业格局演变成多元主体并存的律师行业格局。律师作为依法取得执业证书、提供法律服务的执业人员，具有了多样性。从我国目前的实际情况来看，律师包括社会律师、公职律师、公司律师和军队律师。截至2005年6月，我国执业律师已达11.8万多人，其中专职律师103 389人，兼职律师6 841人，公职律师1 817人，公司律师733人，军队律师1 750人，法律援助律师4 768人。另外，还有律师辅助人员3万多人。社会律师是律师行业最主要的组成部分，也是本书着重介绍的重点。

（一）社会律师

社会律师是指依法取得律师执业证书，接受委托或者指定，为当事人提供法律服务的执业人员。[①] 律师事务所是社会律师的执业机构。社会律师可以从事下列业务：（1）接受自然人、法人或者其他组织的委托，担任法律顾问；（2）接受民事案件、行政案件当事人的委托，担任代理人，参加诉讼；（3）接受刑事案件犯罪嫌疑人的委托，为其提供法律咨询，代理申诉、控告，为被逮捕的犯罪嫌疑人申请取保候审，接受犯罪嫌疑人、被告人的委托或者人民法院的指定，担任辩护人，接受自诉案件自诉人、公诉案件被害人或者其近亲属的委托，担任代理人，参加诉讼；（4）接受

① 参见《律师法》第2条。

委托，代理各类诉讼案件的申诉；（5）接受委托，参加调解、仲裁活动；（6）接受委托，提供非诉讼法律服务；（7）解答有关法律的询问、代写诉讼文书和有关法律事务的其他文书。

（二）公职律师

公职律师是指依法取得律师执业证书，供职于政府职能部门或行使政府职能的部门，或经招聘到上述部门专职从事法律事务的执业人员。① 公职律师执业应取得公职律师工作证。公职律师的职责范围是：（1）为本级政府或部门行政决策提供法律咨询意见和法律建议；（2）按照政府的要求，参与本级政府或部门规范性文件的起草、审议和修改工作；（3）受本级政府或部门委托调查和处理具体的法律事务；（4）代理本级政府或部门参加诉讼、仲裁活动；（5）为受援人提供法律援助；（6）本级政府或部门的其他应由公职律师承担的工作。

（三）公司律师

公司律师是指依法取得律师执业证书，在企业内部专职从事法律事务工作的执业人员。公司律师执业应取得公司律师工作证。② 公司律师的主要职责是：（1）对企业的生产经营决策提出法律意见；（2）参与本企业法律文书的起草和修改工作，审核企业规章制度；（3）审查和管理企业合同；（4）对企业违反法律、法规的行为提出纠正的建议，并在企业内部开展法制宣传教育工作；（5）参与企业的谈判，代理本企业的诉讼、仲裁活动；（6）其他应由公司律师承办的法律事务。

（四）军队律师

军队律师是指依法取得军队律师工作证，为军队提供法律服务的现役军人。③ 军队律师在军队法律顾问处执业。军队律师执业应取得军队律师工作证。我国军队律师制度建立较晚。1985 年 2 月，我军在海军司令机关试点设立了第一个法律顾问处，随后几年内各大单位也纷纷设立，这一时期是我国创建军队律师制度的探索阶段。1992 年 9 月中央军委批准设立总政治部司法局，领导全军司法行政工作，从而使军队律师、法律顾问、法律咨询等工作归口政治机关统一领导和管理。1993 年 3 月中国人民解放军总政治部与司法部联合发布《关于军队法律服务工作有关问题的通知》，标志着国家认可在军队建立律师序列，并把军队律师初步纳入国家律师体制。1996 年 5 月通过的《律师法》第 50 条明确规定：为军队提供法律服务的军队律师，其律师资格的取得和权利、义务及行为准则，适用本法规定。这标志着国家军队律师制度在立法中正式得以确立。据现有的规定，军队律师的职责范围严格限定在军队内部以及军队与地方互涉的法律服务中。1993 年 3 月 17 日，司法部和中国人民解放军总政治部在联合颁布的《关于军队法律服务工作有关问题的通知》中明确规定部队军以上单位的法律顾问处是军队律师执行职务的工作机构，其主要任务有：领导律师开展业务工作，依法为首长、机关决策和管理提供法律咨询；接受军队单位和军办企业的委托处理军队内部或者军地互涉的法律事务；为军内单位和人员提供法律服务；协助有关部门对部队进行经常

① 参见《司法部关于开展公职律师试点工作的意见》（司发通［2002］80 号）。

② 参见《司法部关于开展公司律师试点工作的意见》（司发通［2002］79 号）。

③ 参见《律师法》第 57 条。

性的法制教育。

我国从2002年开始开展了公职律师和公司律师的试点工作，截至2005年，全国已经有633个政府机关开展了公职律师试点工作，公职律师达到1 817人，162家企业开展了公司律师试点工作，公司律师达到733人，军队律师1 750人，法律援助律师4 768人。截至2005年7月全国31个省（自治区、直辖市）全部开展了公职律师、公司律师试点工作。公职律师和公司律师已经逐渐成为中国律师职业队伍的组成部分，在促进政府依法行政和企业依法经营方面发挥着重要作用。

第二节　律师的使命

律师的使命与律师的性质是密切相关的，对律师性质的定位决定着律师使命的实质内容。作为一种典型的职业，律师职业本质上便带有一种很强的神圣感和使命感。各国一般都会规定律师在加入这个行业的时候要有宣誓仪式，而且在法律和职业行为规范中也对律师的使命作出不同程度的规定。因此，可以说律师的使命是对律师之定位的具体化，也是律师在执业过程中所需要追求的一种高的境界。

在我国，对律师的使命方面的规定也是随着社会的发展而不断变化的。在1980年《律师暂行条例》中，律师被定位为国家法律工作者，其使命是对国家机关、企业事业单位、社会团体和公民提供法律援助，以维护法律的正确实施，维护国家、集体的利益和公民的合法权益。1996年《律师法》则将律师的性质界定为“依法取得律师执业证书，为社会提供法律服务的执业人员”，对律师使命的规定不甚明确。这种立法方面的情况与当时将律师行业界定为与其他服务行业相同的中介行业是有非常大的关系的。随着社会各界对律师行业商业化反思的深入，对律师使命的重新思考的重视也逐渐在制度层面得到了体现。在2004年通过的《律师执业行为规范（试行）》中，第7条明确提出了“律师必须诚实守信，勤勉尽责，依照事实和法律，维护委托人利益，维护法律尊严，维护社会公平、正义”。这种对律师使命的重视与强调与我国社会发展和律师行业的变化是相一致的。这种变化最终落实到2007年新修订的《律师法》上，根据该法，我国律师的使命主要包括：

一、维护委托人合法权益

律师应当维护委托人的合法权益，这既是律师职业性的表现，也是律师作为受托人之基本要求。律师正是通过为一个个个体的委托人提供称职的法律服务来完成为整个社会提供优质法律服务之任务的。律师能够为委托人提供的法律服务是多方面的，因此，律师维护委托人合法权益的内涵也非常丰富。作为法律意见的建议者，律师应当使其委托人明确理解法律上的权利与义务，向其解释这些权利与义务在实践中的具体含义。当作为诉辩者的时候，律师应当按照诉讼规则，以维护委托人的立场，在法律的限度内尽可能维护委托人的利益。在作为谈判者的时候，律师应当追求有利于委托人的结果，但也要遵循诚实对待他人的要求。在作为评估者的时候，律师应当考察委托人的法律事务，并就此向委托人或者他人报告。总之，律师为委托人服务的方式是多样的，但贯穿其中的精神则始终是要维护委托人的合法权益。

二、维护法律正确实施

律师不但是法律服务的提供者和委托人的代理人，他们还是法律职业的一分子。他们从事法律活动的过程实际上就是法律实施过程之重要组成部分，他们的言行举止在很大程度上被公众理解为法律的化身，因此，律师应当从善意的角度去自觉维护法律的正确实施。一方面，律师是法律制度的创设者，他们越来越多地参与到各项法律的制定过程中；另一方面，他们还是法律制度的使用者，他们能够在第一线直接感知法律的生命力和运作状况，也更能理解法律本身的利弊得失，因此，他们还应当尽力去改进法律的制定和实施状况。在我国的律师业中，律师也经常通过参与立法辩论、提供立法建议稿、积极参与社会普法等形式来维护我国法律的正确实施。

三、维护社会公平和正义

维护社会的公平和正义，是律师之使命的终极意义。社会公平和正义是法律的本质，也是法律的生命之源。律师作为法律创制与实施的重要参与者，自然应当将维护社会公平和正义作为其当然的使命。维护社会公平和正义也是律师职业公共性最重要的体现。各个国家均在法律和律师职业行为规则中规定了律师在公共服务中的义务，尤其是律师在帮助弱势群体方面的义务。律师职业通过法律援助等活动，向社会弱势群体提供法律服务，使其也能够借助法律和司法来保障自己的权益不受侵害，这是律师维护社会公平和正义的最直接体现。除此之外，律师还通过影响性诉讼、参与普法、律师参政等多种形式来促进社会公平和正义的最终实现。

本章思考题

1. 《律师法》关于律师性质的规定及其意义是什么？
2. 我国当前有哪些律师类型？
3. 如何正确理解律师的使命？

第三章

律师执业许可

第一节　申请领取律师执业证书的条件

一、申请律师执业的积极条件

二、申请律师执业的消极条件

第二节　申请律师执业证书的程序与律师执业证书的管理

一、申请

二、申请的受理和初步审查

三、申请的审核

四、律师执业证书的管理

第三节　律师特许执业制度

一、律师资格考核取得制度

二、特许执业制度

第四节　兼职律师制度

一、兼职律师制度概述

二、我国现行兼职律师制度

第五节　律师宣誓制度

一、参加律师宣誓的人员

二、宣誓仪式要求

三、宣誓程序

四、律师宣誓誓词的内容

第六节　律师执业的几个限制

一、律师执业必须遵守宪法和法律，恪守律师职业道德和执业纪律

二、律师只能在一个律师事务所执业

三、担任各级人民代表大会常务委员会组成人员的律师在任职期间不得从事诉讼代理或者辩护业务

四、律师在执业期间不得以非律师身份从事法律服务

本章导读

律师执业就是律师向委托人提供法律服务的活动，这种活动不仅关涉委托人个人权利的实现，而且关涉国家法律的有效实施和整个社会公平正义的最终实现，因此，可以说律师执业活动质量的高低不仅决定着某个当事人所能享受到的法律服务质量的高低，更重要的是还决定着一个国家法治程度的高低以及社会整体对法律的信任程度。因此，作为公共利益之代表的国家有责任保障律师行业提供高质量的律师执业活动。国家保障律师行业提供高质量的律师执业活动的第一步，就是为律师执业设定一定的准入门槛，以保证适格的、有足够能力来提供高质量法律服务的人员进入律师行业。为此，国家就需要对律师执业活动设立一定的许可制度，也就是设定相应的准入制度，只有在满足许可条件的情况下，才能允许进行律师执业活动。

第一节 申请领取律师执业证书的条件

各个国家都对律师执业活动设定了一定的许可制度，比如，在日本，一个人要进行律师执业活动，不仅要通过国家司法资格考试，而且还需要在司法研修所进行长达一年半的研修。[①] 在美国，通过本州律师职业资格考试的人，还需要通过一个全国性的职业责任联考（Multistate Professional Responsibility Examination，MPRE）才能取得执业资格。我国在律师执业上也设定了一定的条件。本节以 2007 年修订的《律师法》及其配套规章制度为基础，对我国律师执业许可制度进行系统的介绍。

根据我国《律师法》的规定，申请领取律师执业证书的人员在通过国家司法资格考试后并不当然具备律师执业的条件，而是还需要通过一段时间的实习并经相关部门认定具备执业资格方能获准进行律师执业。关于律师执业证书的颁发与申领条件，主要规定在《律师法》的第 5 条、第 7 条以及由司法部所颁布的配套规章《律师执业管理办法》的第 6 条、第 9 条中。根据上述规定，在我国，申请领取律师执业证书的条

① 参见贺卫方编：《中国法律教育之路》，365 页，北京，中国政法大学出版社，1997。

件包括两个方面：

一、申请律师执业的积极条件

申请律师执业的积极条件，是指立法对申请律师执业相关条件的正面要求。申请律师执业的积极条件包括以下内容：

（一）拥护《中华人民共和国宪法》

宪法是一个国家的根本大法，也是一个国家法律体系的母法，具有基本法的地位。《中华人民共和国宪法》是我国的根本大法，规定了国家的根本制度和根本任务，具有最高的法律效力。我国《宪法》序言中规定："全国各族人民、一切国家机关和武装力量、各政党和各社会团体、各企业事业组织，都必须以宪法为根本的活动准则，并且负有维护宪法尊严、保证宪法实施的职责。"也就是说，只要是中华人民共和国的公民都应该拥护中华人民共和国的宪法，而作为法律工作者的律师则更应当以拥护《中华人民共和国宪法》作为前提。拥护《中华人民共和国宪法》要求律师不仅仅要遵守以宪法条文本身，而且还要遵守以宪法作为母法所衍生出来的中华人民共和国法律体系。只有在既有法律体系下进行执业活动，律师执业才具有合法性。拥护宪法是申请律师执业的最基本要求。

（二）通过国家统一司法考试

资格考试是职业化的重要标志，是保证职业成员具有称职性的重要措施之一。应当承认，资格考试测试的仅仅是职业活动所需要的技能的一部分，并且不能完美地测试所有这些技能。但是资格考试是平等的，可以无视参加考试者的身份，在参加考试人员之间创造平等竞争的机会。因此，资格考试是打破身份界限，从身份走向能力的必要制度，是平等观念的必要体现。我国法律职业资格取得制度的演变，经历了从考核到考试、从内部考试到公开考试、从律师资格考试到国家司法考试的过程，在保证法律职业新进人员质量、提高法律职业队伍整体素质方面发挥了重要的作用。

1978年律师工作恢复初期，受历史条件的限制，我国采取了考核授予律师资格的制度。1980年《律师暂行条例》明确规定了考核授予律师资格制度。这种制度在参加考核的条件和程序等方面并不严格，因而在实践中弊端颇多。1984年，江西省举办了全省律师资格统一考试，1985年北京等地也举行了律师资格考试。1986年，司法部在借鉴国外相关做法和总结各地经验的基础上，举行了第一次全国律师资格统一考试。这次考试是一次内部考试，参考人员仅限于正在申请律师资格的专职或兼职律师工作人员，以及法学研究教学人员当中符合从事律师工作的人员。第二次全国律师资格考试于1988年9月举行，报考人员的范围则不受限制。这是从内部考试到公开考试的重要变革，意味着从强调报考者身份到强调报考者专业能力的转型，为法治时代追求体现自身人生价值的人铺就了平等竞争的舞台，意味着律师资格考试储备法律人才的作用开始发挥。1996年制定的《律师法》正式以法律的形式确认了律师资格考试制度。

2002年，国家统一司法考试开始举办，它将"律师资格考试"，"初任法官资格考试"和"初任检察官资格考试"三种考试合而为一。按照目前的法律规定，无论是从事法官、检察官职业，还是从事律师、公证员职业，都必须通过司法考试这种职业资格考试。这为建立具有共同知识背景、共同价值认同、共同目标追求的法律职业共同体，创造了必要的制度条件，是我国法律职业开始形成的标志。根据中华人民共和国司法部在2008年8月颁布的《国家司法考试实施办法》第15条的规定，符合以下条件的人员，可以报名参加国家司法考试：（1）具有中华人民共和国国籍；（2）拥护《中华人民共和国宪法》，享有选举权和被选举权；（3）具有完全民事行为能力；（4）高等院校法律专业本科毕业或者高等院校非法律专业本科毕业并具有法律专业知识；（5）品行良好。第16条从反面规定了不能参加国家司法考试的人员，有下列情形之一的人员，不能报名参加国家司法考试，已经办理报名手续的，报名无效：（1）因故意犯罪受过刑事处罚的；（2）曾被国家机关开除公职或者曾被吊销律师执业证、公证员执业证的；（3）被处以二年内不得报名参加国家司法考试期限未满或者被处以终身不得报名参加国家司法考试的。

根据《律师法》第5条的规定，实行国家统一司法考试前取得的律师资格凭证，在申请律师执业时，与国家统一司法考试合格证书具有同等效力。

根据《律师执业管理办法》第6条的规定，享受国家统一司法考试有关报名条件、考试合格优惠措施，取得法律职业资格证书的，其申请律师执业的地域限制，按照有关规定办理。

（三）在律师事务所实习满一年

律师执业具有很强的实践性，这种实践性仅仅通过国家统一司法资格考试是无法检验出来的，也是当前大学法学教育所无法提供的，而是需要在实践过程中学习和掌握的专业技能。因此，在通过国家统一考试并取得法律执业资格证书后，申请律师执业的人员，应当按照规定参加律师协会组织的实习活动，并经律师协会考核合格。

为了规范申请律师执业人员的实习活动，保障实习的质量和秩序，2007年6月，中华全国律师协会颁布了《申请律师执业人员实习管理规则（试行）》，其主要内容包括：（1）人员申请实习，应当向律师事务所提出实习申请，经律师事务所同意，并由实习所在地地市级律师协会审核登记后，方可参加实习。（2）实习分集中培训和实务训练两个阶段进行。实习期限为一年。集中培训由省级律师协会或者有条件的地市级律师协会组织进行。集中培训时间不得少于一个月。集中培训内容包括：社会主义法治理念、律师执业管理规定、律师职业道德和执业行为规范、律师实务知识和执业技能等内容。地方律师协会可以根据本地实际情况，增加部分选修内容，作为集中培训的选修课程。（3）申请实习登记，由拟接收实习人员实习的律师事务所向所在地地市级律师协会提交有关材料。地市级律师协会应当自收到申请登记材料之日起20日内完成对申请实习人员、指导律师、拟接收实习人员实习的律师事务所条件的审核。对于符合本规则规定条件的，准予登记，并向申请实习人员颁发《申请律师执业人员实习证》；对于不符合规定条件的，应当书面通知拟接收实习人员实习的律师事务所及申请实习人员，并告知理由。（4）集中培训结束时，应当对参加培训的实习人员进行考核。经考核合格的，由地方律师协会发给《实习人员集中培训结业证书》；考核不合格的，由地方律师协会安排其再次参加集中培训，所需时间不计入实习时间。（5）实习人员实习期满后，实习所在地地市级律师协会应当对律师事务所依照有关规则提交的材料进行审查，并对实习人员掌握律师职业道德、律师执业基本技能、律师执业管理制度的情况，以及实习人员的品行表现进行考核。（6）律师协会对实习人员实习活动的管理，应当接受司法行政机关的指导和监督。

（四）品行良好

律师执业活动涉及国家法律的正确实施，涉及寻求法律帮助的当事人的权利与义务，因此，申请律师执业人员应当具有良好的品行。品行良好是目前审查申请领取律师执业证书的条件中最难以把握的条件，在实践中也往往流于形式，造成相当数量不适宜从事律师职业的人进入到了律师队伍，对律师事业的长远发展造成了诸多消极影响。因此，如何使得该规定具有可操作性，是未来解决该问题的技术节点。

二、申请律师执业的消极条件

申请律师执业的消极条件，是指立法对申请律师执业相关条件的反面要求。申请律师执业的消极条件包括以下内容：

（一）无民事行为能力或者限制民事行为能力

《律师法》第7条规定，无民事行为能力或者限制民事行为能力的，不予颁发律师执业证书。这一规定实际上是要求当律师的人必须身心健康。律师的责任重大，直接关系到当事人的利益。如果律师是无民事行为能力或者限制民事行为能力的人，不仅不能完成工作任务，反而可能给当事人造成损失。因此，属于上述情形的人是不能取得律师执业证书的。①

（二）受过刑事处罚，但过失犯罪的除外

律师作为法律工作者，要求具有良好品行。因此，因犯罪受过刑事处罚（过失犯罪除外）是与这一要求相悖的。《律师法》第7条对此作出了明确规定。根据该规定，受过刑事处罚仅有犯罪性质的要求，而没有犯罪轻重程度和所处刑罚性质的限制。只要因为故意犯罪受过刑事处罚，就不能取得律师执业证书。

（三）被开除公职或者被吊销律师执业证书

开除公职，是指国家机关或公共企业、事业单位中的正式职务被开除。吊销律师执业证书，是指律师执业证书被省、自治区、直辖市人民政府司法行政部门依法吊销。被开除公职或者被吊销律师执业证书的律师都涉及严重的违法违纪行为。因此，被开除公职或者被吊销律师执业证书的人，不能申请取得律师执业证书。

---

① 《民法通则》第11条规定："十八周岁以上的公民是成年人，具有完全民事行为能力，可以独立进行民事活动，是完全民事行为能力人。十六周岁以上不满十八周岁的公民，以自己的劳动收入为主要生活来源的，视为完全民事行为能力人。"第12条规定："十周岁以上的未成年人是限制民事行为能力人，可以进行与他的年龄、智力相适应的民事活动；其他民事活动由他的法定代理人代理，或者征得他的法定代理人的同意。不满十周岁的未成年人是无民事行为能力人，由他的法定代理人代理民事活动。"第13条规定："不能辨认自己行为的精神病人是无民事行为能力人，由他的法定代理人代理民事活动，不能完全辨认自己行为的精神病人是限制民事行为能力人，可以进行与他的精神健康状况相适应的民事活动；其他民事活动由他的法定代理人代理，或者征得他的法定代理人的同意。"

第二节　申请律师执业证书的程序与律师执业证书的管理

程序是指为达成某一目的或结果而使用的方法、手段或一系列步骤。申请律师执业证书的程序就是为获得律师执业证书所必须采取的一系列步骤。2007年《律师法》对申请律师执业证书的程序作了比较大的改变，依照2007年《律师法》和配套规章规定，申请律师执业证书的程序从过程来看主要区分为申请、申请的受理与审查、申请的审核三个阶段。

一、申请

申请的提交是启动申请程序的起点。申请律师执业，应当向设区的市级或者直辖市的区（县）司法行政机关提交下列材料：（1）执业申请书；（2）法律职业资格证书或者律师资格证书；（3）律师协会出具的申请人实习考核合格的材料；（4）申请人的身份证明；（5）律师事务所出具的同意接收申请人的证明。申请执业许可时，申请人应当如实填报《律师执业申请登记表》。

申请兼职律师执业，除按照上述规定提交有关材料外，还应当提交下列材料：（1）在高等院校、科研机构从事法学教育、研究工作的经历及证明材料；（2）所在单位同意申请人兼职律师执业的证明。

二、申请的受理和初步审查

申请人提交申请材料之后，由设区的市级或者直辖市的区人民政府司法行政部门受理并进行初步审查。2007年《律师法》对受理律师执业证书申请的机关作了明确的规定。在2001年的《律师法》中只是规定了省、自治区、直辖市以上人民政府司法行政部门应该对申请人提交的材料进行审核，并依据审核情况决定是否发给律师执业证书。而申请的受理机关和初步审查工作则是交给了住所地司法行政机关，由住所地司法行政机关提出审查意见然后逐级上报至省、自治区、直辖区的司法厅（局）。① 2007年的《律师法》则将申请的受理和初步审查机关明确规定为所在地设区的市级或者直辖市的区人民政府司法行政部门。这种新规定将律师执业申请的受理和初步审查变得更为规范，律师执业申请的受理和初步审查是律师执业申请程序非常重要的环节，该环节往往决定了律师执业申请的最后结果。

设区的市级或者直辖市的区司法行政机关对申请人提出的律师执业申请，应当根据下列情况分别作出处理：（1）申请材料齐全、符合法定形式的，应当受理。（2）申请材料不齐全或者不符合法定形式的，应当当场或者自收到申请材料之日起5日内一次告知申请人需要补正的全部内容。申请人按要求补正的，予以受理；逾期不告知的，自收到申请材料之日起即为受理。（3）申请事项明显不符合法定条件或者申请人拒绝

① 参见司法部1996年颁布的《律师执业证管理办法》第9条。

补正、无法补正有关材料的，不予受理，并向申请人书面说明理由。这三种情况的规定一方面规范了市级或者直辖市的区司法行政机关的受理行为，另一方面也对律师执业申请进行了有效的分流。

在审查期限方面，受理申请的司法行政机关应当自决定受理之日起 20 日内完成对申请材料的审查。在审查过程中，可以征求申请执业地的县级司法行政机关的意见；对于需要调查核实有关情况的，可以要求申请人提供有关的证明材料，也可以委托县级司法行政机关进行核实。经过审查后，审查机关应当对申请人是否符合法定条件、提交的材料是否真实齐全出具审查意见，并将审查意见和全部申请材料报送省、自治区、直辖市司法行政机关。

三、申请的审核

经过设区的市级或者直辖市的区（县）司法行政机关初步审查后，审查意见和全部申请材料应该报送省、自治区、直辖市司法行政机关进行最终的审核。之所以将整个审核程序划分为初步审查和审核两个阶段并将最终的审核权交由省、自治区、直辖市司法行政机关来行使，是因为，一方面设区的市级或者直辖市的区司法行政机关比省、自治区、直辖市司法行政机关更接近律师执业和实习律师的工作环境，对实习律师的综合状况更为了解；另一方面，律师执业申请的审核是律师行业准入的最后一道关口，审核情况决定了律师队伍整体的服务质量乃至整个国家的法治水平，将最终的审核权交由省、自治区、直辖市司法行政机关来行使也是为了更为审慎地行使律师执业申请的批准权。这种二元结构既可以使得律师执业申请的业务能够得到有效的分流，避免省、自治区、直辖市司法行政机关过于繁重的审核压力，也能够使得律师执业申请得到更为审慎的审查。

省、自治区、直辖市司法行政机关应当自收到受理申请机关报送的审查意见和全部申请材料之日起 10 日内予以审核。根据初步审查机关的审查意见和全部申请材料作出是否准予执业的决定。准予执业的，应当自决定之日起 10 日内向申请人颁发律师执业证书。不准予执业的，应当向申请人书面说明理由。

此外，2007 年《律师法》对于律师执业证书的注销、换发也作出了规定。2007 年《律师法》第 9 条规定，有下列情形之一的，由省、自治区、直辖市人民政府司法行政部门撤销准予执业的决定，并注销被准予执业人员的律师执业证书：（1）申请人以欺诈、贿赂等不正当手段取得律师执业证书的；（2）对不符合本法规定条件的申请人准予执业的。第 10 条规定，律师只能在一个律师事务所执业。律师变更执业机构的，应当申请换发律师执业证书。

四、律师执业证书的管理

为了规范和加强对律师执业证书和律师事务所执业许可证书的管理，司法部于 2009 年 9 月 21 日发布了《律师和律师事务所执业证书管理办法》，并决定自 2009 年 10 月 1 日起，启用新版执业证书。根据该规定，律师执业证书是律师依法获准执业的有效证件。新版律师执业证书分为律师执业证和律师工作证两大类。律师执业证分为适用于专职、兼职律师的律师执业证和适用于香港、澳门、台湾居民获准在内地（大陆）从事律师职业的律师执业证两个版本。律师工作证分为适用于公职律师、公司律师、法律援助律师的律师工作证和适用于军队律师的军队律师工作证两个版本。

省、自治区、直辖市司法行政机关应当自作出准予律师执业决定之日起 10 日内，向申请人颁发执业证书。执业证书应当加盖发证机关印章，在律师执业证书持证人照片处应当加盖发证机关钢印。律师应当妥善保管执业证书，不得变造、涂改、抵押、出借、出租和故意损毁。律师应当依法使用执业证书。律师执业应当出示律师执业证书。律师申请变更执业机构的，变更审核机关应当自作出准予变更决定之日起 10 日内为申请人换发律师执业证书。律师因执业证书损毁等原因，导致执业证书无法使用的，应当申请换发执业证书。换发执业证书，应当向设区的市级或者直辖市的区（县）司法行政机关提出申请，由其在收到申请之日起 5 日内完成审查，并上报原发证机关。原发证机关应当自收到申请之日起 10 日内完成审查，符合规定的，为申请人换发执业证书；不符合规定的，不予换发执业证书，并向申请人说明理由。准予换发执业证书的，申请人在领取新的执业证书时，应当将原执业证书交回原发证机关。执业证书遗失的，律师应当及时报告所在地县（区）司法行政机关，并在省级以上报刊或者发证机关指定网站上刊登遗失声明。遗失声明应当载明遗失的执业证书的种类、持证人姓名（名称）、执业证号和执业证书流水号。律师申请补发执业证书的，申请时应当同时提交已刊登遗失声明的证明材料。设区的市级或者直辖市的区（县）司法行政机每年完成对律师事务所年度检查考核后，应当在律师执业证书相应栏目内填写考核年度、考核结果、考核（备案）机关、考核（备案）日期，并在律师执业证书上加盖“律师年度考核备案”专用章。律师受到停止执业处罚的，由作出处罚决定的司法行政机关或者由其委托的下一级司法行政机关在宣布或者送达处罚决定时扣缴被处罚律师的执业证书，处罚期满予以发还。律师被依法撤销执业许可或者被吊销执业证书的，由作出撤销或者处罚决定的司法行政机关或者由其委托的下一级司法行政机关在宣布或者送达撤销或者处罚决定时收缴该律师的执业证书，并依照规定程序予以注销。律师因其他原因终止执业，需要注销其执业证书的，该律师应当将执业证书上交其所在地县（区）司法行政机关，由其按照规定程序交原发证机关予以注销。律师被吊销执业证书或者因其他原因终止执业，拒不上交执业证书的，由原发证机关公告注销其执业证书。律师对执业证书保管不善或者违法使用执业证书的，由所在地县（区）司法行政机关给予批评教育，责令改正；情节严重的，由设区的市级或者直辖市的区（县）司法行政机关依法给予相应的处罚。司法行政机关应当建立律师执业证书信息管理系统，根据执业证书颁发、注销及其他有关变更情况适时进行更新，为公民、法人、其他社会组织和国家机关提供有关执业证书信息查询服务。

第三节 律师特许执业制度

律师特许执业制度是指在正常的律师执业许可程序之外，由主管机关根据一定的条件授予一些人以执业资格。通过特许执业制度取得执业证书的律师与一般律师最大的区别在于他们无须经过律师执业许可程序（包括通过国家统一司法考试、进行一定时间的实习等）的严格考核，而只需要通过主管机关按照一定的条件进行的审核即可获得律师执业证书。

一、律师资格考核取得制度

现行《律师法》的特许执业制度是从律师资格考核取得制度演变而来的。1980 年《律师暂行条例》第 8 条规定："热爱中华人民共和国，拥护社会主义制度，有选举权和被选举权的下列公民，经考核合格，可以取得律师资格，担任律师：（一）在高等院校法律专业毕业，并且做过两年以上司法工作、法律教学工作或者法学研究工作的；（二）受过法律专业训练，并且担任过人民法院审判员、人民检察院检察员的；（三）受过高等教育，做过三年以上经济、科技等工作，熟悉本专业以及与本专业有关的法律、法令，并且经过法律专业训练，适合从事律师工作的；（四）其他具有本条第（一）项或第（二）项所列人员的法律业务水平，并具有高等学校文化水平，适合从事律师工作的。"第 9 条规定："取得律师资格，须经省、自治区、直辖市司法厅（局）考核批准，发给律师证书，并报中华人民共和国司法部备案。司法部发现审批不当的，应当通知司法厅（局）重新审查。"因此《律师暂行条例》在律师资格的取得上采取了考核取得律师资格制度。这在当时的历史条件下，有利于迅速恢复和发展律师队伍。从 1979 年恢复律师制度到 1986 年实行全国律师资格统一考试，我国以考核的方式发展了一万多名律师，在事实上形成了以考试取得律师资格为主、考核取得律师资格为补充的制度。1996 年 5 月 15 日通过的《律师法》对此给予了确认，在规定了律师资格考试制度的同时，在第 7 条规定："具有高等院校法学本科以上学历，从事法律研究、教学等专业工作并具有高级职称或者具有同等专业水平的人员，申请律师执业的，经国务院司法行政部门按照规定的条件考核批准，授予律师资格。"1996 年 10 月 25 日，司法部发布了《律师资格考核授予办法》，对《律师法》的规定从授予对象、条件、程序等方面加以具体落实。根据该办法，拥护《中华人民共和国宪法》，品行良好，身体健康，年龄在 65 岁以下，具有高等院校法学本科以上学历，被授予律师资格后能够专职从事律师工作的中华人民共和国公民，符合下列条件之一的，可以申请考核授予律师资格：(1) 在高等法律院校（系）或法学研究机构从事法学教育或研究工作，已取得高级职称的；(2) 具有法学专业硕士以上学位，有 3 年以上法律工作经历或者在律师事务所工作一年以上的；(3) 其他具有高级职称或者同等专业水平，可以考核授予律师资格的。经考核授予律师资格的人员，不专职从事律师工作的，司法部按照考核的审批程序，撤销所作出的批准授予其律师资格的决定，并收回律师资格证书。律师资格考核制度对于发展律师业，满足社会法律服务需求，发挥了重要作用。

二、特许执业制度

在我国，特许执业律师制度可以说是特定社会历史条件下的必然产物。随着改革开放的深入发展，我国社会经济等各个方面开始向世界开放，特别是在我国加入世界贸易组织（WTO）之后，在反倾销、融资并购、知识产权等诸多高端领域出现了对法律服务的大量需求。我国律师业发展历史较为短暂，高端领域的律师人才相对匮乏，这就导致我国在这些高端服务领域出现法律服务严重匮乏的问题。为了弥补这方面缺陷，在高端领域的律师人才还无法满足这些领域所需法律服务的情况下，我国便采取特许执业律师制度来加以应对，通过特许方式允许某些领域的专业人士不通过律师执业资格申请程序进入这些执业领域。而 2001 年《律师法》第 7 条规定的考核取得律师资格制度所涉及的人员范围相对广泛，没有针对某些法律服务人才匮乏的特殊领域进行特许执业，因此在实行了统一司法考试制度后，一直颇受争议。为此，2007 年《律师法》将此条文作了修改，于第 8 条规定，具有高等院校本科以上学历，在法律服务人员紧缺领域从事专业工作满 15 年，具有高级职称或者同等专业水平并具有相应的专业法律知识的人员，申请专职律师执业的，经国务院司法行政部门考核合格，准予执业。与之前的规定相比，新《律师法》明确规定了特许执业的条件应该是在法律服务人员紧缺领域从事专业工作满 15 年，这就使得特许执业条件更加严格，大大限制了特许执业的范围。至于哪些是法律服务人员紧缺领域、申请特许律师执业所需要提交的材料以及受理、考核、批准的程序则由国务院另行规定，目前还处于规则制定阶段。

第四节 兼职律师制度

在我国的律师队伍中，除了专职律师之外，还存在着兼职律师。截至 2006 年，我国共有兼职律师 7 418 人，约占律师总数的 7%。

一、兼职律师制度概述

我国的兼职律师制度始于民国时期。中华民国元年（1912 年）所颁行的《律师暂行章程》不但明确规定律师可以兼任学校教授，而且还规定在国立、公立、私立大学或专门学校充任律师考试章程内主要科目之一教授满 3 年者，可以不经过律师资格考试而担任律师。新中国成立后，1956 年，国务院批准了司法部关于建立律师工作的请示报告。从 1956 年 6 月到 1957 年 6 月，仅仅一年的时间，我国大中城市和中级人民法院所在的区、县、市以及少数农村地区，都建立了律师组织。全国律师的人数达到了 2 528人，其中兼职律师 350 人。[①] 遗憾的是，1957 年“反右”斗争中，律师首先成为被冲击的对象，90%以上的律师都被定为“右派”，有的还被判刑关进了监狱。刚刚诞生一年的律师队伍一下子就被取消了，兼职律师制度也昙花一现。改革开放之后，1980 年颁布的《律师暂行条例》第 10 条规定：“取得律师资格的人员不能脱离本职的，可以担任兼职律师。兼职律师所在单位应当给予支持。人民法院、人民检察院、人民公安机关的现职人员不得兼做律师工作。”这条规定制定的背景是经历“文化大革命”之后，百废待兴，律师制度的重建也面临着急需人才的问题，因此设立兼职律师作为专职律师的补充，并要求“所在单位应当给予支持”。这一时期担任兼职律师的条件比

① 参见吴丹红：《兼职律师制度之我见》，载法学评论网，http://www.fatianxia.com/blog/27960/，2008-10-06。

较宽松，只要取得律师资格即可，而获得律师资格仅仅要求通过考核。

此后，兼职律师制度开始走向规范化。1984年10月7日司法部在《兼职律师和特邀律师管理办法（试行）》中重申了兼职律师制度，强调："兼职律师、特邀律师是国家律师队伍的一部分，其任务是对国家机关、社会团体、企事业单位和其他经济组织以及公民提供法律帮助，以维护法律的正确实施，维护国家、集体的利益和公民的合法权益。"并且，进一步规定了从事兼职律师的程序："符合《中华人民共和国律师暂行条例》第二章第八条规定，而又不能脱离本职工作的人员，由本人申请和所在单位同意，经省、自治区、直辖市司法厅（局）考核批准，并报司法部备案，可取得律师资格，担任兼职律师。"这一规定把兼职律师制度正式化，并在条件上作了进一步的规范，即需要本人申请、单位同意、省厅考核、部里备案。这是加强兼职律师管理的开始。司法部于1986年4月9日又发布了《兼职律师和特邀律师管理办法的补充规定》，其中规定："符合《中华人民共和国律师暂行条例》第二章第八条规定并按司法部已有规定可做兼职律师的人员，由本人申请，所在单位同意，经全国律师资格统一考试合格和见习期满，并经省、自治区、直辖市司法厅（局）审核批准，报司法部备案，担任兼职律师。"相比两年前的规定，增加了"全国律师资格统一考试合格"和"见习期满"的条件。因为从1986年起，已经开始实行全国律师资格统一考试。这些规定实际上提高了担任兼职律师的门槛。1996年《律师法》颁布后，同年11月，司法部发布了《兼职从事律师职业人员管理办法》，其中规定："法学院校（系）、法学研究单位从事教学、研究工作的人员，具备下列条件，可以兼职从事律师职业：（一）具有律师资格；（二）所在单位允许兼职从事律师职业；（三）在律师事务所实习一年；（四）品行良好；（五）符合律师执业的其他规定。"这条规定除了保留1986年的条件之外，还将兼职律师的主体限定在"法学院校（系）、法学研究单位从事教学、研究工作的人员"。2007年《律师法》对兼职律师制度又重新作了规定。

二、我国现行兼职律师制度

我国现行的兼职律师制度是由2007年修改通过的《律师法》及其配套规章所确立的。现行兼职律师制度主要包括兼职律师执业申请条件和申请程序。其中，兼职律师执业申请程序与一般律师的申请程序是相同的，此处不再赘述。与一般律师相比，兼职律师执业条件更为严格。

1. 兼职律师的条件

申请兼职律师执业需要具备一般律师执业所需要的条件，也就是兼职律师和一般律师一样要符合下列四个条件：（1）拥护《中华人民共和国宪法》；（2）通过国家统一司法考试取得法律职业资格证书；（3）在律师事务所实习满一年；（4）品行良好。除此之外，兼职律师执业还需要具备下列两个条件：（1）在高等院校、科研机构中从事法学教育、研究工作；（2）经所在单位同意。此外，2007年《律师法》第11条明确规定，公务员不得兼任执业律师。

2. 申请兼职律师执业所需要提交的材料

根据《律师执业管理办法》的规定，申请兼职律师执业时所提交的材料包括下列材料：（1）执业申请书；（2）法律职业资格证书或者律师资格证书；（3）律师协会出具的申请人实习考核合格的材料；（4）申请人的身份证明；（5）律师事务所出具的同意接收申请人的证明；（6）在高等院校、科研机构从事法学教育、研究工作的经历及证明材料；（7）所在单位同意申请人兼职律师执业的证明。

第五节　律师宣誓制度

在2000年以前，我国没有建立律师宣誓制度。“申请人在从事律师职业前宣誓，对其以后在履行律师职责时会产生一定的心理上的约束，利于其尽职尽责，努力工作，以实现所担负的律师的使命。同时，实行律师宣誓的做法，也表明律师职业的崇高和神圣。”① 为加强对新律师的教育和管理，使其自始即建立律师职业的社会责任感、使命感，严格依法开展律师工作，增强遵守律师职业道德和执业纪律的自觉性，加强集体主义观念和敬业精神，成为真正符合《律师法》及《律师协会章程》要求的社会主义律师，中华全国律师协会决定于2000年起实行律师执业宣誓制度。② 律师执业宣誓和入会宣誓一并举行。宣誓仪式由省以上律师协会组织，律师协会会长或副会长领誓，秘书长主持，可聘请司法行政机关有关人员监督。宣誓会场应悬挂中华人民共和国国旗和中华全国律师协会会徽。新律师应在宣誓后取得执业证书。

为了引导广大律师牢固树立做中国特色社会主义法律工作者的信念，自觉践行“忠诚、为民、公正、廉洁”的核心价值观，切实提高律师队伍思想政治素质、职业道德素质和业务素质，不断增强律师的职业使命感、荣誉感和社会责任感，培育和形成中国特色社会主义律师执业精神，2012年2月，司法部作出《关于建立律师宣誓制度的决定》，决定在全国建立律师宣誓制度。

一、参加律师宣誓的人员

经司法行政机关许可，首次取得或者重新申请取得律师执业证书的人员，应当参加律师宣誓。

律师宣誓，应当在律师获得执业许可之日起3个月内，采取分批集中的方式进行。

律师宣誓仪式，由设区的市级或者直辖市司法行政机关会同律师协会组织进行。

二、宣誓仪式要求

律师进行宣誓时，宣誓会场悬挂中华人民共和国国旗。宣誓仪式由司法行政机关负责人主持，领誓人由律师协会会长或者副会长担任；宣誓仪式设监誓人，由司法行政机关和律师协会各派一名工作人员担任。宣誓人宣誓时，应着律师职业装（或律师

---

① 陶髦等：《律师制度比较研究》，63页，北京，中国政法大学出版社，1995。

② 参见中华全国律师协会2000年《关于实行律师执业宣誓制度的决定》（中华全国律师协会四届七次常务理事会会议通过）。

袍），免冠，佩戴中华全国律师协会会徽，成立正姿势，面向国旗，右手握拳上举过肩，随领誓人宣誓。宣读誓词应当发音清晰、准确，语音铿锵有力。

三、宣誓程序

律师宣誓时，宣誓人面向国旗列队站立，唱国歌；领誓人逐句领读誓词，宣誓人跟读，领誓人领读完誓词、读毕“宣誓人”后，宣誓人自报姓名；宣誓人在誓词上签署姓名、宣誓日期。

经宣誓律师签署姓名的誓词一式两份，一份由宣誓律师收执，一份存入该律师执业档案。

四、律师宣誓誓词的内容

律师宣誓誓词为：我志愿成为一名中华人民共和国执业律师，我保证忠实履行中国特色社会主义法律工作者的神圣使命，忠于祖国，忠于人民，拥护中国共产党的领导，拥护社会主义制度，维护宪法和法律尊严，执业为民，勤勉敬业，诚信廉洁，维护当事人合法权益，维护法律正确实施，维护社会公平正义，为中国特色社会主义事业努力奋斗！

律师应当自觉践行宣誓誓词，将誓词作为指引律师执业活动的行为准则，依法、诚信、尽责执业，恪守职业道德和执业纪律，接受司法行政机关、律师协会、当事人和社会的监督。

第六节　律师执业的几个限制

律师作为提供法律服务的执业人员，其执业自由程度相对较高，当然，这种自由并非没有边界，律师执业同样要受到一定的限制。2007 年《律师法》对律师执业的限制主要包括以下几个方面：

一、律师执业必须遵守宪法和法律，恪守律师职业道德和执业纪律

律师执业活动是律师作为法治体系之一分子参与法治秩序建构的重要活动，作为中华人民共和国的公民和法律体系的重要应用者和解释者，律师执业必须遵守宪法和法律，在现有法律框架之下积极运用法律所赋予的各种权利和救济措施为当事人提供法律服务，同时也应该履行法律法规所规定的义务。律师在宪法和法律的框架下执业不仅能够为公民、社会起到良好的示范作用，也能够为法治体系良性有序地运作提供前提性条件。

律师执业不仅应该遵守宪法和法律，而且还应该恪守律师职业道德和执业纪律。律师职业道德和执业纪律是律师作为一个职业之自治和自律特性的最重要标志，也是律师职业实现行业自治所依靠的管理手段。正是通过职业道德和执业纪律，律师和当事人方能在律师—委托人信息交流保密、律师广告、利益冲突以及公共服务等各个方

面明确自身的行动界限，从而为建构良性互动的律师—委托人关系奠定重要基础。

二、律师只能在一个律师事务所执业

律师事务所是律师的执业机构，律师承办业务，应当由律师事务所统一接受委托，与委托人签订书面委托合同，并服从律师事务所对受理业务进行的利益冲突审查及其决定。律师承办业务，应当按照规定由律师事务所向委托人统一收取律师费和有关办案费用，不得私自收费，不得接受委托人的财物或者其他利益。只有通过律师事务所与委托人建立委托关系，律师为委托人所提供的服务才能更为规范化，委托人的利益也才能得以有效的保障。而司法行政机关和律师协会也通过律师事务所实现对法律服务的有效管理。

2007 年《律师法》第 10 条规定："律师只能在一个律师事务所执业。"2011 年《律师执业行为规范》第 11 条规定："律师只能在一个律师事务所执业。"司法部 2010 年《律师和律师事务所违法行为处罚办法》第 5 条规定："有下列情形之一的，属于《律师法》第四十七条第一项规定的律师'同时在两个以上律师事务所执业的'违法行为：（一）在律师事务所执业的同时又在其他律师事务所或者社会法律服务机构执业的；（二）在获准变更执业机构前以拟变更律师事务所律师的名义承办业务，或者在获准变更后仍以原所在律师事务所律师的名义承办业务的。"① 律师不得在两个以上律师事务所执业，一方面是为了促进律师事务所的有效管理，避免管理混乱，陷入利益冲突；另一方面是为了保证律师具有办理案件的适当工作条件。

三、担任各级人民代表大会常务委员会组成人员的律师在任职期间不得从事诉讼代理或者辩护业务

对律师执业的另外一个限制就是律师在担任各级人民代表大会常务委员会组成人员期间不得从事诉讼代理或者辩护业务。这一限制主要基于以下两方面原因：首先，律师代理的案件很大一部分是涉及诉讼的案件，而承担办案职责的人民法院、人民检察院均要受人大及其常委会的监督。如果律师担任人大常委会组成人员期间执业，势必使办案单位有所顾虑。换言之，律师在担任各级人民代表大会常务委员会组成人员期间从事诉讼代理或者辩护业务将会导致律师因双重身份而带来利益冲突。其次，从律师执业的公平角度看，如果律师担任各级人民代表大会常务委员会组成人员继续执业，这会导致律师之间的不公平竞争。随着人民代表大会权力的强化，人大常委会的作用得到了提升。在这样的背景之下，律师中有人大常委会组成人员身份的就一定比不具有这种身份的人有更多的优势。如果允许具有常委会组成人员身份的律师继续执业，就难免会导致不同身份的律师之

① 司法部 1997 年在《关于北京市司法局〈关于"律师同时在一个律师事务所又在另一个法律服务所执业"是否适用"同时在两个以上律师事务所执业"问题的请示〉的答复》（司发函［1997］289 号）中规定：基层法律服务所与律师事务所在业务范围上基本相同，从法律的角度看，可视其为性质相同的法律服务机构。因此，律师同时在一个律师事务所又在另一个法律服务所执业，应当适用《律师法》第 12 条关于"律师应当在一个律师事务所执业，不得同时在两个以上律师事务所执业"的规定。

间的不公平竞争，也会破坏法律适用上的平等性与严肃性。

1996年《律师法》的相关规定是："律师担任各级人民代表大会常务委员会组成人员期间，不得执业。"2007年《律师法》的规定缩小了对律师担任各级人民代表大会常务委员会组成人员期间在执业范围上的限制，更有利于促进律师参与国家政治生活。

四、律师在执业期间不得以非律师身份从事法律服务

中华全国律师协会2011年《律师执业行为规范》第11条规定：律师在执业期间不得以非律师身份从事法律服务。中华全国律师协会2004年《律师协会会员违规行为处分规则（试行）》第11条规定，律师在执业期间不能以非律师身份从事有偿法律服务。禁止律师在执业期间以非律师身份提供法律服务，一方面是为了避免律师事务所陷入利益冲突，另一方面是为了维护律师事务所在案源方面的利益。

司法部2002年《关于律师以非律师身份参与诉讼并提供伪造证据是否适用〈律师法〉予以处罚的批复》（司复［2002］5号）规定："律师以非律师身份参与诉讼并向法院提供伪造的证据，隐瞒事实真相，妨碍了人民法院诉讼程序，应适用《律师法》第四十五条第三款、《律师违法行为处罚办法》第七条第三款的规定，对其进行处罚。"司法部2005年《关于执业律师以公民身份接受当事人委托参与诉讼并在诉讼中牟取当事人争议的权益应当适用〈律师法〉有关规定给予处罚的批复》（司发函［2005］234号）规定：律师无论以律师身份还是非律师身份接受委托承办案件，其行为均应当符合《律师法》的规定。对于有违反《律师法》规定的行为的，应当依法处理。因此，执业律师以公民身份接受当事人委托参与诉讼并在诉讼过程中谋取当事人争议的权益的，应当适用《律师法》第44条第7项规定给予处罚。换言之，在律师以非律师身份提供法律服务的情况下，应适用关于律师的更为严格的处罚措施。

第七节　取得内地（大陆）法律职业资格的港澳台地区居民在内地（大陆）从事律师职业的管理

为了落实国务院批准的《内地与香港关于建立更紧密经贸关系的安排》和《内地与澳门关于建立更紧密经贸关系的安排》，规范取得内地法律职业资格的香港、澳门居民在内地从事律师职业的活动及管理，司法部于2003年11月发布了《取得内地法律职业资格的香港特别行政区和澳门特别行政区居民在内地从事律师职业管理办法》。2005年12月、2006年12月司法部对该办法进行了修正。为了促进香港、澳门与内地建立更紧密经贸关系，根据《〈内地与香港关于建立更紧密经贸关系的安排〉补充协议六》和《〈内地与澳门关于建立更紧密经贸关系的安排〉补充协议六》，2009年9月司法部又对该办法进行了修正，自2009年10月1日起施行。

为规范取得国家法律职业资格的台湾居民在大陆从事律师职业的活动及管理，司法部于2008年12月发布了《取得国家法律职业资格的台湾居民在大陆从事律师职业管理办法》，自2009年1月1日起施行。

一、取得内地法律职业资格的港澳地区居民在内地从事律师职业的管理

参加内地举行的国家司法考试合格，取得《中华人民共和国法律职业资格证书》的香港、澳门居民，可以在内地申请律师执业。在内地实行国家司法考试前已考取内地律师资格的香港、澳门居民，申请在内地律师事务所实习和执业，依照《取得内地法律职业资格的香港特别行政区和澳门特别行政区居民在内地从事律师职业管理办法》办理。

取得内地法律职业资格的香港、澳门居民申请在内地律师事务所执业，应当依照司法部的有关规定参加实习，申请领取律师执业证。

取得内地律师执业证的香港、澳门居民在内地律师事务所执业，可以从事内地非诉讼法律事务及涉港、澳婚姻、继承案件的代理活动。取得内地律师执业证的香港、澳门居民在内地从事涉港、澳婚姻、继承案件的代理活动应当依据有关具体规定办理。

取得内地律师执业证的香港、澳门居民在内地律师事务所执业，应当遵守国家法律、法规和规章，恪守律师职业道德和执业纪律，接受内地司法行政机关的监督和管理，接受内地律师协会的行业管理。

取得内地法律职业资格的香港、澳门居民申请在内地律师事务所执业的，除有《取得内地法律职业资格的香港特别行政区和澳门特别行政区居民在内地从事律师职业管理办法》第 11 条规定情形外，应当依照《律师法》、司法部和中华全国律师协会有关申请律师执业人员实习管理的规定，先在内地律师事务所参加为期 1 年的实习。香港居民参加实习，可以安排在内地律师事务所设在香港的分所进行。

取得内地法律职业资格的香港、澳门居民在内地律师事务所参加实习，应当向拟选择进行实习的内地律师事务所提出申请。拟选择在内地律师事务所设在香港的分所进行实习的，可直接向内地律师事务所设在香港的分所提出申请。

香港、澳门居民申请实习，由拟接收其实习的内地律师事务所向所在地的地（市）级律师协会办理实习登记，并按规定向地（市）级司法行政机关备案。

在内地律师事务所或者内地律师事务所设在香港的分所实习的香港、澳门居民，应当按照内地实习管理的有关规定参加集中培训和实务训练，实务训练以办理非诉讼法律事务及代理婚姻、继承案件的训练为主，并遵守有关实习的规定和纪律。

接收香港、澳门居民实习的内地律师事务所或其分所，应当指派擅长办理非诉讼法律事务及代理婚姻、继承案件的律师指导实习人员进行实务训练。每名指导律师只能指导一名香港或者澳门的实习人员。

在内地律师事务所或者内地律师事务所设在香港的分所实习的香港、澳门居民，应当确保参加实习的时间。因故暂停实习的时间最长不得超过 3 个月，并应当由接收实习的内地律师事务所将其暂停实习的原因和时间报所在地的地（市）级律师协会备案。

取得内地法律职业资格的香港、澳门居民在内地律师事务所或者内地律师事务所设在香港的分所实习，由该内地律师事务所所在地的地（市）级律师协会依照规定予

以监督和考核。

香港、澳门居民实习期满，由内地律师事务所出具实习鉴定意见，报所在地的地（市）级律师协会审查，并由其对实习人员进行考核。律师事务所的实习鉴定意见和律师协会的考核结果，由地（市）级律师协会报当地地（市）级司法行政机关备案。

《取得内地法律职业资格的香港特别行政区和澳门特别行政区居民在内地从事律师职业管理办法》第 11 条规定，取得内地法律职业资格的香港、澳门居民属于具有 5 年以上执业经历的香港法律执业者、澳门律师的，在内地申请律师执业，应当参加由内地地方律师协会组织的不少于 1 个月的集中培训，并经考核合格。上述香港法律执业者、澳门律师应当通过拟聘其执业的内地律师事务所向住所地的地（市）级律师协会申请参加培训。申请培训，除按照实习管理规定提交相关材料外，应当同时提交由香港律师会、大律师公会或者澳门律师公会出具并经内地认可的公证人公证的申请人在香港、澳门执业经历、年限的证明。

取得内地法律职业资格的香港、澳门居民，在内地律师事务所或者内地律师事务所设在香港的分所实习期满，经律师事务所鉴定和律师协会考核合格的，可以在内地申请律师执业。

获准在内地执业的香港、澳门居民，只能在一个内地律师事务所执业，不得同时受聘于外国律师事务所驻华代表机构或者香港、澳门律师事务所驻内地代表机构。

取得内地法律职业资格的香港、澳门居民在内地申请律师执业，应当依照《律师法》和司法部制定的《律师执业管理办法》的规定，向拟聘其执业的内地律师事务所住所地设区的市级或者直辖市区（县）司法行政机关提出申请，由其出具审查意见后报省级司法行政机关审核，作出是否准予申请人在内地执业的决定。

申请人按规定提交的文件中，其身份证明复印件和未受过刑事处罚的证明材料须经内地认可的公证人公证，同时还须说明是否具有香港、澳门、台湾地区或者外国律师资格以及是否受聘于香港、澳门、台湾地区或者外国律师事务所的情况。符合《取得内地法律职业资格的香港特别行政区和澳门特别行政区居民在内地从事律师职业管理办法》第 11 条规定情形的申请人应当同时提交由香港律师会、大律师公会或者澳门律师公会出具并经内地认可的公证人公证的申请人在香港、澳门的执业经历、年限的证明。

省级司法行政机关经审核予以颁发律师执业证的，应当自颁证之日起 30 日内将获准在内地执业的香港、澳门居民名单及执业登记材料报司法部备案。

获准在内地执业的香港、澳门居民，可以采取担任法律顾问、代理、咨询、代书等方式从事内地非诉讼法律事务，也可以采取担任诉讼代理人的方式从事涉港、澳婚姻、继承的诉讼法律事务，享有内地律师的执业权利，履行法定的律师义务。

获准在内地执业的香港、澳门居民，符合规定条件的，可以成为内地律师事务所的合伙人。

获准在内地执业的香港、澳门居民，应当加入内地律师协会，享有会员的权利，履行会员的义务，参加内地律师协会组织的业务培训和交流活动。

获准在内地执业的香港、澳门居民，有违反《律师法》、司法部有关律师执业管理规章和《取得内地法律职业资格的香港特别行政区和澳门特别行政区居民在内地从事律师职业管理办法》规定的行为的，依法给予相应的行政处罚；有违反律师职业道德和执业纪律行为的，给予相应的行业处分。

二、取得大陆法律职业资格的台湾地区居民在大陆从事律师职业的管理

参加国家司法考试合格，取得《中华人民共和国法律职业资格证书》的台湾居民，可以依法在大陆申请律师执业。在实行国家司法考试前已取得大陆律师资格的台湾居民，在大陆申请律师执业的，依照《取得国家法律职业资格的台湾居民在大陆从事律师职业管理办法》办理。

台湾居民在大陆申请律师执业，还应当符合《律师法》规定的其他条件。

台湾居民获准在大陆律师事务所执业，可以担任法律顾问、代理、咨询、代书等方式从事大陆非诉讼法律事务，也可以担任诉讼代理人的方式从事涉台婚姻、继承的诉讼法律事务。

台湾居民在大陆律师事务所执业，应当遵守国家法律、法规和规章，恪守律师职业道德和执业纪律，接受大陆司法行政机关的监督和管理，接受大陆律师协会的行业管理。

台湾居民在大陆申请律师执业的，应当根据《律师法》、《律师执业管理办法》和中华全国律师协会制定的《申请律师执业人员实习管理规则》的规定，在大陆律师事务所参加为期 1 年的实习，并经当地地方律师协会考核合格。台湾居民在大陆律师事务所实习，应当按照规定参加集中培训和实务训练，实务训练以办理非诉讼法律事务及代理婚姻、继承案件的训练为主，并遵守有关实习规定和纪律。

接收台湾居民实习的律师事务所应当指派擅长办理相关业务的律师指导实务训练。一名指导律师只能指导一名台湾居民实习。台湾居民实习，应当确保参加实习的时间。因故暂停实习的时间最长不得超过 3 个月，并应当由接收实习的律师事务所将其暂停实习的原因和时间报所在地地市级律师协会备案。

台湾居民申请律师执业，应当根据《律师法》和《律师执业管理办法》的有关规定，向设区的市级或者直辖市的区（县）司法行政机关提出申请，并提交与申请执业相关的证明材料。台湾居民申请律师执业，提交的身份证明和其他在台湾地区出具的证明材料应当经台湾地区的公证机构公证，同时还应当书面说明是否具有台湾、香港、澳门地区或者外国律师资格以及是否受聘于台湾、香港、澳门地区或者外国律师事务所的情况。

台湾居民申请律师执业，由设区的市级或者直辖市的区（县）司法行政机关受理申请，并进行初审，报省、自治区、直辖市司法行政机关审核，作出是否准予执业的决定。具体许可程序，根据《律师法》和《律师执业管理办法》的规定办理。

台湾居民获准在大陆执业的，由准予其执业的省、自治区、直辖市司法行政机关自颁发律师执业证书之日起 30 日内，将准予执业的决定及相关材料报司法部备案。

台湾居民在大陆律师事务所执业，依法享有大陆律师相应的执业权利，履行相应的律师义务。

获准执业的台湾居民，只能在一个大陆律师事务所执业，不得同时受聘于外国律师事务所驻华代表机构或者香港、澳门律师事务所驻内地代表机构。

获准执业的台湾居民，符合规定条件的，可以成为大陆律师事务所的合伙人。

获准执业的台湾居民，应当加入大陆律师协会，享有会员的权利，履行会员的义务，参加大陆律师协会组织的业务培训和交流活动。

获准执业的台湾居民，有违反《律师法》、《律师执业管理办法》和《取得国家法律职业资格的台湾居民在大陆从事律师职业管理办法》规定的行为的，依法给予相应的行政处罚；有违反律师职业道德和执业纪律行为的，给予相应的行业惩戒。

本章思考题

1. 申请领取律师执业证书应当具备哪些条件？
2. 通过律师特许执业制度取得律师执业证书需要具备哪些条件？

第四章

律师执业机构

第一节 律师执业机构的发展历程

一、新中国成立后的律师执业机构

二、改革开放初期的律师执业机构

三、1996年《律师法》规定的律师执业机构

第二节 律师事务所的设立条件及其责任形式

一、设立律师事务所的基本条件

二、普通合伙律师事务所的设立条件及责任形式

三、特殊的普通合伙律师事务所的设立条件及其责任形式

四、个人律师事务所的设立条件及其责任形式

五、国家出资设立的律师事务所的设立条件及其责任形式

六、律师事务所分所的设立条件

第三节 律师事务所的设立许可程序

一、受理

二、审查

三、审核

四、准予设立律师事务所的决定的撤销

第四节 律师事务所的变更和终止

一、律师事务所的变更

二、律师事务所的终止

第五节 律师事务所执业和管理规则

一、统一接受委托

二、统一财务管理

三、人员待遇

四、赔偿制度

五、业务指导

六、决策机制

七、投诉管理

八、人员管理

九、业绩管理

十、档案管理

十一、执业证书管理

第六节　港澳地区律师事务所与内地律师事务所联营

一、联营申请

二、联营规则

三、监督管理

第七节　律师事务所管理评价体系

一、我国全国性律师事务所评价体系

二、国外部分律师事务所评价体系简介

三、北京市律师协会《律师事务所管理评价体系标准及评估指南》

□·本章导读·□

与我国的法律制度发展的状况类似，由于“文化大革命”造成的中断，我国的律师事务所体制前后也经历了新中国时期与改革开放后两个历史阶段。而改革开放之后延续至今的中国律师事务所体制的发展，则鲜明地体现了与国家“脱钩”、与国际“接轨”的特征，这种历程不仅与我国的法治发展保持着同步，也与我国1978年以来经济社会各项制度的改革思路保持了一致。2007年《律师法》保留了国家出资的律师事务所和普通合伙制律师事务所，取消了从国家办律师事务所到社会办律师事务所的过渡形式——合作律师事务所，同时，对市场经济背景下律师事务所的初级组织形式——个人律师事务所和律师事务所的高级组织形式——特殊的普通合伙形式律师事务所，即英美等国的有限责任合伙均作了规定，基本形成了从初级的个人执业，到个人执业的初级合作——合伙，再到合伙规模达到一定程度后的更高形式——特殊的普通合伙的发展层次，符合社会组织发展的客观规律。考虑到中国各地区发展不平衡这一基本国情，为了能够使不发达地区的公民能够获得法律服务，国家出资设立的律师事务所形式同时被保留下来。

第一节　律师执业机构的发展历程

一、新中国成立后的律师执业机构

新中国成立后，司法部于 1950 年 12 月发出了《关于取缔黑律师及讼棍事件的通报》，开始在新中国成立前律师制度的基础上建立新中国的律师制度及律师事务所体制。上海市人民法院专门建立了“公设辩护人”室，重点帮助一些刑事被告人，为他们进行辩护。1954 年 7 月，司法部发出《关于试验法院组织制度中几个问题的通知》，决定在北京、上海、天津、重庆、沈阳等大城市试行开展律师工作。随后，又有一些省、市、县成立法律顾问处，建立了律师组织。如安徽芜湖、蚌埠，于 1955 年春在市法院内试行公设辩护人制度，设置专职律师，为涉讼人撰写诉状，担任辩护人，代理或辅助参加诉讼活动。当时法律顾问处的设置与建立，由各地法院筹建，报司法厅批准。地方律师协会筹备委员会成立后法律顾问处的设置与建立，报经省级律师协会筹备委员会批准，并受其领导。市法律顾问处受市人民政府司法科领导；县法律顾问处受专署司法科和县法院院长双重领导。

二、改革开放初期的律师执业机构

律师制度及律师事务所随着改革开放的步伐，开始逐步恢复新中国成立初始的律师事务所体制，1980 年颁布的《律师暂行条例》第 13 条规定：“律师执行职务的工作机构是法律顾问处。”“法律顾问处是事业单位。受国家司法行政机关的组织领导和业务监督。”第 14 条规定：“法律顾问处按县、市、市辖区设立。必要时，经司法部批准，可以设立专业性的法律顾问处。”

1983 年 7 月，由吴念祖、姚锋、王小南三位律师组成的蛇口律师事务所在深圳市挂牌开业，成为新中国最早称为“律师事务所”的律师执业机构。随后深圳等地的法律顾问处改名为律师事务所。与“法律顾问处”比较而言，“律师事务所”的称呼行政色彩更为淡化，更为国际化。1984 年 10 月司法部《关于加强和改革律师工作的意见》规定：“为了适应城乡经济体制改革和发展生产的需要，更好地贯彻便民的原则，应当改变目前县、市及市辖区只设一个法律顾问处（或律师事务所）的做法，可根据实际需要设立几个法律顾问处（或律师事务所）。”这表明“律师事务所”这种对律师执业机构的称呼已经得到了正式文件的认可。

《律师暂行条例》所确立的律师事务所管理体制，是一种行政型的管理体制。这体现了实事求是的思想路线，符合当时中国政治、经济和社会的发展状况。《律师暂行条例》首要的目的就是为中国律师制度的恢复和重建提供法律依据，并据此建立律师制度恢复和重建的行政支持体系。这种管理体制对于迅速恢复律师制度起到了积极的促进作用。但是随着我国政治、经济体制改革的不断深入，这种行政管理体制的弊端也不断暴露。一方面，律师行政化管理给司法行政机关带来的极大经济压力，导致律师队伍发展较慢，与社会需求差距很大，请律师难的问题非常突出；另一方面，律师在服务中积极性不高，律师事务所之间及律师之间没有竞争，律师事务所没有自主权，律师工作缺乏生机与活力。1984 年 10 月司法部《关于加强和改革律师工作的意见》提出要改革法律顾问处的经费管理办法，凡法律顾问处的收入大于支出的，可以实行“自收自支，结余留用或分成”的办法。法律顾问处的支出大于收入的，实行“全额管理，差额补助，超收提成”。在此基础上，司法部于 1988 年 6 月 3 日下发了《合作制律师事务所试点方案》的通知，启动了不要国家编制、不要国家经费，完全由律师养活自己的合作制律师事务所的试点工作。所谓合作制律师事务所，“是由律师人员采用合作形式组成为国家机关、社会组织和公民提供法律服务的社会主义性质的事业法人组织”。我国《宪法》第 6 条规定，我国的社会主义公有制包括全民所有制和集体所有制；第 8 条规定，城镇中的手工业、工业、建筑业、运输业、商业、服务业等行业的各种形式的合作经济，都是社会主义劳动群众集体所有制经济。因此，合作制律师事务所是集体所有制性质的有偿服务性机构，符合我国《宪法》规定，并受国家法律的保护。从合作制律师事务所的设立思想来看，仍然没有摆脱公与私、姓资与姓社的思想藩篱。但是在当时的历史背景下，合作制律师事务所与国办律师事务所相比，在人、财、物等管理制度上具有显著的比较优势：（1）律师事务所具有高度的自主权。在管理上实行律师会议制，重大问题须经集体讨论决定，充分体现了事务所内部的民主管理原则，彻底改变了行政化管理的旧模式。（2）实行全员合同制。优胜劣汰，来去自由，改变了占国家编制进人出人都受限制的人事体制，便于实现人员的优化组合。（3）实行效益浮动工资制。真正体现按劳分配，多劳多得，克服了干和不干一个样，平均主义大锅饭的弊端，可充分调动律师的积极性。（4）自律机制高。合作制律师事务所人员都辞去了原职，有较大风险，因此，特别重视律师事务所的声誉，注意职业道德和纪律，有比较严格的自律意识。正是因为如此，合作制律师事务所在 20 世纪 80 年代后期和 90 年代初期得到了很大的发展。1993 年司法部《关于深化律师工作改革的方案》中则明确表示：“积极创造条件，鼓励占用国家编制和经费的律师事务所逐步向不占国家编制和经费的方向转变。允许经济欠发达地区的律师事务所继续实行原有的组织形式……鼓励取得律师资格的人员，在乡镇建立不占国家编制和经费的律师事务所或者在乡镇法律服务所内从事律师工作。”在此批复的指导下，各地又开始了合伙制律师事务所试点。1996 年制定的《律师法》正式规定了国家出资设立的律师事务所、合作律师事务所和合伙律师事务所三种律师事务所组织模式。

三、1996 年《律师法》规定的律师执业机构

1996 年颁布《律师法》，确立了国家出资设立的律师事务所、合作律师事务所及合伙律师事务所三种律师事务所的组织形式，并在司法部随后颁布的三部规章中一一明确了三种律师事务所组织形式的责任形式。国家出资设立的律师事务所由司法行政机关根据国家需要设立，并以其全部资产对债务承担有限责任。国家出资设立的律师事务所包括一次性投入开办资产、不核定编制、核定编制并核拨经费等形式。[①] 国家出资

① 参见司法部《国家出资设立的律师事务所管理办法》（1996 年 11 月 25 日）第 3 条。

设立的律师事务所是原法律顾问处的发展，并在原法律顾问处的基础上融合了试点时期合作制律师事务所的特征。合作律师事务所由律师自愿组合，共同参与，其财产由合作人共有。合作律师事务所以其全部资产对债务承担有限责任。① 合作律师事务所在试点时期的基础上，在分配及人事上获得了更大的自主权；合伙律师事务所的合伙人自愿组合，财产归合伙人所有，合伙人对律师事务所的债务承担无限连带责任。② 合伙律师事务所作为国际上律师事务所通行的组织形式则第一次得到了确认。

1996 年《律师法》在制定过程中，坚持解放思想，实事求是，在当时的历史条件下，科学地解决了律师的性质、律师事务所的组织形式等问题，确定了我国律师业发展的基本走向和格局，宏观指导了律师行业的资源布局。但是从历史发展来看，1996 年《律师法》关于律师执业机构的规定也存在一些问题：（1）合作律师事务所这种制度本身也并非完美，其优势是相对于国办律师事务所而言的，其某些制度设计的缺陷是天然的。尽管 1996 年司法部在《合作律师事务所管理办法》中对于合作律师事务所的管理规定进行了部分调整，但是不能从根本上改变其集体所有制的产权模式所带来的缺陷。（2）尽管合伙律师事务所在实践中成了一种最为普遍的组织模式，但是应当看到，对这种组织模式的选择，是在《律师法》的框架内进行的，其优势是在同合作律师事务所比较后显现的。这种合伙律师事务所占主导地位的格局，使得律师事务所的结构布局具有相当的单一性，其突出的问题就是以合伙律师事务所这种组织形式为主的模式，导致在法律服务组织问题上，该大的不能做大，该小的不能做小。一方面，设立大型律师事务所的制度风险不能克服；另一方面，合伙律师事务所的运作无疑增加了法律服务的成本，导致律师收费居高不下，低收入人群在获得律师帮助方面存在着现实的困难。针对这些问题，2007 年修正的《律师法》取消了合作律师事务所，明确规定了合伙律师事务所、个人律师事务所、国家出资设立的律师事务所三种律师执业机构组织形式。其中合伙律师事务所可以采用普通合伙或者特殊的普通合伙形式设立，合伙律师事务所的合伙人按照合伙形式对该律师事务所的债务依法承担责任。

第二节 律师事务所的设立条件及其责任形式

2007 年修正的《律师法》和司法部 2008 年 7 月 18 日发布的《律师事务所管理办法》对各种形式律师事务所的设立条件及其责任形式作出了明确规定。

一、设立律师事务所的基本条件

根据 2007 年修正的《律师法》和司法部 2008 年 7 月 18 日发布的《律师事务所管理办法》第 6 条的规定，设立律师事务所应当具备下列基本条件：（1）有自己的名称、住所和章程；（2）有符合《律师法》和《律师事务所管理办法》规定

① 参见司法部《合作律师事务所管理办法》（1996 年 11 月 25 日）第 2 条。

② 参见司法部《合伙律师事务所管理办法》（1996 年 10 月 25 日）第 2 条。

的律师；（3）设立人应当是具有一定的执业经历并能够专职执业的律师，且在申请设立前 3 年内未受过停止执业处罚；（4）有符合《律师事务所管理办法》规定数额的资产。

设立律师事务所，其申请的名称应当符合司法部有关律师事务所名称管理的规定，并应当在申请设立许可前按规定办理名称检索。

律师事务所章程应当包括下列内容：（1）律师事务所的名称和住所；（2）律师事务所的宗旨；（3）律师事务所的组织形式；（4）设立资产的数额和来源；（5）律师事务所负责人的职责以及产生、变更程序；（6）律师事务所决策、管理机构的设置、职责；（7）本所律师的权利与义务；（8）律师事务所有关执业、收费、财务、分配等主要管理制度；（9）律师事务所解散的事由、程序以及清算办法；（10）律师事务所章程的解释、修改程序；（11）其他需要载明的事项。设立合伙律师事务所的，其章程还应当载明合伙人的姓名、出资额及出资方式。律师事务所章程的内容不得与有关法律、法规、规章相抵触。律师事务所章程自省、自治区、直辖市司法行政机关作出准予设立律师事务所决定之日起生效。

律师事务所负责人人选，应当在申请设立许可时一并报审核机关核准。

省、自治区、直辖市司法行政机关可以根据本地经济社会发展状况和律师业发展需要，适当调整该《律师事务所管理办法》规定的普通合伙律师事务所、特殊的普通合伙律师事务所和个人律师事务所的设立资产数额，报司法部批准后实施。

二、普通合伙律师事务所的设立条件及责任形式

普通合伙律师事务所已成为中国律师执业的主要组织形式。截至 2004 年 12 月，我国共有律师事务所 11 691 个，其中普通合伙律师事务所 8 024 个，普通合伙律师事务所占到总数的近 70%。[①]

设立普通合伙律师事务所，除应当符合上述设立律师事务所的基本条件外，还应当具备下列条件：（1）有书面合伙协议；（2）有 3 名以上合伙人作为设立人；（3）设立人应当是具有 3 年以上执业经历并能够专职执业的律师；（4）有人民币 30 万元以上的资产。

合伙协议应当载明下列内容：（1）合伙人，包括姓名、居住地、身份证号、律师执业经历等；（2）合伙人的出资额及出资方式；（3）合伙人的权利、义务；（4）合伙律师事务所负责人的职责以及产生、变更程序；（5）合伙人会议的职责、议事规则等；（6）合伙人收益分配及债务承担方式；（7）合伙人入伙、退伙及除名的条件和程序；（8）合伙人之间争议的解决方法和程序，违反合伙协议承担的责任；（9）合伙协议的解释、修改程序；（10）其他需要载明的事项。合伙协议的内容不得与有关法律、法规、规章相抵触。合伙协议由全体合伙人协商一致并签名，自省、自治区、直辖市司法行政机关作出准予设立律师事务所决定之日起生效。

普通合伙律师事务所的合伙人对律师事务所的债务承担无限连带责任。

① 参见郭春涛：《我国律师及律师业的发展现状》，载http：//www.lawstudy.gov.cn/asp/news/html/2007-03-26/20070326132627.9636.asp，2008-09-08。

三、特殊的普通合伙律师事务所的设立条件及其责任形式

特殊的普通合伙律师事务所，是指合伙人对其执业活动中因故意或者重大过失造成的合伙企业的债务承担无限责任或者无限连带责任，其他合伙人以其在合伙企业中的财产份额为限承担责任的律师事务所。

20世纪80年代，美国金融市场出现“储贷危机”，许多律师事务所和会计师事务所均卷入了这场危机，并遭到了巨额的索赔诉讼。这促使职业服务行业开始寻求有限责任的保护，规避传统合伙的无限连带责任。1994年，《得克萨斯合伙法》第一次规定了有限责任合伙制度，在执业中无过错的合伙人对过错合伙人的行为造成的债务，只在某种程度上承担有限责任。这种做法既保障了律师事务所的规模化，又保护了无辜的合伙人，因此，有限责任合伙制度一经出现，便受到了律师事务所的欢迎。美国各州均随之相继接受了有限责任合伙制度，《美国统一合伙法（修订版）》中也增加了有限责任合伙的专章。

2006年8月我国颁布了《中华人民共和国合伙企业法》，并在该法第二章普通合伙中的第六节规定了特殊的普通合伙企业，确立了有限责任合伙制度。2007年《律师法》将特殊的普通合伙——有限责任合伙正式规定为我国律师事务所的组织形式之一。

设立特殊的普通合伙律师事务所，除应当符合上述设立律师事务所的基本条件外，还应当具备下列条件：（1）有书面合伙协议；（2）有20名以上合伙人作为设立人；（3）设立人应当是具有3年以上执业经历并能够专职执业的律师；（4）有人民币1 000万元以上的资产。

特殊的普通合伙律师事务所的一个合伙人或者数个合伙人在执业活动中因故意或者重大过失造成律师事务所债务的，应当承担无限责任或者无限连带责任，其他合伙人以其在律师事务所中的财产份额为限承担责任；合伙人在执业活动中非因故意或者重大过失造成的律师事务所债务，由全体合伙人承担无限连带责任。

四、个人律师事务所的设立条件及其责任形式

个人律师事务所是指由一名律师个人投资设立，财产归其个人所有，开业律师以其个人财产对律师事务所债务承担无限责任的律师执业机构。从世界各国的律师业发展历程来看，律师最初都是采用个人执业的形式，即使是在律师业发达的国家，其个人执业律师目前仍占有相当大的比例，如根据美国律师基金会的统计，截至2000年全美律师中个人执业的律师数量占律师总数的48%。①

我国各地司法行政机关早在若干年前已经开始了个人律师事务所的尝试。2001年12月13日，北京市司法局率先推出了《个人开业律师事务所试点方案》，经过半年审核，在2002年10月首批确定了5家个人律师事务所。2002年7月，上海市司法局制定了《关于个人开业律师事务所管理的规定（试行）》。2003年年初，宁夏等地也开始了个人律师事务所的试点。2007年修正的《律师法》第16条和2008年司法部颁布的

① 参见宫晓冰：《只有专业的律师，没有专业的法官——美国律师制度评价》，载《中国律师》，2005（9）。

《律师事务所管理办法》第 5 条对个人设立律师事务所作出了进一步明确规定。根据上述规定，设立个人律师事务所，除应当符合上述设立律师事务所的基本条件外，还应当具备下列条件：(1) 设立人应当是具有 5 年以上执业经历并能够专职执业的律师；(2) 有人民币 10 万元以上的资产。

个人律师事务所的设立人对律师事务所的债务承担无限责任。

五、国家出资设立的律师事务所的设立条件及其责任形式

国家出资设立的律师事务所是指国家出资设立，依法自主开展律师业务，并以该事务所的全部资产对其债务承担责任的律师事务所。《律师法》第 20 条规定："国家出资设立的律师事务所，依法自主开展律师业务，以该律师事务所的全部资产对其债务承担责任。"截至 2004 年 12 月，我国共有律师事务所11 691个，其中国家出资设立的律师事务所 1 742 个，约占总数的 15%。[①]

我国律师业的发展目前处于严重不平衡的状态。据全国律协数据统计，2002 年西部律师人数占全国律师人数的比例不到 22%。目前，全国律师总数占全国人口的比例约为 1/100 000。但西部一些省区，与这个比例差距较大，例如，陕西省现有 2 768 名律师，占全省人口的比例为 0.7/100 000，甘肃省现有律师 1 344 名，占全省人口的比例为 0.5/100 000。律师队伍不稳定，人才向东部地区流动是西部地区一个很普遍的问题。据全国律协统计，2002 年与 2001 年相比较，全国律师总数增长平均比例为 11.5%。但是，除个别省区外，西部大部分省区增长低于全国平均水平，如青海省增长的比例是 4.83%，新疆为 2.86%，云南为 5.78%，全国有 6 个地方（包括新疆生产建设兵团）出现负增长，西部地区占了 5 个，其中西藏负增长高达 31.47%，新疆生产建设兵团负增长高达 22.61%。[②] 由于在完全的市场调节下大部分合伙律师事务所或个人律师事务所倾向于选择经济较为发达的地区执业，欠发达地区的法律服务需求无法得到有效的满足，所以政府应发挥主动作用，以弥补律师分布问题上的市场失灵，由政府主导的国家出资设立的律师事务所则可以充分发挥此作用。政府可在欠发达地区的县城设立至少一家国家出资设立的律师事务所。司法行政机关则可根据执业律师的意愿和业务收入情况，实行统收统支、财政补贴、自收自支等管理模式，解决欠发达地区律师收入来源不足的问题。

根据《律师事务所管理办法》的规定，国家出资设立的律师事务所，除符合《律师法》规定的一般条件外，应当至少有 2 名符合《律师法》规定并能够专职执业的律师。需要国家出资设立律师事务所的，由当地县级司法行政机关筹建，申请设立许可前须经所在地县级人民政府有关部门核拨编制、提供经费保障。

国家出资设立的律师事务所以其全部资产对其债务承担责任。

---

① 参见郭春涛：《我国律师及律师业的发展现状》，载http: //www.lawstudy.gov.cn/asp/news/html/2007-03-26/20070326132627.9636.asp，2008-09-20。

② 参见王炳峰、高新庆：《西部律师：现状、原因、对策》，载http: //www.skylaw.cn/news/view.asp?id=36，2008-09-20。

六、律师事务所分所的设立条件

1986年3月，司法部在《关于法律服务机构若干问题的暂行规定》中规定："各法律顾问处之间没有隶属关系，不得设立分支机构；不得跨地区、跨省、市设立联合律师工作机构。"但是随着形势的发展，这种规定越来越不适应社会的法律服务需求。1992年8月，司法部颁布了《关于律师工作进一步改革的意｜》，允许大中城市专业律师事务所在征得当地司法厅（局）同意的情况下，到经济开发区、保税区设立分所；大中城市律师事务所经司法厅（局）同意，可以到老少边穷地区设立分所。1993年，司法部在《关于深化律师工作改革的方案》中，鼓励和推动律师事务所打破地域界限，跨省、跨地区设立分支机构，或与当地律师事务所合作，成立联合律师事务所。允许符合条件的律师，在其户籍所在地以外的其他地区建立律师事务所，并要求继续做好外国、境外律师事务所在我国境内设立办事处的试点工作。同时，经过试点和严格审批后，允许我国有条件的律师事务所在外国、境外设立分支机构或办事处。1994年7月，司法部颁布了《律师事务所设立分所管理办法》，对律师事务所设立分所的条件作出了具体规定。在1996年《律师法》颁布后，司法部在1996年12月30日又颁布了《律师事务所分所等级管理办法》，对律师事务所设立分所的条件和程序重新作出了规定。

2007年《律师法》第19条规定："成立三年以上并具有二十名以上执业律师的合伙律师事务所，可以设立分所。设立分所，须经拟设立分所所在地的省、自治区、直辖市人民政府司法行政部门审核。"这是当前关于律师事务所分所设立条件的基本规定。根据《律师事务所管理办法》第29条的规定，律师事务所分所管理办法，将另行制定。

根据2007年《律师法》第19条的规定，合伙律师事务所对其分所的债务承担责任。

《律师事务所管理办法》未对个人律师事务所设立分所作出规定，应为不允许个人律师事务所设立分所。从个人律师事务所的制度价值来看，其应与合伙律师事务所形成有效的衔接和分工，合伙律师事务所针对的是需要一定组织化律师服务的业务，个人律师事务所针对的业务对律师事务所的组织化要求则较低。设立分所是一种较高组织化的律师事务所组织形式，个人律师事务所如有该等发展需求，应当通过发展为合伙律师事务所来实现。

第三节 律师事务所的设立许可程序

2008年《律师事务所管理办法》对律师事务所的设立程序作出了明确规定，该程序可以分为受理、审查、审核、撤销等几个阶段。

一、受理

律师事务所的设立许可，由设区的市级或者直辖市的区（县）司法行政机关受理设立申请并进行初审，报省、自治区、直辖市司法行政机关进行审核，作出是否准予设立的决定。

申请设立律师事务所，应当向所在地设区的市级或者直辖市的区（县）司法行政机关提交下列材料：(1) 设立申请书；(2) 律师事务所的名称、章程；(3) 设立人的名单、简历、身份证明、律师执业证书，律师事务所负责人人选；(4) 住所证明；(5) 资产证明。设立合伙律师事务所，还应当提交合伙协议。设立国家出资设立的律师事务所，应当提交所在地县级人民政府有关部门出具的核拨编制、提供经费保障的批件。

申请设立许可时，申请人应当如实填报《律师事务所设立申请登记表》。

二、审查

设区的市级或者直辖市的区（县）司法行政机关对申请人提出的设立律师事务所申请，应当根据下列情况分别作出处理：(1) 申请材料齐全、符合法定形式的，应当受理；(2) 申请材料不齐全或者不符合法定形式的，应当当场或者自收到申请材料之日起5日内一次告知申请人需要补正的全部内容。申请人按要求补正的，予以受理；逾期不告知的，自收到申请材料之日起即为受理；(3) 申请事项明显不符合法定条件或者申请人拒绝补正、无法补正有关材料的，不予受理，并向申请人书面说明理由。

受理申请的司法行政机关应当在决定受理之日起20日内完成对申请材料的审查。

在审查过程中，可以征求拟设立律师事务所所在地县级司法行政机关的意见；对于需要调查核实有关情况的，可以要求申请人提供有关证明材料，也可以委托县级司法行政机关进行核实。

经审查，应当对设立律师事务所的申请是否符合法定条件、材料是否真实齐全出具审查意见，并将审查意见和全部申请材料报送省、自治区、直辖市司法行政机关。

三、审核

省、自治区、直辖市司法行政机关应当自收到受理申请机关报送的审查意见和全部申请材料之日起10日内予以审核，作出是否准予设立律师事务所的决定。准予设立的，应当自决定之日起10日内向申请人颁发律师事务所执业许可证。不准予设立的，应当向申请人书面说明理由。

律师事务所执业许可证分为正本和副本。正本用于办公场所悬挂，副本用于接受查验。正本和副本具有同等的法律效力。律师事务所执业许可证应当载明的内容、制作的规格、证号编制办法，由司法部规定。执业许可证由司法部统一制作。

律师事务所设立申请人应当在领取执业许可证后的60日内，按照有关规定刻制印章、开立银行账户、办理税务登记，完成律师事务所开业的各项准备工作，并将刻制的律师事务所公章、财务章印模和开立的银行账户报所在地设区的市级或者直辖市的区（县）司法行政机关备案。

四、准予设立律师事务所的决定的撤销

有下列情形之一的，由作出准予设立律师事务所决定的省、自治区、直辖市司法行政机关撤销原准予设立的决定，收回并注销律师事务所执业许可证：（1）申请人以欺骗、贿赂等不正当手段取得准予设立决定的；（2）对不符合法定条件的申请或者违反法定程序作出准予设立决定的。

第四节　律师事务所的变更和终止

律师事务所在运作过程中，遇有重要事项的变更，应当依法定程序进行变更，遇有应当终止的情形，应当依法终止。2008 年《律师事务所管理办法》对律师事务所的变更和终止程序作出了明确规定。

一、律师事务所的变更

律师事务所变更名称、负责人、章程、合伙协议的，应当经所在地设区的市级或者直辖市的区（县）司法行政机关审查后报原审核机关批准。具体办法按律师事务所设立许可程序办理。

律师事务所变更住所、合伙人的，应当自变更之日起 15 日内经所在地设区的市级或者直辖市的区（县）司法行政机关报原审核机关备案。

律师事务所跨县、不设区的市、市辖区变更住所，需要相应变更负责对其实施日常监督管理的司法行政机关的，应当在办理备案手续后，由其所在地设区的市级司法行政机关或者直辖市司法行政机关将有关变更情况通知律师事务所迁入地的县级司法行政机关。

律师事务所拟将住所迁移其他省、自治区、直辖市的，应当按注销原律师事务所、设立新的律师事务所的程序办理。

律师事务所变更合伙人，包括吸收新合伙人、合伙人退伙、合伙人因法定事由或者经合伙人会议决议被除名。

新合伙人应当从专职执业的律师中产生，并具有 3 年以上执业经历，但司法部另有规定的除外。受到 6 个月以上停止执业处罚的律师，处罚期满未逾 3 年的，不得担任合伙人。

合伙人退伙、被除名的，律师事务所应当依照法律、本所章程和合伙协议处理相关财产权益、债务承担等事务。

因合伙人变更需要修改合伙协议的，修改后的合伙协议应当按照《律师事务所管理办法》第 24 条第 1 款的规定报批。

律师事务所变更组织形式的，应当在自行依法处理好业务衔接、人员安排、资产处置、债务承担等事务并对章程、合伙协议作出相应修改后，方可按照《律师事务所管理办法》第 24 条第 1 款的规定申请变更。

律师事务所因分立、合并，需要对原律师事务所进行变更或者注销原律师事务所、设立新的律师事务所的，应当在自行依法处理好相关律师事务所的业务衔接、人员安排、资产处置、债务承担等事务后，提交分立协议或者合并协议等申请材料，按照本办法的相关规定办理。

二、律师事务所的终止

律师事务所有下列情形之一的，应当终止：(1) 不能保持法定设立条件，经限期整改仍不符合条件的；(2) 执业许可证被依法吊销的；(3) 自行决定解散的；(4) 法律、行政法规规定应当终止的其他情形。

律师事务所在取得设立许可后，6 个月内未开业或者无正当理由停止业务活动满 1 年的，视为自行停办，应当终止。

律师事务所在受到停业整顿处罚期限未满前，不得自行决定解散。

律师事务所在终止事由发生后，应当向社会公告，依照有关规定进行清算，依法处置资产分割、债务清偿等事务。因被吊销执业许可证终止的，由作出该处罚决定的司法行政机关向社会公告。因其他情形终止，律师事务所拒不公告的，由设区的市级或者直辖市的区（县）司法行政机关向社会公告。

律师事务所自终止事由发生后，不得受理新的业务。

律师事务所应当在清算结束后 15 日内向所在地设区的市级或者直辖市的区（县）司法行政机关提交注销申请书、清算报告、本所执业许可证以及其他有关材料，由其出具审查意见后连同全部注销申请材料报原审核机关审核，办理注销手续。

律师事务所被注销的，其业务档案、财务账簿、本所印章的移管、处置，按照有关规定办理。

第五节　律师事务所执业和管理规则

律师事务所应当依照《律师法》和有关法律、法规、规章及行业规范，建立健全执业管理和其他各项内部管理制度，加强对本所律师执业行为的监督。律师应当接受律师事务所的监督管理。2008 年《律师事务所管理办法》对律师事务所在执业和管理方面的规则作出了明确规定。

一、统一接受委托

律师承办业务，由律师事务所统一接受委托，与委托人签订书面委托合同。

律师事务所受理业务，应当进行利益冲突审查，不得违反规定受理与本所承办业务及其委托人有利益冲突的业务。

二、统一财务管理

律师事务所应当按照有关规定统一收费，建立健全收费管理制度，及时查处有关违规收费的举报和投诉。

律师事务所应当按照规定建立健全财务管理制度，建立和实行合理的分配制度及激励机制。

律师事务所应当依法纳税。

律师事务所不得从事法律服务以外的经营活动。

三、人员待遇

合伙律师事务所和国家出资设立的律师事务所应当按照规定为聘用的律师和辅助人员办理失业、养老、医疗等社会保险。

个人律师事务所聘用律师和辅助人员的，应当按前述规定为其办理社会保险。

律师事务所应当按照规定，建立执业风险、事业发展、社会保障等基金。

四、赔偿制度

律师违法执业或者因过错给当事人造成损失的，由其所在的律师事务所承担赔偿责任。律师事务所赔偿后，可以向有故意或者重大过失行为的律师追偿。

普通合伙律师事务所的合伙人对律师事务所的债务承担无限连带责任。特殊的普通合伙律师事务所一个合伙人或者数个合伙人在执业活动中因故意或者重大过失造成律师事务所债务的，应当承担无限责任或者无限连带责任，其他合伙人以其在律师事务所中的财产份额为限承担责任；合伙人在执业活动中非因故意或者重大过失造成的律师事务所债务，由全体合伙人承担无限连带责任。个人律师事务所的设立人对律师事务所的债务承担无限责任。国家出资设立的律师事务所以其全部资产对其债务承担责任。

五、业务指导

律师事务所组织开展业务活动，应当指导本所律师依法执业，履行法律援助义务，建立承办重大疑难案件的集体研究和请示报告制度，对律师在执业活动中遵守法律、法规、规章，遵守职业道德和执业纪律的情况进行监督，发现问题及时予以纠正。

律师事务所应当加强对本所律师的职业道德和执业纪律教育，组织开展业务学习和经验交流活动，为律师参加业务培训和继续教育提供条件。

六、决策机制

律师事务所的负责人负责对律师事务所的业务活动和内部事务进行管理，对外代表律师事务所，依法承担对律师事务所违法行为的管理责任。

合伙人会议或者律师会议为合伙律师事务所或者国家出资设立的律师事务所的决策机构；个人律师事务所的重大决策应当充分听取聘用律师的意见。

律师事务所根据本所章程可以设立相关管理机构或者配备专职管理人员，协助本所负责人开展日常管理工作。

七、投诉管理

律师事务所应当建立投诉查处制度，及时查处、纠正本所律师在执业活动中的违法违规行为，调处在执业中与委托人之间的纠纷；认为需要对被投诉律师给予行政处罚或者行业惩戒的，应当及时向所在地县级司法行政机关或者律师协会报告。

八、人员管理

对于年度考核不合格或者严重违反本所章程及管理制度的律师，律师事务所可以与其解除聘用关系或者经合伙人会议通过将其除名，有关处理结果报所在地县级司法行政机关和律师协会备案。

已担任合伙人的律师受到 6 个月以上停止执业处罚的，自处罚决定生效之日起至处罚期满后 3 年内，不得担任合伙人。

九、业绩管理

律师事务所应当建立律师执业年度考核制度，按照规定对本所律师的执业表现和遵守职业道德、执业纪律的情况进行考核，评定等次，实施奖惩，建立律师执业档案。

律师事务所应当于每年的一季度经所在地县级司法行政机关向设区的市级司法行政机关提交上一年度本所执业情况报告和律师执业考核结果，直辖市的律师事务所的执业情况报告和律师执业考核结果直接向所在地区（县）司法行政机关提交，接受司法行政机关的年度检查考核。具体年度检查考核办法，由司法部规定。

十、档案管理

律师事务所应当按照规定建立健全档案管理制度，对所承办业务的案卷和有关资料及时立卷归档，妥善保管。

十一、执业证书管理

律师事务所应当妥善保管、依法使用本所执业许可证，不得变造、出借、出租。如有遗失或者损毁的，应当及时报告所在地县级司法行政机关，经所在地设区的市级或者直辖市区（县）司法行政机关向原审核机关申请补发或者换发。律师事务所执业许可证遗失的，应当在当地报刊上刊登遗失声明。

律师事务所被撤销许可、受到吊销执业许可证处罚的，由所在地县级司法行政机关收缴其执业许可证。

律师事务所受到停业整顿处罚的，应当自处罚决定生效后至处罚期限届满前，将执业许可证缴存其所在地县级司法行政机关。

第六节　港澳地区律师事务所与内地律师事务所联营

为了落实国务院批准的《内地与香港关于建立更紧密的经贸关系的安排》和《内地与澳门关于建立更紧密经贸关系的安排》，规范香港、澳门律师事务所与内地律师事务所在内地进行联营的活动及管理，2003年11月30日司法部发布了《香港特别行政区和澳门特别行政区律师事务所与内地律师事务所联营管理办法》。该办法分别于2005年12月、2006年12月、2008年3月进行了修正。为了促进香港、澳门与内地建立更紧密的经贸关系，根据国务院批准的《〈内地与香港关于建立更紧密经贸关系的安排〉补充协议六》和《〈内地与澳门关于建立更紧密经贸关系的安排〉补充协议六》，司法部于2009年9月对该办法又进行了修正，自2009年10月1日起施行。

港澳地区律师事务所与内地律师事务所联营，是指由已在内地设立代表机构的香港、澳门律师事务所与一个内地律师事务所，按照协议约定的权利和义务，在内地进行联合经营，向委托人分别提供香港、澳门和内地法律服务。香港、澳门律师事务所与内地律师事务所联营，不得采取合伙型联营和法人型联营。香港、澳门律师事务所与内地律师事务所在联营期间，双方的法律地位、名称和财务应当保持独立，各自独立承担民事责任。

一、联营申请

根据《香港特别行政区和澳门特别行政区律师事务所与内地律师事务所联营管理办法》第5条的规定，符合下列条件的香港、澳门律师事务所，可以申请联营：(1) 根据香港、澳门有关法规登记设立；(2) 在香港、澳门拥有或者租用业务场所从事实质性商业经营满3年；(3) 独资经营者或者所有合伙人必须为香港、澳门注册执业律师；(4) 主要业务范围应为在香港、澳门提供本地法律服务；(5) 律师事务所及其独资经营者或者所有合伙人均须缴纳香港利得税、澳门所得补充税或者职业税；(6) 已获准在内地设立代表机构，且代表机构在申请联营前两年内未受过行政处罚；申请联营时代表机构设立未满两年的，自代表机构设立之日起未受过行政处罚。

根据该办法第6条的规定，符合下列条件的内地律师事务所，可以申请联营：(1) 成立满3年；(2) 申请联营前两年内未受过行政处罚、行业惩戒。成立满1年并至少有1名设立人具有5年以上执业经历、住所地在广东省的内地律师事务所，也可以申请联营。内地律师事务所分所不得作为联营一方申请联营。

香港、澳门律师事务所与内地律师事务所申请联营，应当共同向内地律师事务所所在地的省级司法行政机关提交下列申请材料：(1) 双方签署的联营申请书；(2) 双方签署的联营协议；(3) 香港、澳门律师事务所获准在香港、澳门设立的有效登记证件的复印件，独资经营者或者负责人、所有合伙人名单，驻内地代表机构执业许可证的复印件及代表名单；(4) 香港、澳门特别行政区政府有关部门出具的香港、澳门律师事务所符合香港、澳门法律服务提供者标准的证明书；(5) 内地律师事务所执业许可证的复印件，负责人、所有合伙人名单，地（市）级司法行政机关出具的该所符合该办法第 6 条规定条件的证明文件；（6）香港、澳门律师事务所驻内地代表机构与内地律师事务所不在同一省、自治区、直辖市的，由香港、澳门律师事务所驻内地代表机构所在地的省级司法行政机关出具的香港、澳门律师事务所符合该办法第 5 条第（6）项规定条件的证明文件；（7）省级司法行政机关要求提交的其他材料。

香港、澳门律师事务所获准在香港、澳门设立的有效登记证件的复印件，须经内地认可的公证人公证。

成立满 1 年并至少有 1 名设立人具有 5 年以上执业经历、住所地在广东省的内地律师事务所申请联营的，应当同时提交本所具有 5 年以上执业经历的设立人的证明材料。

申请材料应当使用中文，一式三份。材料中如有使用外文的，应当附中文译文。

省级司法行政机关应当自收到申请人联营申请材料之日起 20 日内作出准予或者不准联营的决定。20 日内不能作出决定的，经本机关负责人批准，可以延长 10 日，并应当将延长期限的理由告知申请人。对于符合本办法规定条件的，应当准予联营，颁发联营许可证；对于不符合该办法规定条件的，不准联营，并书面通知申请人。对准予联营的，省级司法行政机关应当自颁发联营许可证之日起 30 日内，将准予联营的批件及有关材料报司法部备案。

香港、澳门律师事务所驻内地代表机构与内地律师事务所不在同一省、自治区、直辖市的，经内地律师事务所所在地的省级司法行政机关准予联营的，作出准予联营决定的省级司法行政机关还应当将准予联营批件同时抄送香港、澳门律师事务所驻内地代表机构所在地的省级司法行政机关。

二、联营规则

香港、澳门律师事务所与内地律师事务所联营，应当以书面形式订立联营协议。联营协议应当包括下列内容：（1）联营双方各自的名称、住所地、独资经营者、合伙人姓名；（2）联营名称、标识；（3）联营期限；（4）联营业务范围；（5）共用办公场所和设备的安排；（6）共用行政、文秘等辅助人员的安排；（7）联营收费的分享及运营费用的分摊安排；（8）联营双方律师的执业保险及责任承担方式的安排；（9）联营的终止及清算；（10）违约责任；（11）争议解决；（12）其他事项。联营协议应当依照内地法律的有关规定订立。联营协议经司法行政机关核准联营后生效。

香港、澳门律师事务所与内地律师事务所联营协议约定的联营期限不得少于 1 年。双方联营协议约定的联营期满，经双方协商可以续延。

香港、澳门律师事务所与内地律师事务所联营，可以使用双方商定并经核准的联营名称和联营标识。联营名称由香港或者澳门律师事务所名称与内地律师事务所名称加联营的字样组成。

香港、澳门律师事务所与内地律师事务所联营，可以共同以联营的名义，接受当事人的委托或者其他律师事务所的委托，采取合作方式办理各自获准从事律师执业业务的香港、澳门、内地以及中国以外的其他国家的法律事务。

参与联营业务的香港、澳门律师，不得办理内地法律事务。

联营双方受托办理法律事务，应当避免各自委托人之间的利益冲突。

香港、澳门律师事务所与内地律师事务所以联营名义合作办理法律事务的，可以统一向委托人收费，双方再依照联营协议进行分配；也可以根据联营中各自办理的法律事务，分别向委托人收费，但须事先告知委托人。

香港、澳门律师事务所与内地律师事务所联营，可以共同进行业务宣传推广活动。但在进行业务宣传推广时，应当披露下列事实：(1) 双方联营不是合伙型联营或者法人型联营;(2) 联营的香港、澳门律师事务所及其律师不能从事内地法律事务；(3) 进行宣传推广的律师须明示其所在律师事务所的名称。

联营双方及其参与联营业务的律师，应当分别依照香港、澳门和内地的有关规定，以各自的名义参加律师执业保险。

联营双方在开展联营业务中违法执业或者因过错给委托人造成损失的，双方应当依照联营协议，由过错方独自承担或者双方分担赔偿责任。

香港、澳门律师事务所与内地律师事务所联营，可以共用办公场所、办公设备。联营双方决定共用办公场所的，应当选择香港、澳门律师事务所驻内地代表机构或者内地律师事务所的办公场所作为共用办公场所。共用办公场所或办公设备的费用分担由联营协议约定。

香港、澳门律师事务所与内地律师事务所联营，可以共用行政、文秘等辅助人员。有关费用分担由联营协议约定。

香港、澳门律师事务所与内地律师事务所联营，应当各自保持独立的财务制度和会计账簿。

香港、澳门律师事务所与内地律师事务所联营，有下列情形之一的，应当终止联营：(1) 联营期满双方不再申请续延的；(2) 联营双方按照协议的约定终止联营的；(3) 联营一方不再存续或者破产的；(4) 香港、澳门律师事务所驻内地代表机构被依法注销的；(5) 其他依法应当终止联营的情形。

终止联营的，由省级司法行政机关办理注销手续。

三、监督管理

香港、澳门律师事务所与内地律师事务所联营，应当在每年 3 月 31 日前，共同向内地律师事务所所在地的省级司法行政机关提交联营执业许可证副本以及下列年度检验材料，接受年度检验：(1) 香港、澳门律师事务所驻内地代表机构和内地律师事务所的有效执业许可证副本及复印件；(2) 上一年度的联营情况报告，内容包括以联营名义接受委托办理法律事务的情况，以联营名义办理法律事务的收费情况，联营收费的分享和运营费用的分摊情况，联营的收入和纳税情况，以联营名义开展业务过程中因违法执业或因过错给委托人造成损失的赔偿情况等；(3) 香港、澳门律师事务所驻内地代表机构和内地律师事务所所在地的省级司法行政机关或地（市）级司法行政机关出具的代表机构和内地律师事务所在上一年度受到行政处罚或行业惩戒情况的文件。无正当理由逾期不提交年检材料接受年度检验的，视为联营双方自行终止联营。

香港、澳门律师事务所与内地律师事务所联营，有违反内地法律、法规和规章及本办法规定的行为的，由省级司法行政机关给予警告，责令限期改正；逾期不改正的，处 1 万元以下罚款；有违法所得的，处违法所得 1 倍以上 3 倍以下罚款，但罚款最高不得超过 3 万元。

第七节　律师事务所管理评价体系

律师事务所作为律师的执业机构，既是一个职业组织，也是一个商业组织。在律师执业活动中，道德和商业并不是相互排斥的。在经济上能够进行有效管理的律师事务所，将更有能力在持续改进上进行投入，从而为律师事务所的所有者、雇员和委托人带来益处。具有经济能力的律师事务所在法律服务过程中更不会受走不当捷径的诱惑。因此，适当的管理体系有助于律师事务所符合职业道德地、有效地、高效地提供法律服务。国外管理强制性律师职业赔偿计划的机构的研究表明，采纳了有效的管理体系的律师事务所更不可能成为委托人索赔的对象。我国业内人士也指出："事实上，任何律师个体的不规范执业行为都是由于律师事务所这个律师从业基本单位的内部肌体存在顽疾所致。要解决不规范职业行为问题，不仅要制定若干法律法规，及对律师本人进行教育，而且更重要的是治理好律师事务所的内部管理体制。因为所有的律师都要在律师事务所当中执业，必然要受到事务所的规制和约束，这是管理律师最基本的层面，也是最关键的层面。"① 质量保证旨在消除向委托人提供高质量服务时的一部分风险。其假设是，组织完善的律师事务所、按规矩办事的受过良好培训的律师，自然更有可能为委托人提供其所需要的服务。一个有效的质量保证框架将有助于律师事务所不再听凭命运来安排那些加强法律咨询质量和业务效率的关键因素。

随着我国律师事业的迅猛发展，如何加强律师事务所的管理已经成为律师业迫切需要解决的问题。例如，为进一步规范律师事务所的内部管理，加强律师队伍建设，中华全国律师协会常务理事会于 2004 年 3 月 20 日通过了《律师事务所内部管理规则（试行）》；北京市律师协会已经成立了律师事务所管理指导委员会；上海市律师协会也曾于 2004 年在总结一些上海律师事务所的管理经验并结合一些国际国内律师事务所的管理经验基础上，发布了《律师事务所管理参考》，供律师事务所在事务所管理上参考；广州市司法局于 2006 年 12 月也发布了《广州市创建规范管理律师事务所实施办法》。这些情况表明，加强律师事务所管理已经成为从上至下的共识。律师事务所管理评价体系是衡量律师事务所管理水平的标杆。一个体系完善、指标科学的律师事务所管理评价体系，将成为衡量和促进律师事务所管理的重要工具。

一、我国全国性律师事务所评价体系

在律师事务所的管理中，律师事务所管理的评价体系处于居高临下的指导地位。除了一些律师事务所采用的 ISO9000 质量体系之外，我国一共有过两个全国性的行业评价体系：一是 1997 年司法部发布的《关于创建司法部部级文明律师事务所实施办法》（以下简称司法部标准）；二是 2003 年中华全国律师协会常务理事会审议通过的《全国优秀律师事务所评定办法》及《全国优秀律师事务所评定标准》（以下统称全国

① 王隽：《论合伙律师事务所的规范化管理——北京市律师协会关于本市律师事务所管理现状的初步调研分析》，载http：//www.china-lawyering.com/main/list.asp? Unid=156，2007-01-10。

律协标准)。司法部标准已经不再实施，全国律协标准在相当程度上继承了司法部标准。这突出表现在二者在评价体系的导向上是一致的，即促进律师事务所的规模化。上述律师事务所管理评价体系在促进我国律师事务所规范管理方面发挥了重要作用，但是也存在一定的问题，如上述评价体系不能广泛、平等地适用于所有律师事务所，评价体系存在诸多短板，导致存在重大管理漏洞，其标准的制定没有以“委托人为中心”或者“以委托人为关注焦点”，对律师事务所的商业化因素关注不够，等等，需要进一步完善和发展。

二、国外部分律师事务所评价体系简介

随着律师执业活动中商业性因素的不断凸显，律师事务所的管理已经成为一个世界性的问题。从 20 世纪 90 年代开始，一些国家就开始尝试制定律师事务所管理评价标准。以下就三个国家的律师事务所管理体系进行简单介绍。

(一) 英国 Lexcel 律师事务所管理标准

英国律师界在 20 世纪 90 年代后开始考虑并着手制定律师事务所的管理标准。英国英格兰和威尔士“沙律师”协会于 1993 年制定了律师事务所管理标准 PMS (Practice Management Standard)。此后该标准演变为 Lexcel 律师事务所管理标准 (Lexcel Practice Management Standards)，Lexcel 成为英国英格兰和威尔士“沙律师”协会 (Law Society) 的律师事务所管理质量标识。这是专门为法律职业设计的认证。它允许任何类型和规模的律师事务所通过进行独立的评估，来保证其达到了 Lexcel 律师事务所管理标准。自从 1998 年 Lexcel 实施以来，“沙律师”协会密切关注着其在律师事务所管理领域的方案操作和发展情况。Lexcel 的现行标准包括八个部分，即结构和方针、策略、服务和营销、财务管理、设施和信息技术、人员管理、监督和运作风险管理、委托人关照、卷宗和案件管理。

(二) 澳大利亚 LAW9000 标准

澳大利亚律师事务所管理评价体系的制定也开始于 20 世纪 90 年代。现行具有重要影响的 LAW9000—Legal Best Practice and Excellence in Law 标准是澳大利亚以国际广泛认可的 ISO9001 为基础并结合了专门适用于律师事务所的要求而制定的律师事务所管理认证标准。该标准是 SAI Global 与 QL Incorporated、西南威尔士州律师协会和 College of Law 合作制定的一项全国性律师事务所认证方案。该标准旨在帮助律师事务所根据特定行业要求和 ISO9001 质量管理体系的管理原则，进行律师事务所日常管理。获得了 SAI Global 认证的机构有权展示红色五勾标准标识和 LAW9000 标识。

LAW9000 毕竟是为律师事务所制定的管理体系认证标准，其许多规定在 ISO9001 中并没有，而这些规定恰恰体现了律师的行业特点。这些规定主要包括：质量管理体系中关于接受委托方针、业务计划、风险管理计划的要求；事务案卷在控制、监督和内容上的要求；关于就职入门培训的要求；关于利益冲突的要求；关于工作计划的要求、关于委托关系终止的要求；等等。此外，财务信息和业绩在 AS/NZS ISO9000 中并没有得到涵盖，因为该标准是以顾客和过程为关注焦点的。因此，LAW9000 在附则中专门对财务管理问题作了规定。

（三）新加坡 Primelaw 律师事务所管理标准

1993 年新加坡律师协会设立了职业业务委员会（Professional Practice Committee），即后来的律师事务所管理委员会（Practice Management Committee），开始讨论确立一个律师事务所管理标准。2001 年，该律师协会认为英国的 Lexcel 标准是一个很好的模板，根据地方情况进行调整后，将会改进律师事务所管理、委托人服务和工作质量。两年之后，该律师协会根据英国的 Lexcel 标准制定了自己的律师事务所管理标准，即 Primelaw 律师事务所管理标准。这是一个自愿性的律师事务所管理标准，主要是为小型律师事务所制定的，当然也可以适用于大中型律师事务所。

该标准的总体框架涉及四个方面，即前期规划（包括业务计划；营销计划）、一般管理（包括管理、监督和交流；人员管理；办公室管理）、财务管理（包括财务管理者的任命；财务信息的获取和提交；委托人账户的管理）和案件管理（包括制度；风险管理；委托人关照）。

三、北京市律师协会《律师事务所管理评价体系标准及评估指南》

我国律师制度恢复三十多年来，北京律师业取得了突飞猛进的发展，作为律师的执业机构，科学的管理体系不但有助于律师事务所为社会提供优质高效的法律服务，而且对于规范律师执业行为、保障行业健康发展也起到了重要作用。北京市律师协会充分认识到，加强律师事务所的管理已经成为北京律师业发展迫切需要解决的问题。2006 年北京市律师协会将研究制定评价体系的工作交由律师事务所管理指导委员会完成。该委员会委托以中国政法大学王进喜教授为首席专家的课题组开展了相关的研究和起草工作。课题组在参考英国、澳大利亚、新加坡等国律师协会制定的相关标准的基础上，结合我国具体国情，起草了北京市律师协会《律师事务所管理评价体系标准及评估指南》。2008 年 8 月，北京市律师协会第七届理事会第十四次会议审议通过了该评价体系标准及评估指南。

该评价体系标准及评估指南共分为八大章，33 个小项，每一小项中都列出目标、指引、评估方法、严重不符合的例子、轻微不符合的例子等详细内容，具有很强的操作性。具体内容有：第一章“律师事务所结构和方针”分为管理结构、组织形式和业务连续预案三个小项；第二章“业务计划和业务拓展计划”分为业务评审和业务规划、业务计划内容和业务拓展计划内容三个小项；第三章“办公室管理”分为办公手册（办公手册的要求、办公手册的更新）、办公设施、法律参考资料、信息技术（信息技术计划、信息技术预防）和采供管理五个小项；第四章“人员管理”分为人员招聘和福利计划、人员招聘、就职过程、培训、业绩评估和实习人员六个小项；第五章“财务管理”分为财务管理者、会计科目和财务信息和委托人账户三个小项；第六章“风险管理”分为风险管理人和监督人员、风险管理程序、投诉三个小项；第七章“案件管理”分为制度、事务开始（接受委托、风险审查、统一接受委托统一收费）、事务进展、事务终结、案卷管理与审查、事务交办与监督、第三方服务提供者七个小项；第八章“其他”包含职业道德与执业纪律评查、业务统计和党支部建设三个小项。这个标准创建了对律师事务所管理评价的新体系，充分体现了“委托人为中心”、“商业管理”、“过程管理”的思路，选定的观测点基本涵盖了律师事务所管理的方方面面，并且突出了重点，对律师事务所的管理有很强的指导性，对加强律师事务所规范管理工作，提高北京市律师队伍素质及律师事务所建设水平，树立律师行业良好的社会形象具有重要的指导意义。

本章思考题

1. 我国律师事务所有几种组织形式？它们之间有什么区别？
2. 简述律师事务所设立的条件和程序。

第五章
律师的管理体制

□・本章导读・□

律师管理体制是指一个国家在宏观层面上对律师行业进行组织管理的制度架构。律师管理体制反映了国家与律师行业之间的关系，所要解决的核心问题是如何协调律师行业自身的管理权与国家对律师行业的管理权之间的关系。律师管理体制问题是律师研究中的核心问题，管理体制的安排决定了律师行业的定位、律师行业规范的发展程度等一系列问题。在律师管理体制问题上，各个国家在律师行业管理的制度安排方面各具特色。我国的律师管理体制也是伴随着我国律师业的发展而不断发展。本章着重介绍改革开放以来我国律师管理体制的变迁状况。

第一节　我国律师管理体制的演变

我国律师业发展百余年来，律师管理体制也是随着社会经济情势的变迁而不断变化。改革开放之后，随着我国律师制度的重建，律师管理体制也进入重建阶段，到目前为止，律师管理体制经历了行政管理体制、司法行政机关行政管理与律师协会行业管理相结合的管理体制初步形成及发展三个阶段。

一、行政管理体制时期

1978年12月，中国共产党十一届三中全会召开，确立了解放思想、实事求是的思想路线，作出了党的工作重点向经济建设转移的战略决策，并提出了发展社会主义民主、健全社会主义法制的历史任务。从此，社会主义法制建设逐步展开。1979年7月，第五届全国人民代表大会第二次会议通过了第一批七个重要法律，其中《刑事诉讼法》和《人民法院组织法》都明确规定被告人享有辩护权，并可以委托律师辩护。这两部法律的颁布，为律师制度的恢复拉开了序幕。1980年8月26日，第五届全国人大常委会第十五次会议通过了《律师暂行条例》，它规定了中国律师的性质、任务、权利、活动原则、律师机构的设置等内容，为中国律师制度的恢复提供了法律上的依据。作为中国第一部关于律师制度的法律，它的颁布，是十一届三中全会精神的直接贯彻和体现，标志着中国律师制度的建设进入了新的阶段。

《律师暂行条例》确立的是行政型的律师管理体制。这体现在以下几个方面：

1.《律师暂行条例》第1条规定："律师是国家的法律工作者，其任务是对国家机关、企业事业单位、社会团体、人民公社和公民提供法律帮助，以维护法律的正确实施，维护国家、集体的利益和公民的合法权益。"这一规定表明，中国的律师"不是，也不应当是资本主义国家那种自由职业者"，"也不像资本主义国家律师那样，只是从雇佣关系出发，为委托人谋利益，而是要站在无产阶级的立场上，从维护法律的正确实施出发，来维护当事人的合法权益"。

2. 律师的工作机构是行政型的组织模式。《律师暂行条例》第13条规定："律师执行职务的工作机构是法律顾问处。""法律顾问处是事业单位，受国家司法行政机关的组织领导和业务监督。"第14条规定："法律顾问处按县、市、市辖区设立。必要时，经司法部批准，可以设立专业性的法律顾问处。"

3. 律师协会没有实质管理职能。《律师暂行条例》第19条规定："为维护律师的合法权益，交流工作经验，促进律师工作的开展，增进国内外法律工作者的联系，建立律师协会。""律师协会是社会团体。组织章程由律师协会制订。"司法部在1984年10月8日印发的《关于加强和改革律师工作的意见》中，更是明确说明"律师协会是律师的群众性组织，主要任务是在司法厅（局）的直接领导下，根据党的路线、方针、政策和国家法律，加强律师的思想政治工作和职业道德教育，维护律师的合法权益，总结交流律师业务经验，为律师业务活动提供信息资料和咨询服务。律师协会的外事活动，由司法行政机关统一领导和管理。尚未建立律师协会的省、自治区（除西藏外）、直辖市，应抓紧于今明两年建立起来，并配备精干的专职工作人员，与司法厅（局）的律师管理处合署办公"。

从上述角度看，中国律师制度的恢复和重建是一种国家行政行为，因此，这一时期制定的《律师暂行条例》的基本性质就是律师行业的行政组织法。随着历史的发展，对律师职业行为加以调整的需要日益突出。中华全国律师协会虽然已经于1986年成立，但是其功能仅仅定位为"维护律师的合法权益，交流工作经验，促进律师工作的开展，增进国内外法律工作者的联系”[1]。律师协会作为一个组织，不论是在组织建设上还是法律授权上，都尚未具备发挥作用的组织体系和能力。

二、两结合体制的初步形成

随着改革开放的发展，传统的计划经济体制逐渐由市场经济体制所取代，社会经济变革所带来的对法律服务特别是经济生活方面的法律服务需求日益增长。随着我国城市计划经济体制的改革，商品交易和经济生活的繁荣带来了对法律服务的巨大需求，而且随着市场的日益开放，外来投资者对法律服务的需求也逐渐显露出来。这种情况下传统由国家对律师行业完全控制的管理体制开始显露出一些弊端。一方面，国家法律工作者这样一种体制将律师定位于国家法律工作者，这种国家所有制所带来的激励机制的不足严重影响了国家法律工作者的工作积极性。另一方面，国家对国家法律工作者的严密控制也大大影响了国家法律工作者提供高质量法律服务的能力。我国“文化大革命”后刚刚重建起来的法律服务管理体制开始遭受挑战，于是一场对于法律服务管理体制的改革在酝酿之中。

1983年3月，司法部召开了六市一县律师工作体制改革座谈会，探索实行律师的体制改革，并指定到会单位进行试点。1984年10月，司法部《关于加强和改革律师工作的意见》明确规定，司法行政机关应改进和加强对法律顾问处的领导和监督，其主要职责有：(1) 司法行政机关应及时向法律顾问处的人员传达党和国家的有关方针、政策、指示，加强律师人员的思想政治工作和业务培训，督促、检查法律顾问处执行政策、法律。(2) 审查法律顾问处的长远规划、年度计划和财务预决算。(3) 审查法律顾问处的重要业务活动方案，特别是重大刑事案件，与检察院、法院有严重分歧的刑事案件的辩护意见。(4) 帮助法律顾问处与有关部门疏通渠道，解决工作中遇到的困难和问题。(5) 考核、管理法律顾问处的干部。与此同时，该意见提出要建立、健全省、自治区、直辖市的律师协会，“律师协会是律师的群众性组织，主要任务是在司法厅（局）的直接领导下，根据党的路线、方针、政策和国家法律，加强律师的思想政治工作和职业道德教育，维护律师的合法权益，总结交流律师业务经验，为律师业务活动提供信息资料和咨询服务。律师协会的外事活动，由司法行政机关统一领导和管理。尚未建立律师协会的省、自治区（除西藏外）、直辖市，应抓紧于今明两年建立起来，并配备精干的专职工作人员，与司法厅（局）的律师管理处合署办公”[2]。

1986年7月，全国第一次律师代表大会上成立了中华全国律师协会。大会通过了《中华全国律师协会章程》，选举产生了由78名理事组成的第一届理事会，选举邹瑜为第一届全国律协会长。《中华全国律师协会章程》确立了律师协会具有律师业务指导、工作经验交流、维护律师合法权益等九项职能，成为律师协会参与律师行业管理的里程碑。自此，律师管理体制在《律师暂行条例》确立的单一行政管理格局的基础上又增加了律师协会行业管理。但是这一时期律师协会的主要领导仍由司法行政机关的领导兼任。律师协会在律师管理体制中仍处于从属的地位。

---

① 《律师暂行条例》第19条。

② 司法部《关于加强和改革律师工作的意见》（1984年10月8日）。

1993年12月26日，国务院批准了《司法部关于深化律师工作改革的方案》，该方案在前面十年改革的基础上明确提出了两结合的体制构想：从我国的国情和律师工作的实际出发，建立司法行政机关的行政管理与律师协会行业管理相结合的管理体制。经过一个时期的实践后，逐步向司法行政机关宏观管理下的律师协会行业管理体制过渡。换言之，该方案将我国的律师管理体制改革设想为两个阶段：第一阶段是初级过渡阶段，主要建立司法行政机关的行政管理与律师协会行业管理相结合的管理体制；第二阶段则是高级发展阶段，最终建立起司法行政机关宏观管理下的律师协会行业管理体制。可以说，整个20世纪90年代都是在初级过渡阶段的发展过程之中。在这一阶段，司法行政机关的行政管理与律师协会行业管理进行了初步的分工。司法行政机关对律师工作主要实行宏观管理，其职责是：（1）制定律师行业发展规划，起草和制定有关律师工作的法律草案、法规草案和规章制度；（2）批准律师事务所及其分支机构的设立；（3）负责律师资格的授予和撤销；（4）负责执业律师的年检注册登记；（5）加强律师机构的组织建设和思想政治工作；而律师协会是律师的行业性群众组织。协会应由执业律师组成，领导成员由执业律师中选举产生。律师协会的主要职责是：（1）总结律师工作经验，指导律师开展业务工作；（2）组织律师的专业培训；（3）维护律师的合法权益；（4）开展律师的职业道德教育，对律师遵守执业纪律的状况进行监督检查；（5）按照国家有关规定，组织与外国、境外律师民间团体的交流活动。由此，律师管理的两结合体制初步形成。

在上述思想指导下，1995年第三次全国律师代表大会召开，中华全国律师协会的全体理事、常务理事、会长、副会长均由选举出的专职执业律师担任，司法行政机关的领导不再兼任律师协会的领导职务。与此同时，修正的《中华全国律师协会章程》规定了律师协会履行下列15种职责：（1）组织会员学习国家的法律、政策和有关专业知识，对会员进行职业道德和执业纪律的教育；（2）制定律师行业规范和准则并组织实施；（3）组织会员开展律师工作研讨活动，总结、交流律师业务经验；（4）负责对律师进行培训和业务指导；（5）开拓律师业务领域；（6）支持会员依法执业，维护会员的合法权益；（7）负责对会员的奖励和惩戒工作；（8）指导地方律师协会搞好律师、律师机构的登记、公告等工作；（9）开展与外国、境外律师界的交往活动；（10）举办律师刊物，编辑出版业务资料，为会员提供业务信息；（11）向司法行政机关和国家有关部门提出关于法制建设、律师制度的改革与发展的建议；（12）维护会员间的团结，解决会员间的纠纷；（13）举办会员的福利事业；（14）指导、支持团体会员的工作；（15）办理法律规定的、中华人民共和国司法部委托办理的其他事项。律师协会的职责明显得到了加强，律师协会行业管理职责日益凸显。

三、两结合体制的确立

随着我国经济体制改革和对外开放的不断深入，我国的律师事业获得了很大发展，同时，《律师暂行条例》的局限性也不断暴露。在这种情况下，我国于1989年开始了律师法的起草和论证工作。1996年5月15日，第八届全国人大常委会第十九次会议审议以130票全票通过了《律师法》。这是新中国颁布的第一部《律师法》。《律师法》的颁布，是我国律师制度发展史上的一个重要里程碑，是我国民主与法制建设的新发展。

《律师法》的颁布，是我国律师制度建设贯彻邓小平建设有中国特色社会主义理论所取得的重要成果，充分体现了律师行业的内部规定性和我国市场经济体制对律师业发展的现实需要。这部法律正式确立了司法行政机关监督指导和律师协会行业管理相结合的管理模式。这种管理模式，在很大程度上淡化了对律师进行行政管理的色彩，体现了对律师业进行行业管理的特点。

司法行政机关监督指导和律师协会行业管理相结合的管理模式，是说这种管理，既不是单一的行政管理，也不是完全的行业管理，而是二者的有机结合。一方面，司法行政机关在律师管理工作中负责组织律师资格统一考试、审核颁发律师执业证书、律师事务所执业证书、审批设立分所、组织开展法律援助、对律师违反职业道德、执业纪律的行为予以行政处罚、对违法从事律师业务的人员进行行政处罚等。另一方面，律师协会履行下列职责：（1）保障律师依法执业，维护律师的合法权益；（2）总结、交流律师工作经验；（3）组织律师业务培训；（4）进行律师职业道德和执业纪律的教育、检查和监督；（5）组织律师开展对外交流；（6）调解律师执业活动中发生的纠纷；（7）法律规定的其他职责。律师协会按照章程对律师给予奖励或者给予处分。

应当指出的是，虽然建立司法行政机关监督指导和律师协会行业管理相结合的管理模式的指导思想很明确，然而司法行政机关和律师协会之间的权限划分在《律师法》中并不是非常清晰。例如，中华全国律师协会于1996年10月6日通过的《律师职业道德和执业纪律规范》宣称，该规范是“依据《中华人民共和国律师法》和《律师协会章程》”制定的，但是从《律师法》中根本找不到这样的规范依据，尽管由中华全国律师协会制定《律师职业道德和执业纪律规范》体现了律师行业自治方面的进步。再如1996年《律师法》第40条规定律师协会的职责之一是“进行律师职业道德和执业纪律的教育、检查和监督”，而司法部在2001年8月发布的《关于开展律师职业道德和执业纪律教育评查活动的通知》则明确规定“在全国律师队伍中，集中开展职业道德和执业纪律教育评查活动”，并对开展教育评查活动的指导思想、内容、步骤、要求作了明确的规定。这些情况表明，这一时期司法行政机关和律师协会之间的关系仍然处于探索阶段，二者之间的权限划分并非泾渭分明。但是，中华全国律师协会制定的《律师职业道德和执业纪律规范》的出现，表明在律师职业行为的规制中，律师协会逐渐意识到其应当发挥应有的作用。2004年3月20日，中华全国律师协会常务理事会通过了《律师执业行为规范（试行）》。无论是从数量上还是从涉及的问题的广度上，该规范都达到了一个新的高度。尽管这一规范还存在一些问题，但是它大大提高了律师执业行为法的技术因素，大大扭转了人们对律师执业行为法的传统认识，对于律师的执业活动具有重要的指导意义。

1996年制定的《律师法》尽管本身还存在若干不足，但是其确定了近十年来中国律师业发展的基本走向和格局，宏观指导了律师行业的资源布局。《律师法》实施近十年来，无论是中国律师业行业本身还是其所处的社会环境，都发生了巨大的变化。除了在2001年对《律师法》进行了一次局部修改外，中国并没有随着时代的进步、形势的变化而对其进行整体性的修正；与此同时，《律师法》本身的一些规定并没有得到具体落实。2004年6月，司法部正式启动了《律师法》的修正工作，进行了大量调研和意见征集工作，并形成了若干阶段性成果。2007 年 10 月 28 日，第十届全国人民代表大会常务委员会第三十次会议对《律师法》进行了较为全面的修订。这次修订，进一步确认和完善了司法行政机关行政管理与律师协会行业管理相结合的体制，在关于律师协会的具体条文上，《律师法》在对“律师协会是社会团体法人，是律师的自律性组织”的规定未进行修改的情况下，扩大了律师协会的职权，其中《律师法》第 46 条明确规定，律师协会应当履行的职责包括“制定行业规范和惩戒规则”，以及“对律师、律师事务所实施奖励和惩戒”、“受理对律师的投诉或者举报，调解律师执业活动中发生的纠纷，受理律师的申诉”，并且“律师协会制定的行业规范和惩戒规则，不得与有关法律、行政法规、规章相抵触”。因此，律师协会在律师行业的管理权上有了进一步的扩展。

第二节　律师协会的性质与职责

改革开放之后，我国开始律师业的重建工作，于 1986 年 7 月成立了中华全国律师协会。《律师法》第 43 条规定：“律师协会是社会团体法人，是律师的自律性组织。全国设立中华全国律师协会，省、自治区、直辖市设立地方律师协会，设区的市根据需要可以设立地方律师协会。”

一、律师协会的性质

根据《律师法》的规定，我国的律师协会是社会团体法人，这是律师协会的社会属性。在我国民法理论中，社会团体法人是指具有民事权利能力和民事行为能力，依法独立享有民事权利和承担民事义务的社会组织。它是以谋求社团成员的共同利益为宗旨的，主要包括各种政治团体（如各民主党派）、人民群众团体（如工会、妇联、共青团）、社会公益团体（如残疾人基金会）、文学艺术团体（如作家协会）、学术研究团体（如数学学会）、宗教团体（如佛教协会）。与企业法人相比，社会团体法人具有四个重要特征：(1) 社会团体成立的前提是会员自愿组成。社会团体不是基于法律规定或国家需要产生的，而是各成员基于一定目的自愿协商成立。因此，其成立方式与机关法人有很大不同。(2) 社会团体主要从事会员共同意愿范围内的社会公共事务。社会团体法人也不能从事营业活动，但社会团体的活动范围较为广泛，有时也可以进行某些营利性民事经济活动，但盈利须为团体事务服务。(3) 社会团体的成立方式有：特许设立和行政许可设立。有些社团法人无须经法人登记即可成立，即特许设立，如中华全国总工会、全国妇联等；有些则需要经主管机关批准，再经登记机关登记成立，即行政许可设立，如行会等。(4) 拥有独立的财产和经费。大部分社会团体法人都依靠自筹资金进行活动，这与机关法人和事业单位法人不同。但也有一些社会团体法人从事公益事业，基本靠国家拨款作为活动经费，如妇联等。需要注意的是，社会团体法人与法人理论中的社团法人并不相同。西方法人理论中的社团法人是与财团法人相对应的一种分类方式。凡是以人的集合为成立基础者，为社团法人；相反，凡是以捐助财产为成立基础，而无社员者，为财团法人。[①]

我国目前对于律师协会的这种定位与大陆法系国家特别是德、法两国对于律师协会的定位是有所差异的。《联邦德国律师法》第 62 条是对州律师公会的规定，即“(1) 律师公会是公法上的团体法人。(2) 州司法行政部门对律师公会行使国家监督职能。监督限于法律和章程是否得到遵守，尤其是托付给律师公会的任务是否得以完成”。第 176 条是对联邦律师公会法律性质及其国家监督的规定，即“(1) 联邦律师公会是公法上的团体法人。(2) 联邦司法部对联邦律师公会进行国家监督。监督限于法律和章程是否得以遵守，尤其是委派给联邦律师公会的任务是否得以完成”。也就是说，德国在立法上对律师协会的定位是“公法上的社团法人”，也就是“公法人”。依据一般理论，公法人有以下特征：(1) 公法人的目的由国家赋予，不得任意变更；(2) 公法人之设立基于国家的意思；(3) 公法人并无自我解散之自由；(4) 公法人需服从国家之特别监督；(5) 公法人被赋予公权力性质的权能。据此，公法人具有以下三项权能：(1) 强制加入权；(2) 法制定权；(3) 行政权，主要是强制征收权和惩戒权。[②] 我国律师协会在定位上与德国的公法人体制并不相同，但是我国律师协会实行强制加入制和惩戒权等方面的实践又接近于德国的公法人体制，而与我国的社会团体法人差距较远。比如说，在成员的加入方面，根据《社会团体登记管理条例》第 2 条的规定，社会团体是指中国公民自愿组成，为实现会员共同意愿，按照其章程开展活动的非营利性社会组织。但我国律师协会在这一点上恰恰不是如此。2007 年的《律师法》明确规定：律师、律师事务所应当加入所在地的地方律师协会。加入地方律师协会的律师、律师事务所，同时是全国律师协会的会员。因此，对于律师协会的定位目前在理论界还处于争议状态，这种争议状态必然随着律师管理的两结合体制的进一步发展而继续发展。

二、律师协会的宗旨与职责

作为律师行业自律性组织，律师协会有着独特的宗旨和职责。律师协会是其独特价值诉求的集中表现。不同国家不同时期的律师协会有着不同的价值诉求。比如说，美国律师协会（ABA）将“守护自由，追求正义”（Defending Library，Pursuing Justice）作为其追求的目标。我国民国时期的律师公会将其宗旨界定为：“促进司法及法律制度之革新，砥砺律师之品德，增高律师地位并阐扬中华法系、沟通世界法律思想。”[③] 根据 2007 年修订的《律师法》第 46 条的规定，我国律师协会履行下列职责：

1. 保障律师依法执业，维护律师的合法权益。保障律师依法执业是指保障律师在现有法律框架下进行合法执业，这主要是通过制定并执行律师行业规范和惩戒规范来实现的。维护律师的合法权益主要是通过多种手段来维护律师执业中的各种合法权利，为提高律师行业在社会中的影响和声誉采取各种措施。在我国，由于律师业的发展历

---

① 参见张俊浩主编：《民法学原理》，修订 3 版，180 页，北京，中国政法大学出版社，2000。

② 参见郭建强：《论律师协会的性质》，载中国律师执业法律网，http://www.china-lawyering.com/main/list.asp? unid=1540，2008-10-05。

③ 1948 年通过的《中华民国律师公会全国联合会章程》第 3 条。

史还不是很长，律师在整体国家政治架构中相比公安局、检察院、法院等机关来说相对处于弱势地位，因此，律师的执业乃至人身权利遭受侵害的事例时常发生。作为律师行业自治组织的律师协会对于律师被侵权的情况特别是遭受公权力侵权的情况应该作出积极的反应，维护律师的合法权利。① 各地律师协会也相应下设了权益保障部门来负责律师的维权事务。

2. 总结、交流律师工作经验。为律师提供总结、交流律师工作经验的平台，促进律师业务水平的提高，这是律师协会的另一个重要职责。全国律师协会主要通过刊物、网站等形式来总结律师的工作经验，同时以定期举行律师代表大会和学术性会议的形式来为律师业搭建平台。② 一些地方的律师协会通过定期发布执业指引、召开研讨会等形式来总结和交流律师的工作经验。

3. 制定行业规范和惩戒规则。通过制定行业规范和惩戒规则，律师协会得以实现其自身对整个行业的管理权。1996 年全国律师协会制定了《律师职业道德和执业纪律规范》，此后又在 2004 年颁布了《律师执业行为规范（试行）》。各个地方律师协会也相继颁布了地方性的律师执业规则。这些规则从律师的职业道德、执业组织、收费规范、执业推广等角度比较系统地规范了律师的执业活动。这一职责是 2007 年《律师法》修改之后增加的，尽管律师协会实际上从 20 世纪 90 年代开始便实际上在行使制定行业规范和惩戒规则的职责了。

4. 组织律师业务培训和职业道德、执业纪律教育，对律师的执业活动进行考核。律师协会通过定期组织业务培训活动来提高律师行业的整体执业水平，除此之外，律师协会还负有职业道德和执业纪律教育的职责。不仅如此，律师协会还需要对律师的执业活动定期进行考核。

5. 组织管理申请律师执业人员的实习活动，对实习人员进行考核。组织实习人员进行活动并对其进行考核也是 2007 年《律师法》加以明确的一项职责，是对律师管理体制改革成果的肯定。中华全国律师协会在 2007 年 6 月就颁布了《申请律师执业人员实习管理规则（试行）》。作为律师行业的管理组织，律师协会对于这些准备进入律师行业进行执业的人员负有考核和审查职责。

6. 对律师、律师事务所实施奖励和惩戒。奖励和惩戒是律师协会实现对律师业进行管理的重要手段。目前的惩戒手段主要包括训诫、通报批评、公开谴责、取消会员资格等几种方式。

7. 受理对律师的投诉或者举报，调解律师执业活动中发生的纠纷，受理律师的申诉。律师协会是解决律师业内部纠纷的重要组织。律师协会应当受理对律师的投诉或者举报，既包括业界内部的举报也包括业界外部的举报。律师协会应该对律师执业活动中发生的纠纷积极进行调解，这是因为律师协会是律师业与社会之间进行良好沟通的代表，负有维护律师业声誉的重要职责，律师协会作为律师执业活动纠

---

① 比较突出的一个例子是 2006 年北京的一名执业律师声称在天津某区法院遭到当地法院法官的殴打，北京律协向天津有关方面发出征询函对此事表示关注。参见《北京律师自述在天津法院遭法官掐脖子殴打》，载《华夏时报》，2006-04-11。

② 如中华全国律师协会主办有国内唯一以律师为核心内容的国家级法律刊物《中国律师》，有以律师为核心内容的网站“中国律师网”。中华全国律师协会主办了七届中国律师论坛和青年律师论坛。

纷的解决机关有助于纠纷的合理解决。

8. 法律、行政法规、规章以及律师协会章程规定的其他职责。

本章思考题

1. 律师协会的性质是什么？
2. 律师协会具有哪些职责？

第六章 律师的权利和义务

本章导读

律师的权利义务是指律师作为一个国家法定的法律服务人员在执业过程中所能享有的权利和需要履行的义务。与一般的公民相比，为了使律师更好地提供法律服务，发挥律师在法治社会建设中的重要作用，国家应当赋予律师一些特有的权利，这些权利是一般的公民甚至是当事人所无法享有的，但是与此同时，律师也相应地需要履行一些特定的义务。应该说，律师的权利与义务内容是一个国家律师制度是否完备，所处的法律地位如何乃至整个国家法治发展水平的重要标志。

第一节　律师的权利

在我国，律师的权利主要包括两大方面：一是律师的执业权，主要包括律师承揽各种业务的权利，这是律师作为法定的法律服务人员最基础的权利；二是律师在执业过程中的权利，主要集中在诉讼业务特别是刑事诉讼业务领域，在这方面律师的权利主要包括调查取证权，阅卷权，会见通信权，得到人民法院适当的开庭通知的权利，出席法庭、参与诉讼的权利，获取本案各种法律文书副本的权利，代行上诉权，拒绝辩护、代理权等。

一、律师的执业权

律师的执业权是指律师承揽法律业务的权利，律师的执业权是律师区别于一般公民乃至法律服务市场上其他主体的重要权利。在一个法治社会中，社会公众所需要的法律服务具有很强的专业性和技术性，只有通过一段时间研习、实践的专业人士才有资格提供法律服务。可以说，律师的执业权是律师专业性和行业准入的具体体现。比如说，只有律师才能接受委托提供营利性的法律服务，而一般公民是不具有此种资格的。另外，律师的一些执业权也是法律服务市场上其他主体所不具备的，比如说律师对于刑事案件的辩护权。根据我国现行法律规定，律师可以从事下列业务：（1）接受自然人、法人或者其他组织的委托，担任法律顾问；（2）接受民事案件、行政案件当事人的委托，担任代理人，参加诉讼；（3）接受刑事案件犯罪嫌疑人的委托，为其提供法律咨询，代理申诉、控告，为被逮捕的犯罪嫌疑人申请取保候审，接受犯罪嫌疑人、被告人的委托或者人民法院的指定，担任辩护人，接受自诉案件自诉人、公诉案件被害人或者其近亲属的委托，担任代理人，参加诉讼；（4）接受委托，代理各类诉讼案件的申诉；（5）接受委托，参加调解、仲裁活动；（6）接受委托，提供非诉讼法律服务；（7）解答有关法律的询问、代写诉讼文书和有关法律事务的其他文书。

二、律师在执业过程中的权利

为了保障律师执业活动的顺利进行，各国法律都对律师在执业过程中的权利作了详细的规定。在我国，《律师法》、《刑事诉讼法》、《民事诉讼法》、《行政诉讼法》以及有关的法规中都对律师的权利作了规定，律师在执业过程中的权利主要包括：调查取证权，阅卷权，会见通信权，得到人民法院适当的开庭通知的权利，出席法庭、参与诉讼的权利，获取本案各种法律文书副本的权利，代行上诉权，拒绝辩护、代理权等。本章主要围绕新《律师法》规定的律师权利进行介绍。

（一）同被限制人身自由的人会见的权利

律师同被限制人身自由的人会见的权利是律师在代理刑事诉讼中的重要权利。这种权利既是国际公约所规定的，也是我国刑事律师执业所追求的方向。联合国《关于律师作用的基本原则》规定，遭逮捕、拘留或监禁的一切个人应有充分机会、时间和便利条件，毫无迟延地，在不被窃听、不经检查和完全保密情况下接受律师来访并与律师联系协商。这种协商可在执法人员能看得见，但听不见的范围内进行。联合国《囚犯待遇最低限度标准规则》中关于在押或等待审讯的囚犯一节规定：“受刑事指控而被逮捕或监禁，由警察拘留或监狱监禁但尚未审讯和判刑的人在会见律师时，警察或监所官员对于囚犯和律师的会谈，可以用目光监视，但不得在可以听见谈话的距离以内。”被指控犯罪的人及时与律师联系并与律师自由交谈，被认为是犯罪嫌疑人所有的基本权利。我国《刑事诉讼法》第 37 条规定，辩护律师可以同在押的犯罪嫌疑人会见和通信。

2007 年《律师法》第 33 条规定：“犯罪嫌疑人被侦查机关第一次讯问或者采取强制措施之日起，受委托的律师凭律师执业证书、律师事务所证明和委托书或者法律援助公函，有权会见犯罪嫌疑人、被告人并了解有关案件情况。律师会见犯罪嫌疑人、被告人，不被监听。”2012 年《刑事诉讼法》第 37 条规定：“辩护律师可以同在押的犯罪嫌疑人、被告人会见和通信。其他辩护人经人民法院、人民检察院许可，也可以同在押的犯罪嫌疑人、被告人会见和通信。”“辩护律师持律师执业证书、律师事务所证明和委托书或者法律援助公函要求会见在押的犯罪嫌疑人、被告人的，看守所应当及时安排会见，至迟不得超过四十八小时。”“危害国家安全犯罪、恐怖活动犯罪、特别重大贿赂犯罪案件，在侦查期间辩护律师会见在押的犯罪嫌疑人，应当经侦查机关许可。上述案件，侦查机关应当事先通知看守所。”“辩护律师会见在押的犯罪嫌疑人、被告人，可以了解案件有关情况，提供法律咨询等；自案件移送审查起诉之日起，可以向犯罪嫌疑人、被告人核实有关证据。辩护律师会见犯罪嫌疑人、被告人时不被监听。”“辩护律师同被监视居住的犯罪嫌疑人、被告人会见、通信，适用第一款、第三款、第四款的规定。”

根据上述规定，律师会见在押未决犯罪嫌疑人、被告人时，应持“三证”，即律师执业证书、律师事务所证明和委托书或者法律援助公函。对此，看守所应当及时安排会见，至迟不得超过 48 小时。但是，对于危害国家安全犯罪、恐怖活动犯罪、特别重大贿赂犯罪案件，在侦查期间辩护律师会见在押的犯罪嫌疑人，应当经侦查机关许可。上述案件，侦查机关应当事先通知看守所。

辩护律师在不同的诉讼阶段，会见的内容是不同的，根据 2012 年《刑事诉讼法》第 37 条，辩护律师会见在押的犯罪嫌疑人、被告人，可以了解案件有关情况，提供法律咨询等；自案件移送审查起诉之日起，可以向犯罪嫌疑人、被告人核实有关证据。这是考虑到在案件移送审查起诉之前，涉及案情的保密问题；在案件移送审查起诉之后，侦查已经完毕，因而可以向犯罪嫌疑人、被告人核实有关证据。

辩护律师通过阅卷会了解案件的基本情况，对此，律师应当保密，不得滥用所了解的案情。2012 年《刑事诉讼法》第 42 条规定：“辩护人或者其他任何人，不得帮助犯罪嫌疑人、被告人隐匿、毁灭、伪造证据或者串供，不得威胁、引诱证人作伪证以及进行其他干扰司法机关诉讼活动的行为。”“违反前款规定的，应当依法追究法律责任，辩护人涉嫌犯罪的，应当由办理辩护人所承办案件的侦查机关以外的侦查机关办理。辩护人是律师的，应当及时通知其所在的律师事务所或者所属的律师协会。”

中华全国律师协会 1998 年《律师办理刑事案件规范（修改稿）》第 29 条规定：“律师会见犯罪嫌疑人，应当遵守羁押场所依法做出的有关规定，不得为犯罪嫌疑人传递物品、信函，不得将通讯工具借给其使用，不得进行其他违反法律规定的活动。”

司法部办公厅 2006 年《关于对律师未经委托违法会见被告人的行为如何适用处罚条款的复函》[①] 规定，律师未经被告人委托，冒充被告人的辩护人并会见被告人的行为，属于《律师法》第 44 条第 11 项规定的“应当给予处罚的其他行为”。

（二）阅卷权

阅卷是指律师在诉讼辩护或者代理业务活动中查阅、摘抄、复制案卷材料，了解案情的活动。我国对律师的阅卷权同样作出了相应的规定。律师的阅卷可以区分为刑

① 司办函［2006］49 号。

事诉讼阅卷和民事诉讼阅卷。

1. 刑事诉讼中的阅卷

1996 年《刑事诉讼法》第 36 条曾规定，辩护律师自人民检察院对案件审查起诉之日起，可以查阅、摘抄、复制本案的诉讼文书、技术性鉴定材料，可以同在押的犯罪嫌疑人会见和通信。其他辩护人经人民检察院许可，也可以查阅、摘抄、复制上述材料，同在押的犯罪嫌疑人会见和通信。辩护律师自人民法院受理案件之日起，可以查阅、摘抄、复制本案所指控的犯罪事实的材料，可以同在押的被告人会见和通信。其他辩护人经人民法院许可，也可以查阅、摘抄、复制上述材料，同在押的被告人会见和通信。2007 年《律师法》第 34 条规定，受委托的律师自案件审查起诉之日起，有权查阅、摘抄和复制与案件有关的诉讼文书及案卷材料。受委托的律师自案件被人民法院受理之日起，有权查阅、摘抄和复制与案件有关的所有材料。2012 年《刑事诉讼法》第 38 条则进一步规定："辩护律师自人民检察院对案件审查起诉之日起，可以查阅、摘抄、复制本案的案卷材料。其他辩护人经人民法院、人民检察院许可，也可以查阅、摘抄、复制上述材料。"

为了切实保障辩护律师的阅卷权，2012 年《刑事诉讼法》第 39 条还规定："辩护人认为在侦查、审查起诉期间公安机关、人民检察院收集的证明犯罪嫌疑人、被告人无罪或者罪轻的证据材料未提交的，有权申请人民检察院、人民法院调取。"这对于保障辩护律师全面阅卷，避免受到突袭具有重要的意义。

从诉讼公平角度出发，律师在享有阅卷权的同时，也承担一定的义务。2012 年《刑事诉讼法》第 40 条规定："辩护人收集的有关犯罪嫌疑人不在犯罪现场、未达到刑事责任年龄、属于依法不负刑事责任的精神病人的证据，应当及时告知公安机关、人民检察院。"

2. 民事诉讼中的阅卷

《民事诉讼法》第 61 条规定，代理诉讼的律师和其他诉讼代理人有权调查收集证据，可以查阅本案有关材料。查阅本案有关材料的范围和办法由最高人民法院规定。2002 年最高人民法院公布了《关于诉讼代理人查阅民事案件材料的规定》[①] 对诉讼代理人查阅代理案件有关材料的范围和办法作了如下规定：

（1）需要查阅案卷的情形

代理民事诉讼的律师和其他诉讼代理人有权查阅所代理案件的有关材料。但是，诉讼代理人查阅案件材料不得影响案件的审理。诉讼代理人为了申请再审的需要，可以查阅已经审理终结的所代理案件有关材料。

诉讼代理人在诉讼过程中需要查阅案件有关材料的，应当提前与该案件的书记员或者审判人员联系；查阅已经审理终结的案件有关材料的，应当与人民法院有关部门工作人员联系。

（2）查阅手续

诉讼代理人查阅案件有关材料应当出示律师证或者身份证等有效证件。查阅案件有关材料应当填写查阅案件有关材料阅卷单。

① 2002 年 11 月 4 日最高人民法院审判委员会第 1254 次会议通过。

(3) 查阅案卷的范围

诉讼代理人在诉讼中查阅案件材料限于案件审判卷和执行卷的正卷，包括起诉书、答辩书、庭审笔录及各种证据材料等。案件审理终结后，可以查阅案件审判卷的正卷。

(4) 查阅要求

人民法院应当为诉讼代理人阅卷提供便利条件，安排阅卷场所。必要时，该案件的书记员或者法院其他工作人员应当在场。诉讼代理人查阅案件有关材料后，应当及时将查阅的全部案件材料交回书记员或者其他负责保管案卷的工作人员。书记员或者法院其他工作人员对诉讼代理人交回的案件材料应当当面清查，认为无误后在阅卷单上签注。阅卷单应当附卷。诉讼代理人不得将查阅的案件材料带出法院指定的阅卷场所。

诉讼代理人查阅案件材料可以摘抄或者复印。涉及国家秘密的案件材料，依照国家有关规定办理。复印案件材料应当经案卷保管人员的同意。复印已经审理终结的案件有关材料，诉讼代理人可以要求案卷管理部门在复印材料上盖章确认。复印案件材料可以收取必要的费用。

查阅案件材料中涉及国家秘密、商业秘密和个人隐私的，诉讼代理人应当保密。诉讼代理人查阅案件材料时不得涂改、损毁、抽取案件材料。人民法院对修改、损毁、抽取案卷材料的诉讼代理人，可以参照《民事诉讼法》第 111 条第 1 款第 1 项的规定处理。

(三) 调查取证权

调查取证，是指律师在承办法律事务的过程中，走访知情人、收集与案件有关的事实材料的活动。作为代理人提供代理的过程中，律师需要收集证据以对抗对方当事人或者公诉方所提供的证据。在实践中，律师收集判断、运用证据的好坏，往往影响到代理活动的质量。

我国 1980 年《律师暂行条例》第 7 条曾规定："律师参加诉讼活动，有权依照有关规定，查阅本案材料，向有关单位、个人调查。律师担任刑事辩护人时，可以同在押的被告人会见和通信。""律师进行前款所列活动，有关单位、个人有责任给予支持。"最高人民法院、最高人民检察院、公安部、司法部 1981 年《关于律师参加诉讼的几项具体规定的联合通知》规定："律师参加诉讼（包括参加调解或仲裁活动），可以持法律顾问处介绍信向有关单位、个人进行访问，调查本案案情，有关单位、个人应当给予支持。"1996 年《律师法》第 31 条和 1996 年《刑事诉讼法》第 37 条明确了辩护律师享有调查取证权，但又作出较多的限制，1996 年《律师法》第 31 条规定，律师承办法律事务，经有关单位或者个人同意，可以向他们调查情况。1996 年《刑事诉讼法》第 37 条规定，辩护律师经证人或者其他有关单位和个人同意，可以向他们收集与本案有关的材料，也可以申请人民检察院、人民法院收集，调取证据，或者申请人民法院通知证人出庭作证。辩护律师经人民检察院或者人民法院许可，并且经被害人或者其近亲属、被害人提供的证人同意，可以向他们收集与本案有关的材料。在司法实践中，有关单位和证人拒绝律师调查的事例屡见不鲜，导致律师的取证权往往无法实现。2012年《刑事诉讼法》第41条对上述规定没有进行修改。[①] 2007年《律师法》将律师的调查取证区分为两个部分：

1. 自行调查取证

2007年《律师法》第35条第2款规定："律师自行调查取证的，凭律师执业证书和律师事务所证明，可以向有关单位或者个人调查与承办法律事务有关的情况。"这是立法上关于律师调查取证权的基础规定，既适用于诉讼活动，也适用于非诉讼活动。

2. 协力调查取证

除了自行调查取证权之外，2007年《律师法》还赋予律师办理诉讼事务时的协力调查取证申请权，即律师申请人民检察院、人民法院以国家强制力收集、保全证据的权利。2007年《律师法》第35条第1款规定："受委托的律师根据案情的需要，可以申请人民检察院、人民法院收集、调取证据或者申请人民法院通知证人出庭作证。"协力调查取证申请权对于律师履行辩护、代理职能，维护委托人的合法权益，解决当前我国律师调查取证无力现象，实现辩护律师在调查取证方面与控诉机关平等，有着重要的现实意义。

由人民法院来对律师的调查取证权进行救济，符合证据法的原理。证人翻证是令司法实务部门颇感头痛的问题。在出现庭前陈述和庭上证言不一致的情况时，审判人员与检察人员、辩护人员之间往往产生意见分歧，感到难以决定证据的取舍。于是，干脆不传唤证人出庭以求方便。这直接导致证人出庭率低、证人证言无法质证的痼疾。而人民法院庭前取得的证人陈述，因法院的中立性具有作证的可靠情况保证，因而具有可采性。在发生证人翻证的情况下，可以采纳为实质证据。相反，人民检察院作为检控机关，不具有中立性，因此，一般而言，人民检察院取得的证人庭前陈述不具有可采性。在律师调查取证遇到障碍的情况下，只能由人民法院提供救济。[②]

需要指出的是，人民法院的中立性具有亲为性，不能为委托调查令等文书所取代。有的观点认为："律师在调查取证时，根据实际需要有权要求人民法院授权调查，法院接到律师的请求后，经审查认为律师所调查的事实，直接影响到案情的认定的，应当立即发出授权调查书或委托调查令，保证调查取证的顺利进行。"然而，律师并不能因为持有调查令而取得人民法院的中立性，其所调查取得的材料并不因此而具有可采性。最高人民法院、最高人民检察院、公安部、国家安全部、司法部、全国人大常委会法制工作委员会1998年《关于刑事诉讼法实施中若干问题的规定》明确指出："对于辩护律师申请人民检察院、人民法院收集、调取证据，人民检察院、人民法院认为需要调查取证的，应当由人民检察院、人民法院收集、调取证据，不应当向律师签发准许调查决定书，让律师收集、调取证据。"这项规定的精神是正确的，符合证据法的基本

---

① 2012年《刑事诉讼法》第41条规定：辩护律师经证人或者其他有关单位和个人同意，可以向他们收集与本案有关的材料，也可以申请人民检察院、人民法院收集、调取证据，或者申请人民法院通知证人出庭作证。辩护律师经人民检察院或者人民法院许可，并且经被害人或者其近亲属、被害人提供的证人同意，可以向他们收集与本案有关的材料。

② 1995年10月国务院提请全国人大常委会审议的《中华人民共和国律师法（草案）》第31条曾规定："律师承办业务，可以向有关单位或者个人调查情况，收集证据，有关单位或者个人应当予以协助。""律师在诉讼案件中，对不予协助调查的有关单位或者个人，可以申请人民法院通知其到庭作证。"

原理，应当继续坚持。

（四）言论豁免权

律师的言论豁免权即律师依法执行职务、为刑事案件的被告人进行辩护时，所发表的辩护言论享有不受法律追究的权利，司法机关不得因律师在法庭上的辩护言论拘捕律师。律师在执业过程中特别是在代理刑事案件的过程中，常常需要与作为侦查机关、公诉机关的公安机关、检察机关在诉讼过程中进行对抗。与公安机关、检察机关等国家机关相比，律师显然处于相对弱势的地位，为了保障控辩双方能够在司法场域上进行相对平等的对抗，从而有效地保障犯罪嫌疑人、被告人各项权利的实现，英国、德国、法国、日本等许多国家和地区在立法上确立了律师言论豁免权。

赋予律师言论豁免权已在我国学术界中达成共识。新《律师法》第36条规定，律师担任诉讼代理人或者辩护人的，其辩论或者辩护的权利依法受到保障。第37条规定，律师在执业活动中的人身权利不受侵犯。律师在法庭上发表的代理、辩护意见不受法律追究。但是，发表危害国家安全、恶意诽谤他人、严重扰乱法庭秩序的言论除外。

（五）拒绝辩护、代理的权利

律师拒绝辩护或代理权，是指律师接受委托后，出现法定事由而拒绝再继续辩护或代理的权利。在我国，从1996年的《律师法》开始便对律师的拒绝辩护、代理的权利作出了详细的规定。2007年修改的《律师法》第32条第2款也明确规定："律师接受委托后，无正当理由的，不得拒绝辩护或者代理。但是，委托事项违法、委托人利用律师提供的服务从事违法活动或者委托人故意隐瞒与案件有关的重要事实的，律师有权拒绝辩护或者代理。"

（六）被拘留、逮捕时的特殊程序保护权

鉴于律师在执业活动中合法权益常常受到侵犯，而我国律师协会在维护律师合法权益方面负有特殊的责任，新《律师法》对律师在参与诉讼活动中因涉嫌犯罪被拘留、逮捕的，规定了特殊程序，以体现对律师这种职业的特别保护。《律师法》第37条规定："律师在参与诉讼活动中因涉嫌犯罪被依法拘留、逮捕的，拘留、逮捕机关应当在拘留、逮捕实施后的二十四小时内通知该律师的家属、所在的律师事务所以及所属的律师协会。"此外，2012年《刑事诉讼法》第42条还规定："辩护人或者其他任何人，不得帮助犯罪嫌疑人、被告人隐匿、毁灭、伪造证据或者串供，不得威胁、引诱证人作伪证以及进行其他干扰司法机关诉讼活动的行为。""违反前款规定的，应当依法追究法律责任，辩护人涉嫌犯罪的，应当由办理辩护人所承办案件的侦查机关以外的侦查机关办理。辩护人是律师的，应当及时通知其所在的律师事务所或者所属的律师协会。"这种变更管辖机关的方法，对于保护辩护律师的合法权益具有重要意义。

（七）律师—委托人特免权

律师—委托人特免权是证据法上的一项重要特免权，是指在诉讼活动中，律师就其因提供法律服务而从委托人那里知悉的委托人的秘密信息拒绝作证的权利。设置该特免权的目的，是促进律师与委托人之间的交流，使得律师能够在充分的事实基础上依法提供法律服务。

2007年《律师法》并没有规定律师—委托人特免权。有观点认为，2007年《律师法》第 38 条第 2 款实际确立了律师—委托人特免权。这种观点认为，“表面上看，这一部分内容是以义务的形式出现的。而一旦律师依法严格履行了这一义务，则必然不再存在律师就其在执业活动中知悉的情况和信息进行举报、作证的问题。律师即使遇到了这样一种要求，也可以履行保密义务为正当理由，予以拒绝，而不会产生法律上的不利后果。因此，就上述规定的实质而言，其实是赋予律师举报、作证义务豁免的权利。从这种意义上来讲，律师就其在执业活动中知悉的有关情况和信息予以保密，既是义务，也是一种权利。”律师—委托人特免权与律师的保密义务存在一定的重叠，但是二者是不能等同的。前者因为存在着妨碍事实发现和认定的可能性，所以在范围上往往受到严格限制，从各国的立法例看，一般限于律师与委托人进行的秘密交流；而后者则适用于律师—委托人关系，因此范围倾向于尽可能的大，以促进委托人与律师的坦率交流。从 2007 年《律师法》的实际执行情况看，委托人与律师之间的秘密交流也没有得到尊重。因此，2007 年《律师法》并没有确立律师—委托人特免权。

2012 年我国对《刑事诉讼法》进行了修改。第一次确立了刑事诉讼中的律师—委托人特免权。2012 年《刑事诉讼法》第 46 条规定：“辩护律师对在执业活动中知悉的委托人的有关情况和信息，有权予以保密。但是，辩护律师在执业活动中知悉委托人或者其他人，准备或者正在实施危害国家安全、公共安全以及严重危害他人人身安全的犯罪的，应当及时告知司法机关。”根据上述规定，我国律师—委托人特免权的特点是：

（1）我国目前仅仅确立了刑事诉讼中的律师—委托人特免权，《民事诉讼法》和《行政诉讼法》以及 2007 年《律师法》中都没有规定律师—委托人特免权。[①]

（2）我国律师—委托人特免权的保护范围，是辩护律师在执业活动中知悉的委托人的有关情况和信息。这一规定在界限上是不明确的：1）对于“委托人的有关情况和信息”的来源规定不明确，这些“委托人的有关情况和信息”是不是必须来源于委托人并不清楚；2）“有关情况和信息”是限于口头交流，还是包括其他实物证据，也不是很清楚。2012 年《刑事诉讼法》实施过程中，有关机关应当对这些问题作出明确解释。

（3）我国现行律师—委托人特免权的例外，包括委托人或者其他人，准备或者正在实施危害国家安全、公共安全以及严重危害他人人身安全的犯罪这三种情况。

律师—委托人特免权的重要功能之一，就是保护委托人与律师交流的秘密性。2007 年《律师法》第 33 条规定：“犯罪嫌疑人被侦查机关第一次讯问或者采取强制措施之日起，受委托的律师凭律师执业证书、律师事务所证明和委托书或者法律援助公函，有权会见犯罪嫌疑人、被告人并了解有关案件情况。律师会见犯罪嫌疑人、被告人，不被监听。”2012 年《刑事诉讼法》第 37 条再次重申了该规定。会见只有在保密的条件下进行，才能促进律师与委托人之间的坦率交流而具有实质的意义。律师—委托人特免权得以存在的前提条件之一，就是这种交流是秘密进行的。因此，“不被监听”应当理解为不受任何形式的监听，而不仅仅是通过仪器设备进行的监听。

---

① 参见王胜明、赵大程主编：《中华人民共和国律师法释义》，119 页，北京，法律出版社，2007。

（八）其他的权利

除了以上所列的权利之外，律师在执业过程中，还享有诸多其他权利，这些权利包括：(1) 对公、检、法机关采取强制措施超过法定期限的，要求解除强制措施的权利。(2) 得到人民法院适当的开庭通知的权利。依据《刑事诉讼法》、《民事诉讼法》和有关规定，人民法院确定开庭日期，应当给律师留出准备出庭所需时间；律师因案情复杂、开庭日期过急，有权申请延期审理，人民法院应在法定结案时间内予以考虑；人民法院应当通知律师到庭履行职务，不得使用传票传唤律师；人民法院的开庭通知书至迟应在开庭 3 日前送达辩护律师手中；案件开庭后，如果必须继续审理，在再次开庭前，人民法院也应适时通知承办律师。(3) 出席法庭、参与诉讼的权利。我国《刑事诉讼法》、《民事诉讼法》、《行政诉讼法》都对律师参加法庭审理的权利作出明确规定。具体包括：发问权、对法庭出示或宣读的证据提出异议的权利、提出新的证据的权利、参加法庭辩论的权利，以及对法庭的不正当询问拒绝回答的权利。(4) 代行上诉的权利。律师代行上诉权是指律师参加诉讼活动，在当事人不服地方各级法院的一审裁判时，经当事人同意或授权，可以代行向上一级法院提起上诉的权利。《刑事诉讼法》明确规定辩护人经被告人的同意可以提出上诉。《民事诉讼法》规定诉讼代理人提起上诉必须有委托人的特别授权。(5) 获取本案诉讼文书副本的权利。律师承办诉讼案件，有权得到法院判决书、裁定书、调解书的副本和人民检察院公诉书、抗诉书的副本。律师参加的仲裁案件，仲裁机构的裁决书副本也应转送承办律师或律师机构。

第二节　律师的义务

律师的义务是指律师在依法执业活动中，所必须履行的职责。作为法定的提供法律服务的执业人员，律师在执业上享有特殊的权利，但与此相对应的是，比起一般的公民来，律师也应该承担更多的义务。这种义务主要包括三个方面：第一方面是律师对于委托人的义务。律师—委托人关系构成了律师与委托人之间的纽带，在这一关系中，作为高度专业技术性人员，律师不但享有一定的权利，更重要的是要履行更多的义务。联合国《关于律师作用的基本原则》（以下简称《基本原则》）中明确规定了律师对于委托人的义务和责任。《基本原则》中规定，律师对其委托人负的职责应包括：(1) 对委托人的法定权利和义务，以及在与此种权利和义务有关的范围内，对法律系统的运作，提出咨询意见；(2) 以一切适当的方法帮助委托人，并采取法律行为保护他或他的利益；(3) 在法律、法庭或行政当局面前给委托人以适当的帮助。第二方面是律师对于全社会应该履行的义务和责任。这种义务主要体现于律师对于裁判庭的责任，律师通过履行其对裁判庭的责任来实现其对整个社会应该履行的责任。《基本原则》中规定：律师在保护其委托人的权利和促进维护正义的事业中，应努力维护受到本国法律和国际法承认的人权和基本自由，并在任何时候都根据法律和公认的准则以及律师的职业道德，自由和勤奋地采取行动。第三方面是律师对于本职业所应该承担的责任。作为一个高度自治的职业，律师行业必须维护其社会声誉并尽力为社会公众服务。在我国律师法中，律师对于法律职业的义务主要体现在回避义务方面，律师的回避义务更好地体现了法律职业的适正性。正如《基本规则》中规定的，律师应随时随地保持其作为司法工作重要代理人这一职业的荣誉和尊严。

我国对于律师义务的规定同样分布于《律师法》、《刑事诉讼法》、《民事诉讼法》、《行政诉讼法》以及有关的法律法规和行业规范当中。以下我们从上述三个维度对律师所应履行的义务进行详细的论述。

一、律师对委托人的义务

律师—委托人关系，是指律师和委托人之间的权利义务关系。律师—委托人关系是律师执业的核心问题，它贯穿律师执业活动的始终，调整律师执业活动的方方面面。律师应当维护当事人合法权益，这是律师特殊的社会职能。律师对于委托人的义务主要包括以下几个方面：

（一）律师的保密义务

律师的保密义务是指律师应当保守在执业活动中得知的案情秘密的义务。这一义务是律师为委托人提供有效代理的前提，是各国法律对律师的普遍要求。律师在执业活动中，经常接触国家秘密、商业秘密、个人隐私，以及委托人的违法犯罪的情况。如果律师不负有保密义务，则律师和委托人之间就不可能有坦率的交流。因此，律师的保密义务是律师取信于委托人的基本前提。

1980年《律师暂行条例》第7条规定："律师对于在业务活动中接触的国家机密和个人阴私，有保守秘密的责任。"1996年《律师法》对律师的保密义务的范围进行了拓展，在第33条规定："律师应当保守在执业活动中知悉的国家秘密和当事人的商业秘密，不得泄露当事人的隐私。"2007年修改的《律师法》第38条规定："律师应当保守在执业活动中知悉的国家秘密、商业秘密，不得泄露当事人的隐私。""律师对在执业活动中知悉的委托人和其他人不愿泄露的情况和信息，应当予以保密。但是，委托人或者其他人准备或者正在实施的危害国家安全、公共安全以及其他严重危害他人人身、财产安全的犯罪事实和信息除外。"第2款规定是新增加的内容。与原《律师法》的规定相比，一个重大突破就是增加规定了律师保密义务的例外情形，其中重要的一点是免除了律师对已经发生的违法犯罪活动的检举揭发义务。这一点反映了我们对于律师保密义务性质认识上的不断提升。

（二）律师的忠诚性义务

律师忠诚性义务是指律师在执业活动中应当忠于委托人，尽力为委托人提供服务，全力保障委托人利益的义务。律师的忠诚性义务是律师—委托人关系的基础，也是律师—委托人关系中信托关系性质的重要体现。为委托人的利益服务是律师这个职业由来已久的一个重要传统，也是律师当事人性质的根本要义。

《律师法》中对律师的忠诚性义务也作出了明确的要求。《律师法》第40条明确规定了律师的两项义务：第一，律师不得利用提供法律服务的便利牟取当事人争议的权益。法律服务是一项专业技术性非常强的服务，在服务过程中，委托人与律师之间在法律知识的占有上处于相对悬殊的状况。因此，律师利用专业上的优势牟取当事人争议的权益的事情时有发生。为此，我国《律师法》在这一方面特别加以限制是十分必要的。第二，律师不得接受对方当事人的财物或者其他利益，与对方当事人或者第三人恶意串通，侵害委托人的权益。如果律师与他人串通，恶意侵害委托人的利益，则直接与律师的忠诚性义务相抵触。

（三）律师不得私自接受委托、收取费用，接受委托人的财物或者其他利益的义务

律师事务所是律师的执业机构，律师不得脱离律师事务所私自接受委托、收取费用，接受委托人的财物或者其他利益。律师承办业务，由律师事务所统一接受委托，与委托人签订书面委托合同，按照国家规定统一收取费用并如实入账。律师事务所和律师应当依法纳税。律师事务所是律师服务收费的主体，在收费管理基础环节中担负重要职责。建立健全并落实统一收取服务费和办案费、统一与委托人结算制度，防止和纠正律师个人收取费用和结算的做法。这样规定的背后一方面既是为了规范律师业的有序竞争，对律师的执业行为进行有效的规范，另一方面也是为了维护委托人的利益，为委托人的委托事项提供完善的风险保障机制。因为律师为委托人提供的服务是一种个人化的技术性服务，律师仅仅依靠个人会缺乏足够的信用基础来保障委托人的利益以及可能的风险，因此，律师个人必须以律师事务所为依托，在律师事务所中执业。律师不得私自收案、收费。委托人支付的费用应当直接交付律师所在的律师事务所，律师不得直接向委托人收取费用。委托人委托律师代交费用的，律师应将代收的费用及时交付律师事务所。

（四）避免利益冲突的义务

利益冲突是律师在执业活动中面临的一个具有普遍意义的重大问题，如何有效地识别和处理利益冲突问题，也是律师事务所日常管理的重要事项。一般认为，利益冲突规则的理论基础主要是两个，一个是律师保守职业秘密的职责的要求，一个是律师忠诚于委托人的职责的要求。维护委托人的合法权益，是律师特殊的社会职能，从委托人的角度出发，根据法律和事实，为委托人提供全面公正的法律帮助，是对律师的基本要求。如果律师与委托人、潜在委托人之间以及律师代理的委托人之间存在利益冲突，律师要最大限度维护委托人的权益，势必使律师陷入自相矛盾的两难境地，也无法消除委托人的顾虑。因此要求律师对委托人之间存在利益冲突的案件回避是十分必要的。

《律师法》第 39 条明确规定：“律师不得在同一案件中为双方当事人担任代理人，不得代理与本人或者其近亲属有利益冲突的法律事务。”应当指出的是，《律师法》关于律师利益冲突的规定并不是穷尽性的，仅仅是规定了其中的两种情况。律师协会应当在制定的行业规范中进一步予以补充。

二、律师对司法、仲裁机关的义务

在现代社会，仲裁和诉讼是解决纠纷的重要途径。审判被认为是社会公正的最后一道防线，仲裁也被普遍采用来解决民事经济纠纷。律师参与诉讼、仲裁活动，在享有权利的同时，也承担相应的义务。

（一）律师对司法、诉讼机关的真实义务

律师参与司法、仲裁活动，对于司法、仲裁活动实现公平正义的目标有着积极作用。在司法、仲裁活动中，对真相的追求主要通过对证据的收集、审查判断以及听取各方的意见得以实现。而律师在司法活动中，作为一方当事人的代理人，从其委托人

的角度出发，收集有利于委托人的证据材料，并对对方提出的证据材料及观点提出反驳意见，在此基础上依据自己对事实的认识，对法律的理解，提出有利于委托人的意见，从而使法官、仲裁员能够兼听各方的意见，并遵循一定的规则，认定事实，作出裁判。律师参与诉讼对于司法活动实现真实、公正，有着积极的意义，但是如果律师在参与诉讼时一味地追求维护其委托人的利益，而不择手段，提供虚假证据，或者采取隐匿、销毁等手段为对方当事人合法取得证据故意设置不法障碍，则律师的活动就很可能妨碍司法、仲裁活动发现案件真相的机能。

因此，律师作为法律工作者，负有避免破坏裁判程序发现案件真相的特殊职责。律师作为诉辩者，不得让司法、仲裁机关受到律师明知为虚假的证据的误导。2007 年《律师法》第 40 条规定，律师不得故意提供虚假证据或者威胁、利诱他人提供虚假证据，妨碍对方当事人合法取得证据。司法部 2010 年《律师和律师事务所违法行为处罚办法》第 17 条规定，有下列情形之一的，属于律师“故意提供虚假证据或者威胁、利诱他人提供虚假证据，妨碍对方当事人合法取得证据的”违法行为：（1）故意向司法机关、行政机关或者仲裁机构提交虚假证据，或者指使、威胁、利诱他人提供虚假证据的；（2）指示或者帮助委托人或者他人伪造、隐匿、毁灭证据，指使或者帮助犯罪嫌疑人、被告人串供，威胁、利诱证人不作证或者作伪证的；（3）妨碍对方当事人及其代理人、辩护人合法取证的，或者阻止他人向案件承办机关或者对方当事人提供证据的。

（二）律师维护司法、仲裁机关适正性的义务

诉讼和仲裁是解决纠纷的重要手段和途径，特别是法院的裁判活动被视为是解决纠纷的最后途径。对司法、仲裁机关裁决的尊重取决于公众对司法、仲裁工作人员适正性的信任。一个缺乏适正性的司法、仲裁机关将腐蚀公众对司法的信任，其作出的裁决，也得不到公众的尊重。

《律师法》第 40 条就律师维护司法、仲裁机关适正性的义务作了以下规定：第一，律师不得违反规定会见法官、检察官、仲裁员以及其他有关工作人员；第二，律师不得向法官、检察官、仲裁员以及其他有关工作人员行贿，介绍贿赂或者指使、诱导当事人行贿，或者以其他不正当方式影响法官、检察官、仲裁员以及其他有关工作人员依法办理案件；第三，律师不得扰乱法庭、仲裁庭秩序，干扰诉讼、仲裁活动的正常进行；第四，律师不得煽动、教唆当事人采取扰乱公共秩序、危害公共安全等非法手段解决争议。司法部 2010 年《律师和律师事务所违法行为处罚办法》第 14 条规定，有下列情形之一的，属于律师“违反规定会见法官、检察官、仲裁员以及其他有关工作人员，或者以其他不正当方式影响依法办理案件的”违法行为：（1）在承办代理、辩护业务期间，以影响案件办理结果为目的，在非工作时间、非工作场所会见法官、检察官、仲裁员或者其他有关工作人员的；（2）利用与法官、检察官、仲裁员或者其他有关工作人员的特殊关系，影响依法办理案件的；（3）以对案件进行歪曲、不实、有误导性的宣传或者诋毁有关办案机关和工作人员以及对方当事人声誉等方式，影响依法办理案件的。第 15 条规定，有下列情形之一的，属于律师“向法官、检察官、仲裁员以及其他有关工作人员行贿，介绍贿赂或者指使、诱导当事人行贿的”违法行为：（1）利用承办案件的法官、检察官、仲裁员以及其他工作人员或者其近亲属举办婚丧

喜庆事宜等时机，以向其馈赠礼品、金钱、有价证券等方式行贿的；（2）以装修住宅、报销个人费用、资助旅游娱乐等方式向法官、检察官、仲裁员以及其他工作人员行贿的；（3）以提供交通工具、通讯工具、住房或者其他物品等方式向法官、检察官、仲裁员以及其他工作人员行贿的；（4）以影响案件办理结果为目的，直接向法官、检察官、仲裁员以及其他工作人员行贿、介绍贿赂或者指使、诱导当事人行贿的。第 19 条规定，有下列情形之一的，属于律师“扰乱法庭、仲裁庭秩序，干扰诉讼、仲裁活动的正常进行的”违法行为：（1）在法庭、仲裁庭上发表或者指使、诱导委托人发表扰乱诉讼、仲裁活动正常进行的言论的；（2）阻止委托人或者其他诉讼参与人出庭，致使诉讼、仲裁活动不能正常进行的；（3）煽动、教唆他人扰乱法庭、仲裁庭秩序的；（4）无正当理由，当庭拒绝辩护、代理，拒绝签收司法文书或者拒绝在有关诉讼文书上签署意见的。第 20 条规定，有下列情形之一的，属于律师“煽动、教唆当事人采取扰乱公共秩序、危害公共安全等非法手段解决争议的”违法行为：（1）煽动、教唆当事人采取非法集会、游行示威，聚众扰乱公共场所秩序、交通秩序，围堵、冲击国家机关等非法手段表达诉求，妨害国家机关及其工作人员依法履行职责，抗拒执法活动或者判决执行的；（2）利用媒体或者其他方式，煽动、教唆当事人以扰乱公共秩序、危害公共安全等手段干扰诉讼、仲裁及行政执法活动正常进行的。

三、律师回避的义务

回避制度的基本出发点是保障程序的公正性。为了维护司法公正和防止律师执业活动中的不正当竞争，对曾经有特殊任职经历的律师执业活动进行必要的限制是非常必要的。特别是法官、检察官在离任后，往往与原任职法院、检察院存在各种联系。他们在担任诉讼代理人或者辩护人后，有可能因原来的身份对依法处理案件产生某种不当影响。1996 年《律师法》第 36 条规定，曾担任法官、检察官的律师，从人民法院、人民检察院离任后两年内，不得担任诉讼代理人或者辩护人。2007 年《律师法》第 41 条重申了该规定。此外，《检察官法》第 20 条规定，检察官从人民检察院离任后 2 年内，不得以律师身份担任诉讼代理人或者辩护人。检察官从人民检察院离任后，不得担任原任职检察院办理案件的诉讼代理人或者辩护人。检察官的配偶、子女不得担任该检察官所任职检察院办理案件的诉讼代理人或者辩护人。《法官法》第 17 条规定，法官从人民法院离任后 2 年内，不得以律师身份担任诉讼代理人或者辩护人。法官从人民法院离任后，不得担任原任职法院办理案件的诉讼代理人或者辩护人。法官的配偶、子女不得担任该法官所任职法院办理案件的诉讼代理人或者辩护人。司法部 2010 年《律师和律师事务所违法行为处罚办法》第 8 条规定：“曾经担任法官、检察官的律师，从人民法院、人民检察院离任后二年内，担任诉讼代理人、辩护人或者以其他方式参与所在律师事务所承办的诉讼法律事务的，属于《律师法》第四十七条第四项规定的‘从人民法院、人民检察院离任后二年内担任诉讼代理人或者辩护人的’违法行为。”

根据 2001 年 4 月司法部《关于如何适用〈律师法〉第三十六条规定的批复》（司复［2001］6 号）的规定，《律师法》关于律师回避的规定中的“离任”，是指经本级人大常委会或本级法院院长、检察院检察长免除其审判员、助理审判员、检察员、助理检察员职务。根据2007年4月全国人大常委会法制工作委员会《如何理解〈中华人民共和国法官法〉第十七条中“原任职法院”》的答复，《法官法》第17条第2款规定的“原任职法院”，应理解为法院离任人员所有曾经任职过的法院。

本章思考题

1. 律师有哪些执业权利？
2. 律师执业应当承担哪些义务？

第七章

律师职业行为规范

第一节 我国律师职业行为规范的演变

一、我国律师职业行为规范的发展概况

二、加强律师职业行为规范建设的意义

第二节 律师职业行为规范的具体内容

一、律师的执业前提

二、委托代理关系的建立

三、委托代理关系的终止

四、律师的保密

五、财物保管

六、利益冲突

七、执业推广

八、律师同行之间的行为

九、律师在执业机构中的行为规范

十、律师与律师行业管理机构关系

十一、律师在诉讼与仲裁中的行为

本章导读

律师职业行为规范是指对律师和律师执业机构的职业活动加以调整的行为规范。律师职业行为规范有广义和狭义之分。广义的律师职业行为规范，是指立法机关、司法机关、司法行政机关、律师协会等组织制定的调整律师和律师执业机构的职业行为的自治性规范；狭义的律师职业行为规范，仅指律师协会制定的调整律师和律师执业机构的职业行为的自治性规范，各国律师业都普遍存在着非常发达的律师行业规范，而这种行为规范的普遍存在是律师作为一个职业的重要标志之一。对于律师行业来说，律师职业行为规范占据了非常重要的地位，规范着律师执业过程的方方面面。本章所指职业行为规范，是指狭义的律师职业行为规范。

第一节　我国律师职业行为规范的演变

我国律师职业行为规范的发展，是与司法行政机关与律师协会在行业管理中的作用相适应的。在司法行政机关占主导地位、律师协会缺乏管理的组织能力的情况下，没有律师协会制定的律师职业行为规范；在律师协会组织不断健全的情况下，律师协会才成为律师职业行为规范的制定者和执行者。

一、我国律师职业行为规范的发展概况

我国在律师制度恢复的初期，就开始了律师队伍的职业行为规范的建设。1980 年颁布的《律师暂行条例》就包含有一些体现律师职业行为规范建设的规定。例如第 7 条第 3 款规定，律师对业务活动中接触的国家机密和个人隐私，有保守秘密的责任；第 17 条第 1 款规定，律师承办业务，由法律顾问处（所）统一接受委托，并且统一收费。但是由于历史条件的限制，《律师暂行条例》没有对律师的职业行为规范作出更为具体的规定，《律师暂行条例》颁布后近十年我国也没有制定关于律师职业行为的正式规范。一些地方总结实践经验，依据《律师暂行条例》和司法部的有关规定，根据各地的实际情况，陆续制定了一些加强律师队伍职业行为规范建设的规定。如吉林省司法厅 1989 年 10 月印发了《吉林省律师职业道德规范》，浙江省于 1989 年 11 月 20 日印发了《浙江省律师从业清廉暂行办法》。这些规定对于加强律师的职业思想、职业道德和执业纪律教育，维护律师行业的声誉，起到了建设性的作用。

司法部于 1990 年 11 月 12 日印发了《律师十要十不准》，以宣言的形式规定了律师职业道德建设的基本内容，以期对律师队伍进行思想、纪律和管理工作三个方面的整顿。司法部于 1993 年 12 月 27 日正式发布实施了我国第一部比较完整、具体的律师职业道德规范——《律师职业道德和执业纪律规范》。该规范基本上实现了律师职业道德建设的法律化、制度化和规范化。在我国律师事业的发展史上具有重要的意义。1996 年 5 月 15 日，第八届全国人大常委会第十九次会议审议通过了《律师法》，《律师法》基本确立了司法行政机关监督指导与律师行业协会管理相结合的管理体制。根据新的管理体制，中华全国律师协会常务理事会第五次会议于 1996 年 10 月 6 日又通过了律师自律性组织——律师协会制定的《律师职业道德和执业纪律规范》。

从实践来看，许多地方律师协会已经认识到了加强律师职业行为规范建设的重要意义，开始着手制定地方性的规范，如北京市、天津市、河北省、安徽省等省市的律师协会均已在 21 世纪之初制定了自己的律师职业行为规范。此外一些律师事务所也根据业务发展的需要自行制定了相应的规则。这表明加强律师职业道德规范的建设已经成了一种自下而上的要求。如何评价这种趋向是具有重要意义的。这说明中国律师界自我意识的崛起，在对职业化的追求上，律师界已经从自发升华到了自觉的层面。这是中国律师业发展二十多年后日渐成熟的重要标志。

从这些地方律师协会职业行为规范的内容来看，都对律师协会制定的《律师职业道德和执业纪律规范》有很大的补充和完善，但是也存在一些差别。根据《律师法》

的规定，律师执业不受地域限制，因此，在这样的体制下，应当保证在全国范围内有统一的律师职业行为规范。因此，应当由中华全国律师协会牵头制定适用于全国律师的职业道德规范。2004 年 3 月 20 日，全国律师协会常务理事会通过了《律师执业行为规范（试行）》。无论是从数量上还是从涉及的问题的广度上，该规范都达到了一个新的高度。这一规范还具有一个重要的特点，即有相当多的条文针对的是律师行业的竞争、律师广告和宣传管理等问题，在相当大的程度上与社会对律师商业化的担心形成了共鸣。这一规范尽管还存在一些问题，但是它大大提高了律师职业道德的技术因素，大大扭转了人们对律师职业道德的传统认识，对于律师的执业活动具有重要的指导意义。

为了贯彻落实《律师法》对律师执业行为的要求，2009 年中华全国律师协会对《律师执业行为规范（试行）》进行了修改，形成了新《律师执业行为规范》，并经中华全国律师协会七届二次理事会审议通过。2011 年 11 月经中华全国律师协会正式颁布施行了新《律师执业行为规范》。该《律师执业行为规范》共 108 条，地方律师协会可以依据该规范，结合本地区情况制定实施细则。该实施细则与《律师执业行为规范》不得冲突，并报中华全国律师协会备案后实施。

二、加强律师职业行为规范建设的意义

律师职业是一种具有很强的社会联系性的职业，随着改革开放和社会主义经济建设的发展，律师的业务活动已经渗透到社会生活的方方面面，对社会生活产生着重大影响。因此，加强律师职业行为规范建设具有重要的意义。

首先，制定规范化的律师职业行为规范符合律师的职业特征。律师职业的显著特征就是独立性和自治性。所谓独立性，是指律师的工作需要律师保持必要的独立地位，为达到此目的，国家制定了一系列相应的制度来保证律师独立于国家司法机关和当事人。所谓自治性，是指为了保证律师职业的独立性并实现自我约束，律师的行业组织要通过一系列的制度对律师职业自身加以规范。律师职业行为规范就是律师职业独立性和自治性的体现，是律师行业组织强化自身管理和监督的重要措施。

其次，制定规范化的律师职业行为规范有利于维护委托人的合法权益。律师是维护公民合法权益和国家法律正确实施的一支力量。就国家法律、法规而言，他们虽然对于保证律师维护委托人的合法权益进行了具体的规定，但是由于各种原因，这些规定难免存在漏洞，并且在某些方面是必须由律师职业行为规范来加以弥补的。而律师职业行为规范相对而言，覆盖面广，能够全方位进行调整，能够最大限度地对律师提出维护委托人合法权益的要求。

最后，制定规范化的律师职业行为规范有利于律师队伍的建设。律师作为公民合法权益和国家法律正确实施的维护者，本身就应当是遵守国家法律和社会道德的楷模。因此，对律师队伍的道德建设应提出更高、更严格的要求。律师制度恢复以来的实践证明，我国律师队伍的素质基本上是好的，他们经过严格的考试和考核走上律师工作岗位后，能够珍惜来之不易的荣誉，严格要求自己，为我国的经济建设作出了贡献。但是，也有一些律师意志薄弱，不能严格要求自己，违反法律、道德的事时有发生，给律师队伍的声誉带来许多负面影响，对于律师事业的发展极为不利。律师职业行为规范是一个重要的教育和惩戒手段。规范化的律师职业行为规范，对于律师职业道德

建设提出了明确的要求，有利于律师队伍的自我教育、自我约束，从而进一步提高律师队伍的政治素质和业务素质，更出色地完成律师所肩负的神圣使命。

第二节　律师职业行为规范的具体内容

律师职业行为规范，是指作为律师业务从业人员和律师执业机构所应当遵守的行为规范的总称。它是评判律师执业行为是否符合律师职业要求的标准，是对违规律师、律师事务所追究职业责任的依据。它不仅适用于包括公司律师、公职律师在内的广大律师人员，也适用于实习律师和律师助理等人员。根据2007年《律师法》、2011年《律师执业行为规范》等规定，我国律师的职业行为规范主要包括以下内容：

一、律师的执业前提

律师在建立委托人—律师关系时，应当符合下列前提条件：

（一）具备必要的法律知识和技能

律师服务的价值，在于其具有为他人所需要的具有市场价值的法律知识和技能。称职的律师应当能够就法律向委托人提供足够的信息，以便有效解决法律问题。如果缺少处理某事务的法律知识和技能，则律师不得接受该法律事务的委托。我国关于律师法律知识和技能的管理是通过两种方式进行的：

1. 执业许可前审查

2007年《律师法》第5条规定，申请律师执业，应当通过国家统一司法考试，并在律师事务所实习满1年。国家司法考试主要测试应试人员所应具备的法律专业知识和从事法律职业的能力。国家司法考试的内容包括：理论法学、应用法学、现行法律规定、法律实务和法律职业道德。[①] 一般认为，所取得的律师执业证书是律师所具有的法律知识和技能的外在化表现。只要取得了律师执业证书，即应认为该律师已经达到了向社会提供法律服务的法律知识与技能的最低要求。

为了规范申请律师执业人员的实习活动，完善律师执业准入制度，确保为律师队伍培养、输送合格人才，2007年3月，中华全国律师协会颁布了《申请律师执业人员实习管理规则（试行）》；2010年6月，中华全国律师协会颁布了修订后的《申请律师执业人员实习管理规则》，自2010年8月1日起施行。根据该规则，申请律师执业人员的实习期为一年。实习人员在实习期间应当参加律师协会组织的集中培训和律师事务所安排的实务训练，遵守实习管理规定，实习期满接受律师协会的考核。实习人员的集中培训，由省、自治区、直辖市律师协会或者设区的市级律师协会组织进行。每期集中培训的时间不得少于一个月。集中培训包括下列内容：中国特色社会主义基本理论和社会主义法治理念；律师制度和律师的定位及其职业使命；律师执业管理规定；律师职业道德和执业纪律；律师实务知识和执业技能。组织集中培训的律师协会可以根据本地实际情况增加有关的培训内容。实习人员的实务训练，由接收其实习的律师

① 参见2008年《国家司法考试实施办法》第8条。

事务所负责组织实施。律师事务所应当按照中华全国律师协会制定的实务训练指南，指派符合条件的律师指导实习人员进行实务训练，并为实习人员进行实务训练提供必要的条件和保障。律师协会组织对实习人员进行考核。律师协会出具的考核合格意见，是实习人员符合申请律师执业条件的有效证明文件。经律师协会考核合格的人员，应当自收到考核合格通知之日起一年内向司法行政机关申请律师执业。超过一年未申请律师执业的，应当由律师协会重新对其进行考核。[①]

2. 执业许可后继续教育

随着社会政治、经济情况的不断变化，法律也在不断的发展。为了保持必需的法律知识和技能，律师应当与法律和法律服务的变化并进，参加继续学习和教育，并遵守律师应当遵循的关于继续法律教育的所有要求。

为加强和规范对执业律师的继续教育，提高执业律师的职业道德水准和业务水平，努力为社会提供优质法律服务，1996 年中华全国律师协会制定了《执业律师继续教育试行办法》，建立了律师强制继续教育制度。根据该办法，凡在中国注册的执业律师均有权利也有义务定期接受继续教育。中华全国律师协会和各省级律师协会应当成立律师继续教育委员会，具体指导继续教育工作。继续教育委员会由司法行政部门、律师协会、教育部门的有关人员和执业律师组成。中华全国律师协会和各省级律师协会应当组建培训机构，具体负责继续教育工作的组织实施。中华全国律师协会每年发布执业律师继续教育培训要点，各省级律师协会应当根据此要点编制年度培训计划，并报全国律师协会备案。执业律师的继续教育应当结合执业律师的特点，采取举办脱产或业余的短期培训班、讲习班、讲座等多种形式进行。执业律师继续教育的内容包括：律师职业道德和执业纪律教育；专门法律实务培训；新颁布法律法规培训；律师执业技能培训；律师管理法规培训以及涉外进修、学历教育、专业资格教育等。鼓励执业律师参加各种在职学历教育学习。凡在读法律专业的本科生、研究生、双学位课程者，在读期间可以不参加其他继续教育培训。执业律师每年应当参加全国律师协会或省级律师协会培训机构举办的不少于 30 课时的继续教育学习。没有完成规定课时学习，律师管理部门不予年度注册。

（二）具有适当的工作条件

所谓适当的工作条件，是指律师在接受委托事务后，能够有充分的时间和便利的条件来准备该事务。如果由于其他职业事项不能或者缺乏足够的时间来为该事务的处理进行准备工作，则律师不得接受委托办理该事务。在律师没有充分时间和条件就案件进行准备的情况下，法律服务的质量很难得到保障。因此，律师在办理案件时，应当根据具体情况来保持适当的工作量，这是律师事务所管理的重要方面。[②] 2007 年《律师法》第 27 条规定：“律师事务所不得从事法律服务以

① 司法部 1998 年《关于对律师停止执业后申请重新执业如何办理执业证的批复》（司发函［1998］100 号）规定：“因患病、上学、出国等其它原因停业又申请重新执业的，律管部门应审核其执业条件是否符合法定要求，如无法定不发证的情形，可发证注册。对申请重新执业的人员不再要求实习。”

② 例如司法部 1997 年发布的《关于创建司法部部级文明律师事务所实施办法》就曾规定，律师事务所具有高度自律、科学规范的运行机制的标准之一，就是“建立统一接受委托、统一收取服务费用、合理分配案件制度，并严格执行”。

外的经营活动。”这也是保证律师具有适当的工作条件的重要措施。

（三）在律师事务所执业

在律师事务所执业，是说律师在提供法律服务时，应当在律师执业证书所列律师事务所执业，并遵守律师事务所的相应管理制度。这是律师向社会提供法律服务的基本要求之一。2007年《律师法》第14条规定：“律师事务所是律师的执业机构。”律师的执业活动必须接受律师事务所的管理、监督。律师在执业时应当接受律师事务所的管理，一方面是为了保证律师法律服务的称职性①；另一方面是为了保障委托人的基本权益。因此处于律师事务所的有效管理中，也是律师的执业前提之一。②

律师在律师事务所执业，含义主要有：

1. 律师只能在一个律师事务所执业

2007年《律师法》第10条规定：“律师只能在一个律师事务所执业。”2011年《律师执业行为规范》第11条规定：“律师只能在一个律师事务所执业。”司法部2010年《律师和律师事务所违法行为处罚办法》第5条规定：“有下列情形之一的，属于《律师法》第四十七条第一项规定的律师‘同时在两个以上律师事务所执业的’违法行为：（一）在律师事务所执业的同时又在其他律师事务所或者社会法律服务机构执业的；（二）在获准变更执业机构前以拟变更律师事务所律师的名义承办业务，或者在获准变更后仍以原所在律师事务所律师的名义承办业务的。”③ 律师不得在两个以上律师事务所执业，一方面是为了促进律师事务所的有效管理，避免管理混乱，避免陷入利益冲突；另一方面，是为了保证律师具有办理案件的适当工作条件。④

2. 律师在执业期间不得以非律师身份从事法律服务

中华全国律师协会2011年《律师执业行为规范》第11条规定：“律师在执业期间不得以非律师身份从事法律服务。”中华全国律师协会2004年《律师协会会员违规行为处分规则（试行）》第11条规定：“律师在执业期间不能以非律师身份从事有偿法律服务。”禁止律师在执业期间以非律师身份提供法律服务，一方面是为了避免律师事务所陷入利益冲突，另一方面是为了维护律师事务所在案源方面的利益。

---

① 例如中华全国律师协会2000年《律师法律顾问工作规则》第22条规定：“顾问律师应将聘方交与承办的重大的、疑难的或事关重大利益的法律事务提交律师事务所讨论，以保证工作质量。”

② 例如中华全国律师协会2000年《律师法律顾问工作规则》第4条规定：“受律师事务所指派担任法律顾问的律师必须是依《律师法》及有关规定取得了律师执业证并在律师事务所执业的执业律师。”“未经律师事务所指派，律师个人不得以任何形式或名义担任法律顾问。”

③ 司法部1997年在《关于北京市司法局〈关于“律师同时在一个律师事务所又在另一个法律服务所执业”是否适用“同时在两个以上律师事务所执业”问题的请示〉的答复》（司发函［1997］289号）中规定：“基层法律服务所与律师事务所在业务范围上基本相同，从法律的角度看，可视其为性质相同的法律服务机构。因此，律师同时在一个律师事务所又在另一个法律服务所执业，应当适用《律师法》第十二条关于‘律师应当在一个律师事务所执业，不得同时在两个以上律师事务所执业’的规定。”

④ 有观点认为，律师之所以只能在一个律师事务所执业，还因为在律师给当事人造成损失的情况下，当事人可以获得相应的赔偿。如果允许律师同时在两个以上律师事务所执业，可能造成律师事务所对赔偿责任的推诿，不利于律师赔偿制度的落实。参见王胜明、赵大程主编：《中华人民共和国律师法释义》，29页，北京，法律出版社，2007。然而，根据2007年《律师法》的规定，律师承办业务，由律师事务所统一接受委托，与委托人签订书面委托合同。因此，当事人的赔偿只能由接受委托人委托，签订书面委托合同的律师事务所来赔偿，应当不存在多个律师事务所互相推诿的问题。

司法部2002年《关于律师以非律师身份参与诉讼并提供伪造证据是否适用〈律师法〉予以处罚的批复》① 规定："律师以非律师身份参与诉讼并向法院提供伪造的证据，隐瞒事实真相，妨碍了人民法院诉讼程序，应适用《律师法》第四十五条第三款、《律师违法行为处罚办法》第七条第三款的规定，对其进行处罚。"司法部2005年《关于执业律师以公民身份接受当事人委托参与诉讼并在诉讼中牟取当事人争议的权益应当适用〈律师法〉有关规定给予处罚的批复》② 规定："律师无论以律师身份还是非律师身份接受委托承办案件，其行为均应当符合《律师法》的规定。对于有违反《律师法》规定的行为的，应当依法处理。因此，执业律师以公民身份接受当事人委托参与诉讼并在诉讼过程中谋取当事人争议的权益的，应当适用《律师法》第四十四条第（七）项规定给予处罚。"换言之，在律师以非律师身份提供法律服务的情况下，应适用关于律师的更为严格的处罚措施。

（四）不存在不可克服的利益冲突

2007年《律师法》第23条规定："律师事务所应当建立健全执业管理、利益冲突审查、收费与财务管理、投诉查处、年度考核、档案管理等制度，对律师在执业活动中遵守职业道德、执业纪律的情况进行监督。"第39条规定："律师不得在同一案件中为双方当事人担任代理人，不得代理与本人或者其近亲属有利益冲突的法律事务。"司法部2008年《律师执业管理办法》第26条规定："律师承办业务，应当由律师事务所统一接受委托，与委托人签订书面委托合同，并服从律师事务所对受理业务进行的利益冲突审查及其决定。"第27条规定："律师不得在同一案件中为双方当事人担任代理人，不得代理与本人及其近亲属有利益冲突的法律事务。"中华全国律师协会2011年《律师执业行为规范》第48条规定："律师事务所应当建立利益冲突审查制度。律师事务所在接受委托之前，应当进行利益冲突审查并作出是否接受委托决定。"第49条规定："办理委托事务的律师与委托人之间存在利害关系或利益冲突的，不得承办该业务并应当主动提出回避。"律师利益冲突规则是一种预防性的规则，在接受委托之前，律师及其所属律师事务所应当进行利益冲突查证。只有在委托人之间没有不可克服利益冲突的情况下才可以建立委托代理关系。

（五）执业行为能力未受到限制

所谓执业行为能力未受到限制，是指律师没有受到停止执业处罚或者其执业范围没有依法受到限制，从而就特定法律事务享有执业权利的情形。律师执业能力受到限制，主要包括三种情况：

1. 律师担任各级人民代表大会常务委员会组成人员

全国人大常委会办公厅、司法部1989年《关于各级人大常委会组成人员不宜履行律师职务的通知》曾规定："各级人大常委会是同级国家权力机关的常设机关，有监督同级人民政府、人民法院、人民检察院的工作和依法任免人民法院审判人员、人民检察院检察人员的职责。各级人大常委会组成人员，如果担任律师并履行律师职务，将会产生诸多不便，体制上也不尽合适。因此，今后对各级人大常委会组成人员，司法

① 司复［2002］5号。
② 司发函［2005］234号。

机关一律不再批准其担任专职、兼职律师，履行律师职务；已取得律师资格的专职、兼职律师当选为各级人大常委会委员的，自当选之日起，停止履行律师职务，但可以保留律师资格。”1996 年《律师法》第 13 条规定：“律师担任各级人民代表大会常务委员会组成人员期间，不得执业。”2007 年《律师法》第 11 条将此规定修改为：“律师担任各级人民代表大会常务委员会组成人员的，任职期间不得从事诉讼代理或者辩护业务。”司法部 2008 年《律师执业管理办法》第 27 条规定：“律师担任各级人民代表大会常务委员会组成人员的，任职期间不得从事诉讼代理或者辩护业务。”2011 年《律师执业行为规范》第 13 条也作了同样的规定。现行规定严格了对律师担任各级人民代表大会常务委员会组成人员期间在执业范围上的限制，有利于促进律师参与国家政治生活。

这一限制主要基于以下三方面原因：（1）律师的业务之一是代理诉讼案件，而根据《宪法》的规定，承担办案职责的人民法院、人民检察院均要受人大及其常委会的监督。如果律师担任人大常委会组成人员期间从事诉讼代理或者辩护业务，势必使办案单位有所顾虑。换言之，律师在担任各级人民代表大会常务委员会组成人员期间从事诉讼代理或者辩护业务将会因双重身份而导致利益冲突。（2）从律师执业的公平角度看，如果律师担任各级人民代表大会常务委员会组成人员期间继续执业，会导致律师之间的不公平竞争。如果允许具有常务委员会组成人员身份的律师继续从事诉讼代理或者辩护业务，就难免会导致不同身份的律师之间的不公平竞争，也会破坏法律适用上的平等性与严肃性。（3）由于人大常委会拥有审判人员、检察人员的任免权①，律师担任各级人民代表大会常务委员会组成人员期间继续从事诉讼代理与辩护业务，也不利于客观、公正地行使该国家权力。

2. 律师有应当回避之情形

2007 年《律师法》第 41 条和司法部 2008 年《律师执业管理办法》第 27 条第 3 款规定：“曾经担任法官、检察官的律师，从人民法院、人民检察院离任后二年内，不得担任诉讼代理人或者辩护人。”司法部 2010 年《律师和律师事务所违法行为处罚办法》第 8 条规定：“曾经担任法官、检察官的律师，从人民法院、人民检察院离任后二年内，担任诉讼代理人、辩护人或者以其他方式参与所在律师事务所承办的诉讼法律事务的，属于《律师法》第四十七条第四项规定的‘从人民法院、人民检察院离任后二年内担任诉讼代理人或者辩护人的’违法行为。”2001 年《法官法》第 17 条规定：“法官从人民法院离任后二年内，不得以律师身份担任诉讼代理人或者辩护人。”“法官从人民法院离任后，不得担任原任职法院办理案件的诉讼代理人或者辩护人。”“法官的配偶、子女不得担任该法官所任职法院办理案件的诉讼代理人或者辩护人。”2001 年《检察官法》第 20 条规定：“检察官从人民检察院离任后 2 年内，不得以律师身份担任诉讼代理人或者辩护人。”“检察官从人民检察院离任后，不得担任原任职检察院办理案件的诉讼代理人或者辩护人。”“检察官的配偶、子女不得担任该检察官所任职检察院办理案件的诉讼代理人或者辩护人。”这些回避规定都对委托人—律师关系的建立形成了不同程度的限制。按照司法部 2010 年《律师和律师事务所违法行为处罚办法》第

① 参见 2001 年《法官法》第 11 条、2001 年《检察官法》第 12 条。

8条规定的精神，所有这些应当回避情形，不仅要求相关律师在相关期限内不得从事诉讼代理与辩护业务，也不得以其他方式参与所在律师事务所承办的诉讼法律事务。

3. 律师被暂停执业或者从事特定业务的资格受到限制

2007年《律师法》第六章对各种律师违法相关情况，规定了停止执业的处罚措施。停止执业是允许律师继续保持其律师身份，但是在特定期限内其执业权被暂停的处罚。律师在受到停止执业处罚期间，不得执业，也就无法建立委托人—律师关系。司法部2008年《律师执业管理办法》第41条规定："律师受到停止执业处罚的，应当自处罚决定生效后至处罚期限届满前，将律师执业证书缴存其执业机构所在地县级司法行政机关。"2011年《律师执业行为规范》第11条规定："律师不得在受到停止执业处罚期间继续执业，或者在律师事务所被停业整顿期间、注销后继续以原所名义执业。"此外，中国证券监督管理委员会、司法部2007年《律师事务所从事证券法律业务管理办法》第10条规定："律师被吊销执业证书的，不得再从事证券法律业务。""律师被中国证监会采取证券市场禁入措施或者被司法行政机关给予停止执业处罚的，在规定禁入或者停止执业的期间不得从事证券法律业务。"

总之，律师办理案件的称职性，既包括宏观的法律知识和技能以及律师事务所管理方面的要求，也包括个案中所需要具体考虑的利益冲突等问题。因此，建立委托人—律师关系的前提条件是否具备，是一个具体事实问题。在确定律师是否应当接受某案件的委托时，应当进行多方面的考察。

二、委托代理关系的建立

《律师法》第25条规定："律师承办业务，由律师事务所统一接受委托，与委托人签订书面委托合同，按照国家规定向当事人统一收取费用并如实入账。"律师事务所如果不按照规定统一接受委托、统一收费，应当受到处罚。因此，这种委托代理关系的双方主体是律师事务所和委托人。关于委托代理关系建立的要求主要有：

1. 委托范围与权限划分

委托范围和权限划分是确立律师—委托人关系时的重要内容。从一定意义上讲，每一个案件都是律师和委托人的共同事业。清晰的委托范围和明确的权限划分是营造好这一事业的前提条件。中华全国律师协会2011年《律师执业行为规范》第34条规定："律师应当与委托人就委托事项范围、内容、权限、费用、期限等进行协商，经协商达成一致后，由律师事务所与委托人签署委托协议。"

（1）委托范围

委托范围就是律师接受委托提供服务的范围。一方面，在法律规定的范围内，委托人对通过委托律师所要达到的目标有最终的决定权。另一方面，律师对于委托有一定的限定权。2007年《律师法》第32条规定："律师接受委托后，无正当理由的，不得拒绝辩护或者代理。但是，委托事项违法、委托人利用律师提供的服务从事违法活动或者委托人故意隐瞒与案件有关的重要事实的，律师有权拒绝辩护或者代理。"由是推之，对于违法的委托事项，律师不得接受委托。

因此，委托范围的确立是律师和委托人的协商过程。在该协商过程中，律师应当坦诚说明有关事项，不得做虚假承诺。2008年司法部《律师执业管理办法》第32条规定："律师承办业务，应当告知委托人该委托事项办理可能出现的法律风险，不得用明示或者暗示方式对办理结果向委托人作出不当承诺。"《律师执业行为规范》第78条规定，"明示或者暗示可以帮助委托人达到不正当目的，或者以不正当的方式、手段达到委托人的目的"，是律师执业不正当竞争行为。在实现手段问题上也是如此。中华全国律师协会2011年《律师执业行为规范》第36条规定："律师与所任职律师事务所有权根据法律规定、公平正义及律师执业道德标准，选择实现委托人或者当事人目的的方案。"委托人同样有权就实现代理目标所要使用的手段同律师进行协商。

（2）委托人—律师权限划分

委托权限的确定，主要存在于律师的代理活动中。2007年《律师法》第30条规定："律师担任诉讼法律事务代理人或者非诉讼法律事务代理人的，应当在受委托的权限内，维护委托人的合法权益。"中华全国律师协会2011年《律师执业行为规范》第40条规定："律师接受委托后，应当在委托人委托的权限内开展执业活动，不得超越委托权限。"2012年《民事诉讼法》第59条规定："委托他人代为诉讼，必须向人民法院提交由委托人签名或者盖章的授权委托书。""授权委托书必须记明委托事项和权限。诉讼代理人代为承认、放弃、变更诉讼请求，进行和解，提起反诉或者上诉，必须有委托人的特别授权。"第60条规定："诉讼代理人的权限如果变更或者解除，当事人应当书面告知人民法院，并由人民法院通知对方当事人。"中华全国律师协会2000年《律师办理民事诉讼案件规范》第10条规定："律师事务所与委托人签订委托代理合同及委托人签署授权委托书时，应当记明具体的委托事项和权限，委托权限应注明是一般授权还是特别授权。变更、放弃、承认诉讼请求和进行和解，提起反诉和上诉，转委托，签收法律文书，应当有委托人的特别授权。"因此，在律师进行代理活动时，应当通过委托合同和授权委托书，对律师的权限进行明确的界定。

2. 转委托

转委托是指代理人为了被代理人的利益需要，将其享有的代理权的全部或一部分转委托给他人行使的行为。转委托是在律师事务所、律师丧失执业资格或者执业权利受到限制等紧急情况下为委托人利益而进行的。转委托应事先取得委托人的同意或者得到委托人的事后追认。2011年《律师执业行为规范》第55条规定："未经委托人同意，律师事务所不得将委托人委托的法律事务转委托其他律师事务所办理。但在紧急情况下，为维护委托人的利益可以转委托，但应当及时告知委托人。"第56条规定："受委托律师遇有突患疾病、工作调动等紧急情况不能履行委托协议时，应当及时报告律师事务所，由律师事务所另行指定其他律师继续承办，并及时告知委托人。"第57条规定："非经委托人的同意，不能因转委托而增加委托人的费用支出。"

三、委托代理关系的终止

委托关系的终止可以分为强制性终止和任选性终止两种情况。

1. 强制性终止。根据2003年《法律援助条例》、2007年《律师法》、2008年《律师事务所管理办法》、2011年《律师执业行为规范》等规定，委托关系的强制性终止分为以下情况：

（1）委托人提出终止委托人—律师关系。2007年《律师法》第32条规定："委托人可以拒绝已委托的律师为其继续辩护或者代理，同时可以另行委托律师担任辩护人或者代理人。”2011 年《律师执业行为规范》第 58 条规定，“委托人提出终止委托协议的”，律师事务所应当终止委托关系。2003 年《法律援助条例》第 23 条规定，“受援人要求终止法律援助的”，办理法律援助案件的人员应当向法律援助机构报告，法律援助机构经审查核实的，应当终止该项法律援助。如前所述，委托人提出终止委托人—律师关系的情况下，委托人—律师关系必须终止，以便为委托人选择其他律师或者律师事务所留下必要的空间。

(2) 律师被吊销执业证书、停止执业或者律师事务所终止。2011 年《律师执业行为规范》第 58 条规定，“律师受到吊销执业证书或者停止执业处罚的，经过协商，委托人不同意更换律师的”，律师事务所应当终止委托关系。2008 年《律师事务所管理办法》第 31 条规定：“律师事务所在终止事由发生后，应当向社会公告，依照有关规定进行清算，依法处置资产分割、债务清偿等事务。因被吊销执业许可证终止的，由作出该处罚决定的司法行政机关向社会公告。因其他情形终止、律师事务所拒不公告的，由设区的市级或者直辖市的区（县）司法行政机关向社会公告。”“律师事务所自终止事由发生后，不得受理新的业务。”2004 年《合伙律师事务所管理办法》第 41 条规定：“合伙律师事务所在清算期间，合伙人不得执业。合伙律师事务所的执业证书及合伙人、聘用律师的执业证书，应当上交原登记机关。”“尚未办结的法律事务，由律师事务所与委托人协商解决。”1996 年《国家出资设立的律师事务所管理办法》第 22 条规定：“国家出资设立的律师事务所解散或因违反法律法规、执业纪律被吊销执业证书的，应当对律师事务所的财产进行清算。”第 23 条规定：“国家出资设立的律师事务所终止时，尚未办结的法律事务，由律师事务所与委托人协商解决。”因此，律师被吊销执业证书、停止执业或者律师事务所因被吊销执业证书或者其他事由终止的，委托人—律师关系应当强制终止。

我国现行法律对于律师事务所受到停业整顿期间的委托人—律师关系问题没有作出明确规定，从保护委托人利益的角度出发，对此应当理解为，停业整顿期间，律师事务所不应当接办新的业务，已经接办的业务应当继续执行。

(3) 存在不可克服的利益冲突。2011 年《律师执业行为规范》第 58 条规定，“当发现有本规范第五十条规定的利益冲突情形的”，律师事务所应当终止委托关系。利益冲突可以分为可以克服的利益冲突和不可克服的利益冲突两种类型。可以克服的利益冲突是指尽管存在利益冲突，但是法律允许在受到影响的当事人作出明确同意的情况下，可以继续进行辩护或者代理的情形。不可克服的利益冲突是指在存在利益冲突的情况下，法律不允许继续进行辩护或者代理，即使受到影响的当事人表示同意。2011 年《律师执业行为规范》第 50 条所列利益冲突情况属于不可克服的利益冲突。在这种情况下进行辩护或者代理不仅可能影响当事人的利益，也可能影响纠纷解决程序的效率和纠纷解决结果的质量。

(4) 律师的健康状况不适合继续履行委托协议。2011 年《律师执业行为规范》第 58 条规定，“受委托律师因健康状况不适合继续履行委托协议的，经过协商，委托人不同意更换律师的”，律师事务所应当终止委托关系。这一规定一方面满足、强化了对律师的称职性要求和对委托人的协作要求，另一方面也满足了法院和其他机构加快和提高工作效率的需要。

（5）继续履行委托协议将导致律师违规。2007 年《律师法》第 32 条规定："律师接受委托后，无正当理由的，不得拒绝辩护或者代理。但是，委托事项违法、委托人利用律师提供的服务从事违法活动或者委托人故意隐瞒与案件有关的重要事实的，律师有权拒绝辩护或者代理。"2011 年《律师执业行为规范》第 58 条规定，"继续履行委托协议违反法律、法规、规章或者本规范的"，律师事务所应当终止委托关系。律师作为法律职业人员，应当维护当事人合法权益，维护法律正确实施，维护社会公平和正义。2007 年《律师法》第 3 条规定："律师执业必须遵守宪法和法律，恪守律师职业道德和执业纪律。"因此，在继续履行委托协议将导致律师违规的情况下，应当终止委托人—律师关系，例如继续履行委托协议将导致利益冲突的情况。

（6）法律援助的受援条件不再存在。2003 年《法律援助条例》第 23 条规定："办理法律援助案件的人员遇有下列情形之一的，应当向法律援助机构报告，法律援助机构经审查核实的，应当终止该项法律援助：（一）受援人的经济收入状况发生变化，不再符合法律援助条件的；（二）案件终止审理或者已被撤销的；（三）受援人又自行委托律师或者其他代理人的；（四）受援人要求终止法律援助的。"法律援助是为了保障经济困难或者特殊案件的当事人获得必要的法律服务而设立的法律救助制度。法律援助资金是一种稀缺资金，法律援助人员是稀缺资源。在受援人的经济收入状况发生变化，不再符合法律援助的经济条件等情况下，为了保证其他社会成员能够获得法律援助，该项法律援助应当终止，其所涉及的委托人—律师关系也告消灭。

2. 委托关系的任选性终止。委托关系的任选性终止，是指律师在终止委托人—律师关系时，有一定的自由裁量权。2011 年《律师执业行为规范》第 59 条规定："有下列情形之一，经提示委托人不纠正的，律师事务所可以解除委托协议：（一）委托人利用律师提供的法律服务从事违法犯罪活动的；（二）委托人要求律师完成无法实现或者不合理的目标的；（三）委托人没有履行委托合同义务的；（四）在事先无法预见的前提下，律师向委托人提供法律服务将会给律师带来不合理的费用负担，或给律师造成难以承受的、不合理的困难的；（五）其他合法的理由的。"所谓"律师事务所可以解除委托协议"，是指在这些情况下，律师事务所解除委托协议时，要根据具体情况判断，既可以立即解除委托协议，也可以暂时不解除委托协议。律师在考虑是否立即解除委托协议时，应当综合考虑所掌握的信息、委托人行为的性质与严重性、给委托人利益造成的损害、给律师利益造成的影响等因素。委托人—律师关系的任选性终止主要涉及以下四种情况：

（1）委托人利用律师提供的法律服务从事违法犯罪活动。在这种情况下，律师提供法律服务本身不存在违反法律规定的问题，只是委托人利用了这种合法的法律服务从事违法犯罪活动。在这种情况下，委托人滥用了律师的信任，委托人的违法犯罪活动具有隐秘性，而律师可能并不完全知晓这种违法犯罪活动。因此，《律师执业行为规范》对这种情况没有规定强制性的终止。

（2）委托人要求律师完成无法实现或者不合理的目标。所谓无法实现或者不合理的目标，是指在律师看来，委托人所设定的目标无法实现或者可能会给委托人造成严重损害，律师与委托人的分歧严重，以至于大多数理性的律师不会继续进行代理。不能仅仅因为律师与委托人意见不一就轻易终止委托人—律师关系。

（3）委托人没有履行委托合同义务。这主要是指委托人没有履行支付律师费的义务，以及未能向律师提供必需的证据等情况。在这种情况下，律师有终止委托人—律师关系的自由裁量权。

（4）在事先无法预见的前提下，律师向委托人提供法律服务将会给律师带来不合理的费用负担，或给律师造成难以承受的、不合理的困难。这主要是指因为费用计算错误、预见不足等原因给律师的代理造成不合理的费用负担或者困难。在这种情况下，律师有终止委托人—律师关系的自由裁量权。

总之，律师与委托人建立委托关系后，就应当尽职尽责地为委托人提供法律服务。一般情况下，律师应当自始至终地维护委托人的权益，不得随便拒绝辩护或者代理；否则，就会使委托人的利益得不到及时的维护。但在某些情况下，由于主、客观原因，律师和委托人之间的代理关系难以继续存在，如果律师继续代理将损害委托人或律师的利益，在这种情况下，律师应当做好对委托人的说服教育工作，在委托人拒不接受教育的情况下，律师可以拒绝辩护或代理。

四、律师的保密

2007 年《律师法》第 38 条规定："律师应当保守在执业活动中知悉的国家秘密、商业秘密，不得泄露当事人的隐私。""律师对在执业活动中知悉的委托人和其他人不愿泄露的情况和信息，应当予以保密。但是，委托人或者其他人准备或者正在实施的危害国家安全、公共安全以及其他严重危害他人人身、财产安全的犯罪事实和信息除外。"2011 年《律师执业行为规范》第 8 条作了同样规定。

五、财物保管

律师在职业活动过程中，经常要对委托人或者第三人的财物进行保管。例如代委托人支付费用，为委托人代管资金。这种行为是建立在对法律职业的信任基础上的。与此同时，为维护这种信任，往往对未尽到这种财物保管责任的行为予以严厉处罚。[①]我国关于律师财物保管的规则还相对简陋。近年来，我国发生了若干起挪用、侵占律师代为保管财物的案件，不仅给委托人造成了严重损失，也给律师职业的社会声誉造成了极为恶劣的影响。这一规则也越来越引起人们的重视。

1. 资金类财物保管规则。与非资金类财物相比，资金属于种类物而非特定物，因而易于混同。这一特点，对于资金类财物保管提出了区分保管的特别要求。这一规则也被称为禁止混同原则。司法部 2004 年《律师事务所收费程序规则》第 17 条规定："律师事务所经有关部门批准，可以设立用于存放代委托人保管的合同资金、执行回款、履约保证金等款项的专用账户。""律师事务所应当严格管理专用账户，防范风险。对专用账户资金的支付，必须严格审核把关，专款专用。严禁将专用账户的资金挪作

① 例如在美国 In re Wilson，81 N. J. 451，409 A. 2d 1153（1979）案件中，法院曾经指出，在律师侵占、挪用委托人交给律师经手的资金的情况下，法院认为取消律师资格是唯一适当的惩戒，而且一般情况下，这种案件都应当导致取消律师资格。

他用。”2011 年《律师执业行为规范》第 54 条规定：“律师事务所受委托保管委托人财产时，应当将委托人财产与律师事务所的财产、律师个人财产严格分离。”

2. 非资金类财物保管规则。律师事务所代为保管的非资金类财物，包括争讼性事务中的证物、非争讼性事务中对于当事人有法律意义的文书等。这些物品对于委托人往往具有重要意义，遗失、毁灭或者损坏往往导致委托人权益的受损或者丧失。因此，律师事务所应当就非资金类财物保管建立相应的制度。2011 年《律师执业行为规范》第 53 条规定：“律师事务所可以与委托人签订书面保管协议，妥善保管委托人财产，严格履行保管协议。”2002 年司法部在《关于对律师遗失当事人重要文件原件的行为如何进行处罚的批复》[①] 中规定：“对于律师遗失当事人重要文件原件致使当事人在以后的诉讼中无法举证的行为，在具体应用法律进行处理时，可以适用《中华人民共和国律师法》第四十四条第（十一）项‘应当给予处罚的其他行为’实施行政处罚。”

六、利益冲突

利益冲突是指律师为完成对委托人的辩护或者代理将因律师自身的利益、律师对其他现委托人、前委托人或者第三人的职责而受到不利影响的重大风险状态。利益冲突可以分为律师—委托人之间的利益冲突和委托人之间的利益冲突。

律师事务所应当建立利益冲突审查制度。律师事务所在接受委托之前，应当进行利益冲突审查并作出是否接受委托的决定。办理委托事务的律师与委托人之间存在利害关系或利益冲突的，不得承办该业务并应当主动提出回避。

有下列情形之一的，律师及律师事务所不得与当事人建立或维持委托关系：(1) 律师在同一案件中为双方当事人担任代理人，或代理与本人或者其近亲属有利益冲突的法律事务的；(2) 律师办理诉讼或者非诉讼业务，其近亲属是对方当事人的法定代表人或者代理人的；(3) 曾经亲自处理或者审理过某一事项或者案件的行政机关工作人员、审判人员、检察人员、仲裁员，成为律师后又办理该事项或者案件的；(4) 同一律师事务所的不同律师同时担任同一刑事案件的被害人的代理人和犯罪嫌疑人、被告人的辩护人，但在该县区域内只有一家律师事务所且事先征得双方当事人同意的除外；(5) 在民事诉讼、行政诉讼、仲裁案件中，同一律师事务所的不同律师同时担任争议双方当事人的代理人，或者本所或其工作人员为一方当事人，本所其他律师担任对方当事人的代理人的；(6) 在非诉讼业务中，除各方当事人共同委托外，同一律师事务所的律师同时担任彼此有利害关系的各方当事人的代理人的；(7) 在委托关系终止后，同一律师事务所或同一律师在同一案件后续审理或者处理中又接受对方当事人委托的；(8) 其他与上述第 (1) 至第 (7) 项情形相似，且依据律师执业经验和行业常识能够判断为应当主动回避且不得办理的利益冲突情形。

有下列情形之一的，律师应当告知委托人并主动提出回避，但委托人同意其代理或者继续承办的除外：(1) 接受民事诉讼、仲裁案件一方当事人的委托，而同所的其他律师是该案件中对方当事人的近亲属的；(2) 担任刑事案件犯罪嫌疑人、被告人的辩护人，而同所的其他律师是该案件被害人的近亲属的；(3) 同一

① 司复 [2002] 2 号。

律师事务所接受正在代理的诉讼案件或者非诉讼业务当事人的对方当事人所委托的其他法律业务的；（4）律师事务所与委托人存在法律服务关系，在某一诉讼或仲裁案件中该委托人未要求该律师事务所律师担任其代理人，而该律师事务所律师担任该委托人对方当事人的代理人的；（5）在委托关系终止后一年内，律师又就同一法律事务接受与原委托人有利害关系的对方当事人的委托的；（6）其他与上述第（1）至第（5）项情况相似，且依据律师执业经验和行业常识能够判断的情形。

律师和律师事务所发现存在上述情形的，应当告知委托人利益冲突的事实和可能产生的后果，由委托人决定是否建立或维持委托关系。委托人决定建立或维持委托关系的，应当签署知情同意书，表明当事人已经知悉存在利益冲突的基本事实和可能产生的法律后果，以及当事人明确同意与律师事务所及律师建立或维持委托关系。

委托人知情并签署知情同意书以示豁免的，承办律师在办理案件的过程中应对各自委托人的案件信息予以保密，不得将与案件有关的信息披露给相对人的承办律师。

七、执业推广

1. 业务推广原则

律师和律师事务所推广律师业务，应当遵守平等、诚信原则，遵守律师职业道德和执业纪律，遵守律师行业公认的行业准则，公平竞争。

律师和律师事务所应当通过提高自身综合素质、提高法律服务质量、加强自身业务竞争能力的途径，开展、推广律师业务。

律师和律师事务所可以依法以广告方式宣传律师和律师事务所以及自己的业务领域和专业特长。

律师和律师事务所可以通过发表学术论文、案例分析、专题解答、授课、普及法律等活动，宣传自己的专业特长。

律师和律师事务所可以通过举办或者参加各种形式的专题、专业研讨会，宣传自己的专业特长。

律师可以以自己或者其任职的律师事务所名义参加各种社会公益活动。

律师和律师事务所在业务推广中不得为不正当竞争行为。

2. 律师业务推广广告

律师和律师事务所为推广业务，可以发布使社会公众了解律师个人和律师事务所法律服务业务信息的广告。

律师发布广告应当遵守国家法律、法规、规章和职业行为规范。

律师发布广告应当具有可识别性，应当能够使社会公众辨明是律师广告。

律师广告可以以律师个人名义发布，也可以以律师事务所名义发布。以律师个人名义发布的律师广告应当注明律师个人所任职的执业机构名称，应当载明律师执业证号。

具有下列情况之一的，律师和律师事务所不得发布律师广告：（1）没有通过年度考核的；（2）处于停止执业或停业整顿处罚期间的；（3）受到通报批评、公开谴责未满一年的。

律师个人广告的内容，应当限于律师的姓名、肖像、年龄、性别，学历、学位、专业、律师执业许可日期、所任职律师事务所名称、在所任职律师事务所的执业期限；收费标准、联系方法；依法能够向社会提供的法律服务业务范围；执业业绩。

律师事务所广告的内容应当限于律师事务所名称、住所、电话号码、传真号码、邮政编码、电子信箱、网址；所属律师协会；所内执业律师及依法能够向社会提供的法律服务业务范围简介；执业业绩。

律师和律师事务所不得以有悖律师使命、有损律师形象的方式制作广告，不得采用一般商业广告的艺术夸张手段制作广告。

律师广告中不得出现违反所属律师协会有关律师广告管理规定的内容。

3. 律师宣传

律师和律师事务所不得进行歪曲事实和法律，或者可能使公众对律师产生不合理期望的宣传。

律师和律师事务所可以宣传所从事的某一专业法律服务领域，但不得自我声明或者暗示其被公认或者证明为某一专业领域的权威或专家。

律师和律师事务所不得进行律师之间或者律师事务所之间的比较宣传。

八、律师同行之间的行为

律师同行之间有着共同的职业目标，同时存在着一定的竞争。对律师同行之间的行为进行有效规范，有助于维护律师行业形象，促进律师业健康发展。律师同行之间的行为规范涉及尊重与合作和禁止不正当竞争两方面的内容。

（一）尊重与合作

律师与其他律师之间应当相互帮助、相互尊重。

在庭审或者谈判过程中各方律师应当互相尊重，不得使用挖苦、讽刺或者侮辱性的语言。

律师或律师事务所不得在公众场合及媒体上发表恶意贬低、诋毁、损害同行声誉的言论。

律师变更执业机构时应当维护委托人及原律师事务所的利益；律师事务所在接受转入律师时，不得损害原律师事务所的利益。

律师与委托人发生纠纷的，律师事务所的解决方案应当充分尊重律师本人的意见，律师应当服从律师事务所解决纠纷的决议。

（二）禁止不正当竞争

律师和律师事务所不得采用不正当手段进行业务竞争，损害其他律师及律师事务所的声誉或者其他合法权益。

有下列情形之一的，属于律师执业不正当竞争行为：（1）诋毁、诽谤其他律师或者律师事务所信誉、声誉；（2）无正当理由，以低于同地区同行业收费标准为条件承揽业务，或者采用承诺给予客户、中介人、推荐人回扣、馈赠金钱、财物或者其他利益等方式承揽业务；（3）故意在委托人与其代理律师之间制造纠纷；（4）向委托人明示或者暗示自己或者所属的律师事务所与司法机关、政府机关、社会团体及其工作人员具有特殊关系；（5）就法律服务结果或者诉讼结果作出虚假承诺；（6）明示或者暗示可以帮助委托人达到不正当目的，或者以不正当的方式、手段达到委托人的目的。

律师和律师事务所在与行政机关、行业管理部门以及企业的接触中，不得采用下列不正当手段与同行进行业务竞争：（1）通过与某机关、某部门、某行业对某一类的法律服务事务进行垄断的方式承揽业务；（2）限定委托人接受其指定的律师或者律师事务所提供的法律服务，限制其他律师或律师事务所正当的业务竞争。

律师和律师事务所在与司法机关及司法人员的接触中，不得采用利用律师兼有的其他身份影响所承办业务正常处理和审理的手段进行业务竞争。

依照有关规定取得从事特定范围法律服务资格的律师或律师事务所不得采取下列不正当竞争的行为：（1）限制委托人接受经过法定机构认可的其他律师或律师事务所提供法律服务；（2）强制委托人接受其提供的或者由其指定的律师提供的法律服务；（3）对抵制上述行为的委托人拒绝、中断、拖延、削减必要的法律服务或者滥收费用。

律师或律师事务所相互之间不得采用下列手段排挤竞争对手的公平竞争：（1）串通抬高或者压低收费；（2）为争揽业务，不正当获取其他律师和律师事务所收费报价或者其他提供法律服务的条件；（3）泄露收费报价或者其他提供法律服务的条件等暂未公开的信息，损害相关律师事务所的合法权益。

律师和律师事务所不得擅自或者非法使用社会专有名称或者知名度较高的名称以及代表其名称的标志、图形文字、代号以混淆误导委托人。社会特有名称和知名度较高的名称是指：（1）有关政党、司法机关、行政机关、行业协会名称；（2）具有较高社会知名度的高等法学院校或者科研机构的名称；（3）为社会公众共知、具有较高知名度的非律师公众人物名称；（4）知名律师以及律师事务所名称。

律师和律师事务所不得伪造或者冒用法律服务荣誉称号。使用已获得的律师或者律师事务所法律服务荣誉称号的，应当注明获得时间和期限。律师和律师事务所不得变造已获得的荣誉称号用于广告宣传。律师事务所已撤销的，其原取得的荣誉称号不得继续使用。

九、律师在执业机构中的行为规范

根据2007年《律师法》的规定，律师事务所有合伙律师事务所、个人律师事务所和国家出资设立的律师事务所三种形式。律师必须在律师事务所执业。律师与律师事务所的关系既是一个理论问题，也是一个极具实践意义的问题；既涉及律师个体的权利、义务，也涉及律师事务所的风险、责任。律师在执业机构中的行为规范主要包括以下内容：

律师事务所是律师的执业机构。律师事务所对本所执业律师负有教育、管理和监督的职责。律师事务所应当建立健全执业管理、利益冲突审查、收费与财务管理、投诉查处、年度考核、档案管理、劳动合同管理等制度，对律师在执业活动中遵守职业道德、执业纪律的情况进行监督。

律师事务所应当依法保障律师及其他工作人员的合法权益，为律师执业提供必要的工作条件。

律师承办业务，由律师事务所统一接受委托，与委托人签订书面委托合同，按照国家规定统一收取费用。

律师及律师事务所必须依法纳税。

律师事务所应当定期组织律师开展时事政治、业务学习，总结交流执业经验，提高律师执业水平。

律师事务所应当认真指导申请律师执业实习人员实习，如实出具实习鉴定材料和相关证明材料。

律师事务所不得从事法律服务以外的经营活动。

律师和律师事务所应当按照国家规定履行法律援助义务，为受援人提供法律服务，维护受援人的合法权益。

律师事务所不得指派没有取得律师执业证书的人员或者处于停止执业处罚期间的律师以律师名义提供法律服务。

律师事务所对受其指派办理事务的律师辅助人员出现的错误，应当采取制止或者补救措施，并承担责任。

律师事务所有义务对律师、申请律师执业实习人员在业务及职业道德等方面进行管理。

十、律师与律师行业管理机构关系

律师和律师事务所应当遵守律师协会制定的律师行业规范和规则。律师和律师事务所享有律师协会章程规定的权利，承担律师协会章程规定的义务。

律师应当参加、完成律师协会组织的律师业务学习及考核。

律师参加国际性律师组织并成为其会员的，以及以中国律师身份参加境外会议等活动的，应当报律师协会备案。

律师和律师事务所因执业行为成为刑、民事被告，或者受到行政机关调查、处罚的，应当向律师协会书面报告。

律师应当积极参加律师协会组织的律师业务研究活动，完成律师协会布置的业务研究任务，参加律师协会组织的公益活动。

律师应当妥善处理律师执业中发生的纠纷，履行经律师协会调解达成的调解协议。

律师应当执行律师协会就律师执业纠纷作出的处理决定。

律师应当履行律师协会依照法律、法规、规章及律师协会章程、规则作出的处分决定。

律师应当按时缴纳会费。

十一、律师在诉讼与仲裁中的行为

诉讼和仲裁活动是解决纠纷的重要活动，这些活动本身具有一定的对抗性。律师在参与诉讼与仲裁活动时，一方面要维护委托人的合法权益，另一方面又要遵守一定的行为界限。律师在参与诉讼与仲裁活动时应当遵守的行为规范主要包括：

1. 调查取证

律师应当依法调查取证。

律师不得向司法机关或者仲裁机构提交明知是虚假的证据。

这里所讲的虚假证据，既包括实物证据，也包括言词证据。律师向司法机关、行政机关或者仲裁机构提交虚假证据应受处罚的界限是“故意”、“有意”或者“明知”[①]。证据是否虚假，应当由事实认定者综合全案来加以判断，而不是由律师来加以定夺。因此，排除仅仅具有可疑性的证据不仅不能保护上述程序的正当性，反而可能导致具有准确性的证据被排除在外，损害诉讼当事人的利益。因此，由律师剔除掉其明知虚假的证据后，就足以满足程序的要求，足以保护程序的正当性。“实践中，当事人很可能隐瞒真相，向律师提供虚假证据，而律师只能在能力范围内对证据的真实性进行审查。如果律师在尽审查义务后，未能发现证据虚假而提供给法庭，就不能追究律师的法律责任。”[②]

律师作为证人出庭作证的，不得再接受委托担任该案的辩护人或者代理人出庭。律师担任证人的情况下，不得再担任该案的辩护人或者代理人，这是因为：（1）律师一身二任的做法容易导致律师和委托人之间产生冲突。证人负有如实作证的义务。在很多案件中，有利于委托人和不利于委托人的情况往往是混在一起的。如果律师仅仅陈述对委托人有利的证言，则违反了其如实陈述的义务，如果其陈述了不利于委托人的证言，则违反了作为辩护人或者代理人的忠诚职责，从而在律师和委托人之间产生冲突。（2）律师一身二任的做法混淆了辩护人或者代理人与证人的职能。证人需要在个人认知的基础上作证，而辩护人或者代理人则要对他人提供的证据进行解释和评论。这两种职责在很大程度上是不相容的。正如美国律师协会在《职业行为示范规则》3.7 的注释中所指出的那样，“辩护人—证人所作的陈述应当被认为是证据还是对证据的分析，会无法弄清”。

2. 尊重法庭与规范接触司法人员

律师应当遵守法庭、仲裁庭纪律，遵守出庭时间、举证时限、提交法律文书期限及其他程序性规定。

在开庭审理过程中，律师应当尊重法庭、仲裁庭。

律师在执业过程中，因对事实真假、证据真伪及法律适用是否正确的判断而与诉讼相对方意见不一致的，或者为了向案件承办人提交新证据，与案件承办人接触和交换意见，应当在司法机关内指定场所进行。律师在办案过程中，不得与所承办案件有关的司法、仲裁人员私下接触。

律师不得贿赂司法机关和仲裁机构人员，不得以许诺回报或者提供其他利益（包括物质利益和非物质形态的利益）等方式，与承办案件的司法、仲裁人员进行交易。

律师不得介绍贿赂或者指使、诱导当事人行贿。

3. 庭审仪表和语态

律师担任辩护人、代理人参加法庭、仲裁庭审理，应当按照规定穿着律师出庭服装，佩戴律师出庭徽章，注重律师职业形象。律师在法庭或仲裁庭发言时应当举止庄

---

① 1996 年《律师法》第 35 条所禁止的律师违法行为是“提供虚假证据，隐瞒事实或者威胁、利诱他人提供虚假证据，隐瞒事实以及妨碍对方当事人合法取得证据”。2007 年《律师法》增加了“故意”这一限定，进一步明确了行为的界限。

② 王胜明、赵大程主编：《中华人民共和国律师法释义》，154 页，北京，法律出版社，2007。

重、大方，用词文明、得体。

根据中华全国律师协会2002年颁布的《律师出庭服装使用管理办法》，律师出庭着装时，应遵守以下规定：（1）律师出庭服装仅使用于庭审过程中，不得在其他任何时间、场合穿着。庭审包括法院庭审和仲裁机构庭审。（2）律师出庭统一着装时，应按照规定配套穿着：内着浅色衬衣，佩戴领巾，外着律师袍，律师袍上佩戴律师徽章。下着深色西装裤、深色皮鞋，女律师可着深色西装套裙。（3）保持律师出庭服装的洁净、平整，服装不整洁或有破损的不得使用。（4）律师穿着律师出庭服装时，应表现出严肃、庄重的精神风貌。律师出庭服装外不得穿着其他衣物或佩戴其他饰品。

本章思考题

1. 律师在什么情况下可以终止委托代理关系？
2. 律师在什么情况下应当终止委托代理关系？
3. 律师保密义务有哪些例外？
4. 律师发布广告应当遵守哪些规定？

第八章 律师收费制度

本章导读

律师收费是指律师事务所在接受委托人的委托或聘请而提供法律服务时，根据国家的法律规定或双方的自愿协商，而向当事人收取的一定数量的金钱财物的活动。律师收费制度不仅体现了律师和委托人的关系，还体现了律师同司法制度和司法利益的关系。就前者而言，不同的律师收费决定了委托人和律师的利益的结合程度以及案件损失风险的分配模式，就后者而言，不同的律师收费决定了委托人诉诸司法制度的可能性，并对司法效率以及社会关于司法制度公平性的观念有所影响。此外，律师收费制度与法律援助制度、诉讼保险制度等一起，共同构筑了保障公民诉诸司法能力的制度框架。因此，对于律师费的规制是关于委托人—律师关系的规范的一个重要方面。

第一节 我国律师收费制度的历史发展

新中国成立以后，1996 年《律师法》颁布之前，我国在律师收费问题上先后发布了三个主要文件，即 1956 年 5 月司法部颁发的《律师收费暂行办法》，1981 年司法部、财政部颁布的《律师收费试行办法》，1990 年司法部、财政部、国家物价局颁布的《律师业务收费管理办法》。由于历史原因，这些规定都具有浓厚的计划经济的色彩，其基本特点就是采取规定标准收费，限制律师与委托人之间的协商收费。体现律师与委托人协商收费的风险代理制度自然不在其列。这些规定显然没有体现律师的劳动与案件的难易复杂程度之间的关系，难以调动律师的工作积极性，也不利于保护委托人的合法权益。1996 年《律师法》颁布后，根据中国共产党十四届三中全会《关于建立社会主义市场经济体制若干问题的决定》和《国民经济和社会发展“九五”计划和 2010 年远景目标纲要》的精神，为促进律师服务业的发展，充分发挥律师事务所的市场中介组织作用，国家计划委员会、司法部于 1997 年又颁布了《律师服务收费管理暂行办法》。就《律师服务收费管理暂行办法》的实质内容来看，国家主管部门在律师收费方面的改革仍然是相当有限的，律师收费的自主权仍然受到了严格限制。例如，尽管该办法规定在担任法律顾问、提供非诉讼法律服务、解答有关法律的询问、代写诉讼文书和有关法律事务的其他文书业务中，可以由律师事务所与委托人协商确定，但是该办法又规定，不涉及财产关系的计件收费，涉及财产关系的按标的比例收费。因此，上述协商收费中的自主权，不过是计件收费和按标的比例收费两种方式中的协商而已。在相当长的时期内，与《律师服务收费管理暂行办法》配套的收费标准由于种种原因仍未出台，适应形势发展需要的全国性官方层面的新的律师收费管理办法也没有出台。

2000 年，考虑到“各地经济发展水平和律师业的发展状况差异较大，律师服务的成本和群众的承受能力也有较大差异，目前制定全国统一的律师服务收费标准尚有一定困难”，国家计委、司法部发布通知，暂由各地制定律师服务收费临时标准。在这种情况下，许多省、市、自治区制定了自己的律师服务费临时标准。

进入 21 世纪，我国律师工作快速发展，律师队伍的数量不断扩大、质量不断提高，律师业务领域不断拓展，律师在经济社会发展中的作用日益凸显，律师的社会影响越来越大。新的发展形势要求进一步改革完善律师收费制度。为规范律师服务收费行为，维护委托人和律师的合法权益，促进律师服务业健康发展，2006 年 4 月 13 日，司法部、国家发展改革委员会颁布了现行的《律师服务收费管理办法》。现行律师收费办法对律师收费过程的签订合同，提供费用概算、结算，出具正式票据等环节作了明确的规定。本书对律师收费制度的介绍，将主要围绕现行《律师服务收费管理办法》来进行。

第二节　律师收费的标准和方式

律师收费制度是由关于律师收费的法律、法规所构成的制度体系。关于律师收费的标准和方式是其中最为重要的内容。

一、律师服务收费的标准

根据《律师服务收费管理办法》的规定，律师服务收费的标准有两种，即政府指导价和市场调节价。

（一）政府指导价

政府指导价是指政府有关部门依法定职责和程序制定的律师办理法律事务的收费标准。政府指导价的基准价和浮动幅度由各省、自治区、直辖市人民政府价格主管部门会同同级司法行政部门制定。政府制定律师服务收费，应当广泛听取社会各方面意见，必要时可以实行听证。政府制定的律师服务收费应当充分考虑当地经济发展水平、社会承受能力和律师业的长远发展，收费标准按照补偿律师服务社会平均成本，加合理利润与法定税金确定。

律师事务所依法提供下列法律服务实行政府指导价：

1. 代理民事诉讼案件；
2. 代理行政诉讼案件；
3. 代理国家赔偿案件；
4. 为刑事案件犯罪嫌疑人提供法律咨询、代理申诉和控告、申请取保候审，担任被告人的辩护人或自诉人、被害人的诉讼代理人；
5. 代理各类诉讼案件的申诉。

（二）市场调节价

市场调节价是指由律师事务所与委托人，根据案件的复杂程度、律师服务的开支及法律服务市场的需求状况等因素，协商确定的律师服务的收费数额或者标准。律师事务所在提供实行政府指导价的法律服务之外的其他法律服务时，收费实行市场调节价。

律师事务所与委托人协商律师服务收费应当考虑以下主要因素：

1. 耗费的工作时间；
2. 法律事务的难易程度；
3. 委托人的承受能力；
4. 律师可能承担的风险和责任；
5. 律师的社会信誉和工作水平等。

二、律师服务收费的方式

律师收费方式，是指律师在向委托人提供法律服务时所采用的计算、收取服务报酬的形式。现行《律师服务收费管理办法》规定了四种律师收费方式：

（一）计件收费

计件收费是指以律师提供法律服务的件数来计算、确定收费数额的收费形式。计件收费一般适用于不涉及财产关系的法律事务。

（二）按标的额比例收费

按标的额比例收费是指根据律师办理法律事务涉及的标的额，确定一定比例来计算律师收费数额的收费形式。按标的额比例收费适用于涉及财产关系的法律事务。

（三）计时收费

计时收费是指律师根据办理法律事务实际花费的有效工作时间，来确定收费数额的收费方式，计时收费可适用于全部法律事务。

（四）风险代理收费

风险代理收费是指将律师收费与办理法律事务的结果相挂钩，依据办理法律事务的结果来确定律师费数额的收费方式。律师的风险代理费制度在我国也被叫做律师的“胜诉取酬”制度。

根据《律师服务收费管理办法》的规定，办理涉及财产关系的民事案件时，委托人被告知政府指导价后仍要求实行风险代理的，律师事务所可以实行风险代理收费，但下列情形除外：

1. 婚姻、继承案件；
2. 请求给予社会保险待遇或者最低生活保障待遇的；
3. 请求给付赡养费、抚养费、扶养费、抚恤金、救济金、工伤赔偿的；
4. 请求支付劳动报酬的。

此外，《律师服务收费管理办法》禁止办理刑事诉讼案件、行政诉讼案件、国家赔偿案件以及群体性诉讼案件实行风险代理收费。

实行风险代理收费，律师事务所应当与委托人签订风险代理收费合同，约定双方应承担的风险责任、收费方式、收费数额或比例。实行风险代理收费，最高收费金额不得高于收费合同约定标的额的30%。中华全国律师协会2011年《律师执业行为规范》第47条规定：“律师事务所可以依法与当事人或委托人签订以回收款项或标的物为前提按照一定比例收取货币或实物作为律师费用的协议。”因此，风险代理费可以采用货币或者实物形式。

第三节　律师服务收费的程序和监督检查

由于律师服务收费既涉及个别委托人的利益，也涉及社会公平正义目标的实现，因此律师服务收费是一个受到规制的过程。《律师服务收费管理办法》对律师服务收费的程序、纠纷解决和监督检查都进行了规定。

一、律师服务收费的程序

（一）签订合同

律师事务所接受委托，应当与委托人签订律师服务收费合同或者在委托代理合同中载明收费条款。收费合同或收费条款应当包括：收费项目、收费标准、收费方式、收费数额、付款和结算方式、争议解决方式等内容。

律师事务所与委托人签订合同后，不得单方变更收费项目或者提高收费数额。确需变更的，律师事务所必须事先征得委托人的书面同意。

（二）收取费用

律师事务所向委托人收取律师服务费，应当向委托人出具合法票据。

律师事务所在提供法律服务过程中代委托人支付的诉讼费、仲裁费、鉴定费、公证费和查档费，不属于律师服务费，由委托人另行支付。

律师事务所需要预收异地办案差旅费的，应当向委托人提供费用概算，经协商一致，由双方签字确认。确需变更费用概算的，律师事务所必须事先征得委托人的书面同意。

律师事务所在结算有关费用时，律师事务所应当向委托人提供代其支付的费用和异地办案差旅费清单及有效凭证。不能提供有效凭证的部分，委托人可不予支付。

律师服务费、代委托人支付的费用和异地办案差旅费由律师事务所统一收取。律师不得私自向委托人收取任何费用。除上述所列三项费用外，律师事务所及承办律师不得以任何名义向委托人收取其他费用。律师事务所应当接受指派承办法律援助案件。办理法律援助案件不得向受援人收取任何费用。对于经济确有困难，但不符合法律援助范围的公民，律师事务所可以酌情减收或免收律师服务费。

律师事务所异地设立的分支机构，应当执行分支机构所在地的收费规定。律师事务所异地提供法律服务，可以执行律师事务所所在地或者提供法律服务所在地的收费规定，具体办法由律师事务所与委托人协商确定。

（三）纠纷解决

因律师服务收费发生争议的，律师事务所应当与委托人协商解决。协商不成的，可以提请律师事务所所在地的律师协会、司法行政部门和价格主管部门调解处理，也可以申请仲裁或者向人民法院提起诉讼。

二、律师服务收费的监督检查

对律师服务收费活动进行监督检查，是保证律师依法收费的重要保障机制。公民、法人和其他组织认为律师事务所或律师存在价格违法行为，可以通过函件、电话、来访等形式，向价格主管部门、司法行政部门或者律师协会举报、投诉。

（一）价格主管部门的监督检查

各级价格主管部门应加强对律师事务所收费的监督检查。律师事务所、律师有下列价格违法行为之一的，由政府价格主管部门依照《价格法》和《价格违法行为行政处罚规定》实施行政处罚：

1. 不按规定公示律师服务收费管理办法和收费标准的；

2. 提前或者推迟执行政府指导价的；

3. 超出政府指导价范围或幅度收费的；

4. 采取分解收费项目、重复收费、扩大范围等方式变相提高收费标准的；

5. 以明显低于成本的收费进行不正当竞争的；

6. 其他价格违法行为。

（二）司法行政部门的监督检查

各级司法行政部门应加强对律师事务所、律师法律服务活动的监督检查。律师事务所、律师有下列违法行为之一的，由司法行政部门依照《律师法》以及《律师和律师事务所违法行为处罚办法》实施行政处罚：

1. 违反律师事务所统一接受委托、签订书面委托合同或者收费合同规定的；

2. 违反律师事务所统一收取律师服务费、代委托人支付的费用和异地办案差旅费规定的；

3. 不向委托人提供预收异地办案差旅费用概算，不开具律师服务收费合法票据，不向委托人提交代交费用、异地办案差旅费的有效凭证的；

4. 违反律师事务所统一保管、使用律师服务专用文书、财务票据、业务档案规定的；

5. 违反律师执业纪律和职业道德的其他行为。

本章思考题

1. 律师的收费方式有哪些?

2. 风险代理收费方式受到了哪些限制?

第九章

律师和律师事务所的职业责任

第一节　律师的民事责任

第二节　律师的行政责任

一、处罚种类

二、应受处罚行为及处罚权限

第三节　律师的纪律处分

一、对律师和律师事务所的纪律处分方式

二、处分的实施机构

□·本章导读·□

律师职业责任，是指律师和律师事务所在执业活动中，因为违反有关律师的法律、法规和执业纪律规范所应承担的责任，包括民事责任、行政责任、刑事责任和纪律处分。律师职业责任是律师实现执业称职性的保障之一。律师作为取得律师执业证书，为社会提供有偿法律服务的执业人员，法律法规为保障其执业提供了所需的法定权利，因此律师也必须履行相应的法律义务，即遵守宪法和法律，恪守职业道德和执业纪律，勤勉敬业，维护当事人合法权益，维护国家法律的正确实施。从这个意义上讲，律师的法律责任是一种受特定工作范畴所决定的行业责任，是对律师执业的一种特殊的法律要求。律师职业责任制度是律师制度的重要组成部分。律师职业责任制度的建立对于督促律师在执业过程中勤勉尽责、恪尽职守，最大限度地维护当事人的合法权益，增强律师的执业的自律意识、风险意识，树立律师良好的社会形象都具有十分重要的意义。本章重点介绍律师的民事责任、行政责任和纪律处分。

□□□□

第一节　律师的民事责任

律师的民事法律责任是指律师和律师事务所在执业活动中，因为违法执业或者过错给当事人造成损失，所应当承担的民事责任。关于律师民事责任的法律制度，叫做律师责任赔偿制度。律师责任赔偿制度是律师制度的重要组成部分，已经为大多数国家所确立。我国恢复律师制度后，由于主客观原因，并没有在《律师暂行条例》中对该制度加以规定。随着律师事业的发展，律师的责任赔偿问题也日益突出，迫切需要立法予以明确规定。1991 年，司法部报送国务院审议的律师法送审稿中，对律师责任赔偿制度作了规定。1993 年 12 月 27 日司法部发布的《律师职业道德和执业纪律规范》规定："律师因违反执业纪律给当事人造成损失，由其所在的律师事务所实行责任赔偿的，该律师事务所可视损失大小及情节轻重责成该律师承担部分或全部赔偿费用。"1996 年《律师法》在这些规定的基础上进一步发展和完善了律师责任赔偿制度。2007 年《律师法》第 54 条规定："律师违法执业或者因过错给当事人造成损失的，由其所在的律师事务所承担赔偿责任。律师事务所赔偿后，可以向有故意或者重大过失行为的律师追偿。"

律师从事业务活动，是基于律师事务所与委托人签订的委托代理合同，这种委托合同建立的是一种民事代理关系。按照我国《民法通则》关于代理的法律规定，代理人因过错给当事人造成损失的，应当承担赔偿责任。因此，律师因过错给当事人造成损失的，律师所在的律师事务所应当承担赔偿责任。律师因违法执业或执业过错给当事人造成损失时，其赔偿的主体是律师事务所。

律师事务所承担民事责任应当具备以下条件：

第一，律师在主观上必须有过错。所谓主观上的过错，就是指律师对行为的实施主观上存在故意或者过失。如果对行为和结果的发生，律师既没有主观过错，也没有出现工作上的失误，即使给当事人带来经济损失，律师也不应当承担责任。因此，律师承担赔偿责任，不适用《民法通则》中的无过错责任、客观归责原则，而适用过错责任原则。在实践中，因律师的过错给委托人造成损害的，除少数是由于律师职业道德品质败坏，故意损害委托人的合法权益外，大多数是由于律师主观上的过失造成的，表现为工作不负责任、粗心大意等，这些过失都是可以避免的。

第二，律师的行为必须是已经给当事人造成了经济损失，行为和损失结果之间具有直接的因果关系。这是构成过错行为承担责任的首要条件，如果律师的行为虽有过错，但是并未在实际上给当事人造成任何经济上的损失，律师就只能受到惩戒，而不应当承担赔偿责任。同样，如果律师的行为与当事人合法权益受损害之间无因果关系，律师当然也不可能承担任何责任。

第三，律师的行为必须是违法行为，即律师的行为应当具有违法性，才承担民事赔偿责任。这里所说的违法不仅是指违反民事法律，还包括违反委托合同上规定的条款。包括这种违法行为可能是作为的违法行为，例如与对方当事人恶意串通，泄露当事人的秘密，或者与第三人恶意串通实施危害当事人合法权益的行为；也可能是不作为的违法行为，也就是不履行法定义务或者约定义务的行为。如果律师的行为不违反法律的规定，不违反律师职业规范，也不违反委托合同，则即使当事人的合法权益受到损害，也不能归责于律师。

第四，律师的行为必须是发生在律师的执业过程中。如果律师的行为不是发生在执行职务过程中，那就不是我们所要讨论的律师过错行为，而是非职务的个人行为。因为律师与委托人之间的委托关系表现形式是委托合同，律师执业是根据律师事务所的指派，接受当事人的委托或者聘请，是在履行律师事务所与当事人订立的委托或者聘请合同，只有在这个过程中发生的行为才可能是律师过错行为，才可能出现律师民事赔偿问题。而实践中出现的个别律师隐瞒律师事务所私自收案收费的行为，导致当事人合法权益受损的情况，就与律师事务所无关，不属于律师职务行为中的责任赔偿范围，只能是公民个人民事侵权赔偿问题。

根据《律师事务所管理办法》第 38 条的规定，律师违法执业或者因过错给当事人造成损失的，由其所在的律师事务所承担赔偿责任。律师事务所赔偿后，可以向有故意或者重大过失行为的律师追偿。普通合伙律师事务所的合伙人对律师事务所的债务承担无限连带责任。特殊的普通合伙律师事务所一个合伙人或者数个合伙人在执业活动中因故意或者重大过失造成律师事务所债务的，应当承担无限责任或者无限连带责任，其他合伙人以其在律师事务所中的财产份额为限承担责任；合伙人在执业活动中非因故意或者重大过失造成的律师事务所债务，由全体合伙人承担无限连带责任。个人律师事务所的设立人对律师事务所的债务承担无限责任。国家出资设立的律师事务所以其全部资产对其债务承担责任。

第二节　律师的行政责任

律师的行政责任是指律师和律师事务所违反司法行政机关的行政管理规定，所应当承担的责任。《律师法》确立了司法行政机关和律师协会共同管理律师的管理体制。在新的体制下，司法行政机关依法对律师和律师事务所进行监督、指导，规范律师和律师事务所的行为，对律师和律师事务所实施的行政违法行为进行处罚，这是司法行政机关对律师和律师事务所进行管理的一项重要内容。与原《律师法》相比，2007 年《律师法》将律师的行政违法行为按照严重程度细分为三个层次，这三个层次主要是根据律师违法情形的严重性以及所给予处罚的严厉性来加以划分的。此外，2007 年《律师法》还进一步完善了行政处罚的种类，使得我国的律师行政法律责任体系更为科学，更为严密。

一、处罚种类

律师和律师事务所行政处罚的种类，是指律师和律师事务所承担行政责任的具体方法和形式。根据 2007 年《律师法》的规定，对律师违法行为实施行政处罚的种类有：(1) 警告；(2) 罚款；(3) 没收违法所得；(4) 停止执业；(5) 吊销执业证书。对律师事务所违法行为实施行政处罚的种类有：(1) 警告；(2) 罚款；(3) 没收违法所得；（4）停业整顿；（5）吊销执业证书。

二、应受处罚行为及处罚权限

《律师法》第47条规定，律师有下列行为之一的，由设区的市级或者直辖市的区人民政府司法行政部门给予警告，可以处5 000元以下的罚款；有违法所得的，没收违法所得；情节严重的，给予停止执业3个月以下的处罚：（1）同时在两个以上律师事务所执业的；（2）以不正当手段承揽业务的；（3）在同一案件中为双方当事人担任代理人，或者代理与本人及其近亲属有利益冲突的法律事务的；（4）从人民法院、人民检察院离任后二年内担任诉讼代理人或者辩护人的；（5）拒绝履行法律援助义务的。

《律师法》第48条规定，律师有下列行为之一的，由设区的市级或者直辖市的区人民政府司法行政部门给予警告，可以处1万元以下的罚款；有违法所得的，没收违法所得；情节严重的，给予停止执业3个月以上6个月以下的处罚：（1）私自接受委托、收取费用，接受委托人财物或者其他利益的；（2）接受委托后，无正当理由，拒绝辩护或者代理，不按时出庭参加诉讼或者仲裁的；（3）利用提供法律服务的便利牟取当事人争议的权益的；（4）泄露商业秘密或者个人隐私的。

《律师法》第49条规定，律师有下列行为之一的，由设区的市级或者直辖市的区人民政府司法行政部门给予停止执业6个月以上1年以下的处罚，可以处5万元以下的罚款；有违法所得的，没收违法所得；情节严重的，由省、自治区、直辖市人民政府司法行政部门吊销其律师执业证书；构成犯罪的，依法追究刑事责任：（1）违反规定会见法官、检察官、仲裁员以及其他有关工作人员，或者以其他不正当方式影响依法办理案件的；（2）向法官、检察官、仲裁员以及其他有关工作人员行贿，介绍贿赂或者指使、诱导当事人行贿的；（3）向司法行政部门提供虚假材料或者有其他弄虚作假行为的；（4）故意提供虚假证据或者威胁、利诱他人提供虚假证据，妨碍对方当事人合法取得证据的；（5）接受对方当事人财物或者其他利益，与对方当事人或者第三人恶意串通，侵害委托人权益的；（6）扰乱法庭、仲裁庭秩序，干扰诉讼、仲裁活动的正常进行的；（7）煽动、教唆当事人采取扰乱公共秩序、危害公共安全等非法手段解决争议的；（8）发表危害国家安全、恶意诽谤他人、严重扰乱法庭秩序的言论的；（9）泄露国家秘密的。

律师因故意犯罪受到刑事处罚的，由省、自治区、直辖市人民政府司法行政部门吊销其律师执业证书。

《律师法》第50条规定，律师事务所有下列行为之一的，由设区的市级或者直辖市的区人民政府司法行政部门视其情节给予警告、停业整顿1个月以上6个月以下的处罚，可以处10万元以下的罚款；有违法所得的，没收违法所得；情节特别严重的，由省、自治区、直辖市人民政府司法行政部门吊销律师事务所执业证书：（1）违反规定接受委托、收取费用的；（2）违反法定程序办理变更名称、负责人、章程、合伙协议、住所、合伙人等重大事项的；（3）从事法律服务以外的经营活动的；（4）以诋毁其他律师事务所、律师或者支付介绍费等不正当手段承揽业务的；（5）违反规定接受有利益冲突的案件的；（6）拒绝履行法律援助义务的；（7）向司法行政部门提供虚假材料或者有其他弄虚作假行为的；（8）对本所律师疏于管理，造成严重后果的。

律师事务所因上述违法行为受到处罚的，对其负责人视情节轻重，给予警告或者处2万元以下的罚款。

律师因违反《律师法》规定，在受到警告处罚后1年内又发生应当给予警告处罚情形的，由设区的市级或者直辖市的区人民政府司法行政部门给予停止执业3个月以上1年以下的处罚；在受到停止执业处罚期满后2年内又发生应当给予停止执业处罚情形的，由省、自治区、直辖市人民政府司法行政部门吊销其律师执业证书。

律师事务所因违反《律师法》规定，在受到停业整顿处罚期满后2年内又发生应当给予停业整顿处罚情形的，由省、自治区、直辖市人民政府司法行政部门吊销律师事务所执业证书。

《律师法》第52条规定，县级人民政府司法行政部门对律师和律师事务所的执业活动实施日常监督管理，对检查发现的问题，责令改正；对当事人的投诉，应当及时进行调查。县级人民政府司法行政部门认为律师和律师事务所的违法行为应当给予行政处罚的，应当向上级司法行政部门提出处罚建议。

第三节　律师的纪律处分

律师的纪律处分，是律师协会对律师和律师事务所违反律师执业规范行为作出的行业处分。律师协会对会员的纪律处分，是两结合管理体制中律师协会管理职能的重要组成部分，为维护律师执业秩序，保障律师依法执业的权利，律师协会对律师和律师事务所违规行为实施行业处分，是十分必要的。

一、对律师和律师事务所的纪律处分方式

根据中华全国律师协会2004年《律师协会会员违规行为处分规则（试行）》第9条，律师协会对会员违规行为作出的行业处分种类有：（1）训诫；（2）通报批评；（3）公开谴责；（4）取消会员资格。

二、处分的实施机构

各省、自治区、直辖市律师协会及设区的市律师协会设立惩戒委员会，负责对违规会员进行处分。各省、自治区、直辖市律师协会应设立会员处分复查机构，负责受理复查申请和作出复查决定。会员对惩戒委员会作出的决定不服的，可在接到决定书的30个工作日内向律师协会复查机构申请复查。中华全国律师协会设立纪律委员会，负责律师行业处分相关规则的制定及对各级律师协会处分工作的指导与监督。

对律师严重违反律师执业行为规范以及违法的行为可能由司法行政管理机关处罚或司法机关追究法律责任的，律师协会应作出提交相关机关处罚或追究法律责任的建议。

本章思考题

1. 不同形式的律师事务所应当如何承担民事责任？
2. 律师和律师事务所承当行政责任的形式有哪些？
3. 律师协会对其会员可以进行哪些处分？

第十章

律师诉讼业务

□・本章导读・□

律师的诉讼业务就是接受民事案件、行政案件当事人的委托，担任代理人，参加诉讼；接受刑事案件犯罪嫌疑人的聘请，为其提供法律咨询，代理申诉、控告，申请取保候审，接受犯罪嫌疑人、被告人的委托或者人民法院的指定，担任辩护人，接受自诉案件自诉人、公诉案件被害人或者其近亲属的委托，担任代理人，参加诉讼。诉讼业务是律师的传统业务，在律师业务中占有较大比重。能否办好诉讼业务，直接关系到委托人的切身利益，办好诉讼业务，也是实现律师自身价值，展示律师风采的重要途径。

第一节 刑事诉讼中的律师辩护与代理

一、辩护制度及律师辩护

律师业务中，刑事辩护是开展最早、最广泛的一项，被认为是律师业务的精髓和业务技能的根本。公元前5世纪至公元前4世纪的古希腊雅典“雄辩家”的活动，就标志着刑事辩护的出现。此后，随着社会经济、政治、法律条件的变化，律师辩护制度经历了一场“兴起—衰落—发展”的曲折历程。在欧洲封建制时期，辩护制度虽然得以保留，但是担任辩护人的只能是僧侣，并且只参与教会迫害异端和反抗封建统治的少数案件，后来，僧侣被禁止在世俗法院担任辩护人，代之以受过封建法律教育的律师，但其权限受到很大限制，律师辩护制度未能得到发展。17、18世纪，资产阶级启蒙思想家无情地抨击了野蛮落后的封建司法制度，提出“天赋人权”、“主权在民”、“平等、自由、博爱”等新思想，主张实行公开的、辩论的诉讼程序，并提出了被告人应享有辩护权等一系列民主原则。资产阶级革命成功后，资本主义各国都以法律的形式确认了辩护制度和辩论原则。1679年《人身保护法》首次明文确认了诉讼中的辩论原则和被告人辩护权。1791年美国宪法修正案第6条规定，“在一切刑事诉讼中，被告人有权享有取得律师帮助为其辩护”的权利；同年《法国宪法》也规定：从预审开始不得禁止被告人接受辩护人的帮助。资产阶级各国的刑事诉讼法都有关于律师辩护的详尽规定。律师辩护制度成为资产阶级司法制度中不可缺少的组成部分，刑事辩护成为资产阶级律师的一项重要业务，在刑事诉讼中，辩护律师起着重要的作用，尤其是在诉讼程序实行当事人主义的英美法系国家刑事诉讼中，辩护律师十分活跃，律师的辩论对判决影响极大。当然，正如资产阶级的民主与法制是维护少数资产阶级利益的一样，资产阶级的律师辩护制度保护的是少数富人的利益。

辩护制度是我国司法制度的一项重要内容，早在1932年6月9日颁布的《中华苏维埃共和国裁判部暂行组织及裁判条例》就规定：“被告人为本身的利益，经法庭许可，可派代表出庭辩护。”由此确立了诉讼中的辩护制度，并在以后的革命斗争中不断加以完善。新中国成立以后，废除了国民党的“六法全书”，通过颁布法律建立了新的司法原则，原来产生于新民主主义革命时期的辩护制度，得到了新中国法律的认可。1954年《宪法》第76条规定：“被告人有权获得辩护。”把被告人的辩护权利作为宪法原则予以确定，在确定辩护制度的基础上，建立起律师辩护制度。我国现行《宪法》第125条规定：“被告人有权获得辩护。”《刑事诉讼法》第11条规定：“被告人有权获得辩护，人民法院有义务保证被告人获得辩护”，第32条还规定犯罪嫌疑人、被告人除自己行使辩护权以外，还可以委托：（1）律师；（2）人民团体或者犯罪嫌疑人、被告人所在单位推荐的人；（3）犯罪嫌疑人、被告人的监护人、亲友一至二人作为辩护人。此外，《刑事诉讼法》还对被告人、犯罪嫌疑人辩护权的享有、行使，以及辩护人何时介入诉讼、辩护人的职责、辩护人的权利义务等作了详尽规定。[①]

二、我国的律师刑事诉讼辩护制度

犯罪嫌疑人、被告人或者其法定代理人可委托律师作为犯罪嫌疑人、被告人的辩护人参加诉讼，根据事实和法律，提出证明犯罪嫌疑人、被告人无罪、罪轻或者减轻、免除其刑事责任的材料和意见，维护被告人的合法权益。人民法院对某些应有辩护人参加的案件，在被告人没有委托辩护人的情况下，应为被告人指定承担法律援助义务的律师担任辩护人。

（一）我国律师的辩护权

《刑事诉讼法》规定律师是担任刑事辩护人的人员之一，同时还规定辩护律师可以同在押的犯罪嫌疑人、被告人会见和通信。辩护律师自人民检察院对案件审查起诉之日起，可以查阅、摘抄、复制本案的案卷材料。辩护律师经证人或者其他有关单位和个人同意，可以向他们收集与本案有关的材料，也可以申请人民检察院、人民法院收集、调取证据，或者申请人民法院通知证人出庭作证。辩护律师经人民检察院或者人民法院许可，并且经被害人或者其近亲属、被害人提供的证人同意，可以向他们收集与本案有关的材料。《律师法》规定接受刑事案件被告人的委托或人民法院的指定担任辩护人是律师的业务之一，规定了律师担任刑事辩护人的职责。为配合1996年《刑事诉讼法》的实施，公安部颁布了《关于律师在侦查阶段参与刑事诉讼活动的规定》、《公安机关办理刑事案件程序规定》，最高人民检察院通过了《人民检察院刑事诉讼规则》，最高人民法院通过了《关于执行〈中华人民共和国刑事诉讼法〉若干问题的解释》，最高人民法院、最高人民检察院、公安部、国家安全部、全国人大常委会法制工作委员会联合发布了《关于刑事诉讼法实施中若干问题的规定》（以下简称“中央六部规定”），其中都规定了有关辩护律师参与刑事诉讼的内容。

（二）律师辩护的现实意义

首先，律师出庭为被告人辩护，是依法执行职务，是正当的业务活动，受国家法律保护，没有思想顾虑，能够在法律允许的范围内，通过一切合法的途径，最大限度地维护被告人的合法权益，充分发挥辩护的作用。

其次，律师是具有律师资格、取得律师执业证书、向社会提供法律服务的专业人员，具有较丰富的法学专门知识和办案经验，能够较全面地分析案情，对事实是否清楚、证据是否充分以及罪与非罪、此罪与彼罪、情节轻重、罪责的大小等有关定性量刑的问题，分析判断得比较准确，在辩护中能够抓住问题的实质，把握辩护的方向，根据案件的具体情况采取相应的辩护方法和技巧。并且遇有重大、复杂、疑难的案件，承办律师还可以提交律师事务所集体讨论，一般案件也可以随时与其他律师交流看法，从而集思广益，取长补短，避免和减少错辩、漏辩，保证办案质量。

最后，法律赋予辩护律师较一般辩护人更为广泛的诉讼权利。辩护律师有权阅

---

① 参见陈宜、王进喜主编，徐新跃、司莉副主编：《律师公证制度与实务教程》，172页，北京，中国政法大学出版社，2008。

卷，有权同在押的犯罪嫌疑人、被告人会见和通信，有权通过调查访问收集有利于犯罪嫌疑人、被告人的证据材料，并提交法庭，要求法院附卷。从而能够全面了解案件事实，提出论点正确、论证充分、令人信服的辩护意见，维护犯罪嫌疑人、被告人的合法权益。同时律师执行辩护职能，旨在维护国家法律的正确实施，从而能够正确处理好犯罪嫌疑人、被告人利益同国家利益、人民利益的关系，避免了其他辩护人可能产生的片面性的和偏激的辩护观点。

（三）律师辩护的作用

律师辩护对于刑事辩护制度的正确实施，切实维护被告人的合法权益，保障刑事诉讼的顺利进行，起着重要作用。具体体现在：

1. 律师辩护有助于法律的正确实施。准确、及时地惩罚犯罪分子和保障无罪的人不受刑事追究，是刑事诉讼任务的两个方面。罪刑相适应则是我国刑法的一项重要原则。辩护律师依据事实和法律，提出被告人无罪、罪轻、减轻或免除刑事责任的材料和意见，使人民法院能够听取公诉人和辩护律师两方面的意见，全面了解案件情况，作出正确的判决，使无罪的人不受刑事追究，有罪的人罚当其罪，从而维护法律的正确实施。

2. 律师辩护有利于促使犯罪嫌疑人、被告人认罪服法。宣传法律知识，提高全民法律意识是律师的任务之一，律师在辩护活动中也要针对被告人的不同心态，有的放矢地进行法制宣传。一般来说，犯罪嫌疑人、被告人对于自己委托的律师比较依赖，能够对律师讲出自己的真实思想，也容易接受律师的意见和规劝。

（四）辩护律师的诉讼地位

辩护律师的诉讼地位是律师参与刑事辩护活动的根本性问题，它不仅决定了律师的辩护职责、任务，而且制约着律师辩护的性质和辩护律师的身份。

在我国，律师接受犯罪嫌疑人、被告人的委托或人民法院指定，作为犯罪嫌疑人、被告人的辩护人参加刑事诉讼，是以诉讼参与人的身份进行诉讼活动的，体现在诉讼地位上，就具有双重的性质，即独立性和对犯罪嫌疑人、被告人一定的依附性。独立性表现为在诉讼中，辩护律师依法执行职务，依据事实和法律，独立提出自己的辩护意见，不受其他机关、团体和个人的非法干涉，也不为犯罪嫌疑人、被告人的意见所左右，犯罪嫌疑人、被告人隐瞒事实的，辩护律师有权拒绝辩护，辩护律师既不是犯罪嫌疑人、被告人的“代言人”，也不是司法机关的陪衬；对犯罪嫌疑人、被告人一定的依附性表现在：首先，律师参加刑事诉讼，履行辩护职责，是基于犯罪嫌疑人、被告人的委托，即使是人民法院为被告人指定的辩护律师，其参与刑事诉讼，一般应由法院征得被告人同意，如果被告人由于案件原因拒绝指定的律师为其辩护，并且确有理由的，人民法院应更换其他律师为他辩护。律师在辩护活动中不能做不利于犯罪嫌疑人、被告人合法权益的事，否则就是失职。其次，犯罪嫌疑人、被告人认为辩护律师工作不得力，不能维护其合法权益的，有权拒绝律师继续为他辩护。如果律师不能参加诉讼，也就毫无独立性可言。再次，上诉权也是被告人的一项专属权，律师只能帮助被告人行使上诉权，而无权独立上诉。律师的整个辩护活动就是帮助犯罪嫌疑人、被告人行使辩护权，从而决定了辩护律师对犯罪嫌疑人、被告人一定的依赖性。[1]

（五）辩护律师的职责

《律师法》明确规定，律师担任刑事辩护人的，应当根据事实和法律，提出证明犯罪嫌疑人、被告人无罪、罪轻或者减轻、免除其刑事责任的材料和意见，维护犯罪嫌疑人、被告人的合法权益。此外，2012 年《刑事诉讼法》第 35 条进一步规定："辩护人的责任是根据事实和法律，提出犯罪嫌疑人、被告人无罪、罪轻或者减轻、免除其刑事责任的材料和意见，维护犯罪嫌疑人、被告人的诉讼权利和其他合法权益。"

三、律师在刑事诉讼中担任被告人的辩护律师

（一）律师在侦查阶段为犯罪嫌疑人提供法律帮助

关于律师介入刑事诉讼的时间，各国法律的规定不尽相同，但一般都是在侦查阶段便可参加诉讼，如英、美、法、日、德等国的刑事诉讼法都规定，在整个诉讼过程中辩护律师均可参加。我国 1996 年《刑事诉讼法》规定，犯罪嫌疑人在侦查机关第一次预审后，就有权聘请律师为其提供法律咨询，代理申诉、控告等。但辩护律师介入诉讼的时间为刑事案件侦查终结，移送起诉。2012 年《刑事诉讼法》则明确认可了律师在侦查阶段的辩护人地位。2012 年《刑事诉讼法》第 33 条明确规定："犯罪嫌疑人自被侦查机关第一次讯问或者采取强制措施之日起，有权委托辩护人；在侦查期间，只能委托律师作为辩护人。被告人有权随时委托辩护人。"

1. 及时与侦查机关取得联系

承办律师接受委托后，应及时与侦查机关取得联系，向其提交授权委托书、律师事务所介绍信，并出示律师执业证。2012 年《刑事诉讼法》第 36 条规定，辩护律师在侦查期间可以为犯罪嫌疑人提供法律帮助；代理申诉、控告；申请变更强制措施；向侦查机关了解犯罪嫌疑人涉嫌的罪名和案件有关情况，提出意见。

2. 会见犯罪嫌疑人

辩护律师可以同在押的犯罪嫌疑人、被告人会见。辩护律师持律师执业证书、律师事务所证明和委托书或者法律援助公函要求会见在押的犯罪嫌疑人、被告人的，看守所应当及时安排会见，至迟不得超过 48 小时。危害国家安全犯罪、恐怖活动犯罪、特别重大贿赂犯罪案件，在侦查期间辩护律师会见在押的犯罪嫌疑人，应当经侦查机关许可。上述案件，侦查机关应当事先通知看守所。

辩护律师会见犯罪嫌疑人时不被监听。

3. 与犯罪嫌疑人通信

辩护律师与犯罪嫌疑人通信应注明律师身份、通信地址，并加盖律师事务所公章以证明其律师身份。通信内容应限于与本案有关的问题，了解犯罪嫌疑人在押期间的情况及其对案件的意见。

---

① 参见陈宜、王进喜主编，徐新跃、司莉副主编：《律师公证制度与实务教程》，176 页，北京，中国政法大学出版社，2008。

（二）在审查起诉阶段担任辩护人或诉讼代理人

人民检察院自收到移送审查起诉的案件材料之日起 3 日以内，应当告知犯罪嫌疑人有权委托辩护人。公诉案件的被害人及其法定代理人或者近亲属，附带民事诉讼的当事人及其法定代理人，自案件移送审查起诉之日起，有权委托诉讼代理人。人民检察院自收到移送审查起诉的案件材料之日起 3 日以内，应当告知被害人及其法定代理人或者其近亲属、附带民事诉讼的当事人及其法定代理人有权委托诉讼代理人。在这一阶段，律师可以接受犯罪嫌疑人的委托以辩护人的身份参与诉讼，也可以接受公诉案件的被害人及其法定代理人或者近亲属，附带民事诉讼的当事人及其法定代理人的委托以诉讼代理人的身份参与诉讼。

1. 及时与犯罪嫌疑人及公诉机关联系

律师接受委托后，应开具律师事务所介绍信，连同授权委托书提交人民检察院。审查起诉阶段辩护律师会见犯罪嫌疑人不需要经过检察机关批准，会见时检察机关也不应派员在场。辩护律师与犯罪嫌疑人通信应注明律师身份、通信地址，并加盖律师事务所公章以证明其律师身份。通信内容应限于与本案有关的问题，了解犯罪嫌疑人在押期间的情况及其对案件的意见，不得向犯罪嫌疑人提及可能妨碍侦查的有关同案犯罪嫌疑人及其亲友的情况。

辩护律师与犯罪嫌疑人通信，应保留信函副本及犯罪嫌疑人来信的原件并附卷备查。

2. 查阅、摘抄、复制案件有关材料

2012 年《刑事诉讼法》第 38 条规定，辩护律师自人民检察院对案件审查起诉之日起，可以查阅、摘抄、复制本案的案卷材料。与 1996 年《刑事诉讼法》的规定相比，扩大了律师阅卷权的范围。这对于保证律师全面了解案情，维护委托人的合法权益具有重要意义。

3. 调查和收集案件有关材料

律师接受犯罪嫌疑人、被告人委托或人民法院指定，担任刑事被告人的辩护人，其职责就是根据事实和法律，提出被告人无罪、罪轻或者减轻、免除刑事责任的材料和意见，维护被告人的合法权益。这就要求律师辩护“以事实为根据”，以充分的证据论证辩护观点。在律师的辩护活动中，律师必须认真审查案卷材料，会见被告人，进行必要的调查访问，以收集证据材料，并加以反复的审查核实，从中发现能够证明被告人无罪或罪轻的事实材料，在此基础上，组织辩护观点，提出辩护意见。律师在这一阶段应注意的问题有：

（1）律师调查、收集与案件有关的材料，应持律师事务所介绍信，出示律师执业证，一般应由二人进行。经本人同意，辩护律师可以向被害人或者其近亲属、被害人提供的证人收集与案件有关的材料，但事先应向人民检察院提出书面申请并取得同意。律师可以向证人或者其他单位和个人收集与案件有关的材料，但应事先征得本人同意，并在调查笔录上记明。律师调查、收集证据材料时，根据需要可邀请有关人员在场见证，并在调查笔录上签名。审查起诉阶段，辩护律师认为必要时，可以申请人民检察院收集、调取证据或者申请人民法院通知证人出庭作证。

（2）律师对证据的甄别及运用。辩护律师不仅要对自己收集的证据材料加以甄别，而且要对司法机关收集的证据材料加以鉴别。鉴别证据应从证据所具有的客观性、相关性、合法性等方面加以判断，以确定证据的真伪和可靠程度，对有错误的鉴定结论及时要求补充鉴定或者重新鉴定。

4. 提出辩护或代理意见

律师担任辩护人或诉讼代理人，应根据 2012 年《刑事诉讼法》第 170 条的规定，向人民检察院提出关于本案的辩护、代理意见。律师提出书面意见的，人民检察院应当附卷。

辩护律师在全面、深入详细地收集和分析一切有利于被告人的证据材料后，对于有法律规定的不追究刑事责任的情形的，应在事实和法律的基础上提出对被告人不应起诉的辩护意见。对于人民检察院决定不起诉的案件，律师应督促人民检察院同时对侦查中扣押、冻结的财物解除扣押、冻结，并公开宣布不起诉的决定，将不起诉决定书送达被不起诉人及其所在单位，督促人民检察院立即释放在押的被不起诉人。

人民检察院作出不起诉决定，被不起诉人不服要求申诉的，辩护律师可以在被不起诉人收到决定书后，向人民检察院代为申诉。申诉被驳回后，可以代理其向人民法院起诉，或者不经申诉直接代理其向人民法院起诉。代理向人民法院起诉的，应按自诉程序办理委托手续。

犯罪嫌疑人在审查起诉阶段被超期羁押的，辩护律师有权要求对犯罪嫌疑人依法释放或改变强制措施，实行取保候审。犯罪嫌疑人人身权利受到侵害或人格受到侮辱的，辩护律师有权代理犯罪嫌疑人提出控告。

5. 出庭辩护

法庭审判阶段是刑事诉讼中最基本的，具有决定意义的诉讼阶段。在审判阶段，将对被告人是否实施了犯罪行为，犯了什么罪，犯罪情节轻重，是否判处刑罚以及处以什么样的刑罚，依法作出判决，律师出庭辩护维护被告人的合法权益显得十分重要。法庭审判的每个阶段，辩护律师都有其特定的任务。

（1）法庭准备阶段

2012 年《刑事诉讼法》第 182 条规定："在开庭以前，审判人员可以召集公诉人、当事人和辩护人、诉讼代理人，对回避、出庭证人名单、非法证据排除等与审判相关的问题，了解情况，听取意见。"律师可以接受被告人的委托，对合议庭组成人员、书记员、公诉人、鉴定和翻译人员代为申请回避，并提供相关证据。对于依法应当加以排除的非法证据，提出相关线索、材料和意见。对于需要提出新的证人、新的证据的情形，辩护律师应同审判长联系，依法提出，对查清案件事实和处理结果有重大影响或者辩护律师怀疑其书面证言、鉴定结论的证明力的证人、鉴定人没有到庭的，应向法庭提出传唤他们到庭的申请；审判长应告知被告人享有的各项诉讼权利，如果没有告知，辩护律师应及时提出；对于不公开审理的案件，有其他人员旁听的，辩护律师应建议法庭采取措施。

（2）在法庭调查阶段

律师应该认真听取对被告人的讯问、发问，认真听取当事人的陈述、公诉人发问及当事人、诉讼代理人及其他辩护人的发问。公诉人向被告人提出威逼性、诱导性或与本案无关的问题的，辩护律师有权提出反对意见。辩护律师应对证据的可信性及时发表意见并阐明理由，如有异议，应与控诉方展开辩论。

（3）发问与举证

发问既是辩护律师的一项重要诉讼权利，也是辩护律师获得证据，维护被告人合法权益的重要手段。辩护律师发问的目的是证明有利于被告人的证据材料，特别是对于在庭前准备工作中掌握的有利于被告人的一些情况，要在发问过程中加以核实，以确认其证据效力。

（4）法庭辩论阶段

在法庭辩论中，律师需要依据法庭调查中查证核实的证据和查明的案件事实对被告人是否构成犯罪、犯罪的性质和情节，提出全面的见解；对有罪的被告人应该适用的法律条款，向法庭提出建议。在法庭辩论中，辩护律师应全面阐述自己对案件认定事实、适用法律的基本观点，以维护被告人的合法权益，维护法律的正确实施。

（5）案件宣判

一审判决后，律师有权获得判决书。在上诉期间，律师可会见被告人，听取其对判决书内容及是否上诉的意见，并给予法律帮助。案件宣判后，辩护律师应对判决加以分析，看判决是否正确，对被告人罪名认定是否准确、量刑是否恰当，作出判断，并为被告人提供法律服务。

6. 二审、再审

二审案件中，人民法院不开庭审理的案件，由于合议庭将根据法律的规定讯问被告人，辩护律师应事先告知被告人在二审中的诉讼权利，以维护被告人的合法权益。同时辩护律师应在了解案情的基础上，根据事实和法律，认真分析、研究一审判决，找出在认定事实和适用法律等问题上的不当之处，对还需要进一步了解的问题，可到一审法院了解或向有关单位或个人调查，写出详细的二审辩护意见，以便在二审法院合议庭听取辩护律师的意见时，及时、全面地向合议庭提出。

再审案件中，根据2012年《刑事诉讼法》第245条之规定，“人民法院按照审判监督程序重新审判的案件，由原审人民法院审理的，应当另行组成合议庭进行。如果原来是第一审案件，应当依照第一审程序进行审判，所作的判决、裁定，可以上诉、抗诉；如果原来是第二审案件，或者是上级人民法院提审的案件，应当依照第二审程序进行审判，所作的判决、裁定，是终审的判决、裁定”。因此，辩护律师参加再审案件的辩护工作，应视其程序采用不同的工作方法。

四、律师担任公诉案件被害人的诉讼代理人

律师可以接受公诉案件被害人（包括公民、法人和其他组织）、已死亡被害人的近亲属、无行为能力或限制行为能力被害人的法定代理人的委托，担任其诉讼代理人。律师接受委托后，应向委托人提供法律咨询和其他法律帮助。

代理律师应在开庭前向人民法院了解案件是否公开审理。如果案件涉及被害人的隐私，可以申请要求人民法院不公开审理。代理律师应告知被害人有权对合议庭组成人员、书记员、公诉人、鉴定人和翻译人员申请回避，并协助被害人行使此项

权利。

在法庭审理过程中，代理律师应依法指导、协助或代理委托人行使诉讼权利，并与公诉人互相配合，依法行使控诉职能，与被告人及其辩护人展开辩论。代理意见与公诉意见不一致的，代理律师应从维护被害人的合法权益出发，独立发表代理意见，并可与公诉人展开辩论。

被害人及其法定代理人不服一审判决的，代理律师可协助或代理委托人，在其收到判决书后5日内，请求人民检察院抗诉。

五、担任自诉案件当事人的诉讼代理人

律师可以接受自诉人及其法定代理人的委托，担任其诉讼代理人。接受委托前，应审查案件是否符合法定自诉案件范围和立案条件，并按规定办理委托手续。代理律师可帮助自诉人分析案情，确定被告人和管辖法院，调查、了解有关事实和证据，代写刑事起诉状。自诉人同时要求民事赔偿的，代理律师可协助其制作刑事附带民事起诉状，写明被告人犯罪行为所造成的损害，具体的赔偿请求及计算依据。

自诉人因故不能出庭的，代理律师应按时出庭履行职责。自诉案件开庭审理时，代理律师应协助自诉人充分行使控诉职能，运用证据证明自诉人的指控成立。自诉案件依法可以适用简易程序的，代理律师可以代理自诉人要求人民法院适用简易程序。自诉案件依法不应适用简易程序的，代理律师可以代理自诉人对于法院适用简易程序的决定提出异议。自诉案件法庭辩论结束后，代理律师可以根据委托人授权参加法庭调解。代理律师可协助自诉人在法院宣告判决前决定是否与被告人和解或者撤回自诉。

六、担任附带民事诉讼原告与被告的诉讼代理人

（一）律师接受附带民事诉讼原告的委托

律师接受委托前，应审查作为提起附带民事诉讼前提的刑事诉讼是否已经提起，附带民事诉讼的被告人是否符合法定条件，被害人的物质损失是否由被告人的犯罪行为所引起，附带民事诉讼提起的时间是否在刑事案件立案之后第一审判决宣告之前。

代理律师应指导、协助委托人收集证据，展开调查，申请鉴定，申请采取强制措施，协助或指导委托人出庭，参加调解，准备调解方案。原告对于一审判决、裁定中附带民事诉讼部分不服的，代理律师应协助其提起上诉。

（二）担任附带民事诉讼被告人的诉讼代理人

代理律师应帮助被告人撰写答辩状，进行调查、取证，申请鉴定，参加庭审，举证质证，进行辩论，发表代理意见。其诉讼权利与附带民事诉讼原告人的律师的权利相同。附带民事诉讼被告人对于一审判决附带民事诉讼部分不服的，代理律师应协助其提起民事诉讼。

七、担任申诉案件的代理人

律师可以接受案件当事人及其法定代理人、近亲属的委托，对已经发生法律效

力的判决、裁定向人民法院或者人民检察院提出申诉，律师接受委托的应按规定办理委托手续。

律师必须按规定的程序提出申诉。如案件未处理完毕，可以向正在办理的部门反映情况，不能进行复查程序；再如对检察机关作出的不起诉决定不服的，可以在7日内提出申诉，超过这个法定时效申诉的就不一定能立案复查；还有依照部门管辖和级别管辖的规定申诉，不得以申诉为借口到司法机关无理缠诉或越级申诉。律师必须按规定的方式提出申诉。申诉人应出具申诉书，并附原判决书、裁定书、决定书的副本或复制件；委托他人申诉的要有委托书等。

第二节　民事诉讼中的律师代理

一、民事诉讼中律师代理概述

民事诉讼中的律师代理是指根据民事诉讼法的规定，律师接受民事诉讼当事人或法定代理人的委托，受律师事务所的指派，或者受政府法律援助机构的指派，为维护被代理人的合法权益，以被代理人的名义，在代理权限范围内代理被代理人进行民事诉讼的行为。根据我国《律师法》、《民事诉讼法》的有关规定，律师接受当事人的委托，参与民事和经济案件的代理活动，是律师的主要业务之一。

（一）民事诉讼中律师代理的特征

律师接受当事人的委托，参与民事和经济案件的代理，具有以下特征：

1. 代理律师必须以被代理人的名义进行诉讼活动

律师参加诉讼活动，根本上是接受当事人及其法定代理人的授权，诉讼案件归根到底是当事人之间的权利义务之争，律师不是案件的当事人，所以律师必须以被代理人的名义开展诉讼活动，才能产生应有的法律效力。

2. 代理律师必须在被代理的授权范围内进行诉讼活动

所谓民事诉讼中的律师代理权，是指代理人基于法律规定或被代理人的授权而取得的实施诉讼行为的资格。代理律师实施诉讼行为必须以代理权为根据，并且只能在代理权限范围内进行，没有代理权、超越代理权或者代理权终止后实施的诉讼行为，被代理人都不承担责任。

3. 代理行为所产生的法律后果由被代理人承担

由于代理人是在代理权限内，以被代理人名义实施诉讼行为，因此在法律上，代理人的行为拟制为被代理人自己的行为，由此产生的法律后果也就应由被代理人承担。但是，如果是因为代理人不履行职责而给被代理人造成损害的，则应由代理人承担责任。

4. 代理人为律师

在民事诉讼中，当事人及其代理人既可以委托律师参加民事诉讼，又可以委托其近亲属、有关的社会团体或者所在单位推荐的人、经人民法院许可的其他公民参加民事诉讼。但是其他人的代理不属于律师代理，不是执业律师的人也不能以律师名义代理诉讼。

5. 民事诉讼中的律师代理具有专业性、非个人性及规范性

律师是为社会提供法律服务的专业人员，有丰富的法律专业知识和实践经验，为当事人进行民事诉讼代理，可利用所具有的专业法律知识更好地维护当事人的合法权益。当事人和律师之间的委托关系是通过当事人和律师事务所签订委托合同，由律师事务所指派或者由法援机构指派确立的，而非当事人的直接委托。律师进行民事诉讼活动要受法律、法规的规范，还要受律师职业道德和事务所的规章制度的约束，这些规范的约束为律师完成当事人的委托代理提供了有力的保障。①

6. 民事诉讼中律师受到律师职业道德的规范

律师行业是一个生产法律服务的行业，法律服务是一种特殊的服务，其特殊之处就在于法律服务是一种特殊产品，这种产品要求从事该服务的律师必须具有特殊的知识结构，必须具备专门的知识和技能。相应地，这一特殊性，造成了律师与委托人之间不可逾越的信息鸿沟，也就是通常所说的信息不对称问题。因此需要通过国家及律师协会的管制来约束律师的代理行为，律师在代理当事人时，除了要遵守法律、法规的规定及与当事人签订的代理协议的约定，还必须遵守司法行政机关和律师协会颁布的职业道德规范。

（二）民事诉讼中律师代理的种类

民事诉讼中的律师代理是一项复杂的法律制度，为了便于司法实践部门把握和理论界对之进行深入研究，可以根据一定的标准对其进行科学的分类。

1. 一般代理和特别授权代理

这种分类的标准是委托人的授权是否涉及实体权利。所谓一般代理，是指当事人将普通的诉讼权利委托律师行使，也就是说当事人是把那些不直接涉及实体权利的诉讼权利授权代理律师去行使。在这种代理关系中，律师无权行使当事人重要的诉讼权利和实体权利，只能行使如代为陈述事实、申请回避、提出管辖权异议等不涉及当事人实体权利的一般诉讼权利。特别授权代理，是指当事人不仅将一般的诉讼权利而且还将重要的诉讼权利和实体权利的处分权利一并交由律师行使。根据我国《民事诉讼法》的有关规定，需当事人特别授权的涉及当事人实体权利的包括：代为承认、放弃、变更诉讼请求，代为上诉、撤诉，进行和解，提起反诉或上诉等。

在具体司法实践中，经常出现委托人授予律师“全权代理”的现象，《民事诉讼法》的司法解释明确规定：授权委托书仅写“全权代理”而无具体授权的，诉讼代理人无权代为承认、放弃、变更诉讼请求，进行和解，提起反诉或上诉。

2. 一审、二审、审判监督程序的代理和执行程序的代理

这种分类的标准是代理工作所处的诉讼程序。一审程序、二审程序、审判监督程序和执行程序是人民法院处理民事案件的四个阶段，它们都有各自特定的任务以及不同的要求和特点。与此相适应，律师在上述四种程序中担任代理人，应有不同的工作

① 参见陈宜、王进喜主编，徐新跃、司莉副主编：《律师公证制度与实务教程》，198页，北京，中国政法大学出版社，2008。

方式、方法和步骤，也应有不同的工作重点。一审程序是初审法院审理案件所适用的程序，其任务是通过对案件的审理，确认当事人之间的民事权利义务关系，解决民事纠纷。代理律师在第一审程序中，应当通过调查、阅卷等方式方法，帮助当事人举证，向法院提出有利于委托方当事人的事实根据和法律意见，要求法院作出有利于委托方当事人的判决、裁定。二审程序中，二审法院的任务是通过审查一审法院的审判是否正确，来确定当事人间的民事权利义务关系，审查一审法院的审判程序是否合法。代理律师在二审程序中，首先要了解一审判决、裁定认定的事实是否清楚，证据是否确实充分，适用的法律是否正确，然后听取委托人对一审裁判的意见以及在二审程序中的诉讼请求，提出代理意见，代理意见应包括对一审裁判评价等内容。审判监督程序是一种特殊审判程序，它所审理的案件是裁判已经发生法律效力的案件。审判监督程序中，代理律师应当就生效判决、裁定存在的错误，对委托人造成的危害以及纠正等问题，发表代理意见。在执行程序中，代理律师帮助当事人实现其裁判内容。①

3. 单独律师代理和共同律师代理

这种分类是以当事人委托的代理律师的人数为标准。所谓单独律师代理，是指1名律师对民事诉讼进行代理。共同律师代理，是指2名律师对民事诉讼进行代理。根据《民事诉讼法》第58条的规定，“当事人、法定代理人可以委托一至二人作为诉讼代理人”。单独律师代理难免会出现律师个人认识上的片面性和判断上的失误，而共同律师代理又会产生意见不一致的情况，影响代理工作。

4. 涉外民事诉讼律师代理和非涉外民事诉讼律师代理

这种分类的标准是代理的案件有无涉外因素。涉外民事诉讼，是指具有涉外因素的民事诉讼，即作为诉讼主体的当事人一方或者双方是外国人、无国籍人、外国企业和组织或者双方当事人争议的标的物在国外或者引起双方权利义务关系发生变动的法律事实发生在国外的民事诉讼。涉外民事诉讼律师代理，是指律师代理涉外民事诉讼的当事人进行诉讼活动，提供法律服务，维护当事人的合法权益的行为。非涉外民事诉讼律师代理，只是律师代理非涉外民事诉讼的行为。

涉外民事诉讼和非涉外的民事诉讼具有不同的特点，各自应遵循一定的特有原则，例如，涉外民事诉讼必须遵循国家主权，权利义务同等或对等原则，应由国际法的一些基本原则来调整，在管辖、送达、期间、财产保全、仲裁、司法协助上都有其特定的内容。这就决定了涉外民事诉讼律师代理与非涉外民事诉讼律师代理在工作方式、方法、步骤及应注意的有关事项方面，都会存在明显差异。

5. 一般民事案件律师代理和经济、商事案件律师代理

这种分类是以诉讼法律部门为标准划分的。一般民事案件的律师代理主要包括传统的继承案件、婚姻案件的诉讼代理等，经济、商事案件的律师代理主要包括商事案件的诉讼代理业务、知识产权案件的诉讼代理业务、海事海商案件的诉讼代理业务等。

随着商业活动的发达以及商事活动的专业化，必然要求诉讼代理业务的专业化，况且律师个人能力的限制使得其不可能精通所有的诉讼业务，这就必然要求律师业务

① 参见陈宜、王进喜主编，徐新跃、司莉副主编：《律师公证制度与实务教程》，199页，北京，中国政法大学出版社，2008。

出现分化。随着我国社会主义市场经济的全面确立，各种经济法律法规的健全，经济、商事案件的诉讼代理也日益呈现出专业化和多样化的特点，如出现了许多专门从事知识产权领域的知识产权律师、专利律师等。

（三）民事诉讼中律师代理的意义

接受民事案件当事人的委托，担任代理人，参加诉讼，这是律师的一项基本业务，在我国社会生活中具有重要的作用。主要表现在：

1. 有利于当事人进行诉讼，更好地维护他们的合法权益

在现实社会生活中，民事案件纷繁多样，极为复杂，涉及社会主体生产、经营、生活的各个方面。在民事诉讼中，根据现行法律规定和司法实践，主要由当事人提出诉讼请求、提供证据以及其他诉讼理由，并由当事人承担举证责任。同时，法律赋予了当事人广泛的诉讼权利，也规定了当事人需要承担一定的诉讼义务。所以，当事人实际进行诉讼的能力，对于保护自己合法民事权益显得极为重要。而实际生活中，当事人的实际诉讼能力千差万别，有的当事人在合法权益受到不法侵犯时不知道或不敢运用法律手段予以保护；有的当事人由于诉讼行为能力的限制，如未成年、有精神病或生理缺陷等，无法亲自进行诉讼；有的当事人虽然有诉讼能力，但由于年龄过高、生病、外出或其他原因不能亲自到庭参加诉讼；有的当事人因缺乏法律知识或不善于行使自己的权利，因而难以充分保护自己的合法权益。而律师有丰富的法律知识和办案经验，能够正确灵活地理解和应用法律，收集有利的证据，有效地展开辩论，提出有利于当事人的代理意见和证明材料。因此，当事人聘请律师担任代理人代理诉讼比聘请其他人代理诉讼，可以更好地维护自己的合法权益，实现自己的诉讼目的。同时，通过与律师接触，亦有助于他们增强法律意识，预防违法行为的发生，提高运用法律手段保护自己合法权益的自觉性。

2. 有利于人民法院正确处理民事案件，提高审判质量

律师凭借自己特有的权利、地位和身份，能够比较透彻地调查案情，及时掌握案件的事实真相，通过法庭辩论，协助审判人员准确地判断案情。律师的代理活动亦可从不同的角度提出问题和意见，便于法院全面了解案情，分清是非，从而正确适用法律，对案件作出公正判决。律师代理民事诉讼，不仅能够从正面协助人民法院公正判决，而且也从反面制约着人民法院的审判活动。对于错误的判决和裁定，律师还可以帮助当事人提出上诉，通过二审程序予以纠正。因此，律师代理民事诉讼，有助于增强审判人员的工作责任感，提高审判质量，同时矫正审判的失误和偏差，防止错案发生，从而有效地维护国家法律的正确统一实施。

3. 有利于经济体制改革的需要

随着经济体制改革的深入和经济发展速度的加快，复杂的民事诉讼活动，无论是靠公民个人，还是靠法人组织，都是不能胜任的。为了保护国家、集体和个人的合法权益，就需要依靠律师代理诉讼。同时，社会经济生活的复杂性和有效进行的需求，也决定了不可能要求当事人事事亲力亲为，允许律师代理民事诉讼，也充分满足了社会经济发展的需要。

4. 有利于维护国家主权和促进对外开放

律师通过担任涉外民事诉讼当事人的代理人，可以有效地维护国家的主权和利

益，保护我国公民、法人或其他组织的合法权益。同时，通过对外商及外国投资者提供法律服务，维护其合法权益，也有利于促进我国对外开放政策的进一步贯彻落实。①

（四）民事诉讼中的律师代理关系

民事诉讼中的律师代理关系，是指根据法律的规定，律师接受当事人或者他的法定代理人的委托，代理其进行民事诉讼活动所形成的权利义务关系。律师代理关系的产生，通常基于当事人或者他的法定代理人的委托。此外，确立律师代理关系后，在代理过程中，因为法定或者约定事由的出现，代理关系也可能发生变更或者消灭。

1. 民事诉讼中的律师代理关系的成立

律师代理关系的成立，是指在民事诉讼中，根据法定事由，律师与被代理人之间形成代理关系，律师成为被代理人的代理人。根据《民事诉讼法》和《律师法》的规定，成立代理关系，主要是基于当事人及其法定代理人的委托。具体如下：

（1）当事人及其法定代理人提出委托

民事诉讼当事人有广义和狭义之分，广义的当事人包括原告、被告、共同诉讼人、诉讼代表人和第三人，狭义的当事人就是我们通常所说的原告和被告。无论是狭义的当事人还是广义的当事人，其均可委托律师参加民事诉讼。如果自然人当事人是无民事行为能力人或者是限制民事行为能力人时，应当由其法定代理人为其委托代理律师。法人或其他组织委托律师由其意思机关进行，一般是法人的法定代表人或者其他组织的负责人，以及法人或者其他组织授权的人。

当事人及其法定代理人委托律师参加诉讼没有时间限制，既可以在起诉之前也可以在诉讼进行中。这样，当事人及其法定代理人委托律师代理民事诉讼往往有两种情况：一是当事人尚未向法院起诉，希望委托律师代为提起诉讼；二是当事人已经向法院提起诉讼并由法院立案受理，或者已经由法院通知参加诉讼，再委托律师代理诉讼。前者可以称为诉前委托，后者可以称为诉后委托，它们是律师代理民事诉讼的两种方式。但二者之间还是存在明显的区别的：一是当事人授予律师代理权的时间不同。二是当事人授予律师代理权的内容不同。诉前代理的代理权是在起诉以前就授予律师，包括诉前的调查了解案情，收集运用证据、代为起诉，以及进入诉讼以后的一般代理或特别诉讼代理。

（2）律师事务所统一接受委托

根据法律规定，律师不能私自接受委托，当事人及其法定代理人提出委托的，由律师事务所统一接受委托。

律师事务所接受委托前须进行利益冲突审查。利益冲突的根源在于，在律师与委托人的关系中，律师有自身的个人利益，还要维护委托人的利益，同时肩负着对第三人、其他委托人的义务和职责。律师作为受托人，由于对第三人负有的义务或自己的个人利益，而不能为其所代表的委托人的最大化利益服务，这些利益、义务和职责可

① 参见陈宜、王进喜主编，徐新跃、司莉副主编：《律师公证制度与实务教程》，200～201页，北京，中国政法大学出版社，2008。

能会在律师维护委托人的利益时影响律师作出判断的倾向，从而发生利益冲突。因此，律师执业中的利益冲突，就是律师个人利益与委托人的利益、律师代理此委托人的利益与代理彼委托人的利益、律师对委托人的义务以及律师承担的其他义务之间发生矛盾的状态。

接受委托的，由律师事务所与委托人签订委托协议。这种协议是以代理诉讼的法律行为为标准的有偿服务合同，是规定委托人与代理律师在诉讼中各自的权利和义务的法律文书。其具体内容包括：1）委托人的状况（包括姓名、性别、年龄、单位名称、法定代理人、其他组织的主要负责人等基本情况）及案件。2）律师事务所指派参加诉讼代理律师的状况。对于委托人指明律师委托的应根据实际情况尽可能予以满足，对于委托人未指明的委托，由律师事务所主任指派具体的承办律师。3）委托代理事项及权限，必须以委托人真实意思为准。关于委托代理权限的确定，应该明确的界定为是一般诉讼代理还是特殊诉讼代理，以免产生歧义。4）代理关系的有效期限。代理期限一般是从接受委托、起诉或应诉开始，至审理终结作出判决或达成调解协议为止，至于上诉或申请再审，则应当另行签订委托代理合同，不应有无限期的代理。5）委托双方的权利和义务。代理律师应按委托人的委托事项完成委托任务；在代理权限范围内认真维护委托人的合法权益；不能擅自改变或曲解委托人的真实意思表示；对于越权代理，无权代理或代理权终止后的行为、因自己的过错造成委托人损失的，应承担赔偿责任等。委托人对于代理律师依委托代理合同规定而进行的委托事务的法律后果承担责任；向代理律师如实介绍与代理有关的全部案情；向代理人支付因完成代理任务所应支付的费用，按法律规定或合同约定给付代理律师报酬；赔偿因授予权限不明或其他过错造成的代理律师在执行任务中的损失等。6）双方商定的委托代理费用。委托协议签订后，代理关系即行成立。

（3）当事人或者法定代理人授权

委托人除了与律师事务所签订委托协议外，还应当根据法律规定提交授权委托书，授权委托书是委托人根据委托协议向代理律师授权，说明代理律师代理权限，并向人民法院提交的法律文书。它是委托人单方授权的一种法律行为，其法律意义是代理律师向对方当事人、第三人和审判机关证明其有代理资格。授权委托书要一式三份，一份送交人民法院，一份归律师事务所存档，一份归代理律师保留，作为参加诉讼活动的根据。

根据《民事诉讼法》的规定，当事人、法定代理人可以委托一名至二名律师作为诉讼代理人。但是当委托两名律师共同充当诉讼代理人时，应在授权委托书中载明各个律师的委托代理事项以及权限范围。如果律师接案以后，发现本案已事先委托一名诉讼代理人的，应与该代理人交换意见，进行明确分工，密切协作。如果意见不一致，应当及时通报委托人决定，并由其分别授予不同权限。

2. 民事诉讼中的律师代理关系的终止

在律师代理民事诉讼的过程中，代理关系可能因法定或者约定的事由而发生终止。在诉讼进行之中，当事人或者他的法定代理人更换代理律师的，应当及时通知受理案件的人民法院。

通常情形下，代理关系成立的，律师不应拒绝代理，但是，如果律师发现当事人的委托事项违法或者不合理的，可以拒绝代理。律师拒绝代理的，代理关系即时终止。2006年《律师执业行为规范（试行）》修订稿规定了在六项情形下，经提示委托人不予以纠正的，律师事务所可以解除委托关系：委托人利用律师提供的法律服务从事犯罪活动的；委托人坚持律师认为无法实现的或不合理的目标的；委托人没有履行委托合同义务在事先无法预见的前提下，律师向委托人提供法律服务将会给律师带来不合理的费用负担，或给律师造成难以承受的、不合理的困难的；委托人提供的证据材料不具有客观真实性、关联性与合法性，或经司法机关审查认为存在伪证嫌疑的；其他合法的缘由。

代理关系的结束意味着当事人与律师之间委托合同的终止，在律师提供法律服务的职业行为中是末端，也是重要的一环。代理关系的结束绝不仅仅是当事人和律师之间就买卖法律服务完成之后的一个终点，其仍然涉及多方面的权利义务关系。例如，即使代理关系合法结束了，律师对当事人的保密义务依然因其后续性而继续存在。中华全国律师协会修订的《律师职业道德和执业纪律规范》第39条规定："律师对与委托事项有关的保密信息，委托代理关系结束后仍有保密义务。"这是因为有关事项的秘密性并不因委托代理关系的结束而消灭，为了保证当事人能够坦率、全面地向律师披露案件的有关情况，律师在代理关系结束后也仍然要承担保密义务。

（五）代理律师在民事诉讼中的法律地位及权利、义务

1. 代理律师在民事诉讼中的法律地位

代理律师接受民事案件当事人的委托，担任代理人，参加诉讼，其目的在于维护当事人的合法权益，维护法律的正确实施，由此决定了其诉讼地位。

（1）代理律师不是诉讼主体，不具有独立的诉讼地位

根据《民事诉讼法》第59条及有关规定，律师在民事诉讼中的代理权直接来自委托人的授权，律师只有在委托人的授权范围内实施的诉讼行为才能对被代理人产生法律效力。所以，代理律师不是独立的诉讼主体，其所进行的诉讼行为受当事人意志的约束，其代理意见不能违背当事人的意愿。根据《民事诉讼法》的规定，律师必须在代理人授权范围内进行活动，代为和解、变更、承认、放弃诉讼请求应该征得当事人的特别授权。而且，在代理过程中，当事人对代理律师不满意的，有权拒绝代理律师为其继续代理，也可以另行委托代理人。因此，律师在民事诉讼中不具有独立的诉讼地位，而只是从属于当事人一方的诉讼参与人。

（2）代理律师在民事诉讼中具有相对的独立性

尽管代理律师在民事诉讼活动中，既要受到代理权限范围的严格限制，又要受到被代理人意志的约束，但为了有效地维护当事人的合法权益，代理律师在当事人授权的范围内，就实施诉讼行为的方式和步骤拥有自主决定的权利，可以作出独立的意思表示，而不受当事人意志的约束。因为只有这样，代理律师才能采取有效措施收集证据，查明事实，也才能根据自己对法律的理解作出判断，最大限度维护当事人的合法权益。并且，根据《律师法》第32条的规定，对于委托事项违法、委托人利用律师提供的服务从事违法活动或者委托人故意隐瞒与案件有关的重要事实的，律师有权拒绝代理。因此，代理律师在民事诉讼中具有一定的独立性，并不需要处处听命于委托人。在委托人的要求与法律相冲突时，律师应为捍卫法律的尊严而拒绝代理。

2. 代理律师在民事诉讼中的权利和义务

（1）代理律师在民事诉讼中的权利

根据《律师法》和《民事诉讼法》，代理律师的诉讼权利主要包括两个部分：一是依法直接享有的诉讼权利；二是依代理关系取得的诉讼权利。前者是律师的法定权利，后者为律师的继受权利。

律师的法定权利，是指律师在代理民事诉讼中，按照有关法律规定直接享有的权利。这种权利由律师在担任代理人时享有并自主行使，而不受当事人授权范围的限制。根据《律师法》第 3 条、第 32 条、第 34 条至第 37 条和《民事诉讼法》相关规定，律师代理民事诉讼主要享有以下几项权利：依法执业受法律保护，任何组织和个人不得侵害律师的合法权益；拒绝代理的权利，如果委托事项违法、委托人利用律师提供的服务从事违法活动或者委托人故意隐瞒与案件有关的重要事实的，律师有权拒绝代理；受委托的律师自案件被人民法院受理之日起，有权查阅、摘抄和复制与案件有关的所有材料；调查收集证据的权利，律师承办法律事务，可以向有关单位或者个人调查与承办法律事务有关的情况，根据案情的需要，可以申请人民法院收集、调取证据或者申请人民法院通知证人出庭作证；辩论权利依法受到保障；人身权利不受侵犯，律师在执业活动中的人身权利不受侵犯。

律师接受委托获得诉讼权利，是指律师因被代理人的委托授权而取得的权利。这种权利既可以是当事人所享有的全部或者部分诉讼权利，也可以是当事人所享有的全部或者部分实体权利。这部分权利由于被代理人授权权限不同而有区别，它可能是一般代理，也可能是特别授权代理，代理律师只能在被代理人授权范围内行使诉讼权利。代理权限的具体内容都必须在委托代理合同中明确表明。如果为一般代理，代理律师只能按一般代理内容项目行使诉讼权利，如果为特别代理，代理律师除了行使一般的诉讼权利以外，还应按特别授权的内容行使诉权，如代为和解、变更诉讼请求，代为提起反诉、上诉、申诉等。

（2）代理律师在民事诉讼中的义务

代理律师的诉讼义务，按照《律师法》和《民事诉讼法》的规定，主要包括以下内容：律师应当在受委托权限内，维护委托人的合法权益；接受当事人的委托后，无正当理由，不得拒绝代理；律师应当保守在执业活动中知悉的国家秘密和当事人的商业秘密，不得泄露当事人的隐私；律师不得在同一案件中为双方当事人担任代理人，不得代理与本人或者其近亲属有利益冲突的法律事务；忠实于法律和事实真相，不得提供虚假证据、隐瞒事实或者威胁、引诱他人提供虚假证据，隐瞒事实以及妨碍对方当事人合法提出证据；认真履行职责，遵守职业道德和执业纪律，不得从事有损律师名誉的活动；遵守法庭纪律和秩序，不得扰乱法庭秩序，干扰诉讼活动的正常进行。

二、代理律师在民事诉讼中的业务

（一）第一审程序中的律师代理

律师既可以接受原告一方的委托，也可以接受被告一方的委托。律师接受当事人的委托后，就成为当事人的代理律师，应当根据法律规定和有关职业道德和执业纪律规范，根据当事人的授权，积极开展业务活动，维护当事人的合法权益。

1. 代理起诉或应诉

律师在起诉前接受原告委托的，受托后应根据案件事实和法律规定，代写起诉状，确定管辖法院，然后代为起诉或者告知委托人向法院递交起诉状。如需要申请人民法院采取诉前保全措施，可在起诉前向人民法院申请采取财产保全措施。在开庭前发现与案件有直接利害关系的当事人没有参加诉讼，可以申请人民法院追加这些人为本案当事人。

律师在应诉阶段接受被告人委托的，应针对原告的诉讼请求和理由，代写答辩状，代为向人民法院提交答辩状。如果委托人接受律师建议提起反诉的，律师应当代写反诉状，并与答辩状一起提交法院。

2. 开庭前的准备

代理律师应在开庭前确定举证期限，并协助当事人向人民法院提交证据，如未在举证时限内向人民法院提交证据材料的，将视为放弃举证权利。

代理律师须及时审阅原告方及被告方提供的证据，包括当事人制作并提交法院的各项诉讼文书，如起诉状和答辩状，以及各种证据材料，以客观、全面地反映案件事实以及当事人双方的诉讼请求和主张。同时，代理律师应与委托人进行有针对性的谈话，要求他详细介绍有关案件的发生、经过和结果的事实，并向委托人说明本案争论的焦点以及对其有利和不利的方面，听取当事人的意见，以便确定是否还需要委托人再提供新的证据和线索。

为全面弄清案件的事实真相，分清是非，明确责任，有效维护当事人的合法权益，代理律师应深入实际调查研究，全面而认真地审查证据。其中，代理律师应侧重于收集和掌握有利于委托方当事人的事实和证据，但对于不利于委托方当事人的事实和证据也应予以足够的重视，以形成正确的令人信服的代理意见，真正维护委托方当事人的合法权益。代理律师可代表当事人申请人民法院调查收集证据，提交书面申请。

在证据可能灭失或者以后难以取得的情况下，代理律师可代表当事人向人民法院申请保全证据的，并协助人民法院进行证据保全，根据人民法院的要求，代理诉讼的律师应当亲自到场或者商请委托人到场。

如果认为由于对方当事人的行为或者其他原因，将使日后判决不能执行或难以执行的，代理律师应建议当事人提出财产保全申请。财产保全限于请求的范围或者与本案有关的财物。财产保全采取查封、扣押、冻结或者法律规定的其他方法。人民法院冻结财产后，应当立即通知被冻结财产的人。被申请人的代理律师可以建议其提供担保以解除财产保全。当财产保全申请错误时，代理律师可以向申请人要求赔偿。

对于需要鉴定的事项，代理律师应建议当事人向人民法院申请鉴定。

3. 法庭审理过程中的业务活动

根据《民事诉讼法》的规定，人民法院审理第一审案件通常采用普通程序。普通程序是民事诉讼的基础性程序，其开庭审理分为宣布开庭、法庭调查、法庭辩论、评议与宣判四个阶段。每个阶段都有该阶段的特点与任务，相应的，代理律师也各有其业务活动。

（1）宣布开庭

代理律师可以建议当事人根据《民事诉讼法》的规定申请延期开庭审理，代理律师还可向当事人说明回避的合法理由和意义，建议当事人提出回避申请。对于法院作出的不予回避或不予延期开庭的决定不服的，可申请复议一次。在民事诉讼中申请延期开庭和申请回避通常被作为延长审判期限的一种诉讼策略而被采用。

（2）法庭调查

法庭调查阶段，根据律师与原告委托人的分工，可以由律师宣读起诉状，也可以由委托人宣读起诉状，律师补充说明诉讼请求。对于代理被告参加诉讼的，也可以做类似的分工，由律师宣读答辩状，或者由委托人宣读答辩状，律师补充说明答辩的事实与理由。

代理律师应在质证时，围绕证据的真实性、关联性、合法性，针对证据证明力有无以及证明力大小，进行质疑、说明与辩驳。代理人可在法庭调查中提出新的证据，对于当事人逾期提交的证据材料，代理律师可不同意质证。

代理律师应仔细分析，通过双方分别提出诉讼请求和答辩意见，在质证的基础上，确定双方争议的焦点，并就该争议焦点进行有针对性的辩论。

（3）法庭辩论

代理律师根据法庭调查的证据、事实和相关法律的规定，当庭就双方所争议的事实问题和法律问题进行辩驳和论证。在法庭辩论中，代理律师要做到兼听则明，通过发表代理词和与对方辩论，阐明对本案的基本看法和法律见解，促使法院作出公正审判，从而维护委托人的合法权益。

为了充分发挥代理律师在法庭辩论中的作用，通过辩论达到维护被告人合法权益的目的，代理律师在法庭辩论过程中，要注意以下几个问题：第一，要明确辩论的目的和对象。辩论的目的是说服审判人员，让他相信并采纳代理律师的意见。辩论的表面对象是对方当事人及其代理人，实际上是审判人员。代理律师通过辩论，只要使审判人员认为其主张合理合法就能达到预期目的，否则，即使通过辩论驳倒了对方当事人及其代理人，但未说服审判人员，审判人员也不会采纳代理律师的意见，不能最终使法院的判决、裁定有利于委托方当事人。第二，在法庭辩论过程中，要做到有理有礼有节，不要重复。第三，律师在反驳对方观点时，要以理服人，切忌讽刺挖苦、人身攻击。

（4）诉讼调解

根据当事人的态度和案件情况，代理律师认为有调解可能的，可提请和配合法院进行调解。代理律师要向委托人详细说明达成调解协议的法律后果和调解书的法律效力。在法庭调解过程中，代理律师要在事实和法律的基础上进行一系列的谈判活动，代理律师必须从维护当事人利益的最大化出发参加法庭调解。

（5）评议与宣判阶段的律师代理

评议与宣判阶段，代理律师的主要工作是认真听取审判，向当事人说明和解释判决或者裁定的内容，并就上诉等问题向当事人提供咨询意见，询问当事人是否提出上诉，可以根据当事人的授权，接受法院送达裁判。

（6）阅读庭审笔录

质证记录或诉讼请求表述的记录出现错误，特别是涉及事实自认、证据认可，将直接影响当事人的利益。因此，无论是中途休庭，还是法庭辩论终结后闭庭，代理律师均应当阅读庭审笔录。发现笔录有误的，应当及时要求补正。

（二）第二审程序中的律师代理

律师担任二审案件当事人的代理人是指律师接受民事诉讼二审案件当事人的委托，担任诉讼代理人，参加民事案件二审活动，以维护当事人合法权益的行为。根据《民事诉讼法》的规定，当事人不服一审判决的，有权在判决书送达之日起15日内向上一级人民法院起诉，不服一审裁定的，在送达裁决书之日起10日内向上一级人民法院提起上诉。因此，当事人可委托律师代为提起上诉，更好地维护自己的合法权益。

1. 接受委托并提起上诉

律师接受委托的，应当参照前述代理一审程序的要求，与当事人或者他的法定代理人签订委托代理协议，并取得当事人或他的法定代理人的授权。律师接受委托后，应当根据第二审审理程序的特点，进行必要的准备。《民事诉讼法》及其司法解释规定，第二审程序审理范围限于当事人提起的上诉请求的有关事实和法律适用，同时，对判决违反法律禁止性规定、侵害社会公共利益的，第二审人民法院也应当审理，第二审中当事人提出的证据应当限于第一审程序审理结束后新发现的证据。

代理律师应当充分了解案情和一审的裁判情况，仔细审阅一审裁判文书和有关诉讼材料，询问一审的情况，找出一审判决中违法或者违背客观事实的情况。根据当事人提供的新情况，与当事人共同寻找新证据。

代理律师接受被代理人的委托并在做了必要的准备后，应在法定的上诉期限内写好上诉状，通过原审法院提出，并按对方当事人或者诉讼代理人的人数提出上诉状副本。

2. 参与审判

对于上诉案件，第二审人民法院可以开庭审理也可以径行判决。开庭审理的，代理律师可到庭，并参加法庭调查和法庭辩论。第二审人民法院合议庭认为不需要组织法庭开庭审理，经过审阅案卷材料和当事人的有关请求和答辩意见，代理律师可向法院提出关于案件的意见，由法院直接作出裁判。根据上述审理的不同情形，代理律师在二审中除了可以参照代理一审程序的做法外，还应注意以下问题：

（1）无论采取哪种方式审理，都必须由审判员组成合议庭，人民陪审员不能参加二审合议庭。律师应注意第二审人民法院组成的合议庭是否合法，如果没有组成合议庭，或者合议庭组成人员中有不应当参加二审审理的，代理律师应当要求法院组成合法的合议庭。

（2）对于开庭审理的，上诉人或被上诉人可以与代理律师同时出庭，也可以由代理律师单独出庭（但离婚案件除外）。律师除按照一审开庭审理的做法进行代理活动外，还应当特别指出应当撤销或者维持一审判决的理由，或者当事人提出的新证据成立或者不成立的理由。

（3）对于径行判决的，代理律师应当通过提交上诉状或者答辩状、书面代理词的机会，充分阐述己方意见，提出应当改判或者维持原判的理由、事实与法律意见。对于案件复杂，或者二审中有当事人提出新证据的，建议开庭审理，并说明不宜径行判决的理由，以维护当事人的合法权益。

（4）在二审程序中，也可以对双方当事人进行调解。二审程序中的代理律师可以根据案件情形和最大限度维护被代理人合法权益的原则，在取得当事人同意的前提下与对方达成调解协议。

（三）涉外民事诉讼中的律师代理

涉外民事诉讼，是指具有涉外因素的民事诉讼，即作为诉讼主体的当事人一方或者双方是外国人、无国籍人、外国企业和组织或者双方当事人争议的标的物在国外或者引起双方权利义务关系发生变动的法律事实发生在国外的民事诉讼。律师代理涉外民事诉讼，应注意以下问题：

1. 委托授权手续问题

我国律师接受外国当事人的委托，亦应与其签订委托代理合同，就委托的事项和权限、委托的期限和费用的负担等作出详细的约定。外国当事人还应向我国律师出具授权委托书并将其提交人民法院。根据《民事诉讼法》第 264 条的规定，在我国领域内没有住所的外国人、无国籍人、外国企业和组织委托我国的律师代理诉讼的，其从国外寄交或者托交的授权委托书，必须经所在国公证机关证明，并经我国驻该国使领馆认证，或者履行我国与该所在国订立的有关条约中的证明手续后，才具有效力。另外，如果外国当事人委托我国律师代为承认、放弃或变更诉讼请求，进行和解，提起反诉或上诉，还必须予以特别授权并按《民事诉讼法》的上述规定办理有关手续，否则无效。如果该外国人所属国与我国没有外交关系的，应当将经过公证机关证明的委托授权手续交与我国有外交关系的国家驻该国使领馆，再由该外国使领馆转交我国驻该国使领馆认证。

2. 期间问题

被告在中华人民共和国领域内没有住所的，人民法院应当将起诉状副本送达被告，并通知被告在收到起诉状副本 30 日内提出答辩状。被告申请延期的，是否准许，由人民法院决定。

在中华人民共和国领域内没有住所的当事人，不服第一审人民法院判决、裁定的，有权在判决书、裁定书送达之日起 30 日内提起上诉。被上诉人在收到上诉状副本后，应当在 30 日内提出答辩状。当事人不能在法定期间提起上诉或者提出答辩状，申请延期的，是否准许，由人民法院决定。我国《民事诉讼法》为涉外民事诉讼当事人规定如此充裕的诉讼期限，一方面体现了我国给外国当事人以优厚待遇；另一方面也是基于路途遥远、往返时间较长的实际需要。律师接受在我国没有住所的外国当事人的委托，担任代理人参加诉讼时，应注意《民事诉讼法》的上述特殊规定，协助其在规定的期限内进行答辩或上诉活动。当然，如果外国当事人不能在规定的期限内提出答辩或上诉状的，可以告知或协助其申请延期，是否准许，由人民法院决定。

3. 法律文书的送达问题

根据我国《民事诉讼法》第 267 条的规定，人民法院对不在我国领域内居住的外国当事人送达诉讼文书，可以采用下列方式：（1）依照受送达人所在国与我国缔结或者共同参加的国际条约规定的方式送达；（2）通过外交途径送达；（3）对有我国国籍的受送达人，可以委托我国驻受送达人所在国的使领馆代为送达；（4）向受送达人委托的有权代其接受送达的诉讼代理人送达；（5）向受送达人在我国领域内设立的代表机构或有权接受送达的分支机构、业务代办人送达；（6）受送达人所在国的法律允许邮寄送达的，可以邮寄送达，如果自邮寄之日起满3个月，送达回证没有退回，但根据各种情况足以认定已经送达的，期间届满之日视为送达；（7）采用传真、电子邮件等能够确认受送达人收悉的方式送达；（8）不能用上述方式送达的，公告送达，自公告之日起满3个月，即视为送达。在上述七种送达方式中，第四种即向诉讼代理人送达，是最为普遍、最为可靠的一种送达方式。因为按照法律的规定，接受送达的律师在接受后，有义务将诉讼文书送交当事人，况且，律师一经接受送达即视为人民法院送达完成，并对委托人产生法律上的效力。一般来说，采用这种方式，都是由代理律师送达自己所代理的一方当事人；但在特殊情况下，也可以交代理律师送达对方当事人。

4. 申请财产保全问题

涉外财产保全，当事人既可以在诉讼开始后提出申请，也可以在诉前申请保全，但是人民法院不能依职权进行保全。当事人申请诉讼保全的，人民法院裁定准许保全后，申请人应当在30日内提起诉讼，逾期不起诉的，人民法院应当解除财产保全，由此造成的被申请人的损失及有关费用由被代理人（即申请人）承担。

第三节　行政诉讼中的律师代理

律师代理行政诉讼是指律师接受行政诉讼当事人或其法定代理人的委托，以被代理人的名义，在其被委托的权限范围内，代理当事人参加行政诉讼，从而维护其合法权益的活动。

一、行政诉讼中律师代理概述

（一）律师代理行政诉讼的特征

行政诉讼具有明显的单向性，律师代理行政诉讼也随之具有一些与民事诉讼不同的特点，这表现在以下方面：（1）诉讼当事人特定，行政诉讼的被告是作出具体行政行为的行政主体，主要是行政机关，而原告是与行政主体的具体行政行为有法律上利害关系的公民、法人和其他组织；（2）原被告在诉讼权利、义务上不均衡。行政诉讼一反民事诉讼中“谁主张，谁举证”的举证原则，诉讼中实行“举证责任倒置”，即由被告承担主要的举证义务，律师代理行政诉讼时的工作重点也因此变化；（3）诉讼目标的确定，相对于民事诉讼，行政诉讼的诉讼目标比较确定，只有撤销具体行政行为、确认具体行政行为违法、责令行政机关履行职责、申请行政赔偿等几类。[①]

（二）律师在行政诉讼中的地位

律师在行政诉讼中既具有独立性的一面，又具有一定的从属性。

律师代理行政案件，是独立的诉讼参与人。虽然律师的代理目的是维护被代理人的合法权益，但不受被代理人或其他人的意志左右，只是根据案件的客观事实和有关法律、法规提出有利于被代理人的代理意见。与民事案件相比，律师代理行政案件具有明显的独立诉讼地位，究其原因是行政诉讼诉讼目标的确定性。

所谓从属性，是指律师的代理权限在很大程度上受制于其委托人本身的诉讼权利。在行政诉讼过程中，律师既可担任作为原告人的公民、法人或其他组织的代理人参加诉讼，也可以担任作为被告人的行政机关的代理人参加诉讼。所不同的是，律师担任作为被告人的行政机关参加诉讼时，其代理权就会受到一定限制，如没有起诉权和反诉权，没有自行收集证据权，没有和解权等。相反，如果律师担任作为原告人的公民、法人或其他组织的代理人时，其代理权限相对就较为广泛。[②]

（三）律师在行政诉讼中的代理权利和义务

在行政诉讼中，原被告的诉讼权利、义务是不相同的，而当事人诉讼权利是律师代理权利的基础，因此，律师代理行政诉讼的双方时，代理权限有所不同。如，律师作为被告即行政机关代理人时，不得自行向原告和证人收集证据。根据《行政诉讼法》及有关规定，在诉讼过程中，被告不得自行向原告和证人收集证据。同样，作为被告诉讼代理人的律师也不能自行向原告和证人收集证据。律师作为原告或被告代理人，没有和解权。在行政诉讼中，当事人对行政法律关系的权利、义务无权自由处分，人民法院不能运用调解的方式解决行政案件，双方当事人及其诉讼代理人也不能进行和解。律师作为原告代理人，没有举证证明原告诉讼主张成立的义务。

（四）律师代理行政诉讼的作用

1. 有助于维护公民、法人和其他组织的合法权益

由于行政相对人法律知识和诉讼经验有限，加之对“民告官”的天然恐惧，所以难以独立进行有效的行政诉讼来维护自身权益。律师可以通过在行政诉讼中的代理活动，帮助广大公民、法人和其他组织对涉及其自身利益的行政行为交付司法审查，通过诉讼程序维护他们在行政管理活动中的实体性权益。律师的参与，有助于消解委托人对诉讼程序的恐惧心理，也有助于节省委托人的时间，减少讼累，同时提高诉讼活动的有效性。

2. 有助于督促行政机关依法行政

通过行政诉讼，有助于行政主体检讨自身行政管理活动的合法性和合理性，促使其进一步优化行政程序，提高行政活动的透明度和公信力，提高行政机关“依法行政”的自觉性。

3. 有助于人民法院及时、准确地审理行政案件

---

① 参见陈宜、王进喜主编，徐新跃、司莉副主编：《律师公证制度与实务教程》，200～221 页，北京，中国政法大学出版社，2008。

② 参见陈宜、王进喜主编，徐新跃、司莉副主编：《律师公证制度与实务教程》，223 页，北京，中国政法大学出版社，2008。

特别是在那些因行政机关的不作为而提起的行政诉讼案件中，律师还可以主动收集证明行政机关应当作为的具体法律依据，从而免去了法院收集证据的奔波，提高了审判工作的效率。

4. 有利于促进行政立法的规范性和合理性

律师通过行政诉讼代理，研究个案，剖析法理，有助于对行政机关有关规范性文件和抽象性行政行为的合法性、合理性进行检讨，从而推进行政立法的规范性和合理性。

同时，律师能够通过自己的行政诉讼代理实践活动和理论研究，为我国有关立法部门和各级法院的行政审判庭业务建设提供理论和实践的根据，有助于逐步健全和完善我国的行政审判法律制度。

二、律师代理行政复议

律师可以接受委托，担任行政复议案件的代理人。行政复议，是指公民、法人或者其他组织认为行政主体的具体行政行为违法或不当侵犯其合法权益，依法向主管行政机关提出复查该具体行政行为的申请，行政复议机关依照法定程序对被申请的具体行政行为进行合法性、适当性审查，并作出行政复议决定的一种法律制度。

（一）代理行政复议申请人

代理律师应依法审查确定申请的事项是否属于行政复议机关受理行政复议案件的范围，依法审查确定行政复议的申请期限，确定行政复议的申请人和被申请人、确定行政复议机关。代理律师以口头或者书面申请行政复议。申请人就申请事项有证据提供的，可随复议申请书一并提交。申请人书面申请行政复议的，可以采取当面递交、邮寄或者传真等方式提出行政复议申请。

代理律师应协助申请人调取、收集、提交相关证据材料，包括协助申请人查阅有关政府机关文件、工商登记档案、户籍档案等。直接调取、收集相关证据材料有困难时，可向法院申请调取。律师还应就被申请人提出的书面答复、作出具体行政行为的证据、依据和其他有关材料进行审查。

申请人代理律师应告知申请人，在行政复议期间具体行政行为一般不停止执行。但是申请人申请停止执行，行政复议机关认为其要求合理的，可以决定停止执行。

（二）代理行政复议被申请人

行政复议中被申请人的代理律师，应当自收到申请书副本或者申请笔录复印件之日起10日内，协助被申请人审查申请人是否适格，即是否符合我国《行政复议法》和《行政复议法实施条例》的规定，以便及时向复议机关提出异议。代理律师可协助被申请人向复议机关提出书面答复，并提交当初作出具体行政行为的证据、依据和其他有关材料。

行政复议原则上采取书面审查的办法，律师可以根据案件需要要求复议机关向有关组织和人员调查情况，听取申请人、被申请人和第三人的意见。

在行政复议过程中，被申请人及代理律师不得自行向申请人和其他有关组织或者个人收集证据。

申请人逾期不起诉又不履行行政复议决定的，或不履行最终裁决的行政复议决定的，被申请人的代理律师可以代理被申请人在法定期限内向人民法院申请强制执行。

三、律师代理行政诉讼

（一）诉前准备

诉前准备阶段只适用于律师代理行政诉讼原告的情形，律师在诉前准备阶段须审查案件是否属于人民法院受理行政诉讼案件的范围，审查作为原告或第三人的当事人是否有权提起行政诉讼，并区别经复议的行政行为和未经复议的行政行为的不同情形审查是否超过起诉期限。由于行政诉讼中作出具体行政行为的行政机关判断标准复杂，代理律师还须帮助当事人审查被告是否适格，以确定符合法律要求的主体为被告，并确定管辖法院。

行政诉讼的本质和特点是司法权对行政权的审查和监督，这种审查和监督主要集中于行政行为的合法性。因此，律师代理行政案件时，必须向委托人明确解释行政诉讼的目的和后果：首先，行政诉讼基本不解决行政行为合理性的问题。其次，行政诉讼仅针对已发生的行政行为，一般不能对行政机关的未来行为作出具体指令（责令履行法定职责之诉和赔偿之诉除外）。最后，法院不能代替行政机关作出行政行为。比如在行政许可领域，是否颁发许可证和颁发给何人最终必须由行政机关来决定。

由于《行政诉讼法》规定被告对作出的具体行政行为负有举证责任，原告所负的证明责任相对较小。所以律师担任被告的代理人和担任原告的代理人，在收集证据方面的责任是不同的。律师担任原告代理人的，收集证据时要注意以下三个方面：代理律师要收集证据证明被诉具体行政行为是被告作出，而且原告与被诉行政行为存在利害关系。在行政不作为案件中，代理律师需举证证明其已提出申请的事实。在行政赔偿案件中，代理律师需举证证明其受被诉行政行为侵害而造成损失的事实。律师应妥善保管委托人提供的证据材料原件；因律师保管不善，遗失原件，给委托人造成损失的，律师事务所及承办律师应承担相应的赔偿责任。

如果委托人的人身权、财产权正在受到被诉具体行政行为侵害，例如行政拘留、劳动教养、强制销毁、变卖等，原告代理律师可以提出停止执行具体行政行为的申请。这一制度是《行政诉讼法》明确赋予原告的权利，代理人应当准确行使。

（二）诉讼阶段

1. 律师代理原告

（1）提交行政起诉状

代理律师应就请求判决撤销或者部分撤销被诉具体行政行为、变更显失公正的行政处罚、判决被告在法定期限内履行法定职责及确认被诉具体行政行为违法或者无效提起行政诉讼，并可在提出上述诉讼请求的同时，根据原告遭受损害的事实和理由，一并请求判决被告承担行政赔偿责任。

有些法院要求行政诉讼的原告在起诉阶段提交全面、详细的证据，并列明证据来源、证人姓名和住址，我们认为此举多有不妥。首先，这违背了行政诉讼的举证责任分配原则；其次，由于立案后存在阅卷和证据交换环节，如果被告可以了解原告掌握的所有证据，就可能基于自身的行政管理优势地位补充甚至伪造有利于己的证据。有经验的行政诉讼律师在制作行政起诉状时，倾向于将事实根据和证据部分列举得尽量简明，以迫使对方尽可能多地提交作出行政行为的依据。

（2）提交有关证据

律师应协助原告在指定的证据交换之日或在开庭审理前提供证据，逾期无正当理由未提交证据材料，将被视为放弃举证权利。律师应代理原告提供符合起诉条件的相应证据材料。在起诉被告不作为的案件中，还应当提供在行政程序中曾经提出申请的证据材料。在行政赔偿诉讼中，原告应当对被诉具体行政行为造成损害的事实提供证据。需要注意的是，在行政诉讼中律师协助原告取证的责任相对较轻，如，原告也可以提供证明被诉具体行政行为违法的证据，但提供的证据不成立的，并不免除被告对被诉具体行政行为合法性承担的举证责任。

（3）查阅案卷材料

法院在受理行政诉讼后，一般会通知被告在送达行政起诉状 10 日内提交相关证据。原告代理律师应当在被告提交证据的法定期限届满之日起尽早到人民法院阅卷，并根据人民法院的规定，复制或摘抄被告提交的作出具体行政行为的全部证据、依据，以及其他有关案卷材料，客观、真实地制作阅卷笔录。

（4）调查、核实证据

原告代理律师有权向当事人、证人或有关知情人调查、了解案情、收集证据。原告代理律师因客观原因无法自行收集证据的，应当及时申请人民法院调取该证据。律师申请人民法院调取证据，应当在举证期限内向人民法院递交书面申请，并向人民法院提供证据线索。申请书应当写明证据持有人的姓名或名称、住址等基本情况，拟调取证据的内容、申请调取证据的原因及其要证明的案件事实。

行政审判中，由于行政诉讼被告和行政诉讼原告的地位存在着实际上的不对等，被告常常凭借自身的强势地位妨碍原告代理律师的举证，进而妨碍行政诉讼的顺利进行。如行政诉讼中被告妨碍举证的责任推定，规定原告确有证据证明被告持有的证据对原告有利，被告无正当事由拒不提供的，可以推定原告的主张成立。代理律师须充分地利用该规则为原告争取诉讼中的有利地位。

（5）申请证据保全

在证据可能灭失或者以后可能难以取得的情况下，原告的代理律师可以向人民法院申请保全证据。原告的代理律师有证据或者有正当理由表明被告据以认定案件事实的鉴定结论存在鉴定部门或者鉴定人不具有相应鉴定资格的情形，或鉴定程序严重违法、鉴定结论明显依据不足，或经过质证不能作为证据使用的其他情形，可以申请重新鉴定。律师应提醒委托人，对需要鉴定的事项负有举证责任的当事人，在举证期限内无正当理由不提出鉴定申请、不预交鉴定费用或者拒不提供相关材料，致使对案件争议的事实无法通过鉴定结论予以认定的，应当对该事实承担举证不能的法律后果。

（6）参加法庭审理

在法庭审理阶段，原告律师的主要权利和职责有：申请回避、参加法庭调查、向证人和鉴定人发问、进行质证、参加法庭辩论、发表代理词等。

经法庭许可，原告律师可以向证人、鉴定人及其他诉讼参与人发问。律师应当就与被诉具体行政行为是否合法以及该具体行政行为是否侵犯原告或者第三人合法权益有关的问题发问。发问受到法庭制止时，律师应尊重法庭的决定，调整问题或者发问方式，或表明发问的必要性和关联性。被告针对其他当事人或代理人威逼性、诱导性发问、带有前提的发问或者与本案无关的发问，原告律师有权提出反对意见。

原告律师对关键事实和问题进行陈述、举证、质证、发问时，应注意语速，便于书记员准确记录。在法庭辩论阶段，律师发言应紧紧围绕被诉具体行政行为是否合法以及法庭调查中出现的争议焦点进行。在法庭辩论过程中，律师发现案件某些事实未查清的，可以申请恢复法庭调查。在庭审过程中，发现审判程序违法的事实，律师应当指出并要求立即纠正，以维护当事人的诉讼权利。

2. 律师代理被告的工作流程

（1）审查行政起诉状

现行《行政诉讼法》要求被告在收到行政起诉状副本之日起 10 日内提交证据和进行答辩。因行政诉讼对起诉条件的规定较为严格，作为被告代理人的律师，须对此着重审查，判断被诉的具体行政行为是否客观存在、被诉行政机关是否依法应被列为被告、是否符合《行政诉讼法》及有关司法解释规定的受案范围、是否是复议前置或者复议终局事项、是否具备原告的资格、是否超过起诉期限。

被告代理律师如果发现有应予不予受理的情形，应代理被告提请法院裁定不予受理或驳回起诉。如果发现案件不属于受诉人民法院管辖，应在接到人民法院应诉通知之日起 10 日内代理被告以书面形式向人民法院提出管辖异议。

（2）整理、提交证据

确认起诉符合法定条件之后，被告代理律师应当按照行政诉讼的证据规则整理案卷材料提交法庭，证明被告有权作出具体行政行为且符合执法程序，所作出的具体行政行为有充分的事实证据和法律依据等。

代理被告的律师须提醒被起诉的行政机关，应当在收到起诉状副本之日起 10 日内，提供据以作出被诉具体行政行为的全部证据和所依据的规范性文件。不提供或者无正当理由逾期提供证据的，法院将视作被诉具体行政行为没有相应的证据。

在提交证据时，律师应注意证据的有效性。书证应当是原件，如提供复印件、影印本或抄录本，应注明出处，经有关部门核对无疑并加盖印章。

代理被告的律师在行政诉讼中不能收集证据，否则该证据不能被法庭用于证明其具体行政行为的合法性。但是，如果原告或者第三人在诉讼过程中，提出了其在被告实施行政行为过程中没有提出的反驳理由或证据，律师须经人民法院准许才能补充相关证据。

（3）参加法庭审理

在法庭审理阶段，被告代理律师应当根据法庭的询问，就被告作出的被诉具体行政行为，陈述具体行政行为的名称、文号、内容、作出的行政机关、作出的时间及有关送达情况，被告的行政执法程序、事实依据、法律依据等。根据庭审的具体情况，被告代理律师可以征求被告是否对被诉具体行政行为作出变更、撤销或部分撤销的意见。被告要求或者愿意对被诉具体行政行为作出变更、撤销或部分撤销的，律师应当及时告知法庭，并附上被告变更、撤销或部分撤销被诉具体行政行为的书面决定或意见。

四、律师代理行政赔偿案件的工作内容

律师事务所可以接受公民、法人或者其他组织委托办理行政损害赔偿案件。律师可代理委托人在撤销之诉、确认违法之诉、责令行政机关履行职责之诉等行政诉讼中一并提出损害赔偿请求，也可在具体行政行为被确认违法后代理该具体行政行为的利害关系人单独提起损害赔偿之诉。这里的利害关系人不囿于具体行政行为的直接相对人，而是包括因该具体行政行为而权益受损的所有利害关系人。律师应协助原告依法审查确定适格的赔偿义务机关，指导、协助委托人就被诉具体行政行为造成损害的事实收集、调取证据，核算赔偿数额，协助委托人及时准备办理案件的法律文书，参加庭审，举证质证，进行辩论，发表代理意见。

赔偿义务机关应当自收到申请之日起 2 个月内依照《国家赔偿法》第四章的规定给予赔偿；逾期不予赔偿或者赔偿请求人对赔偿数额有异议的，律师可代理赔偿请求人自期间届满之日起 3 个月内向人民法院提起诉讼。

五、律师代理行政执行案件

行政执行既是对行政机关的具体行政行为的实现，本身又可以是行政机关的具体行政行为。我国现行法律制度是将行政执行分为行政机关执行和人民法院执行两种。本节对律师代理行政执行，狭义地界定为律师在人民法院代理执行行政案件，其实在律师代理行政机关执行案件时也可参考本节。把律师代理行政执行狭义地界定为律师在人民法院代理执行案件的原因是作者主张尽量限制行政机关执行，以保证社会的公平正义，减少行政机关滥用职权的机会。

公民、法人或者其他组织对行政机关的具体行政行为在法定期限内不提起诉讼又不履行的，律师可以接受行政机关委托，代为申请人民法院强制执行；行政机关根据法律的授权对平等主体之间民事争议作出裁决后，当事人在法定期限内不起诉又不履行，作出裁决的行政机关在申请执行的期限内未申请人民法院强制执行的，律师可以接受生效具体行政行为确定的权利人或者其继承人、权利承受人的委托代为申请人民法院强制执行。

对发生法律效力的行政判决书、行政裁定书，行政赔偿判决书、裁定书和行政赔偿调解书，负有义务的一方当事人拒绝履行的，律师可以接受对方当事人的委托，代为申请人民法院强制执行。

律师应对人民法院裁定执行中止的事实与理由进行审查，确定是否提出执行中止的异议，协助委托人做好执行程序的恢复准备工作。律师应严格审查人民法院终结执行是否符合法律规定。对于不符合条件的终结执行，律师应代理委托人及时提出异议。

本章思考题

1. 律师在刑事辩护业务中可以提供哪些服务？
2. 律师民事诉讼一般代理和特别授权代理有什么区别？
3. 律师的行政诉讼代理有什么特点？

第十一章

律师的非诉讼业务

第一节 律师非诉讼业务概述

一、律师非诉讼业务的工作方式及工作领域

二、律师非诉讼业务的职业道德规范

第二节 非诉讼业务的工作方式

一、出具法律意见

二、起草与审查合同

三、尽职调查

四、参与谈判

五、出具律师函

第三节 非诉讼业务的工作领域

一、国有企业改制

二、企业破产业务

三、企业并购

四、证券业务

五、知识产权

六、按揭业务

七、反倾销业务

第四节 常年法律顾问服务

一、常年法律顾问的服务范围

二、常年法律顾问的服务方式

□·本章导读·□

律师非诉讼业务是指律师接受自然人、法人或其他组织的委托，在其职权范围内依照国家有关法律、法规的规定，不与法院或仲裁委员会发生司法意义上的联系，间接为委托人办理某种法律事务的业务活动。

律师非诉讼业务产生的原因是社会对律师法律服务需求的多元化。

随着经济的发展，社会对律师的法律服务需求开始超出传统的诉讼与仲裁等纠纷解决的范围，要求律师在纠纷发生之前介入委托人的各种活动，以防范和减少风险。于是，律师的法律服务开始超出传统的诉讼领域，越来越深入地参与公民、法人及其他组织的活动，律师的非诉讼业务在不断地开拓着新的领域。目前，律师的非诉讼业务已成为律师的主要业务之一，尤其是在经济发达地区的大型律师事务所中，非诉讼业务几乎占其收入中的绝大部分比例。

第一节　律师非诉讼业务概述

一、律师非诉讼业务的工作方式及工作领域

非诉讼法律业务的工作方式包括：参与谈判，起草、审查、修改合同，出具法律意见书，尽职调查，出具律师函等。

律师通过这些工作方式，在各个领域为委托人提供非诉讼法律服务，通常主要的业务领域包括：公司设立与破产、清算，公司治理，证券发行与上市，银行金融融资，公司并购与国际投资，知识产权的申请与转让，房地产开发，国际贸易、反倾销与保障措施等法律服务领域。在这些业务领域中，律师通常通过在某一时间段内提供常年法律顾问服务或就某一专门问题提供专项法律服务两种方式实现。

二、律师非诉讼业务的职业道德规范

非诉讼法律业务工作通常包括：接受委托人委托，向委托人提供法律意见；接受委托人委托，向第三人提供法律意见。

律师向委托人提供的法律意见必须内容真实合法、形式规范，承办律师对其签署的法律意见书等法律文件承担责任。这既是律师作为委托人的代理人，应当为委托人利益谨慎行事的表现，也是法律的要求，如内容不真实，律师甚至可能承担刑事责任。我国《刑法》第 229 条第 3 款关于“出具证明文件重大失实罪”就规定：“承担资产评估、验资、验证、会计、审计、法律服务等职责的中介组织人员……严重不负责任，出具的证明文件有重大失实，造成严重后果的，处三年以下有期徒刑或者拘役，并处或者单处罚金。”

律师经委托人同意或者在相关部门合法要求下可就委托人情况向第三人提供法律意见。律师向第三人提供法律意见时，应当严格审查和验证委托人提供的业务材料和承诺文件，按照法律法规的规定提供法律意见，不得出现虚假记载、误导性陈述及重大遗漏的现象。承办律师对其签署的法律意见书等法律文件承担责任。

第二节 非诉讼业务的工作方式

一、出具法律意见

法律意见书是律师或者律师事务所受委托人的委托，对某一法律事实、法律行为或者具有法律意义的文书，运用法律规定进行分析、阐述和认定，向司法机关或有关的行政机关或者委托人提出意见和建议的一种律师业务文书。

（一）法律意见书概述

法律意见书制作的目的在于专门为具体的委托人解决某一个或者一系列法律问题，它会花费律师大量的人力成本，并且律师还将为亲笔签署的书面文件承担责任。法律意见书不单纯是法律咨询，它比法律咨询更加严谨和高端，它要解决的问题不是口头法律咨询能够解决的。

目前律师出具的法律意见书，按其性质，大致可以分为三类：

1. 具有认定性质的法律意见书

这是指律师接受委托人的委托，对某个非诉讼事件或行为，运用法律、政策作出其是否具有真实性、合法性、可行性的认定的意见书。

2. 具有建议性质的法律意见书

这是指律师建议委托人按照法律规定，为某种行为或不为某种行为的意见书。常见的有三种：律师为法律顾问单位委托办理的法律事务作出的书面答复；律师对已经发生或正在发生的案件，向案件受理机关或其上级主管部门提交的书面意见；对已经处理或判决的行政案件或诉讼案件，认为不当而向有关行政机关或法院等部门提出建议纠正的意见。

3. 具有代理性质的法律意见书

此类法律意见书主要出现在二审代理和申诉代理过程中。对案件或案件中的某一具体问题不便以代理词或辩护词的形式陈述时，便以法律意见书的形式表达律师代理意见。

（二）法律意见书的要求

一份形式严谨、结构缜密、分析准确、论证精当的法律意见书不仅是律师为委托人提供专业法律服务的工作指南，同时也是律师对纷繁复杂的各种法律关系宏观驾驭能力和微观操作技巧的充分展示。制作法律意见书不仅要求律师对相关事实做到由表及里、由此及彼、去粗取精、去伪存真的深入掌握，同时要对不同法律渊源、不同效力等级、不同适用范围的相关法律文件进行细致分析，从而为解决核心法律问题提供正确的分析意见、出具最优的操作方案。因此，一份优秀的法律意见书不仅是律师法学素养的具体实践延伸，更是一种律师实践操作技能的理性升华。律师只有通过大量实践经验的积累和细致的分析研究，才能保证其法律意见书真正做到以事实为依据、以法律为准绳，才能保证在法律意见书指引下展开的各项业务工作的顺畅与高效。①

① 参见张庆：《法律意见书的研究与制作》，北京，法律出版社，2004。

简单来说，法律意见书应达到如下基本要求：

1. 形式严谨，结构缜密

一份法律意见书，就是一篇完整的文章。虽无强求一致的格式，但属专业人士撰写的专业文章，用于委托人某一特定用途。首先形式上要严谨，要遵循一般写作格式。其次在文章结构上要严密，通篇甚至是某一个问题上应按提出问题、摆明事实、分析问题、找准依据、解决问题、得出结论这一阐述方式进行。

2. 内容完整，详略得当

律师通过对委托人所提供的材料、自己调查取得的材料进行由表及里、由此及彼、去粗取精、去伪存真的深入掌握后，对事实部分进行比较完整的叙述。只有具备完整的事实，才能有完整的分析。但要注意把握表述重点，注意选材和剪裁，剔除多余事项，写出必要情节和关键细节，同时注意重点的变化，精准把握整个事情脉络和分析重点，这样容易解决问题。

3. 尊重事实，严格依法

以事实为依据，以法律为准绳，这是法律工作者最起码的要求。出具法律意见书时，要辨明真假虚实，尊重法律事实，同时言之有据，运用现行法律法规和法理进行客观分析，不要无原则地迎合委托人的心理。运用法律时，要对不同法律渊源、不同效力等级、不同适用范围的相关法律文件进行细致分析，从而为解决核心法律问题提供正确的分析意见，出具最优的操作方案。

4. 语言规范，结论明确

出具法律意见书，尽量使用规范的法律语言，且力求用词准确、行文简约。通过对问题的论证分析，得出的结论应该是明确的。如果得出的是模棱两可的结论，律师出具的法律意见书则不具有指导性，也就失去了其应有的作用。当然在证据材料不完整、事实不十分明确的情况下，可在结论前增加有基础、有倾向性的假设；在不便于作出肯定性结论的前提下，可以出具保留意见。①

制作法律意见书，要依据政策和法律，对事件的全部内容和所建议的问题，进行全面、准确、中肯的分析和阐述，不受任何人和外界的影响，提出的意见和建议应既符合法律的规定，又维护委托人的合法权益。

（三）法律意见书的基本写作方法

第一步：收集整理文件。

法律意见书通常是根据某些事实作出的分析，因此收集和整理材料是最基础的工作。文件的数量根据情况不同而不同，起草法律意见书须从大量文件中先理清头绪并将不同类别的文件归类。律师通常会在法律意见书中对自身的责任加以限制，如，法律意见书中会表明律师的意见仅根据委托人提供的材料作出。

第二步：罗列、分析文件。

法律意见书中，应该论述并详细罗列律师收到的文件，以减少风险，同时表明律师仅仅对掌握的事实进行分析并出具意见，而无法对没有掌握的情况负责任。

第三步：法律分析。

① 参见胡先明：《国企改制法律意见书的规范制作》，载《法治研究》，2007（10）。

在研究事实的基础上，律师需要寻找法律依据，并分析相应的法律后果。在确定了事实及相关法律规范后，律师再根据推导过程得出结论，从而形成一个完整的法律推理框架。

第四步：着手撰写。

除法律有专门规定外，一般用途的法律意见书的基本格式是：表明意见书主要内容和交付对象；罗列作为法律意见书事实基础的文件材料，并指出委托人对上述文件的真实性负责，律师的责任是根据上述资料结合相关法律规定发表法律意见；论述和分析；综合结论。

二、起草与审查合同

合同的起草和审查是指律师将委托人与合同相对方的约定以法律的形式固定下来或从法律方面对合同进行把关。起草和审查合同需要注意的问题是相同的，起草或审查后作出的内容、语言得当的合同，可以减少和避免在履行合同过程中产生不必要的分歧和争议，提高合同履约率，即使因为某些特殊原因发生了违约或者争议的情况，也可以比较顺利地解决问题，得到必要的补偿，避免或减少损失的发生。

（一）合同主体的合法性

合同的主体是依据合同享有权利、承担义务的合同委托人。起草或审查合同必须注意合同委托人的主体资格是否合法，也就是注意委托人是否具备相应的民事权利能力和民事行为能力。如，对代理订立合同的代理人，要审查其代理身份和代理资格，即是否有被代理人签发的授权委托书，其代理行为是否超越了授权范围；对于特殊行业的委托人，从事一些重要的生产资料或特殊商品的生产和经营，需要根据法律或行政法规审查其是否取得生产许可证、经营许可证或相应的资质。

（二）合同形式的合法性

合同的形式应当符合要求。委托人订立合同，有书面形式、口头形式和其他形式。如果法律、行政法规规定采用书面形式的，应当采用书面形式。例如《合同法》、《担保法》规定：融资租赁合同、建设工程合同、技术开发合同和技术转让合同及借款合同（自然人借款另有约定的除外）、保证合同、抵押合同、质押合同等，定金应以书面形式约定。如果委托人约定采用书面形式订立合同，也应当采用书面形式。但如果法律、法规规定或委托人约定采用书面形式的，委托人未采取书面形式但一方已经履行主要义务，对方接受的，该合同成立。同样，采用合同形式订立合同，在签字或盖章之前，委托人一方已经履行主要义务，对方接受的，该合同成立。

（三）合同内容的合法性

企业签订合同，总是为了达到一定的经济目的。但是，只有合法的合同才能受到法律的保护，才能依法实现自己的目的。如果合同违法，就可能被认定为无效，不但不能达到签订合同的预期目的，还可能受到法律的制裁。因此，合同内容是否合法，是起草和审查合同中最重要的内容。

（四）合同订立程序的合法性

对合同订立程序合法性的判断，包括：合同是否需要经过有关机关批准、登记或备案；是否办理了登记手续；合同双方委托人是否在合同上签字或盖章；签名或印章上的企业名称是否和委托人姓名或者名称一致；签字人是否是企业法定代表人或其授权代表；签字盖章的方式是否符合法律规定或合同的约定等。

（五）合同的有效性

《合同法》第52条规定了合同无效的五种情形：一方以欺诈、胁迫的手段订立的合同，损害国家利益的；恶意串通，损害国家、集体或者第三人利益的；以合法形式掩盖非法目的；损害社会公共利益的；违反法律、行政法规的强制性规定的。因此，在起草和审查合同时，应认真分析合同所涉及的法律关系，判断是否存在导致合同被认定为无效的情形，并认真分析合同无效情况下产生的法律后果。

（六）合同的终止

合同终止是指合同权利义务的终止，其法律后果只发生一个向后的效力，即合同不再履行。《合同法》第91条规定了合同终止的若干情况，如债务已按照约定履行、合同解除、债务相互抵销、债务人依法将标的物提存、债权人免除债务、债权债务同归于一人等情形。

根据上述第91条最后一款的授权，许多合同文本都有专门条款约定合同终止的情况，但有些约定往往是对违约责任的重复，而针对违约的情形可要求当事人依据合同中关于违约责任的约定承担责任，这种责任的承担与合同终止的法律后果往往是不同的。因此，应结合关于违约责任的约定，分析对合同终止的约定是否属于可以且必要的情形。

（七）合同的解除

《合同法》第93条规定了当事人双方可以在合同中约定解除合同的条件，这些条件的设置往往与一方违约相联系，这是在合同起草和审查时需注意的问题。

《合同法》第94条规定了单方解除合同的情形，但应当注意这种解除权是一种单方任意解除权而非法定解除权，对该条的适用仍需委托人的约定。同时，这种解除需要提出解除的一方通知对方，且在通知到达对方时发生解除的效力。这也是在合同起草和审查时需要注意的问题之一。特别是在一方迟延履行时，只有这种迟延达到根本违约的程度时，另一方才享有单方解除权，否则应给予违约方合理期限令其履行合同义务而不能解除合同。

起草和审查时还要注意的一个重要问题是是否约定了行使解除权的期限。根据《合同法》第95条的规定，双方可以约定行使解除权的期限，没有约定的适用法律规定，法律也没有规定的，则在对方催告后的合理期限内必须行使，否则会导致该权利的丧失。《合同法》分则许多条款都有关于法定解除的特别规定，如赠与合同、不定期租赁合同、承揽合同、委托合同、货运合同、保险合同等，这要求起草和审查时掌握《合同法》分则对各类合同的具体规定。

合同解除的效力较合同终止更为复杂。首先，它产生一个向后的效力，即对将来合同未被履行后的终止履行；其次，对于合同解除的溯及力问题《合同法》并没有作“一刀切”的规定，而是根据履行情况和合同性质，可以要求恢复原状；最后，多数合同在违约责任条款中会约定一方有权解除合同，并要求对方承担违约责任，赔偿解除权人损失。

（八）合同的争议解决条款

主要涉及仲裁条款的效力问题，仲裁机构约定不明的会被认定为采用法院管辖。是约定仲裁还是约定诉讼，则需要考虑对委托人是否有利。对于诉讼的条款，应注意选择的法院是否对委托人有利。

（九）违约责任

对违约责任的要求包括：简单可行，违约行为认定标准客观；赔偿充分，通过约定违约金的明确金额或计算标准，使守约方获得足够的经济损失补偿或通过高额违约金等方式加大对方违约成本，从而有效地防止和惩罚违约行为，保证合同能够最大限度地得到履行；风险控制灵活，遵守合同的一方有足够的风险控制手段。

三、尽职调查

尽职调查是指律师在被调查企业的配合下，对该企业各方面的法律风险进行深入的审核。尽职调查多发生在企业公开发行股票上市和企业并购中。对于公众投资者或并购者来说，在购买相应资产或股权前，有必要通过实施尽职调查来弥补其对被调查企业信息上的不对称。尽职调查的目的就是为了使公众投资者或并购者尽可能地发现有关其购买的股份或资产的全部情况。一旦通过尽职调查明确了存在哪些风险和法律问题，公众投资者或并购者便可恰当地评估其投资行为。尽职调查的内容包括如下几个方面：

被调查企业的主体资格是尽职调查的首要内容，必须调查被调查企业设立的程序、资格、条件、方式等是否符合当时法律、法规和规范性文件的规定，如果涉及须经批准才能成立的公司，如股份有限公司、外商投资企业、经营项目涉及经批准方可经营的等，还须查验其是否得到有权部门的批准。同时还须查验被调查企业设立过程中有关资产评估、验资等是否履行了必要程序，是否符合当时法律、法规和规范性文件的规定，特别是涉及国有资产时更须特别小心。此外，还要查验被调查企业是否依法存续，是否存在持续经营的法律障碍，其经营范围和经营方式是否符合有关法律、法规和规范性文件的规定，等等。

被调查企业的主要财产和财产权利也是尽职调查的重要内容之一，这往往也是投资者特别关注的内容之一。对于被调查企业财产的调查主要体现在以下几个方面：被调查企业拥有土地使用权、房产的情况；拥有商标、专利、软件著作权、特许经营权等无形资产的情况；拥有主要生产经营设备的情况；上述财产是否存在产权纠纷或潜在纠纷；被调查企业以何种方式取得上述财产的所有权或使用权，是否已取得完备的权属证书，若未取得，还需调查取得这些权属证书是否存在法律障碍；被调查企业对其主要财产的所有权或使用权的行使有无限制，是否存在担保或其他权利受到限制的情况；被调查企业有无租赁房屋、土地使用权等情况以及租赁的合法有效性等。

被调查企业的雇佣人员的数量，被调查企业是否对重要人员进行了相应的激励措施，是否存在对股权并购、资产并购或上市造成障碍的劳动合同，这些都需要在尽职调查时充分注意到，并提出可行的解决方案或规避措施。对于被调查企业的普通职工，一般只审查公司的劳务合同范本，但是对于董事等高级管理人员则需逐一审查其服务协议的主要内容。这种审查是看其薪酬水平以及如果将其解聘公司所需要作出的补偿数额。

对于公司的存续与发展相当重要的交易合同，是律师仔细审查的重要对象，这些合同通常包括长期购买或供应合同、技术许可合同、大额贷款合同、公司担保合同、代理合同、特许使用合同、关联交易合同等。代理并购业务的律师对这些合同进行审查，目的是：第一，确定股权并购、资产并购或上市后投资者并不会丧失合同中规定的预期利益，这是因为，有些公司之所以能够签订一些重要的合同是因为利用了其公司大股东的关系，所以，这种合同中往往规定，当被调查企业因股权并购、资产并购或上市等原因出现控制权变化时，该合同将需提前履行支付义务，或终止使用权或相关权利。第二，确定这些合同中权利义务是否平衡，被调查企业是否处于重大不利的情形中。

被调查企业的重大债权债务通常是投资者特别关注的内容，也常常是陷阱所在。必须调查被调查企业的金额较大的应收、应付款和其他应收、应付款情况，并且应当调查其是否合法有效；必须调查被调查企业将要履行、正在履行以及虽已履行完毕但可能存在潜在纠纷的重大合同的合法性、有效性，是否存在潜在风险；必须调查被调查企业对外担保情况，是否有代为清偿的风险以及代为清偿后的追偿风险；必须调查被调查企业是否有因环境保护、知识产权、产品质量、劳动安全、人身权等原因产生的侵权之债；等等。其中，对于担保的风险、应收款的诉讼时效以及实现的可能性应予以特别关注；通常还需要被调查企业的股东或者管理层对是否有债权债务作出承诺。

被调查企业的诉讼、仲裁或行政处罚也是应当予以重视的内容。应当调查被调查企业是否存在尚未了结的或可预见的重大诉讼、仲裁及行政处罚案件；同时应当调查被调查企业控股股东以及主要股东是否存在尚未了结的或可预见的重大诉讼、仲裁及行政处罚案件，如果被调查企业的控股股东以及主要股东存在此类情况，其又不具备执行能力，就会对被调查企业产生影响；与此相关联，应当调查被调查企业的控股股东以及主要股东所持被调查企业股份有无质押；此外，还应当调查被调查企业董事长、总经理是否存在尚未了结的或可预见的重大诉讼、仲裁及行政处罚案件，因为如存在此类情况，可能会对被调查企业的生产经营产生负面影响。

被调查企业的税务、环境保护、产品质量、技术等标准对于某些特定的被调查企业而言也是尽职调查的重要内容之一。在我国，存在名目繁多的税收优惠、财政补贴，如果被调查企业享受优惠政策、财政补贴等政策，该政策是否合法、合规、真实、有效，对此应当予以关注。应当调查被调查企业生产经营活动和拟投资项目是否符合有关环境保护的要求，有权部门是否出具意见，被调查企业的产品是否符合有关产品质量和技术监督标准；被调查企业近 3 年是否因违反环境保护方面以及有关产品质量和技术监督方面的法律、法规和规范性文件而被处罚。

对于尽职调查对象来说，因其规模的大小不同，从事的行业也千差万别，所以每一个尽职调查项目都有自己的特点，都是独一无二的。律师要根据具体情况，设计出不同的调查文件，通过勤勉、认真的分析研究得出结论。

需要注意的是，鉴于大部分供调查的文件材料都是由被调查企业提供的，出于规避风险的考虑，律师通常会将尽职调查报告的结论限定于仅来自于目前公司提供的文件。但因为被调查企业存在提供虚假文件的可能性，从职业道德的角度考虑，律师在操作时应主动去工商局、税务局、房管局等有关部门进行再次核实。

法律尽职调查完成后，并购律师一定要提供一个真实的、可靠的结论，不能有任何虚假和水分，要将风险充分地予以提示。①

四、参与谈判

律师参与谈判是指律师以法律专业人员的身份参加委托人的谈判团队，在谈判中就涉及的法律问题提出代表委托人一方利益的意见；或独立地代表委托人与对方委托人谈判，以求达成协议或解决某一问题，维护委托人合法权益。

律师参与的谈判可以涉及委托人各个方面的法律问题，总的来说，最常见的是合同谈判与诉讼和解谈判。合同谈判是准备订立合同的双方或多方委托人为相互了解、确定合同权利与义务而进行的商议活动。诉讼和解谈判是指诉讼双方为达成和解，就和解的条件进行协商的活动。

（一）律师谈判的准备工作

律师必须首先了解委托人的意图和目标，调查为贯彻该意图和达到该目标而需要的相关材料，制定谈判策略，收集和了解法律依据、信息及对方委托人意见。包括：事前调查，了解对方委托人的资信调查、商业信誉、资质及综合实力，了解案件所涉及的各方面利益关系，汇总整理后向委托人提供翔实的报告，从而为委托人决策提供参考依据。律师参与谈判前的第二项工作，就是查阅法律、法规、政策，同时出具法律意见书，从法律上探讨各种谈判结果的可能性、可行性及法律依据。另外，律师也可以根据需要为委托人起草谈判方案或合同文本，准备谈判前的应对思路。

律师参与谈判前还需要判断是否要以律师的身份出席。通常与外国委托人谈判，委托人直接介绍律师的身份，外方一般都给予充分的理解，甚至非常欢迎。因为从中国律师身上，可以了解中国的法规与政策，可以从法律角度了解中国的投资环境，许多问题有律师参与讨论，会有很好的结果，有助于提高工作效率。此外，律师参与谈判在发达国家较为常见，中方委托人如有律师陪同，谈判会更加国际化，也可以提高中方委托人的地位，使外方认为中方是一家注重法律、恪守法律的企业。但在谈判双方都是中国委托人的情况下，除非双方都委托律师到场，否则有很多委托人会认为让律师出场似乎是在设计圈套，以至于气氛紧张。所以，有时律师需要以公司法律人员的身份参与谈判。

（二）谈判技巧

由于诉讼结果常常难以预测，为规避风险，律师在诉讼中常常需要代理委托人参加和解谈判，以求避免通过裁判解决纠纷。在谈判前，作为原告代理人的律师通过委托人的证据所能证明的事实及法律的相关规定判断诉讼请求得到法院支持的可能性，并努力向被告证明如若无法达成和解则诉讼判决将对被告极为不利。代理被告的律师则只能在原告胜诉的可能性非常大时才同意谈判，并努力达成和解。

合同谈判中律师先通过与委托人谈判小组的协商确定交易方案，然后再逐步对

① 参见上海律师协会《律师参与法律审慎调查业务操作指引》。

方案进行评估，最终决定谈判的具体方案。然后通过与对方多个回合谈判，各自逐步让步，从而达成一个中间条件。

（三）谈判成果

通常来说，律师必须注意谈判中达成的成果必须立即以文件的形式固定下来，谈判成功后也必须以正式的文件以资证实，这类文件一般以会议纪要及和解协议为主。

五、出具律师函

律师函是指律师接受委托人的委托就有关事实或法律问题进行披露、评价，进而提出要求以达到一定效果，而制作、发送的专业法律文书。随着人们法律意识的逐渐增强和市场经济的进一步发展，为了提高办事效率，尽量远离漫长的诉讼，越来越多的人开始聘请律师，运用律师函的形式解决各种纠纷。同样是律师的执业文件，法律意见书和律师函的区别在于：（1）法律意见书的对象一般是委托人，为委托人解决特定问题，律师函的对象是委托人的对方，让对方为委托人解决问题；（2）法律意见书以说理、论证为主，律师函以描述、指示性语言为主。

由于要解决的问题不同，致函的目的也不相同。有预防和制止某种行为的发生和继续发生的，如对侵权行为的制止；有敦促某项义务履行的，如债务催讨；有公示某件事实或某项权利的，如上市公司向股民披露某项事实；在商务谈判中，为澄清事实也可以使用律师函。从诉讼与仲裁的角度讲，巧用律师函还可以起到顺延诉讼时效的效用。律师函广泛运用在民商事活动中，如：

1. 委托人可通过律师签发律师函以便捷的方式，追回拖欠的货款等债务。担保业务中拖欠货款的情况时有发生，如果直接通过诉讼方式解决，不仅需要等候很长的时间，而且还会因此失去委托人。如果通过签发律师函向委托人提出问题的严重性，委托人将会考虑通过诉讼方式解决对其的不利后果，一般会偿还借款。

2. 在所发生的纠纷没有提起诉讼与仲裁之前，通过律师签发律师函，可以起到顺延诉讼时效的效用。在担保业务中发生的纠纷，是很麻烦的，追偿借款涉及很多方面，因而及时顺延诉讼时效是非常必要的。

3. 行使权利声明。通过律师签发律师函可以澄清事实、制止不法的侵权行为。律师函具有澄清事实和震慑不法行为的作用，这是一般商业信函、民间书信所不能及的。

4. 催促警告。用律师函履行其他法律告知义务。这方面有许多，如通知追认无权代理人的代理行为的、不安抗辩权的行使、同时履行抗辩权的行使、先诉抗辩权的行使、通知合同无效、撤销权的行使等，凡是委托人具有的告知权利，都可以通过律师函来完成。

5. 通知解除合同。这是《合同法》赋予委托人的一项权利，依据是《合同法》第 93、94、96 条的规定。告知对方合同自通知到达时解除。对方有异议的，可以请求人民法院或者仲裁机构确认解除合同的效力。通过律师函通知解除合同，需要注意一点，法律、行政法规规定解除合同应当办理批准、登记等手续的，依照其规定。

6. 达成庭外和解协议。这是律师函的主要用途之一。正是这个原因，使律师函受到越来越多人的欢迎。这类律师函通过通知对方在指定期限来人、来函、来电协商的方式来促使双方达成庭外调解协议。但要指定具体期限，并且要给对方必要的准备时间。另外，还要告知对方如果逾期不来处理，将面临什么后果，譬如起诉、解除合同、停止付款、停止供货等。①

律师函具有一般商业信函所不具有的优点。由于律师函毕竟是由法律专业人士以法律的眼光和观点对某一事件所作的法律评价和风险估计，其所包含的法律尺度和经验判断必然使得每一个阅读者都会下意识地将所述事实与实际情况及法律作一番比较，得出自己的“法律评价”，甚至作出法律风险估计。可以这样说，律师函可迫使阅读者从一般的思维转向法律思维，这种引导和威慑作用是一般商业信函所不能及的。因此，目前社会已广泛认可律师函。委托人自己无法独立完成权利救济等活动，但又需要法律专业人员的帮助，则可以在正式启动司法程序前单独委托律师发送律师函。

此外律师函业务收费低，有些情况下非常有效果。所以，委托人可以根据自己的经济能力和需要委托律师办理部分程序，比如发律师函的程序。如果发律师函起不到预想效果，可以再委托律师起诉，而一般来说委托同一律师的话，律师函的费用会计算入代理费中，不会增加太多费用。聘请律师发送律师函对委托人解决纠纷是非常便捷的而且成本低廉，是正式司法程序启动前很有必要选择的一步。特别是在信用社会中，律师函的威慑力越来越明显。

第三节　非诉讼业务的工作领域

一、国有企业改制

律师承办国有企业改制与相关公司治理业务，是指律师事务所接受改制企业、产权持有单位、其他改制委托人的委托，指派律师为委托人提供与国有企业改制相关的法律服务，协助改制后的企业建立和完善现代企业制度及法人治理结构。

律师承办国有企业改制业务包括：开展尽职调查；协助产权持有单位或改制企业完成国有产权界定的工作，代理产权持有单位或改制企业处理国有产权方面的纠纷；制作改制方案、职工安置方案，涉及国有产权转让的，制作国有产权转让方案；对产权持有单位或改制企业报批的改制方案、国有产权转让方案出具法律意见书，涉及职工安置的，一并发表意见；协助完成国有企业各项内部审核与批准程序；协助改制方案、国有产权转让方案的实施和完成产权交易工作，协助公司或企业办理工商变更登记手续。②

（一）尽职调查

在国有企业改制过程中，律师需要依据改制企业的改制、产权交易等计划，通过对相关资料、文件、信息以及其他事实情况的收集，从法律或规范性政策文件的角度

① 参见余伟安：《解读“律师函”，妙用律师函》，载新浪网，http://blog.sina.com.cn/s/blog_49cad77201000b7y.html，2008-09-10。

② 参见上海律师协会《律师承办国有企业改制与相关公司治理业务指引》。

进行调查、研究、分析和判断，最后形成尽职调查报告。律师应在尽职调查中保证独立性原则、审慎原则和专业性原则。

国有企业改制中的尽职调查，一般应当涉及下列事项：企业设立、历史沿革和工商变更情况；对股权现状、管理结构、薪酬体系等基本运营结构的核查；对企业及其附属机构房屋产权、重要设备、免关税的机械设备、车辆等有形资产的所有权及使用权情况的核查；企业及其附属机构对各项软件、产品等无形资产所拥有的知识产权清单，包括专利、商标、版权及其他知识产权；对改制企业所签署或者有关联关系的重大合同情况的核查；对改制企业重大债权债务的核查；对企业所涉及的重大法律纠纷、行政处罚等情况的核查；对企业高级管理人员、劳动合同样本、福利政策、缴纳社会保险费等基本情况的核查；其他针对企业特殊情况开展的调查。

（二）编制改制方案

律师编制改制方案应当依据国家法律、法规、规章和规范性政策文件，处理好改革、发展与稳定的关系，妥善解决改制过程中遇到的问题。

改制方案一般包括下列内容：改制企业及拟出资各方的基本情况（历史沿革、主营业务、人员结构、财务状况、近几年的经营情况、组织结构图等）；改制的目的、必要性和可行性；改制后企业的发展前景和规划；改制的基本原则；拟采取的改制形式；国有产权受让、资产及债务处置的方式和条件；职工安置；党、工、团组织关系的处理；股权设置及法人治理结构；改制工作的组织和领导；改制实施程序和步骤。改制方案中涉及股权设置的，律师应注意是否处于国家重点行业和关键领域，并就国有控股、参股还是退出提供建议。

（三）编制职工安置方案

律师在参与国有企业的改制与重组过程中，应熟悉《劳动法》以及相关的法律、法规、规章和规范性政策文件。律师应帮助改制企业按照《劳动法》的有关规定确立和职工之间的劳动关系，建立企业自主用工、劳动者自主择业的市场化机制，妥善安置职工，并防止有关各方借改制之机侵害职工利益的不法行为出现。同时律师也应谨慎处理改制中发生的各种问题，避免激化矛盾，协助企业和各级政府机关维护社会稳定。如国有股在改制或重组后的企业中不占控股地位，律师对有关职工情况进行尽职调查时，应特别注意了解拖欠工资、医药费、挪用职工住房公积金以及欠缴社会保险费等债务情况。如转让方希望通过一次性补偿置换职工的全民所有制企业职工身份，律师在进行尽职调查时，应要求改制企业整理并列明全体职工的基本情况，特别是职工在改制企业连续工作时间的情况，以便下一步测算职工安置费用。

（四）报批备案

律师可接受委托，依法协助办理《改制方案》、《国有产权转让方案》的报批工作。对报批程序提供咨询意见时，律师应注意下列问题：是否按照《企业国有资产监督管理暂行条例》的规定履行决定或批准程序；是否按照国务院国有资产监督管理机构或省、市国有资产监督管理机构的有关规定履行决定或批准程序。国有企业改制涉及财政、劳动保障事项的，涉及政府社会公共管理审批事项的，涉及由国有资产监督管理机构出资的企业改制为非国有企业的，涉及职工安置，涉及转让上市公司国有股权，涉及转让银行资产等，应依照国家有关法律法规，报经政府有关部门审批。

（五）政策文件的制定与改制辅导

律师除可以为改制企业编制改制方案和职工安置方案、国有产权转让方案外，还可以根据改制企业的实际情况协助制定其他规范性政策文件，如土地处置方案、债权债务处置方案以及用于安置人员的资产委托管理等相关方案。

律师为企业改制拟定决议类法律文件、公告类法律文件、协议类法律文件、委托人之间承诺或保证类法律文件，为委托人编制向政府提交用于审批、核准或备案的申请报告时，应当根据法律、法规和规范性政策文件规定的程序，在充分听取产权持有单位、改制企业或其他改制委托人意见的基础上进行。

律师为企业改制拟定公司章程的同时，为改制企业拟定新的规章制度，应符合改制企业建立法人治理结构的需要和要求。为企业改制拟定“集体劳动合同书”和“劳动合同书”，应依据《劳动法》等法律、法规、规章及其他规范性政策文件。

律师应当为改制企业提供改制辅导，改制辅导的目的是通过对《公司法》和国有企业改革政策的宣传同步实现观念更新，观念更新包含四项主要内容：培养股份制意识；形成公司治理文化；树立市场经济的理念；控股股东或出资人代表的平等意识等。改制辅导一般包括协助改制企业组织职工认真学习国家和所处地区有关国企改革的法律、法规、规章和规范性政策文件，通过会议动员、宣传培训、座谈讨论等形式，统一思想，达成共识等。

律师在完成前述工作后，可协助改制后的企业严格按照改制方案、《公司法》、《公司登记管理条例》及工商行政管理部门的有关规定，完成新公司设立的各项准备工作。

二、企业破产业务

律师参与企业破产主要是指律师事务所接受人民法院指定担任破产管理人和接受破产案件相关利益主体委托参与破产案件两类业务。[①]

律师事务所承办破产管理人业务，是指律师事务所接受人民法院的指定，担任债务人企业的管理人，在人民法院和债权人会议的监督下，指派律师接收并管理债务人的财产及相关事务，主持破产清算，主持或监督债务人重整、债务人与债权人的和解等事务。

律师在破产程序中提供专项法律服务，是指律师接受管理人、债权人、债务人、战略投资人和其他相关利益主体的委托，在破产案件中，代为行使委托人的职责和义务、保护委托人的权利和利益的各种专项法律服务。

律师参与企业破产案件，特别需要注意的是要切实维护债务人企业职工的合法权益，并谨慎处理企业破产过程中发生的与职工相关的各种问题，避免激化矛盾；特别是对于国有企业破产，应妥善安置好职工，注意维护社会和谐与稳定。

① 参见上海律师协会《律师办理企业破产业务操作指引》。

（一）律师事务所承办破产管理人业务

律师事务所接受人民法院的指定担任管理人后，根据案件的难易程度、规模大小和特点，确定管理人团队的人数、组成，并可根据履行职责的需要，在管理人团队内部设立财务审计评估组、财产清收组、债权申报登记组、职工工作组、综合后勤组、安全保卫组或其他职能小组，各工作小组应协调配合进行工作。

1. 接管债务人企业

律师事务所接受法院的指定作为破产管理人，在通过阅卷初步了解债务人企业基本情况的基础上，指派律师接收债务人企业，凭人民法院指定管理人的决定书同债务人企业原法定代表人和有关负责人员办理交接手续，全面控制债务人企业财产和经营管理权。

律师接管企业后，要对债务人财产实施全面的调查、管理，全面了解企业的情况，包括：债务人股东的出资情况；企业生产经营状况；企业财产状况；重大合同及其履行情况；企业债权债务；企业所涉及的重大法律纠纷及行政处罚情况；企业职工基本情况；企业董事、监事和高级管理人员的行为。

根据对债务人企业生产经营情况的调查结果，律师在接管企业后尽快就债务人停止经营或继续营业作出决定，报人民法院许可，并将所作出的决定连同所依据的事实和理由制作成书面文件，报第一次债权人会议审查通过。

律师对债务人企业的债权进行清理分析，根据查明的具体情况分别处理：向破产企业的债务人和财产持有人发出书面通知，要求债务人和财产持有人在一定的时间内向管理人清偿债务或者交付财产；对于到期债权，向债务人催收；债务人对债权提出异议的，律师应通过协商、仲裁、诉讼、申请执行等方式清收债权。

律师接受债权申报，对债权人的债权申报材料进行登记造册，并对申报的债权进行审查。律师对债权提出异议的应通知申报人，由申报人向受理破产案件的法院起诉。律师应根据申报结果，编制债权表，制定债务人财产的管理方案，提交第一次债权人会议核查，同时向第一次债权人会议报告接管之日起履行职责的情况和企业财产状况。债务人、债权人对债权表记载的债权无异议的，律师应将债权表提交人民法院裁定确认。根据案件处理的进度制定财产变价方案和财产分配方案，报债权人会议审查通过。

2. 重整程序

在重整期间，债务人申请自行管理财产和营业事务，经人民法院批准后，已经接管债务人财产和营业事务的律师应当向债务人移交财产和营业事务。律师在重整期间监督债务人的行为。

在重整期间，由管理人负责管理财产和营业事务的，由管理人制作重整计划草案。管理人制定重整计划，应充分听取债权人、债务人和出资人等的意见和建议，必要时召集各方代表进行讨论，引导债权人、债务人和出资人之间的磋商。

重整计划草案制定完成后，管理人应提议召开债权人会议对草案进行讨论和表决。管理人应当向债权人会议就重整计划草案作出说明，并回答询问。重整计划草案被表决通过后，管理人向人民法院提出批准重整计划的申请。

人民法院裁定批准重整计划后，已接管财产和营业事务的管理人应当向债务人移交财产和营业事务。人民法院裁定批准重整计划之日起，在重整计划规定的监督期内，由管理人监督重整计划的执行。监督期届满时，管理人应当向人民法院提交监督报告。

3. 和解程序

在申请企业破产清算的案件中，管理人接管债务人企业后，根据债务人、债权人的具体情况，认为债权人作出部分让步、企业采取适当措施，企业能够恢复偿债能力的，管理人可以向双方提出和解建议。和解协议经人民法院认可后，管理人应当向债务人移交财产和营业事务，并向人民法院提交执行职务的报告。律师负责监督债务人是否为履行和解协议而实施欺诈或者其他违法行为，并对和解协议草案内容进行监督，注意和解协议的可行性和公平性。

4. 破产清算

在人民法院宣告债务人破产后，律师事务所作为破产管理人应指派律师将债权清册、债务清册、财产清册、资产负债表、损益表、利润分配表、债权清收表及其他相关资料适时整理完毕。

在申请破产清算案件中，管理人应及时拟订破产财产的变价方案。拟定后管理人应将破产财产变价方案提交债权人会议讨论、通过。在债权人会议未能通过该方案时，提交法院裁定。律师按照债权人会议通过的或者人民法院裁定的破产财产变价方案，适时变价出售破产财产，并保障及时收回现金。

人民法院宣告债务人企业破产后，管理人应当及时拟订破产财产分配方案，并提交债权人会议讨论。债权人会议通过破产财产分配方案后，由管理人将该方案提请人民法院裁定认可。

破产财产分配方案经人民法院裁定认可后，管理人应当按照事先确定的公告办法进行公告。债权人领取财产的，管理人应要求其登记破产财产分配，交付财产的凭据、收据等均应装订入卷，待分配工作结束后向法院移交。

管理人在最后分配完结后，应当及时向人民法院提交破产财产分配报告，并提请人民法院裁定终结破产程序。管理人应当自人民法院发布破产程序终结裁定后向破产人的原登记机关办理注销登记。管理人于办理注销登记完毕的次日终止执行职务。

（二）律师接受债权人委托提供法律服务

1. 律师代理债权人进行债权申报

债权申报指在破产程序中，律师代理债权人根据法院确定的期限，就自己被债务人拖欠的或对债务人享有的其他债权向破产管理人进行申报的行为。如，提示债权人在债权申报期限内申报债权；为债权人准备债权申报书及证据材料；管理人对债权人申报的债权不予认可或债权人对债权表记载的债权有异议的，律师可以代理债权人向人民法院提起债权确认诉讼，然后按诉讼未决债权向管理人申报。未决债权申报应提供起诉书和法院受理通知作为证据。

2. 律师代理债权人参加债权人会议

律师可以接受债权人委托出席债权人会议，行使债权人享有的权利，依法维护债权人的合法利益。如，律师对债权表记载的债权进行核查；协助债权人监督破产管理人和申请人民法院更换破产管理人；审查破产管理人的费用和报酬；审查债务人重整经营方案；审查和解协议；审查债务人财产的管理方案；审查破产财产的变价方案；审查破产财产的分配方案。

3. 律师代理债权人提出申请、诉讼或复议

律师认为债权人会议的决议违反法律规定，可代理委托人请求人民法院裁定撤销该决议。律师对人民法院批准债权人会议表决未通过的债务人财产管理方案、破产财产变价方案以及破产财产分配方案的裁定不服的，可以代理债权人向人民法院申请复议。在重整期间，律师可以代理债权人请求人民法院裁定终止重整程序，并宣告债务人破产。破产管理人未依照《企业破产法》规定勤勉尽责、忠实执行职务，给债权人造成损失的，律师可以代理债权人请求人民法院依法判令破产管理人承担赔偿责任。

三、企业并购

并购人出于资源整合、财务税收、提高企业市场竞争力等方面的考虑，通过购买目标公司股东的出资或以其他合法途径控制该出资进而取得该公司的控制权，以及购买该公司的资产并得以自主运营该资产的行为，律师在此行为中提供的法律服务，称为律师并购业务。[①]

律师在并购业务中主要进行如下工作：参与并购方与目标公司或其股东的谈判，初步了解情况，进而达成并购意向，起草并购意向书；在目标公司的协助下对目标公司的资产、债权、债务进行清理，进行资产评估，对目标公司的管理构架进行详尽调查，对职工情况进行造册统计；与目标公司债权人磋商，草拟债务重组协议，约定并购后的债务偿还事宜；参与并购双方的正式谈判，协助起草并购合同；根据法律、法规的要求就并购事宜向有关部门报批或备案；并购合同生效后，按照合同约定办理资产转移、经营管理权转移手续，除法律另有规定外应当依法办理包括股东变更登记在内的工商、税务登记变更手续。

如涉及国有独资公司或者以国有资产出资的公司并购时，律师须根据国有资产管理法律法规的要求对目标公司资产进行评估，并将交易报国有资产管理部门审查和批准，并购完成时根据国有资产管理法律法规的要求办理资产产权变更登记手续。

如并购外商投资企业出资的，应保证合营项目符合《外商投资产业指导目录》的要求，作出新的可行性研究报告，并遵守法律法规关于外商投资比例的规定。如因并购外方股东出资导致外资比例低于法定比例，应办理相关审批和公司性质变更手续。涉及合营企业投资额、注册资本、股东、经营项目、股权比例等方面的变更，向商务部门办理审批手续。

（一）并购预备

并购预备阶段为并购方初步确定目标公司起至实施并购前的准备期间。律师在并购预备阶段的法律事务有：协助并购方收集目标公司的公开资料和企业资信情况、经营能力等信息，在此基础上进行信息整理和分析，从公司经营的市场风险方面考察有

① 参见上海律师协会《律师承办有限责任公司收购业务指引》。

无重大障碍影响并购活动的进行；综合研究公司法、证券法、税法及外商投资法等法律法规，对并购的可行性进行法律论证，寻求立项的法律依据；就并购可能涉及的具体行政程序进行调查，例如并购行为是否违背我国并购政策和法律，可能产生怎样的法律后果，并购行为是否需要经当地政府批准或进行事先报告，地方政策对同类并购有无倾向性态度。

（二）对目标公司的尽职调查

律师应就并购方拟并购的目标公司进行深入调查，核实预备阶段获取的相关信息，以备并购方在信息充分的情况下作出并购决策。律师可以根据实际情况，在符合法律法规的情况下对调查的具体内容作适当的增加和减少。

对目标公司基本情况的调查核实，主要涉及：目标公司及其子公司的经营范围、设立及变更的有关文件、公司章程、股东名册和持股情况、历次董事会和股东会决议、规章制度，并购标的是否存在诸如设置担保、诉讼保全等在内的限制转让的情况。

对目标公司财产状况的调查，主要涉及：公司的各种财务报表、评估报告、审计报告；不动产证明文件、动产清单；债权、债务清单；纳税情况证明。

对目标公司管理人员和职工情况的调查，主要涉及：管理人员、职工的雇佣条件、福利待遇；主要技术人员对公司商业秘密掌握情况及其与公司签订的保密协议、竞业禁止协议等；特别岗位职工的保险情况。

对目标公司经营状况的调查，主要涉及：目标公司经营项目的立项、批准情况；对外签订的所有合同；委托人清单和主要竞争者名单；产品质量保证文件和对个别委托人的特别保证情况；产品责任险保险情况；产品与环境保护问题；产品的消费者投诉情况。

对目标公司知识产权情况的调查，主要涉及：目标公司拥有的专利、商标、著作权和其他知识产权证明文件；正在研制的可能获得知识产权的智力成果报告；正在申请的知识产权清单。

对目标公司法律纠纷情况的调查，主要涉及：正在进行和可能进行的诉讼和仲裁、诉讼或仲裁中权利的主张和放弃情况、生效法律文书的执行情况。

（三）并购意向达成

律师在并购双方达成并购意向阶段，应在信息收集和调查的基础上，向委托人提示并购的法律风险，并提出风险防范措施，必要时出具法律意见书，并为委托人起草或审查并购意向书。并购意向书通常包括：并购标的、并购方式及并购合同主体、并购项目是否需要并购双方股东会决议通过、并购价款及确定价格的方式、并购款的支付、并购项目是否需要政府相关主管部门的批准、双方约定的进行并购所需满足的条件。

在并购过程中，为避免目标公司借并购之名套取并购方的商业秘密，律师通常需要为交易双方起草保密协议，其主要内容包括：保密条款适用的对象、保密事项、并购活动中双方相互披露的各种资料的用途限制、资料的返还或销毁。

（四）并购执行

律师在并购双方达成并购意向后，应协助委托人进行谈判，共同拟定并购合同，准备相关法律文件，协助委托人向政府主管机关提出申请。

并购合同应当包括如下内容：并购的先决条件，如，并购行为已取得相关的审批手续，已取得并购项目所需的第三方必要的同意等；并购各方的声明、保证与承诺条款。包括：目标公司保证没有隐瞒影响并购事项的重大问题，并购方保证具有实施并购行为的资格和财务能力；出资转让总价款、出资转让的数量（股比）及交割日、付款方式与时间，必要时可以考虑在金融机构设立双方共管或第三方监管账户，并设定共管或监管程序和条件，以尽可能地降低信用风险；出资转让过程中产生的税费及其他费用的承担；以及合同标的、价款、支付、合同生效及修改等主要条款。

并购合同通常还包括若干附件，如：目标公司的财务审计报告、资产评估报告、土地转让协议、政府批准转让的文件、流动资产清单、固定资产清单、债权债务清单、谈判记录；以及其他有关权利转让协议等。

律师应当提请委托人注意，如并购项目涉及必须由国家有关部门批准的，应建议委托人约定并购合同自批准之日起生效。其他情况下，可根据委托人实际情况约定合同生效条件和时间。

（五）并购合同的履行

在并购履约阶段，律师工作主要包括：为并购各方拟定“履约备忘录”，载明履约所需各项文件，并于文件齐备时进行验证以确定是否可以开始履行合同；协助委托人举行验证会议；按相关法律法规的规定办理报批手续；协助办理并购涉及的各项变更登记、重新登记、注销登记手续。

有时还需要律师协助并购方或目标公司起草或调取的，需要向相关政府主管部门报送的文件材料，包括：股东变更申请书；并购前各方的原合同、章程及其修改协议；并购各方的批准证书和营业执照复印件；目标公司董事会、股东会关于出资转让的决议；出资变更后的董事会成员名单；并购各方签订的并经其他股东签字或以其他书面方式认可的出资转让协议；以及审批机关要求报送的其他文件。

在并购款到账验收后，律师可出具报告书。在并购方支付全部转让款并将付款凭证传真给出让方后，在约定的工作日内，出让方律师可通过出让方指定的或双方约定的注册会计师对该转让金额是否到账予以验证，并将验证报告传真给并购方。

律师协助并购标的的交付及股东名册的变更。并购双方及目标公司委派律师办理被并购资产的交割手续和被并购股权的变更登记手续，包括所涉资产权属变更需要办理的物的交付和权属变更登记手续，以及股权并购中目标公司股东名册变更和签发新股东出资证明书等手续。

律师起草新股东与公司其他股东签订的新合营（合作）协议，修订原公司章程和议事规则，更换新董事。签订新的合营（合作）协议与新章程后，公司签发新的股东出资证明书，变更公司的股东名册，律师可以向工商行政管理机关提交目标公司股东、出资、章程等变更登记申请或备案申请。

四、证券业务

证券法律业务，是指律师事务所接受委托人委托，为其证券发行、上市和交易等证券业务活动，提供的制作、出具法律意见书等文件的法律服务。律师事务所从事证券法律业务，可以为下列事项出具法律意见：首次公开发行股票及上市；上市公司发行证券及上市；上市公司的收购、重大资产重组及股份回购；上市公司实行股权激励计划；上市公司召开股东大会；境内企业直接或者间接到境外发行证券、将其证券在境外上市交易；证券公司、证券投资基金管理公司及其分支机构的设立、变更、解散、终止；证券投资基金的募集、证券公司集合资产管理计划的设立；证券衍生品种的发行及上市；中国证监会规定的其他事项。①

（一）律师从事证券业务的职业规则

在我国证券市场发展初期，鉴于律师队伍的整体素质与证券市场发展的需求尚有较大的差距，中国证券监督管理委员会（以下简称中国证监会）会同司法部于 1993 年开始对律师、律师事务所从事证券法律业务实行资格管理。2002 年 11 月 1 日，《国务院关于取消第一批行政审批项目的决定》取消了从事证券法律业务律师资格确认和律师事务所资格确认两项行政许可项目。目前律师从事证券业务并无资格限制，但受到司法部及地方司法行政机关的监督，中国证监会及其派出机构也有权对律师事务所从事证券法律业务依法进行监督管理，律师协会则依照章程和律师行业规范对律师事务所从事证券法律业务进行自律管理。监管部门鼓励具备符合相关条件的律师事务所从事证券法律业务，如要求从事证券业务的律师事务所内部管理规范，风险控制制度健全，执业水准高，社会信誉良好，有 20 名以上执业律师，其中 5 名以上曾从事过证券法律业务，已经办理有效的执业责任保险，最近 2 年未因违法执业行为受到行政处罚等。

律师从事证券法律业务，应当始终坚持诚实守信原则，并应遵守一定的职业要求，如：不得建议或协助委托人从事违法活动或实施虚构事实的行为，但对于委托人要求解决的法律问题，可以协助委托人进行法律分析并提出合法的解决方案；对于委托人要求提供违反法律法规以及律师职业道德和执业纪律规范的服务，应当拒绝并向委托人说明情况；不得协助或诱导委托人弄虚作假，伪造、变造文件资料，更不得为了委托人的利益或自身利益，弄虚作假，伪造或变造证明文件；不得向证券监管机构、证券交易所或其他机构提供律师经合理谨慎判断怀疑是伪造或虚假的文件资料；不得协助任何机构和人员实施与证券业务有关的违法行为。律师应当协助或督促委托人履行法定的信息披露义务，信息披露文件应当符合真实、准确、完整的要求，不得协助或支持委托人披露虚假信息或故意隐瞒、遗漏重要信息或作虚假陈述。

律师事务所在从事证券业务时，也必须遵守利益冲突的要求。同一律师事务所不得同时为同一证券发行的发行人和保荐人、承销的证券公司出具法律意见，不得同时为同一收购行为的收购人和被收购的上市公司出具法律意见，不得在其他同一证券业务活动中为具有利害关系的不同委托人出具法律意见。律师担任公司及其关联方董事、监事、高级管理人员，或者存在其他影响律师独立性的情形的，该律师所在律师事务所不得接受所任职公司的委托，为该公司提供证券法律服务。

① 参见中华全国律师协会《律师从事证券法律业务规范（试行）》。

（二）证券上市业务

拟首次公开发行股票公司和已上市公司增发股份、配股，以及已上市公司发行可转换公司债券等，拟首次公开发行股票公司或已上市公司（以下简称“发行人”）所聘请的律师事务所及其委派的律师应按法律法规的要求出具法律意见书、律师工作报告，并制作工作底稿。发行人增发股份、配股、发行可转换公司债券等的，律师也应结合实际情况，根据有关规定提供补充性法律意见。该法律意见书和律师工作报告是发行人向证监会申请公开发行证券的必备文件。

律师参与一项公司上市业务的工作流程一般如下：

第一阶段：尽职调查及规范公司运营阶段。

律师进行尽职调查，并根据调查结果出具尽职调查报告；协助建立可供公司以及公司聘请的其他中介机构使用的资料库；确定财务顾问和保荐机构。

第二阶段：改制及上市方案设计阶段。

与公司、保荐机构及其他中介机构共同讨论、设计、修改、制订公司改制与上市整体方案；参与设计公司的整体架构。

第三阶段：设立股份有限公司阶段。

拟订股份公司发起人协议、公司章程（草案），董事会、股东大会、监事会议事规则，审计、评估机构出具审计、评估报告；向工商部门办理名称预先核准，确定股份公司的名称；签订股份公司发起人协议、公司章程；验资机构验资并出具验资报告；召开股份公司创立大会；办理工商变更登记。

第四阶段：上市申报阶段。

上市前辅导；辅导验收，将上市辅导结果等资料报证监局备案；编制公司年度报告；完成公司上市前三个年度财务报告的审计；召开董事会、股东大会；在前期尽职调查基础上完成公司法律意见书、律师工作报告等首发全套申报材料的制作；全套材料上报中国证监会；完成对中国证监会反馈意见的回复；通过发审委审核，获得中国证监会对首发的核准；路演、询价；完成首次公开发行股票配售发行；在交易所挂牌上市。

（三）法律意见书与工作报告

法律意见书是律师根据法律法规及相关规范性文件对发行人发行证券所涉及的事项及其他任何与该次发行有关的法律问题所明确发表的结论性意见。

法律意见书开头部分应载明，律师是否根据《证券法》、《公司法》等有关法律、法规和中国证监会的有关规定，按照律师行业公认的业务标准、道德规范和勤勉尽责精神，出具法律意见书。律师应作出若干声明，如承诺法律意见书是依据相关法律法规及已发生或存在的事实，保证不存在虚假记载、误导性陈述及重大遗漏，同意将法律意见书和律师工作报告作为发行人申请公开发行股票所必备的法律文件，并愿意承担相应的法律责任；同意发行人部分或全部在招股说明书中自行引用或按中国证监会审核要求引用法律意见书或律师工作报告的内容。

法律意见书中须对股票发行上市的相关事项明确发表结论性意见，判断其是否合法合规、是否真实有效，是否存在纠纷或潜在风险，这些事项包括：发行上市的批准和授权，发行上市的主体资格，发行上市的实质条件，发行人的设立、独立性、股东

（实际控制人）、股本及其演变、业务、关联交易及同业竞争、主要财产、重大债权债务、重大资产变化及收购兼并、公司章程的制定与修改，股东大会、董事会、监事会议事规则，董事、监事和高级管理人员及其变化，税务、环境保护、产品质量、技术标准、募集资金的运用、业务发展目标、诉讼、仲裁或行政处罚、发行人招股说明书法律风险的评价以及律师认为需要说明的其他问题。

在法律意见书中律师还要对发行人是否符合股票发行上市条件、发行人行为是否存在违法违规，以及招股说明书及其摘要引用的法律意见书和律师工作报告的内容是否适当，明确发表总体结论性意见。如果律师已勤勉尽责仍不能发表肯定性意见的，应发表保留意见，并说明相应的理由及其对本次发行上市的影响程度。

律师工作报告是对法律意见书事实依据的综述。律师在律师工作报告中应详尽、完整地阐述所履行尽职调查的情况，在法律意见书中所发表意见或结论的依据、进行有关核查验证的过程、所涉及的必要资料或文件。

律师工作报告开头部分应载明，律师是否根据《证券法》、《公司法》等有关法律、法规和中国证监会的有关规定，按照律师行业公认的业务标准、道德规范和勤勉尽责精神，出具律师工作报告。在律师工作报告中，需要首先作简单说明，包括律师及律师事务所简介，说明律师制作法律意见书的工作过程等。工作报告所涉及的内容与法律意见书的内容应一一对应。

五、知识产权

（一）律师商标业务

律师商标业务，主要是指律师接受委托，以委托人的名义并为了委托人利益，在委托人的授权范围内，代理委托人办理商标注册申请、转让注册商标申请、商标使用许可以及代为办理被撤销注册商标后的复审申请等法律事务的行为。①

1. 律师代办商标注册申请

商标使用人为了取得商标专用权，委托律师将其使用的商标依照《商标法》规定的注册条件、原则和程序，向商标管理机关提出注册申请，经商标管理机关审查批准，授予申请人商标专用权的活动。具体程序为：填写“商标注册申请书”。就商标设计草图，附函说明注册的商品类别，向工商行政管理机关查询。查询后，如果没有混同，再将设计的正式商标图样送交。附送有关证件，如申请药品商标注册应附送卫生行政部门发给的证明文件，申请卷烟、雪茄烟和有包装烟丝的商标注册应附送国家烟草主管机关批准生产的证明文件。向当地工商行政管理机关交纳商标申请费和商标注册费。

2. 律师代办转让注册商标的申请

注册商标转让，是指商标注册人在有效期内，依法定程序，将商标专用权转让给另一方的行为。律师代办转让注册商标的申请时，应当注意相关的程序和相关的问题。

---

① 参见上海律师协会《律师办理知识产权业务指引》。

律师代办转让注册商标申请的程序为：要求转让人和受让人双方共同向商标局提出申请，共同填写“转让注册商标申请书”，申请书的内容包括商标的名称、转让人和受让人的地址、营业执照号等，并加盖双方的印章；附送原“商标注册证”正本，即交回原“商标注册证”；向当地工商行政管理机关交纳转让申请费和转让注册费。

3. 律师代办商标使用许可法律事务

商标使用许可，是指商标注册人以订立书面合同的形式，允许他人使用其注册商标。

律师代办商标使用许可法律事务的程序为：要求许可人、被许可人双方签订“商标使用许可合同”，该合同应当包括以下条款：许可使用的形式；许可使用的注册商标的名称、注册证号、许可使用的注册商标的商品范围和名称；使用期限和产品销售区；许可使用费的数额和支付方式；商品质量的保证和监督办法及违约责任。要求许可人、被许可人双方填写“商标使用许可合同备案表”，并将“商标使用许可合同”和“商标使用许可合同备案表”报国家商标管理机关备案和当地工商行政管理局存查。

（二）律师专利业务

律师专利业务，是指律师接受委托，按照《专利法》及其实施细则的有关规定，以委托人的名义，代理委托人向专利管理机关办理专利事务的一种法律行为。具体包括：专利申请中的律师代理、专利授权过程中的律师代理和律师对专利权人的法律服务等。

1. 律师代理提出专利申请

律师代理提出专利申请，主要是负责办理申请专利的各种手续。代理律师的责任，是将发明的有关事实正确地、准确无误地按照法律的要求表述出来。提出专利申请必须迅速及时。律师应当注意，在任何情况下，都不能错过规定的时间限制，否则延误专利申请，会给发明人带来无法弥补的损失。律师应当做好以下工作：提交有关文件，律师应按照《专利法》及其实施细则规定的内容、式样、文字、书写方式和其他有关规定的要求，填写专利请求书、说明书、说明书摘要及权利要求书，提供外观设计的图片或照片等文件；依法请求专利局审查专利申请，其目的在于，确定专利申请是否符合《专利法》规定的形式要件和实质要件，从而决定是否批准授予专利权。律师应当在法律规定的期限内，请求专利局对专利申请进行实质审查，以免逾期造成被动。

2. 律师代理转让专利权

专利权转让，是指专利权人将其获得的专利所有权转让给他人。律师应当注意：专利权转让必须符合法律规定，并依法办理转让手续；中国的单位或者个人向外国人转让专利权的，必须经过国务院有关部门批准；转让专利权时，委托人必须订立书面合同，并经专利局登记和公告后，才能正式生效。

3. 专利代理律师的服务

律师应当根据自己具有的法律专业知识、专业技能和丰富的实践经验，在法律规定的范围内，充分维护委托人的合法权益。律师的主要任务是：（1）提供法律咨询。律师应当根据实际情况，权衡利弊，向发明人提出切实可行的选择意见，供发明人参考。如果申请专利比保守专利秘密对发明人更有利，那么律师还应当考虑取得发明专利的适当时机，并帮助发明人判定申请专利的可行性和价值等问题。（2）为委托人取得专利权服务。律师在法律规定的范围内，应当充分保护发明人的合法权益。在申请取得专利权的过程中，律师必须严格保守发明人申请专利发明的内容，及时提出实质审查的请求，协助申请人修改发明说明书和权利要求书，答复审查员的审查意见。在专利审批阶段，律师应当随时了解审查的情况，并按专利局的要求采取积极有效的措施，争取使专利申请获得批准，使发明人获得专利权。

（三）律师著作权业务

律师非诉讼著作权代理，主要是指律师接受委托，以委托人的名义并为了委托人的利益，在委托人的授权范围内，代理委托人办理著作权登记、转让、许可使用等法律事务的行为。律师的著作权实务主要有：

1. 代理版权登记

律师可代理著作权人对其作品在行政机关进行登记，在形式上给予确认，使其归属明确，可以减少和防止纠纷的发生。各省、自治区、直辖市版权局负责本辖区作者或其他著作权人的作品登记工作。

律师还可代理计算机软件著作权的特别登记。根据《计算机软件著作权登记办法》的规定，申请软件著作权登记的原则是，一项软件著作权的登记申请只限于一个独立发表的、能够独立运行的软件。合作开发的软件进行登记时，可以由各著作权人协商确定一个著作权人作为代表办理。

2. 版权代理

律师可代理著作权人进行国内外的版权贸易洽谈；代理商谈合作出版业务；为著作权人提供转让版权的信息；帮助签约，维护著作权人的合法权益。

3. 版权法律服务

对著作权及相关法律、法规的咨询服务，出具相关的法律意见书；对专项著作权进行相关的法律服务；代为对著作权侵权行为进行调查、取证；代理著作权及其相关纠纷的调处；为各类出版、新闻单位及网络服务商和个人提供法律顾问服务。

4. 协助委托人签订著作权许可合作合同

律师可代理委托人起草、签订各种著作权许可合作合同，如：出版合同、表演合同、录制合同、播放合同、改编合同等。

六、按揭业务

按揭贷款就是购房者以所购住房作抵押并由其所购买住房的房地产开发商提供阶段性担保的个人住房贷款业务。律师在按揭贷款中为银行、购房者、房地产开发商提供法律服务是目前律师的一项最常见的非诉讼业务。

（一）律师按揭业务的内容

我国内地的律师按揭业务借鉴自香港。早在20世纪50年代，香港银行业按揭贷款市场就有律师参与。在房屋买卖中，银行负责贷款前的评估以及放款和收款；律师负责协助购房者办理全部按揭贷款手续。律师的介入大大减轻了银行的工作量，在按揭贷款的程序和实体上保证了楼盘按揭行为的合法性，可避免在过程中出现的虚假证明或文件，对购房者和银行两者利益都起到保护作用。[①]

我国内地的律师按揭业务在银行按揭贷款各阶段中分别有不同的工作内容：

1. 按揭合作协议签订阶段。在此阶段按揭律师向开发商介绍律师参与按揭业务的有关事项，与开发商达成合作意向后，向开发商介绍各金融机构办理按揭业务的概况，由开发商选择办理按揭业务的金融机构，按揭律师根据选定的金融机构的要求整理按揭项目资料，协助开发商与金融机构签订按揭合作协议。

2. 委托人签订商品房买卖合同阶段。在此阶段按揭律师可向委托人提供法律咨询，根据委托人委托参与商品房买卖合同的签订，向委托人介绍办理按揭所需资料及提交资料的时限，见证贷款资料的签署，对贷款资料中的法律问题向委托人解释。

3. 按揭手续办理阶段。在此阶段按揭律师整理委托人所提交的资料，向银行递交委托人申请资料，申请资料经银行审批后，协助银行办理放款手续。

4. 按揭手续完毕，按揭律师的后续服务。在此阶段按揭律师根据委托人委托可参与委托人所购房屋的交付、法律纠纷的处理等。

（二）委托律师办理按揭手续对按揭各方的好处

房地产开发商由于按揭律师的参与而减少了工作程序，提高了工作效率，从而更快地取得委托人的按揭贷款，因而加快开发资金的回笼和开发速度。而金融机构因国家宏观调控，其变动贷款资料、审批额度、贷款年限、审批期限、利率等会比较频繁，按揭律师对前述变动情况能够在最短的时间内了解，可及时协助开发商，研究实施应对措施。

购房者委托律师办理按揭手续，安全性高。按揭律师是专业从事房屋按揭业务的专业人员，对按揭手续和各金融机构的要求比较熟悉，可以提供完备的手续和事先按照按揭银行要求准备资料有效保障贷款的审批。由于按揭需签署的资料繁杂多样，内容专业性强，一般购房者很难理解相关内容，按揭律师可以熟练、专业地为委托人作出解答。银行委托人律师办理按揭手续，可简化银行工作程序，提高工作效率。贷款委托人的前期资信调查、贷款资料的整理有按揭律师负责，减少了银行工作人员的工作程序，提高了银行工作效率。由于按揭律师的参与，贷款委托人的前期资信调查、贷款人提供资料的真实性等都由按揭律师向按揭银行出具律师见证书，对贷款委托人的资信状况、资料的真实性等风险都转移到律师事务所承担。[②]

七、反倾销业务

律师反倾销业务是指对中国商品出口到外国市场时被外国政府认定为倾销并采取抵制措施后，或外国商品出口到中国市场并存在倾销嫌疑的，律师代表中国企业采取法律应对手段的法律服务。

（一）律师反倾销业务的范围

律师反倾销业务具体包括如下几个方面：

---

① 参见刘燕：《香港律师行如何参与按揭业务》，载《解放日报》，2005-09-02。

② 参见沈祥建：《银行按揭贷款律师见证业务介绍》，载http：//www.zdfw.cn/news/42/203040415.htm，2008-09-11。

代表中国企业对外国出口商行为提出中国境内反倾销、反补贴、保障措施调查申请，包括：协助行业协会、国内企业进行前期准备工作、出具法律意见、提供法律咨询和业务培训；代理国内企业提请反倾销、反补贴、保障措施调查；代理国内企业参加反倾销、反补贴案件的年度复审、日落复审等；代理国内企业参加反倾销、反补贴、保障措施的行政复议或司法诉讼。

代表中国出口商对国外反倾销、反补贴、保障措施调查应诉，包括：协助行业协会、进出口商会、国内企业进行应诉前期准备工作，提供法律咨询和培训，出具法律意见；代理国内企业参加国外反倾销、反补贴和保障措施调查的应诉工作；代理国内企业参加国外反倾销年度复审、新出口商复审、日落复审等；代理国内企业参加国外反倾销、反补贴、保障措施的司法诉讼。

代表境内生产商/出口商向中国政府提起贸易壁垒调查申请。

提供进出口预警系统和监控机制的咨询和指导。

提供世界贸易组织有关的法律咨询和培训。

（二）律师反倾销应诉业务

鉴于中国已成为世界上受到反倾销、反补贴及保障措施调查最多的国家，越来越多的中国企业需要律师为其提供反倾销应诉业务。反倾销律师应当熟悉我国与相对国有关反倾销的法律法规，WTO 和 GATT 有关反倾销的规则，了解有关国际贸易、财会、产业、产品、价格等方面的基本知识和原理，并熟练掌握英语等国际通行语言。律师在接到委托人的委托后，将按如下步骤开展工作：

1. 收案

律师可从 WTO 和 GATT 规则与原则的角度，鼓励、说服有关企业积极参加应诉，并取得相关商会或行业协会的大力支持和配合，充分调动反倾销诉讼提出国进口商和广大用户的积极性，并取得他们的配合，充分协调和利用这种有效的利益一致性。

2. 调查与研究

律师应了解和掌握提起反倾销调查国的有关情况，尤其是其反倾销方面的法律和相关产品、产业及其市场情况。在许多情况下，与提起反倾销诉讼国的律师取得联系，共同商讨如何进行反倾销诉讼。律师还须协助企业组织专门的应诉小组，并充分做好应诉调查与有关抗辩的准备。

3. 应诉调查与抗辩

律师应主动和认真地填写反倾销诉讼国有关部门出具的调查问卷，与应诉企业有关专门人员充分协调，从提出有效抗辩的角度出发，策略性地填写调查问卷。而抗辩的准备与提出，则主要集中在被调查产品的范围、单独税率和市场经济地位的抗辩三个方面。

4. 要求举行并出席听证会

律师应围绕应诉企业产品的出口行为没有构成倾销这一中心，提出召开听证会，以进一步阐明支持企业应诉的观点和主张。

5. 初裁后价格承诺的谈判

反倾销诉讼提出国作出初裁后，在一些情况下，需要与对方进行价格承诺的谈判，律师将代理委托人参与谈判，以确保应诉企业必要的市场份额。

6. 最终裁决后复审申请的提出

在作出最终裁决且应诉企业的产品被征收反倾销税后，律师可依据 WTO 反倾销协议等有关规则和反倾销税征收国的有关法律规定，申请行政复审。

7. 司法审查与寻求 WTO 争端解决机制

律师如果有正当理由和充分的证据证明，最终裁决和行政复审决定是不公正的，则可代理应诉企业向反倾销诉讼提出国的司法机关提起诉讼，请求修改或撤销原裁决或行政复审决定。①

第四节　常年法律顾问服务

法律顾问是企业为了维护自身的合法权益，聘请律师就其在业务方面的问题提供法律帮助而担任的特定职务。企业法律顾问一般有两种，即常年法律顾问和专项法律顾问。常年法律顾问与企业签订法律顾问协议，在协议约定期限内（通常是 1 年或 1 年以上）处理该企业所有的法律事务，这类法律顾问服务范围广、时间长，故称为常年法律顾问，法律顾问关系随协议期满而结束，如果继续聘用，需要重新签订协议。专项法律顾问受企业聘用专门处理某一项法律事务，法律顾问关系待该项法律事项办理结束后即结束，一般不受时间限制，故又称临时法律顾问或者短期法律顾问。其中，常年法律顾问因其在规范企业经营行为、健全企业规章制度、处理诉讼和非诉讼事务、防范企业经营风险等方面发挥着重要作用，是公司决策者依法经营管理的得力参谋和助手，从而成为律师的一项重要业务。②

一、常年法律顾问的服务范围

常年法律顾问作为一种比较常见的法律服务方式，其特点是特定性和不特定性的统一。特定性是指，这种法律服务方式针对某一特定委托人，并且处理的法律问题限定在特定期间内。不特定性则是指法律服务的领域和方式具有多样性，包括为聘请人就有关法律问题提供意见，草拟、审查法律文书，代理参加诉讼、调解或者仲裁活动，办理聘请人委托的其他法律事务。概括地说，常年法律顾问提供以下服务：

（一）日常法律事务

对顾问单位有关业务上涉及的法律问题提供法律咨询；对顾问单位草拟的法律文书进行审查，帮助顾问单位制定、修改内部的规章制度；为顾问单位草拟和修改经济合同，提供参考意见；为顾问单位草拟和修改劳动合同，帮助调整劳资关系；协助顾问单位管理经济合同，监督跟进合同的履行；为顾问单位生产经营和管理中的决策事项进行法律上的可行性分析，并提供可行性报告；为顾问单位的商标权、

① 参见王靓华：《反倾销应诉的律师事务与策略》，载北大法律信息网，http://article.chinalawinfo.com/article/user/article_display.asp?ArticleID=29689，2008-09-11。

② 参见上海律师协会《律师法律顾问工作规则》。

专利权、著作权、商业秘密和专有经营权的保护提供法律建议，并协助顾问单位制定保密制度和保密协议；根据顾问单位的需要，列席重大会议，现场提供法律咨询；根据顾问单位的需要，以法律顾问的名义对外签发律师函；根据顾问单位的需要，对员工进行法律培训；根据顾问单位的需要，提前介入企业各项投资活动，并提供有关的法律服务；根据顾问单位提供的财务资料，对企业债权进行分析，对不良资产提出相应的方案；参与顾问单位的重大经济项目谈判，并提供法律意见；不定期向顾问单位介绍宣传国家和地方新颁布的有关法律法规；协助顾问单位设立法律室，并对其日常工作进行指导。

（二）非诉讼法律事务

为顾问单位进行有关的企业资信调查，并出具调查报告；为顾问单位的法律行为和法律事实出具律师见证书；为顾问单位的企业设立、股权转让、增资减资、招标投标、合并分立、清算注销、资产重组、改制上市等全面提供法律服务；代理顾问单位办理各类公证；代理顾问单位办理工商、税务、海关、房管、商标、专利等登记、注册、转让和报批手续；代理顾问单位办理信贷、抵押贷款、商业贷款、专案融资、融资租赁及其他筹资事宜的法律事务；代理顾问单位办理房地产开发、土地征用拆迁补偿、土地使用权出让转让，一、二手楼宇买卖，楼宇按揭、租赁抵押、产权登记过户等房地产业务涉及的有关手续；代理顾问单位办理进出口贸易、保险信托、技术转让中涉及的法律事务；办理顾问单位委托的其他非诉讼法律事务。

（三）诉讼法律事务

接受顾问单位委托，代理顾问单位进行民事、经济纠纷的调解、和解；接受顾问单位委托，代理顾问单位进行民事、刑事、经济和行政案件的诉讼；接受顾问单位委托，代理顾问单位进行经济、劳动和涉外案件的仲裁。

二、常年法律顾问的服务方式

律师事务所接受委托担任委托人常年法律顾问的，可指派所内执业律师负责在受委托期间内为聘方提供综合性法律服务。律师事务所接受委托指派律师担任法律顾问的服务内容、范围、工作安排由双方在法律顾问合同中明确约定。法律顾问的报酬，由律师事务所统一收取，受律师事务所指派提供法律顾问服务的律师不得直接从聘请人处收取任何报酬。律师事务所与聘请人一般会在法律顾问合同中约定法律顾问报酬的标准及计算依据。顾问律师在为聘方提供法律服务时，必要的交通费、差旅费等通常约定由聘方承担。法律顾问合同中还会约定费用支付方式、支付时间及减免或增加条件均应在法律顾问合同中明确约定。

受律师事务所指派担任顾问律师的律师，首先应尽快熟悉聘方情况，包括：聘方的性质、职能、经营范围、内部结构及负责人、隶属关系、主要关联方等（如委托人为单位）；聘方的个人及家庭的自然情况、工作简况等（如委托人为个人）；聘方近期的法律事务的性质、种类，是否有特急事项；对聘方需提供法律服务的事项进行归类、整理。

律师事务所及其所指派的律师在提供法律服务过程中接触、了解到的国家秘密、商业秘密、不宜公开的情况及个人隐私，均负有保密的义务。

律师事务所及其指派的律师，有权拒绝聘方要求为其违法行为及违背事实、违背律师职业道德等的事项提供服务，有权拒绝任何单位、个人的非法干预。

本章思考题

1. 律师非诉讼业务工作方式有哪些？
2. 常年法律顾问的服务范围有哪些？

第十二章
公证制度概述

第一节　公证的概念及特征

一、公证的概念

二、公证的特征

第二节　公证制度的功能

一、预防纠纷功能

二、引导服务功能

三、规范公证功能

四、利益保障功能

五、沟通媒介功能

第三节　公证制度的历史沿革

一、外国公证制度的历史沿革

二、我国公证制度的历史沿革

□·本章导读·□

公证制度是国家制定的关于公证机构对当事人的民事法律行为、有法律意义的事实和文书的真实性、合法性予以证明的一系列规范性文件的总称，它是公证机构办理公证事务必须遵循的规范和准则。

公证制度的特征主要表现在其是一种预防性的司法证明制度。作为一种预防性的司法证明制度，它是保障实体法正确实施的程序性法律制度，是国家司法制度的重要组成部分。国家设立公证制度的目的是为社会提供具有普遍证明力的公证证明，并通过公证活动及公证法律服务，教育公民、法人和其他组织应规范其相应的法律行为，预防纠纷，减少诉讼，保障国家法律法规的贯彻实施。在司法体系中，公证组织是最先介入公民、法人或其他组织的民事经济活动中，并向社会提供法律服务的法律部门，其基本功能是统一行使国家司法证明权，通过公证证明活动来预防纠纷、减少诉讼、制止不法行为，维护社会主义法制的统一，保护公民、法人和其他组织的合法权益。

第一节　公证的概念及特征

一、公证的概念

“公证”（notary system）一词来源于拉丁语 nota 这个词，原意指古罗马“书写人”用来记录文书的一种速记符号。后来“公证”一词被用来表达国家及为社会公认的非诉讼证明活动。作为一种重要的非诉讼活动，公证是相对于私证而言的。在我国，根据自 2006 年 3 月 1 日起施行的《中华人民共和国公证法》第 2 条的规定，公证是指“公证机构根据自然人、法人或者其他组织的申请，依照法定程序对民事法律行为、有法律意义的事实和文书的真实性、合法性予以证明的活动”。

要正确理解公证的概念，至少要从以下几个方面去把握：

（一）公证的主体是依法设立的公证机构和申请公证的当事人

任何证明活动都离不开主体的参与。一般来说，在公证这样一种非诉讼证明活动中，参与的主体主要包括两类：一是公证机构，二是申请公证的当事人。公证机构是依法设立，不以营利为目的，依法独立行使公证职能、承担民事责任的证明机构。在我国，公证机构是进行公证活动的专设法律证明机构，公证职能只能由公证机构统一行使。除公证机构外，任何机关、团体以及个人在未有法律明确规定的情况下均不能从事公证事务，进行公证证明活动。需要注意的是，公证员是公证机构中负责具体办理公证事务的法律专业人员，其是代表公证机构进行公证证明活动，所以公证员不应该被理解为是公证的主体之一。申请公证的当事人包括自然人、法人和其他组织。在公证活动中，任何个人、法人以及其他组织都可以就需要证明的事项向公证机构申请公证；没有公证申请人的申请，则启动不了公证程序，公证也就无从谈起。另外应注意，公证证明只有申请公证人而没有被申请人。

（二）公证的客体，即公证的对象，必须是需要证明的民事法律行为、有法律意义的事实和文书

这里所说的民事法律行为是指自然人、法人或者其他组织设立、变更、终止法律上的权利义务关系的行为，如继承、赠与、委托等。有法律意义的事实包括法律事件和其他在法律上有一定意义的事实。法律事件是指不以人的意志为转移并能引起一定法律后果的自然发生或存在的事实，如出生、死亡、各种自然灾害、意外事件等。其他在法律上有一定意义的事实是指虽然不直接引起权利义务关系的设立、变更、终止，但对当事人的生存状态具有特定法律意义的事实，如学历、职称、健康状况、亲属关系、婚姻状况等。具有法律意义的文书是指一切在法律上有特定意义或作用的各种文件、证书、文字资料的总称。凡当事人申请对不属于民事法律行为、没有法律意义的事实和文书进行公证，公证机构都不应予以证明。

（三）公证的内容是证明公证对象的真实性、合法性

我国公证的内容强调真实性与合法性不能偏废。所谓真实性，是指公证证明的对象必须是客观存在的事实，并且该事实的内容与证明的内容是一致而不是相矛盾

的；所谓合法性，是指待证事项从内容到成立方式都必须符合国家法律、法规和规章的规定，不违反政策及社会公序良俗。“以事实为依据，以法律为准绳”是我国社会主义法制的基本原则，也是公证活动中必须遵循的基本准则。

（四）公证的程序是法定的

公证机构必须依照国家有关公证的法律、法规及规章实施公证职能，同时也要求当事人必须按照有关公证的规定申请公证。公证机构违反法定程序进行的证明活动不具有公证的效力。《公证法》第四章专门就有关公证的程序作了详细规定，公证机构办理公证以及当事人申办公证都必须严格遵守公证的程序。

二、公证的特征

公证的特征，就是指公证活动本身所展现出的特点以及与其他相关活动相比较而显示出的不同之处。在理论上分清公证与其他类似行为的区别，有助于正确认识公证的特征，并对理解公证的概念以及掌握公证基本原理具有重要的意义。

（一）公证是非诉讼活动

一般认为，公证活动是属于非诉讼领域内的一种活动。这主要是相对于民事诉讼活动而言。两者的宗要区别在于：（1）两者的宗旨不同。公证的宗旨是预防纠纷，避免不法行为的发生，减少诉讼，为社会提供公证法律服务和法律保障。而民事诉讼活动的主旨则在于解决当事人之间的纠纷。（2）两者的当事人不同。公证的当事人都属于申请人，不存在被申请人一说，且诸申请人没有明显的对立或利益冲突。民事诉讼的当事人则存在申请人和被申请人的区分，且两者一般都存在较大的利益冲突。（3）两者的法律依据不同。公证活动是依照《公证法》等相关法律规定进行的，而民事诉讼活动是依照《中华人民共和国民事诉讼法》等相关法律所规定的程序进行的。（4）两者产生的法律后果不同。公证主要是赋予证明对象的证据效力，而民事诉讼则要通过法院调解或作出民事裁判以解决当事人之间的争议。

（二）公证是公证机构独立行使公证职能的活动，而非行政活动

公证机构独立行使公证职能，这是由国家授权的，它仅仅是一种证明性质的活动，与国家机关的行政活动有着重大的区别。两者的主要区别是：（1）两者性质不同。公证是由公证机构行使证明权的专项职能，公证机构不是国家行政机关，不具有管理职能，因此，公证活动不是行政活动。而行政活动是通过各级政府和法律、法规授权的组织实施行政管理权来实现的。（2）两者的活动方式不同。公证活动是公证机构依照法定程序进行的一种证明活动，它无权解决任何争议。行政活动则是行政机关依照相关规定对特定的行政法律关系作出特定的行政处理，包括行政强制措施等。（3）两者产生的法律后果不同。公证主要是赋予证明对象特定的法律效力，而行政活动的结果是实现了国家的行政管理职能。

（三）公证是一种特殊的证明活动

公证机构的基本职能就是应申请人的申请对待证事项进行公证证明，这是一种依法实施的特殊证明活动，它不同于证明活动。一般证明是相对于公证证明而言的。在我国，除法定的公证机构外，我们一般把公民、法人或其他组织出具的证明文书称为

一般证明。公证证明与一般证明的区别主要在于：（1）两者的法律地位不同。我国《公证法》第36条明确规定："经公证的民事法律行为、有法律意义的事实和文书，应当作为认定事实的根据，但有相反证据足以推翻该项公证的除外。"但对于一般公民、法人或其他组织出具的证明文书，《民事诉讼法》则规定人民法院应当辨别真伪，审查确定其效力。可见，公证证明具有较高的证明效力，只要找不出足以推翻其证明的相反证据，就应确认其证据效力，它的证明效力高于一般证明文书的效力。（2）两者获得社会认可的范围和程度不同。就目前来看，我国的公证及其证明文书已在绝大多数国家得到承认和接受。在国内，公证证明已经深入到社会生活之中，受到全体公民及法人组织的认可。而一般证明则没有达到这种程度，如对于任何人而言，都要对公民、法人或其他组织出具的证明文书进行认真分析、仔细考证后方可承认和接纳，而且国际上其他国家对我国公民、法人或其他组织出具的一般证明也是不予承认的。

（四）公证证明具有特殊的法律效力

公证证明在法律上的效能和约束力，又称为"公证书的效力"。具体而言，公证证明的特殊法律效力表现在：证据效力、强制执行效力、法律行为成立要件效力以及其他效力。

1. 证据效力

证据效力指公证书是一种可靠的证据，具有证明公证对象真实、合法的证明力，可直接作为认定事实的根据。而且，公证证明的法律效力高于一般公民、法人或其他组织对同一事项所出具证明的效力。《公证法》第36条和《民事诉讼法》第67、69条规定，经公证的民事法律行为、有法律意义的事实和文书，应当作为认定事实的根据，但有相反证据足以推翻该项公证的除外。而对一般公民、法人或其他组织提出的证明文书，人民法院应当辨别真伪，审查确定其证明效力。

2. 强制执行效力

公证机构依法赋予强制执行效力的债权文书，债务人不履行时，债权人可以直接向有管辖权的人民法院申请强制执行，而不再经过诉讼程序。《公证法》第37条规定："对经公证的以给付为内容并载明债务人愿意接受强制执行承诺的债权文书，债务人不履行或者履行不适当的，债权人可以依法向有管辖权的人民法院申请执行。"公证的强制执行效力是法律赋予公证的特殊功能，是法律强制性在公证活动中的体现。这不仅有利于迅速解决债务人不履行债务的问题，及时保护债权人的合法权益，维护法律的严肃性，促进经济的正常运行，而且可以避免因诉讼或仲裁带来的各种成本损失。

3. 法律行为成立要件效力

《公证法》第38条规定："法律、行政法规规定未经公证的事项不具有法律效力的，依照其规定。"特定的法律行为只有经过公证程序才能成立，并产生法律效力；不履行公证程序，则该项法律行为就不能成立，不具有法律效力。

4. 其他效力

主要包括对抗第三人的效力和不可撤销的效力。如《担保法》第43条规定："当事人以其他财产抵押的，可以自愿办理抵押物登记……当事人未办理抵押物登记的，不得对抗第三人。当事人办理抵押物登记的，登记部门为抵押人所在地的公证部门。"《继承法》第20条规定："自书、代书、录音、口头遗嘱，不得撤销、变更公证遗嘱。"

（五）公证与认证、鉴证及签证的区别

公证与认证有着紧密关系。认证又称“领事认证”，是指外交、领事机构对公证书的最后一个签名或印章的真实性给予证明的行为。目前，我国只有涉外公证存在认证的问题，对外使用的公证文书须经外交机构认证后，才能在其他国家发生效力；同样，外国的公证文书也需要在其外交机构认证后，才能在我国境内具有法律效力，但文书使用国另有规定或者双方协议免除领事认证的除外。公证与认证的区别在于两者的内涵不同：公证要对证明事项的真实性和合法性展开证明；而认证只是审查公证文书是否由盖章中表明的公证机构及签字的公证员所公证，即只进行形式审查，不就其内容进行审查。

公证与鉴证属于两种不同范畴的业务活动。鉴证是工商行政管理机关对合同的管理活动，是合同管理机关审查经济合同当事人的资格和合同内容是否真实、合法并予以证明的活动。两者的区别主要在于：（1）出具证明文书的主体不同。公证文书是公证机构根据申请依法出具的，而鉴证则是工商行政管理机关或其他依法经授权的机关作出的。（2）业务范围不同。鉴证是就合同而言的，而公证并不仅限于对合同进行公证，其范围更广。（3）获得确认的主体不同。鉴证是合同主管部门的确认，而公证是国家和社会的确认，其法律效力原则上应强于鉴证。

公证与签证分属于不同性质的活动，无直接联系。签证是出入一国国境的自然人必须办理的手续，是国家主权的体现。签证一般由各国驻外使（领）馆负责，即在出入国境的人员所持的相关证件上办理相应的签字盖章等手续，表示允许其出入该国领土。签证时一般无须公证文书，但有时如需要公证文书证明出入境人员的有关情况时，才需要公证文书作某种证明。

第二节　公证制度的功能

一、预防纠纷功能

公证制度是一种预防性的司法证明制度，具有防微杜渐、规范法律行为、预防纠纷、减少诉讼、促进经济稳定和社会安定和谐的作用，是国家预防纠纷的第一道防线。公证活动一般发生在纠纷发生之前，它并非以解决纠纷为目的，然而，它有助于降低当事人的交易风险和交易成本，有助于消除纠纷隐患，促进当事人依法行使权利和履行义务，从而达到预防纠纷，减少诉讼的目的，并最终有益于经济活动的有序运行，有利于维护法治。例如，山东菏泽地区公证机构通过办理宅基地公证，使农村民事纠纷下降了20%，保护了个人和集体的合法权益，促进了社会的和谐稳定和当地经济的发展。

二、引导服务功能

公证机构是最先参与社会民事、经济活动，为公民、法人和其他组织提供法律服务和法律保护的机构。公证机构通过公证活动，帮助、指导公民、法人或其他组织依法设立、变更、终止法律行为，衡平当事人之间的关系，消除纠纷隐患和不真实、不合法的因素，制止违法行为，从而也间接地促进了法律行为的确实履行。根据有关统计，经过公证的合同履约率在98%以上，而未经过公证的合同履约率只有70%左右。

三、规范公证功能

公证通过法定的程序来实现社会所期望的诚信，进而最大限度地降低交易风险，防止非法行为的发生，保障社会的公正、公平和效率。公证能够达成这样的效果，其原因在于公证具有一定的社会公信力，而社会公信力的获得来自于公证活动的程序化、制度化。只有将公证活动纳入制度化的轨道才能使其具有生命力、公信力。只有通过对公证的制度化建设，才能规范公证行为、提高公证队伍的素质，才能树立起公证队伍良好的职业形象，才能把公证行业建设成为一个对社会负责的行业，才能不断提高公证的公信力，才能使公证制度真正为构建我国市场经济的信用体系发挥积极的作用。

四、利益保障功能

保障自然人、法人或其他组织的合法权益，是公证制度的出发点和落脚点。公证机构在当事人提起公证申请后，对公证事项进行审查，对于符合真实性、合法性的事项，予以公证，并出具公证书。经过公证的法律行为、有法律意义的事实和文书具有法定的证明效力，这就使得经过公证的事项能够得到法律的保护。例如，公证机构直接参与招标、拍卖、开奖、抽签、评选等活动的现场监督，保障这些活动能够严格依法进行，防止徇私舞弊行为的发生，从而保护自然人、法人或其他组织的合法权益。

五、沟通媒介功能

公证是国际认可的一种证明制度，它是国际经济交往的重要媒介。公证书具有真实、合法的特点，且不受人员、语言、地域等关系的左右，是国际通行的可靠的法律文书。在市场经济环境下，公证可以作为增进了解、提升诚信、消除隔阂、建立信用机制和相互信任关系的重要手段和工具。

随着世界经济全球化和一体化的发展，我国与世界各国的交往日益增多。在国际交往过程中，有许多方面需要我国公证机构提供相应的公证法律服务。按照国际惯例，在不同国家公民和法人组织之间进行的民事、经济活动中，对许多有关的法律行为、有法律意义的事实和文书，例如法人资格、资信状况等都需要办理公证，才能在域外更好地发挥作用。所以，相对于国际交往来说，公证是国际交往的双方进行良好沟通和交往的重要媒介。

第三节 公证制度的历史沿革

一、外国公证制度的历史沿革

公证最早出现在古罗马共和国末期。在当时的奴隶制社会中，出现了“诺达里”，专门为奴隶主起草各种文书、契约。后来，由于罗马法受司法程序上严格的形式主义影响，难以为人们所掌握。为了适应罗马居民办理一些法律事务的需要，出现了一批专门提高法律服务的“达比伦”，专职代写法律文书。当时的“达比伦”除提供法律服务外，还在代写的文书上签字作证，并且向当事人索取一定数目的酬金。而后，“达比伦”渐渐取代了“诺达里”。这种代书制度被公认为是现代公证制度的最初萌芽。公元4世纪后，罗马帝国把基督教确认为国教，宗教公证开始盛行起来。自此，公证制度正式确立了。公元9世纪到15世纪，宗教公证制度受到限制，最后被取消，取而代之的是法国皇室、诸侯的公证人制度。

19世纪的公证制度主要是指法国而言的。1802年法国首先颁布了《公证人法》，这是世界历史上第一部系统的公证法律，公证人事务所是法国资产阶级革命的产物。公证人的组织地位的确定，为公证制度的发展奠定了良好的基础。1804年拿破仑颁布了《拿破仑法典》，其中对公证作出了相应的规定。而后，德、意、日、英等国都先后采用了公证制度，这些国家大多根据本国的具体情况，制定了各自的公证法。

二、我国公证制度的历史沿革

（一）古代私证制度

我国的公证制度是从古代私证制度演化而来的。“私证”在我国古代封建社会相当普遍。西汉时期，土地以及布袍、长裤的买卖“券书”的订立，都有证人参加。唐代在买卖奴婢、牛、马等物品时，应立“市券”。立券时由卖方出立契券，由当事人画押，在场的中证人也必须在契券上签名画押。清代以后统一把中证人称为“中人”，意思是居中见证，属于第三者。买卖时有中人介入后，当事人双方在事后就不能轻易更改契券内容，这就起到了预防纠纷的作用。但古代的中人只证明文书所载明的内容真实，至于事实本身的合法性，则不属中人过问的范畴。因此，这种私证制度也难以保护买卖双方的合法利益。

而后，私证逐渐被公证所取代。我国最早的公证机构出现在宋代，称为“书铺”，它代理各种公证业务，如证明当事人供状、核验地产契约、证明婚姻、为参加考试者办理验审手续等。“书铺”的出现，使得证明的证据效力增强了，与私证相比有了较大的进步。

（二）民国时期的公证制度

我国历史上真正意义上的公证制度出现在民国时期。1920年（中华民国九年），为了澄清讼源，当时的广东省特区法院首先推行公证制度。1935年7月，经司法院拟定，由司法行政部颁布《公证暂行规则》，初步确定由地方法院设公证处，指定推事专办公证事务，也可兼办。如果有必要，可在辖区内适当之处设立公证分处。而后，又颁布了《公证暂行规则实施细则》、《公证费用规则》。1943年3月，国民政府颁布了《公证法》，同年12月25日又颁布了《公证法实施细则》。这样，公证制度在民国时期基本上得到了确立。

民国时期的公证制度不允许私人开业办理公证业务，其立法意图在于：国家在法院设立公证处或分处办理公证业务，便于监督和管理。而私人办理公证业务，恐出现各种弊端，不利于管理。当时的公证内容包括两种：一种是公证书的作成，指当事人或其他关系人请求公证人就法律行为或其他私权事实为其作成公证书的活动；另一种是私证书认证，指当事人或其他关系人，把私人就法律行为或私权事实作成的证书提交公证处，请求公证人予以认证的活动。

民国时期，政府积极采取各种措施扩大公证业务，如司法行政部曾制定《各地方法院办理公证事务竞赛办法》，每年定期举行竞赛，优胜者可记功表彰。尽管当时的国民政府大力推行公证制度，但这些制度都是为国民党统治服务，用于剥削劳苦大众的，广大民众无法运用它来维护自己的权益。

（三）新中国的公证制度

中华人民共和国成立后，公证制度历经风霜，经历了创建、取消和重建的反复发展过程。

1. 新中国公证制度的确立与发展时期

新中国成立后，1951 年 9 月，中央人民政府委员会颁布了《中华人民共和国人民法院组织暂行条例》，规定由县级人民法院和中央及大行政区、直辖市人民法院管辖公证及其他法令所规定的非诉事件。同时，又相继颁布了《北京市人民法院公证暂行办法》、《中南区公证试行办法》。自此，公证组织在我国大中城市及县级城市相继建立，并开始办理公证业务。

1956 年，公私合营后，公私合同转变为国营企业与公私合营企业之间以及公私合营企业之间的合同关系，在合同履行上杜绝了个别私营企业的欺诈行为，使合同得以确实履行。为此，司法部决定扩大公证业务范围，颁布了《关于公证业务范围的通知》，要求各地在原有业务范围之外，加大力度办理有关公民权利义务关系方面的业务。因此，公证工作的范围扩展至遗嘱、继承、收养子女、房屋、买卖、死亡、亲属关系等诸多方面。仅 1957 年，全国办理公证业务近三十万件，公证人员队伍也在不断发展壮大。这时期的公证活动极大地推动了社会主义经济建设，在法治建设中也发挥了重要的作用。

2. 公证的低谷期

1957 年后，由于“反右”斗争扩大化，法律虚无主义严重地破坏了社会主义法制建设，公证机关也未能幸免。1959 年公证机关被撤销，除了几个大城市办理一些涉外公证业务外，国内公证业务停办，其后的“文化大革命”更是为公证制度蒙上了一层阴影。

3. 公证的恢复与发展期

1978 年，党的十一届三中全会强调健全社会主义民主与法制，公证制度开始走出低谷，逐步在全国得到恢复与发展，国内及涉外公证业务迅速增加。

1980 年 3 月，司法部颁发了《关于公证处的设置和管理体制问题的通知》，采取了公证处归属司法行政机关领导的新举措。而后又通过全国公证座谈会，进一步规范了公证工作的性质、原则、任务和程序，为恢复、发展和健全公证组织奠定了基础。

1982 年 4 月 13 日，国务院正式颁发了《中华人民共和国公证暂行条例》，这是我国公证制度发展史上的一件大事，标志着我国公证制度进入了一个新时期。该条例对公证的性质、任务、原则、业务范围、程序等诸项内容都作出了规定。为了进一步贯彻实施这一条例，司法部颁发了《关于办理几项主要公证行为的试行办法》，统一规范了办理继承、遗嘱、收养、经济合同、委托书等公证业务的程序。

在积累公证实践经验的基础上，司法部于1986年12月4日颁发了《办理公证程序试行细则》。经过几年的试行后，司法部于1991年4月1日颁发了《公证程序规则（试行）》，增加了四项基本原则、特别程序、复议程序等重要内容。同时，为了统一公证文书格式，司法部颁布了《公证书格式》、《公证处内部使用文书格式》等一系列配套实施的文件。2002年6月11日，司法部部长办公会议审议通过了《公证程序规则》，自2002年8月1日起施行。该规则的正式颁布施行，对于规范公证程序，保障公证活动的正常、有序进行，起到了重要的作用。

4. 公证发展的新历史时期

我国公证发展的新历史时期以我国第一部公证法典——《中华人民共和国公证法》的颁布为起点。2005年8月28日，我国《公证法》诞生了，并自2006年3月1日起施行。

我国《公证法》是对1982年国务院发布的《中华人民共和国公证暂行条例》的全面修订。作为新中国第一部公证法规，《公证暂行条例》对恢复和发展我国公证制度发挥了重要的作用。根据有关统计，目前我国已设立公证机构三千多个，与1980年相比增长了5倍；有公证从业人员两万多人，较1980年增长了1.5倍；年办案量超过了一千万件，较1980年增长了110多倍。

与公证事业的迅速发展相比，我国公证立法严重滞后。改革开放后二十多年，调整和规范公证工作的主要法律依据就是《公证暂行条例》。应当说，随着经济体制改革的深化和政治文明建设的发展，原条例设计的制度框架，已经不能完全适应市场经济和法治国家的需要，行政化的公证体制、偏低的行业准入条件、公证范围的规定不明、公证程序和规则的不完善、公证责任的缺位，影响了公证的质量和公信力，也束缚了公证业的健康发展。同时，司法部从20世纪90年代初开始，特别是2000年国务院批准《关于深化公证工作改革的方案》以来，在公证机构组织形式、人员准入、管理模式、法律责任、办证程序及运行机制等方面进行了一系列的探索和改革，在很多方面都突破了《公证暂行条例》的规定。因此，为了规范公证活动，保障公证机构和公证员依法履行职责，继续发挥公证工作预防纠纷、保护公民、法人或其他组织的合法权益等多种功能，在总结原条例实施经验的基础上，并根据形势发展的需要，制定了我国第一部《公证法》。在此基础上，2006年5月10日司法部部务会议审议通过了新的《公证程序规则》，该规则自2006年7月1日起施行。

《公证法》的颁行，对于建立和完善中国特色社会主义公证制度，推动公证事业发展，充分发挥公证工作在全面建设小康社会、加快推进社会主义现代化建设、构建社会主义和谐社会中的作用，具有十分重要的意义。

本章思考题

1. 什么是公证？
2. 公证的特征是什么？
3. 公证制度具有哪些功能？

第十三章 公证的基本原则

第一节　概述

第二节　公证的基本原则

一、守法原则

二、客观原则

三、公正原则

四、独立行使公证职能原则

五、法定公证与自愿公证相结合原则

六、保密原则

七、回避原则

八、使用本国和本民族语言文字的原则

本章导读

公证的基本原则，一般是指公证机构办理公证时所必须遵循的根本准则，是公证文书质量和效用的保证。应该说，公证的基本原则不仅仅是公证机构办理公证业务时应遵循的准则，也是公证当事人参与公证活动时必须遵循的行为规则，其效力贯穿《公证法》和公证程序始终。作为根本性规则，公证的基本原则具有概括性和指导性，集中体现了公证活动的意旨。公证的基本原则既引导公证立法，又指导公证活动实践，具体体现在《公证法》条文之中，贯穿于公证的各个阶段。

第一节　概述

公证的基本原则是公证活动的立法准则。公证活动的内容十分丰富，公证的对象也各不相同，这就决定了《公证法》是一个由多种具体制度和规则组成的统一体。这些不同的制度、规则和程序要形成一个相互统一、协调一致的法律体系，就必须依靠共同的基本原则来统摄全部。公证的各项具体制度、具体原则、具体程序、具体规范都依公证的基本原则设定，并在基本原则的统摄下形成一个共同体。

公证的基本原则是公证活动参与主体的行为准则。在公证基本原则统摄下的各项具体制度和规范，使公证活动具有可操作性，这些具体制度和规范应该是公证活动参与主体的行为准则。但是，由于公证事项纷繁复杂，《公证法》不可能穷尽有关公证活动中的全部事项，当公证的具体制度和规范未就有关内容作出相应规定时，公证的基本原则就是公证活动中所有参与主体的行为准则。

在公证法学界，学者们对我国公证的基本原则的理论概括并不一致。第一种观点认为，公证的基本原则只有一个，即真实合法原则，其他原则属于办理公证的原则，而不是公证的基本原则。第二种观点认为，公证的基本原则包括六项：真实、合法原则；自愿原则；直接原则；保密原则；回避原则和使用本国的和本民族的语言文字原则。第三种观点认为，公证的基本原则包括客观真实原则、合法原则、自愿原则、回避原则、保密原则、便民原则和使用本国的和本民族的语言文字原则。第四种观点认为，公证的基本原则有真实、合法、可行原则，必须公证与自愿公证相结合原则，公证员亲自办理公证的原则，回避原则，保密原则，便民原则和使用本国的和本民族的语言文字原则。根据《公证法》的规定以及公证理论与实务界的观点，我们认为，我国公证的基本原则有以下几项：守法原则、客观原则、公正原则、独立行使公证职能原则、法定公证与自愿公证相结合原则、保密原则、回避原则及使用本国和本民族语言文字的原则。

第二节　公证的基本原则

一、守法原则

守法原则也叫做合法原则，是指公证证明的法律行为或有法律意义的事实和文书的内容、形式及取得方式符合国家法律、法规、规章的规定，不违反有关政策和社会公德及公序良俗。守法原则包含两个方面的内容：一是公证事项内容合法，即公证事项本身合法，包括其内容合法和形式合法，两者缺一不可；二是公证活动的程序合法，即办理公证事务必须遵照法律规定的程序。实体内容不合法的事项不能进行公证，否则应为无效；严重违反法定程序作出的公证文书也不能产生相应的法律效力。

（一）公证事项内容合法

公证事项的本身是否合法（包括内容和形式两个方面），对于公证是否合法具有重大的意义。公证机构对待证事项进行审查时，不仅要审查公证事项的内容和所制成文件的表达方式是否合法，还要审查公证的动机、目的、可能导致的后果是否合法，当事人所表示的意思和所制定文件内容的含义是否一致、真实及肯定。另外，对于不符合公证事项受理范围的，公证机关应当不予公证。比如司法部曾明确表示不办理信仰公证，不宜办理“安乐死”公证证明。

（二）公证的程序合法

程序是实体的保障。办理公证必须按照法定的程序进行，对于特别的公证事项，还应当按照特定的程序进行。公证程序是法律规定公证机构办理公正事务时必须遵守的操作规程。

我国一直比较重视公证活动的程序规范问题。从 20 世纪 50 年代开始，国务院及司法部就先后制定了《公证书试行规则》等一系列程序规范。1991 年 4 月 1 日开始实行的《公证程序规则（试行）》是在 1986 年《办理公证程序施行细则》基础上修改完善的，全面、具体地规定了办理各类具体公证事务必须遵守的基本程序规则。2002 年 6 月 18 日司法部发布了《公证程序规则》，2006 年 5 月 18 日司法部发布了《公证程序规则》，2002 年《公证程序规则》同时废止。2006 年 3 月 1 日起施行的《中华人民共和国公证法》第四章也专门就公证程序问题作了详细的规定。

（三）公证事项内容合法的判断标准问题

这个问题实际上就是指公证机构究竟是以何种法律法规为依据来确认公证事项合法。最高人民法院《关于适用〈中华人民共和国合同法〉若干问题的解释（一）》第 4 条规定："合同法实施以后，人民法院确认合同无效，应当以全国人大及其常委会制定的法律和国务院制定的行政法规为依据，不得以地方性法规、行政规章为依据。"那么，在公证事务中，公证机构是否也应该遵循法院对合同效力判断的标准呢？我们认为，对是否合法的判断，公证机构采用的标准应该与司法机关的标准保持一致。

二、客观原则

客观原则，也叫真实原则，是指公证文书所证明的法律行为、有法律意义的事实和文书的内容在公证时是客观存在的，或者是有充分证据证明其是客观存在的，而不是虚假或伪造的事实。客观原则要求，公证文书所证明的内容应当与事实相符，只有客观的事实才能为公证所证明；也只有客观真实的公证文书，才能产生公证的法律效力。主观虚构的情况、待证的情况或者与事实不相符的情况，或者没有任何证据作为支撑的情况，都是不能通过公证活动取得证明的，否则就违背了客观原则。

在公证活动中，客观真实是公证制度的灵魂与生命，是公证活动的出发点与归宿。为了实现公证的客观真实，在公证实践中，我们应当注意以下几点：

（一）公证机构应审查当事人申请的公证事项是否客观真实

这就要求申请公证的当事人，必须如实向公证机构陈述公证的目的和要求，并提供充足必要的证据、文件和材料，以证明公证事项的真实性。公证客观目标的实现不仅仅依赖于公证机构和公证人员的活动，更取决于当事人的行为。当事人申请公证是公证活动开始的必要条件，同时，也是公证实现客观真实的第一步。只有当事人如实地向公证机构陈述公证的目的和要求，并提供相关证据、文件以及材料，公证的客观真实才有可能实现。所以，客观原则不仅仅是规范公证机构及公证人员的，同时也应当规范申请公证的当事人。

（二）公证机构应审查当事人申请公证的意愿是否出自本人的真实意思表示

意思表示是指表意人将其期望发生某种法律效果的内在意图以一定方式表现于外部的过程。意思表示真实是指当事人在意志自由，能清楚认知到自己的意思表示之法律效果的前提下，内心意图与外部表示相一致的状态。意思表示不真实又分为主观原因不真实和客观原因不真实。主观原因不真实是由于表意人自身的原因产生的；客观原因不真实是表意人的认识或意志受到他人的不正当干涉，在非自愿的情况下作出的错误意思表示。这种不正当干涉行为主要表现为欺诈、胁迫和乘人之危等。在公证实践中，如果当事人申请公证是因为受到他人的欺诈、胁迫或乘人之危而作出的行为，公证机构应该拒绝予以公证，否则就是违反了客观原则。

（三）公证机构必须客观核实证据

《公证法》第29条明确规定，公证机构对申请公证的事项以及当事人提供的证明材料，按照有关办证规则需要核实或者对其有疑义的，应当进行核实，或者委托异地公证机构代为核实，有关单位或者个人应当依法予以协助。可见，审查公证事项的客观真实性，不仅是公证机构的职责，更是公证机构的法定义务。公证机构应认真、深入、细致地审查当事人提供的材料、文件以及其他证据，必要时应到有关单位以及当事人所在的基层组织等地进行调查核实。

三、公正原则

公正是公证的本质要求，也是公证制度的方向和目标。我们必须用公正的价值追求指导我们为社会提供公证服务。在某种意义上，市场经济就是公平经济，公证活动是否公正，与当事人的实体权益紧密相连。公证机构是代表国家行使法律证明权的一种机构，虽然它并不具有国家机关的性质，但在一定意义上，公证机构仍然是公权力的象征。作为一定程度上代表公权力的机构，其在公证活动中必须保证公正的形象，否则公证以及公证制度就失去了它存在的基础和应有的意义。

公证活动的公正应该包括两个方面：一是实体公正；二是程序公正。实体公正是指公证活动对公证申请人所提出公证的民事法律行为、有法律意义的事实和文书的公证内容是公正的。程序公正是指公证活动中所有的过程对有关人员来说都是公正的，即公证参与人在公证活动中所受到的一切对待是公正的。对于公证活动的公正来说，实体公正就是指公证活动的结果是公正的，程序公正就是指公证活动的过程是公正的。

近年来，有少数公证机构在公证活动中严重偏离了公正原则的要求。在利益的驱动下，有些公证机构把办理公证业务当做生财之道，搞成了公证经济，这是将法律赋予的公权视为资本，并使之私有化和经济化的行为，也是将本应服务于公共福祉的行为变异为谋取私利的行为。在这种情况下，有些公证机构为追求经济利益，用简化法定公证程序，迎合客户不当要求等手段拉拢客户，从而导致假证、错证迭出，严重损害了当事人的合法权益，更严重破坏了公证机构本应具有的公正形象。

公证机构在公证活动中违反公正原则，其根源在于监督和约束的责任机制乏力，公证机构及公证人员违法公证的成本低廉。在《公证法》出台之前，《公证暂行条例》和《公证程序规则》仅规定了对错误或不当的公证文书应当予以撤销，因公证机构的过错撤销公证的，所收的公证费应退还当事人，而对因错误公证或不当公证对当事人造成的损失如何处理，法律并没有规定。应当说，责任机制的缺位、违法成本的低廉以及问责机制的缺乏，无疑是公证活动屡屡有违公正原则的制度根源。

《公证法》第6条明确规定公证机构依法独立承担民事责任，又在第六章专门规定了法律责任，这就为公证活动的公正提供了制度性保障。为了有效地防止公证活动中发生违法公证的事项，《公证法》首次明确了公证的法律责任，这填补了原《公证暂行条例》的空白。《公证法》除明确规定公证机构独立承担民事责任外，还专门规定了公证机构应当对公证员执法行为进行监督，建立公证员执业过错责任追究制度；公证机构和公证员不得为不合法、不真实的事项出具公证书或者出具虚假公证书，公证员不得私自出具公证书等。违反上述规定者，对公证机构由司法行政部门处以警告、罚款、停业整顿；对公证员处以警告、罚款、没收违法所得、吊销公证员执业证书，构成犯罪的依法追究刑事责任；公证机构和公证员因过错行为给当事人造成损失的应当承担赔偿责任，公证机构承担赔偿责任后，可以向有故意或者重大过失行为的公证员追偿。

四、独立行使公证职能原则

《公证法》第 6 条明确规定，公证机构依法独立行使公证职能。这表明公证机构是国家专门依法设立的法律证明机构，独立行使司法证明权，依法履行公证机构的职责和权利。

公证机构独立行使公证职能是维护我国法制统一的需要。公证机构依法认定民事法律行为、有法律意义的事实和文书是否具备真实性、合法性，这关系到当事人的切身利益。这种职能只能交由专门的机构来行使，除非有法律特别规定，任何自然人、法人或其他组织均不得从事公证活动。

公证机构独立行使公证职能的关键是公证机构的“独立”。只有保证了公证机构的“独立”，才能避免其他机关、组织、团体和个人的非法干预，维护公证秩序，保证公证活动的公正性，维护公证机构的权威和当事人的合法权益。

公正机构独立行使公证职能并不意味着公证机构不受法律的约束。《公证法》在赋予公证机构独立行使公证职能的同时，也通过一系列的制度和责任设计来约束公证机构的公证活动，确保公证机构能够在法律的框架内进行公证活动，独立行使公证职能。

五、法定公证与自愿公证相结合原则

法定公证与自愿公证相结合的原则意味着，在公证活动中，有些公证事项是法律、行政法规规定必须通过公证才能确定其法律效力的；而有些公证事项无须通过公证就可以取得其应有的法律效力，但是当事人自愿申请公证机构对该事项进行公证，以寻求更具有权威性、公信力的法律后果。

法定公证是指法律、行政法规规定采用公证形式设立、变更的法律行为或须经公证证明的法律事实、文书，自然人、法人或其他组织必须申请办理公证，公证机构也应当依法给予公证；经过公证，其设立、变更法律行为，或者确认有法律意义的事实和文书才能成立并发生法律效力。一般而言，办理公证应当以自愿为原则，但是为了切实保护公民、法人、其他组织及国家的合法权益，保障社会经济秩序的稳定和社会的安定团结，减少纠纷，通过法律、行政法规规定比较重要的事项不经公证就不具备一定的法律效力是相当有必要的。

《公证法》第 11 条第 2 款和第 38 条分别规定：“法律、行政法规规定应当公证的事项，有关自然人、法人或者其他组织应当向公证机构申请办理公证”，“法律、行政法规规定未经公证的事项不具有法定效力的，依照其规定”。根据我国相关法律、法规的规定，法定公证一般有重要资产买卖转让、涉及公众利益较广的事务以及涉及家庭、婚姻、财产等几大类公证事项。当然，法定公证也应当是建立在当事人自愿申请的前提下，公证机构不得依职权主动办理甚至强制办理公证。因为，公证活动不同于人民法院的审判活动，也有别于人民检察院的法律监督活动和国家行政机关的管理活动，后者具有国家司法机关和国家行政机关的强制力，而公证活动则是一种非诉讼的活动，它必须在当事人自愿申请的基础上才能办理公证。对于法定公证事项来说，虽然公证机构不能依职权强制办理公证，但当事人如不申请公证，则要承担一定的预设法律后果。

自愿公证是指在法律、行政法规没有规定应当采用公证形式的情况下，由自然人、法人或者其他组织自行决定法律行为、有法律意义的事实和文书是否申请办理公证。在自愿公证的情况下，即便当事人未向公证机构申请办理公证也不会影响该事项的既定法律效力，但一旦进行了公证，则为该事项增添了一定的公信力和权威性，相应地就具备了《公证法》上的法律效果。自愿公证中的自愿内容是指公证机构受理的公证事项，法律、行政法规未规定应当进行公证，必须由当事人基于自己的意愿提出申请，公证机构无权强迫当事人申请公证，也无权对当事人没有提出的事项，强行公证。在自愿公证的情况下，自愿原则贯穿整个公证过程，当事人可以申请公证，也可以撤回申请。

六、保密原则

所谓保密原则，是指公证机构及其工作人员，以及其他受公证机构委托、邀请或因职务需要而接触公证事务的人，对其在公证活动中所接触到的国家秘密、商业秘密或者个人隐私，负有保守秘密的义务。《公证法》第 13 条和第 23 条均明确规定公证机构、公证员不得泄露在执业活动中知悉的国家秘密、商业秘密或者个人隐私。《公证程序规则》第 6 条第 2 款也规定，公证机构的其他工作人员以及依据本规则接触到公证业务的相关人员，不得泄露在参与公证业务活动中知悉的国家秘密、商业秘密或者个人隐私。

保守秘密成为公证制度的一项基本原则，这是由公证制度的本质属性及基本特征所决定的。作为一种预防性的司法制度，公证制度的目的在于预防纠纷，减少诉讼，保护国家以及社会主体的合法权益。为了实现公证预防纠纷的制度目的，公证机构及其相关人员只有严格保守其在公证活动中接触到的秘密，才能更好地保护当事人的合法权益，获得社会大众的信任，从而树立起公证的社会权威性和公信力。如果公证机构及其相关人员不能保守公证秘密，势必危及公证的社会信誉，并可能引发相应的纠纷，最终将损害当事人的合法权益。以遗嘱公证为例，其法律效力可改变法定继承人的范围、顺序和继承份额。如果在遗嘱人未死亡时，其遗嘱公证内容被不慎泄露，势必将引起相关继承人的争议，甚至将可能发生隐藏、转移、变卖、毁损相关财产的情况，这一方面影响了遗嘱人家庭的团结和社会的稳定，更是对公证机构良好社会声誉的破坏，所以，保守秘密是公证制度的一项基本原则。

在公证实践中，贯彻保密原则有以下几个方面的要求：第一，公证机构对参加办理公证事务的人要严格加以控制，除必须到场的当事人及其帮助公证的代理人、翻译人员等在场外，其他任何与公证事项无关的人员都不得参与办理公证事务；第二，公证人员除对本人办理的公证事项保守秘密外，对同一公证机构及其他公证机构办理的公证事务，同样负有保密义务；第三，公证人员不仅要对已办理的公证事务保守秘密，也要对拒绝办理公证事项的内容保守秘密；第四，公证人员不仅要对当事人申请公证的法律行为、有法律意义的事实和文书的内容保守秘密，而且要对当事人申请公证的动机、目的、作用、后果及其实现的方式方法等保守秘密；第五，公证机构制作的专项公证文书，只能发给当事人及其代理人，未经当事人同意，不得将公证书发给其他人员；第六，对于办理公证的有关档案材料，要设专职人员报告，未经法定程序，不得查阅和复制。

七、回避原则

回避原则是指公证员不能为本人及近亲属办理公证或者办理与本人及近亲属有利害关系的公证。回避原则是为了保证公证事务得到公正处理而设计的一种制度。确定回避原则，一方面可以防止公证员对公证事项先入为主，枉法公证，作出不公正的公证；另一方面也可以避免当事人以及其他人员对公证事项产生怀疑和非议。所以，公证活动中确立回避原则对于消除当事人的顾虑，保护当事人的合法权益，维护公证机构的独立性以及社会声誉等，都具有十分重要的意义。我国《公证法》第 23 条明确规定，公证员不得为本人及近亲属办理公证或者办理与本人及近亲属有利害关系的公证。《公证程序规则》第 23 条也规定，当事人要求该公证员回避，经查属于《公证法》第 23 条第 3 项规定应当回避情形的，公证机构应当改派其他公证员承办。

根据我国《公证法》及《公证程序规则》的相关规定，回避原则在具体的公证实践中需要着重把握回避的情形。回避的情形包括以下两类：

第一，为本人及近亲属办理公证。根据《公证法》第 23 条的规定，公证员不得为本人及近亲属办理公证。即当公证当事人为其本人或近亲属时，公证员应该回避。根据最高人民法院《关于贯彻执行〈中华人民共和国民法通则〉若干问题的意见（试行)》的解释，近亲属是指“配偶、父母、子女、兄弟姐妹、祖父母、外祖父母、孙子女、外孙子女”。

第二，办理与本人及近亲属有利害关系的公证。虽然公证当事人不是公证员本人及其近亲属，但公证事项与公证员本人及近亲属有利害关系的，该公证员也应该予以回避。这里所说的“利害关系”，一般是指公证事项的结果可能对本人及近亲属的利益产生相应的影响。

另外，回避的方式有两种：一种是申请回避，即当事人认为公证员具有法定回避的情形时，向公证机构申请该公证员予以回避。另一种是自行回避，即公证员认为自己具有法定回避的情形时，主动向公证机构提出回避。

八、使用本国和本民族语言文字的原则

使用本国和本民族语言文字的原则，是指公证机构在全部的公证活动中，都必须统一使用本国和本民族通用的语言文字。

公证机构在公证活动中使用本国的语言文字，是维护国家主权和尊严的具体体现。在涉外公证事务中，凡是不通晓我国通用语言文字的外国当事人，公证机构应依法为其提供翻译。公证员不得直接运用外语进行公证活动，也不得使用外文制作公证文书，而必须以中文制作的公证文书作为正本。

公证机构使用本民族通用的语言文字是我国各民族人民一律平等的宪法原则在公证活动中的具体体现。我国《宪法》规定，各民族都有使用和发展自己的语言文字的自由；《公证法》第32条第2款也明确规定，“公证书应当使用全国通用的文字；在民族自治地方，根据当事人的要求，可以制作当地通用的民族文字文本”。在公证实践中，对于不通晓普通话和汉文的少数民族当事人，应该为他们提供翻译；在少数民族聚居或多民族共同居住的地方，除涉外公证事项外，公证机构在发布通告、颁发公证书和制作其他文件等活动中，应当使用当地民族通用的语言和文字；办理两个以上不同民族当事人之间的公证，也应当采用各自民族的语言文字进行公证活动和发布公证文书。

本章思考题

1. 公证基本原则的重要意义表现在哪些方面？
2. 简述客观原则与合法原则的区别与联系。
3. 如何理解法定公证与自愿公证相结合原则？

第十四章 公证机构的任务与业务范围

第一节 公证机构概述

一、外国公证机构概述

二、我国公证机构概述

第二节 公证机构的任务

一、依法证明民事法律行为、有法律意义的事实和文书的真实性与合法性

二、预防纠纷，减少诉讼，维护社会经济秩序

三、教育公民自觉遵守法律，维护社会主义法制

四、促进国际间的友好交往，保护中外当事人的合法权益

第三节 公证机构的业务范围

一、公证机构的证明业务

二、公证机构的非证明业务

□·本章导读·□

公证机构及其任务和业务范围，受各国历史、文化等因素的影响而不尽相同。本章将在介绍有关国家和地区公证机构的基础上，介绍我国公证机构的任务与业务范围。

第一节 公证机构概述

一、外国公证机构概述

英美法系国家大多没有专门的公证机构，一般实行律师兼任公证人制度，由具有一定执业年限和资历的执业律师担任公证人。大陆法系国家的公证人一般具有公职人员和自由执业者双重身份。一方面，公证人作为国家公职人员，根据国家法律授权行

使职能，为公共利益服务；另一方面，作为自由执业者，其执业大多采取设立公证人事务所的形式，经费依靠公证业务收入，不由国家财政负担，自负盈亏，自主管理，独立承担责任。大陆法系国家通过设置严格的公证人执业准入条件、控制公证人和公证人事务所数量等方式对公证人进行有效监督，各公证人事务所之间没有隶属关系，公证人必须在国家指定的地域内执业，国家严格限制公证竞争。

英国的公证人分为斯克莱温公证人与一般公证人两种，他们都不是专职的公证人，大部分是律师或被律师聘用的人士，公证人大多数会将公证的职能与其主要的职业，如律师或律师的雇员的职能相结合。

法国的公证人事务所有个人开业和合伙开业两种形式：个人开业的公证人事务所以公证人个人名义签名，由公证人个人承担法律责任；合伙开业的公证人事务所由合伙人签名，由合伙人共同承担法律责任。

德国的公证体制具有多元性，有专职公证人、律师公证人、官员公证人三种类型。三种形式的公证人在执行公证职务时，都同专职公证人一样，属于国家公职人员，依国家授权自由执业，出具的公证文书具有相同的效力。

在意大利，大约90%的公证人开设个人事务所，约10%的公证人联合办公，但这种联合办公不同于合伙，联合办公的公证人各自独立办证，独立承担法律责任，只是在业务上分工合作，共同分担办公费用。

日本的公证人是准国家公务员，选拔、任命、奖惩均按国家公务员对待。妨碍公证人执行职务的，以“妨碍公务执行罪”追究。公证人不从国家领薪俸，而是从收费中支取。《日本公证人法》第11条规定：“公证人由法务大臣任命，并指定所应隶属的法务局或地方法务局。”第18条规定：“公证人应在法务大臣指定的地点设事务所。”

二、我国公证机构概述

我国《公证法》第6条规定：公证机构是依法设立的，不以营利为目的，依法独立行使公证职能、承担民事责任的证明机构。这一条集中体现了现行法律关于公证机构性质的规定。从这一条当中可以看出，现行法律将公证机构的性质规定为一种证明机构。根据《公证法》第6条的规定，公证机构的性质主要包括以下四个方面的内容：

1. 公证机构必须是依法设立的，它体现了公证机构的法定性。依法设立是指公证机构必须依据《公证法》规定的条件和程序设立，公证机构负责人的产生也应符合法定的条件和程序，未依法定条件和程序设立的机构，不得行使公证证明权，办理公证。公证机构所履行的职能是法律赋予的专门证明职能。根据《公证法》的规定，公证机构的业务范围法定，效力法定。

2. 公证机构应当不以营利为目的，它体现了公证机构的非营利性。非营利性是指公证机构的设立不是以营利为目的，具有公益性。公证机构的设立旨在承担部分社会职能，预防纠纷，减少诉讼，因而具有公益性。如果一项公益性事业以营利为目的，则势必与其履行的社会职能相背离，公证机构的非营利性表明公证机构不是企业，不是国家机关，也非一般的中介服务机构。

当然，“不以营利为目的”并不排除公证机构按照规定收取公证费。因为公证机构的公证员通过自己的劳动，来满足当事人的需要，必然要消耗一定的精力和成本，收取公证费一是补充公证机构办理公证的消耗，二是减少不必要的公证。

3. 公证机构应当是依法独立行使公证职能的，它体现了公证机构的独立性。公证法律服务活动，建立在公证与当事人之间双方信任的基础上，当事人请求公证最本质的目的，旨在通过公证人所掌握的法律知识、技术和能力，使双方合意的契约、文书合法化，从而取得证明效力。因此，公证的特性就是其必须以中立的第三方的身份进行工作。如果公证机构不具有独立性，其出具的公证书的公信力就会受到社会的怀疑。

公证机构依法独立行使公证职能并不是不受司法行政机构的监督和指导。我国《公证法》第 5 条规定："司法行政部门依照本法规定对公证机构、公证员和公证协会进行监督、指导。"

4. 公证机构应对执业过错承担民事责任。《公证法》第 41 条和第 42 条规定了公证机构承担行政责任的情形，第 43 条规定了公证机构承担民事责任的情形。该法第 43 条规定："公证机构及其公证员因过错给当事人、公证事项的利害关系人造成损失的，由公证机构承担相应的赔偿责任；公证机构赔偿后，可以向有故意或者重大过失的公证员追偿。当事人、公证事项的利害关系人与公证机构因赔偿发生争议的，可以向人民法院提起民事诉讼。"该条的规定包含了以下几层意思：

第一，明确了对外承担民事责任的主体是公证机构，而不是公证员，更不是司法行政机关和国家。公证员、司法行政机关和国家不是对外承担民事责任的主体，也就不对外承担连带民事责任。

第二，明确了何种情形下公证机构承担民事责任。公证机构及其公证员必须要有过错，如果没有过错则无须承担法律责任。过错包括故意和过失两种情形，过失是指公证机构及公证员违反了特殊行业应负有的特殊的"注意"义务。判断公证员是否有过错，应当根据不同公证事项的办证规则所确定的标准来衡量。

第三，明确了公证机构承担民事责任的前提是应当要有损失，没有损失不予赔偿。

第四，明确了公证机构承担的民事责任为相应的民事法律责任，相应的民事法律责任即直接的损失责任。赔偿方式是首先由公证责任保险方支付，保险金不足时用公证机构的财产支付。

第五，明确了公证机构对过错公证员的追偿权。公证机构对外承担赔偿责任后，有权对有故意或重大过失的公证员进行追偿。

综上，我国《公证法》确定了公证机构的性质是证明机构。公证机构是我国法律明确规定的唯一的证明机构，我国的公证证明权统一由公证机构行使。公证证明是特定的主体通过特定的程序对特定的事项进行证明并产生特定效力的活动。公证证明不同于普通证明，它与合同鉴证、认证、律师见证有本质的区别。

我国台湾地区在 2001 年 4 月以前，一直实行法院公证人制度。1999 年，我国台湾地区颁布了新修订的"公证法"，并于 2001 年 4 月 23 日施行，对公证制度进行了重大改革，引进了民间公证人制度，采用法院公证人与民间公证人并存的双轨制。我国台湾地区"公证法"第 1 条规定："公证事务，由法院或民间公证人办理之。"

香港的法律公证业务被列为事务律师业务的一部分，不存在专门的公证机构和专门的公证人，公证人又称"法律公证人"或"公证事务律师"。

第二节　公证机构的任务

公证机构的任务是指公证机构在依法履行公证职能的过程中，应当努力做到或达到的目标。从立法上来看，现行《公证法》关于公证机构的任务的规定主要体现在《公证法》第1条和第2条。归纳起来，公证机构在依法履行国家公证职能的过程中，应当努力完成以下四个方面的任务。

一、依法证明民事法律行为、有法律意义的事实和文书的真实性与合法性

公证制度是国家的一项法律制度，它是国家司法制度的重要组成部分。国家设立公证机构的目的是为社会提供具有普遍证明力的公证证明，保护国家、社会和公民的合法权益。

公证机构是证明机构，公证机构的这一性质决定了公证机构的任务。根据《公证法》第2条的规定，公证机构的首要任务是根据自然人、法人或者其他组织的申请，按照法定程序，对于无争议的民事法律行为和具有法律意义的事实、文书予以确认并出具公证证明的文书，证明其真实性与合法性，赋予其法律上的证明效力。公证机构通过证明活动，帮助、引导公民、法人和其他组织从事各种合法的民事、经济活动，稳定当事人之间的民事权利义务关系，并教育和监督当事人正确行使民事权利，认真履行民事义务，从而避免出现虚假的事实和违法的行为。

二、预防纠纷，减少诉讼，维护社会经济秩序

公证机构对公民、法人或者其他组织申请公证的事项，经审查，认为申请所提供的证明材料真实、合法、充分，申请公证的事项真实、合法的，应当依法出具公证书，赋予其法律上的证明效力。对于当事人申请的不真实、不合法的公证事项，公证人员应事先向当事人宣传法律，讲明道理，帮助和指导当事人加以修正，再予以公证。这样就排除了隐患，及时制止了违法现象的发生，使当事人之间的民事和经济法律行为一开始就置于公证制度的保护与监督之下，把可能的纠纷消灭在发生前。对当事人的民事法律行为、具有法律意义的事实和文书进行公证，即使以后发生纠纷，由于公证机构出具的公证书具有证明效力，也有利于人民法院及时地认定案件事实、解决纠纷。公证是最早介入民事活动和经济活动的一种法律手段，通过公证机构的公证行为可以规范法律行为，预防纠纷，减少诉讼，制止不法行为，维护正常的社会秩序。

三、教育公民自觉遵守法律，维护社会主义法制

公证机构既是社会主义法制的执行者和维护者，又是社会主义法制的宣传者。公证机构结合自己的业务，通过生动的公证案例，向人民群众进行法制宣传。公证

机构在办理公证过程中，通过向当事人提供法律咨询，制定、修改和完善法律文书等多项业务活动，向当事人和广大人民群众宣传法律知识，使广大人民群众知法、守法、树立法制观念，引导他们在国家法律、政策允许的范围内进行各种民事、经济活动。同时使民众学会运用法律武器，同一切违法犯罪行为作斗争，保障国家、社会和公民的合法权益，维护社会主义法制。

四、促进国际间的友好交往，保护中外当事人的合法权益

随着世界经济全球化与一体化的发展趋势，我国的对外交往活动日益频繁，这种交往不仅体现在经济、贸易、技术与文化的交流与合作等方面，还体现为各国人民之间的交往活动日益增多。在这种频繁的对外交往活动中，会产生大量的涉外民商事法律关系。按照国际惯例，在不同国家公民和法人组织之间进行的民商事活动中，对许多有关的法律行为、有法律意义的事实和文书，例如法人资格，科技人员的学历、经历、职称，未受刑事制裁等，都需要办理公证才能在域外发生法律效力。我国公证机构开展涉外公证的主要任务，就是保护我国公民、侨胞在域外的正当权益，保证我国对外经济贸易活动的合法和有效，从而维护国家主权和人民的利益，同时也保护外国人在华的合法权益。

第三节　公证机构的业务范围

公证机构的业务范围，又称为公证机构的主管，是指公证机关根据当事人的申请，依据法律规定，所能够办理的公证事项和其他相关法律事务。公证机构的业务范围所解决的是公证机构可以对哪些事项进行公证的问题，它是我国公证法律制度的重要组成部分。确定公证机构的业务范围，有利于公证机构积极开展公证业务，有利于公民、法人或其他组织及时对应予公证的事项申请公证，使其合法权益及时得到保护。

根据《公证法》第 2 条的规定，公证是公证机构根据自然人、法人或者其他组织的申请，依照法定程序对民事法律行为、有法律意义的事实和文书的真实性、合法性予以证明的活动。按照公证机构的公证活动是否直接证明特定事项内容的真实性与合法性，可以将公证机构的业务范围划分为证明业务与非证明业务，后者又称与证明活动有关的法律事务。

一、公证机构的证明业务

根据《公证法》第 11 条第 1 款的规定，自然人、法人或其他组织可以向公证机构申请办理的 11 项公证事项，内容涉及民事法律行为、有法律意义的事实和文书三个方面，具体包括：（1）合同；（2）继承；（3）委托、声明、赠与、遗嘱；（4）财产分割；（5）招标投标、拍卖；（6）婚姻状况、亲属关系、收养关系；（7）出生、生存、死亡、身份、经历、学历、学位、职务、职称、有无违法犯罪记录；（8）公

司章程；（9）保全证据；（10）文书上的签名、印鉴、日期，文书的副本、影印本与原本相符；（11）自然人、法人或者其他组织自愿申请办理的其他公证事项。

根据公证事项是否必须公证进行划分，又可以将公证机构的证明业务分为自愿公证事项与法定公证事项。

（一）自愿公证事项

公证机构的证明是公证机构最主要、最基本的业务，根据《公证法》第11条第1款的规定，公证机构根据自然人、法人或者其他组织的申请，可以办理上述11项公证事项的公证业务，也就是说，这11项证明业务的公证程序的启动来源于当事人所提出的申请，当事人可以根据实际情况，自行决定是否向公证机构申请办理公证，这也就是所谓的自愿公证事项。

1. 对法律行为的公证

（1）合同

合同是一种法律行为，而且是法律行为的一种重要形式。合同有广义与狭义之分，广义的合同是指一切产生权利义务关系的协议，包括民事合同、劳动合同、行政合同等，狭义的合同是指《中华人民共和国合同法》（以下简称《合同法》）规范的合同，即民事合同。我国《合同法》规定，合同是平等主体的自然人、法人、其他组织之间设立、变更、终止民事权利义务关系的协议，这里所谓的合同显然是狭义的合同。但是作为公证事项之一的合同公证，不仅包括《合同法》中所列举的15种合同的公证，还包括在《合同法》规范之外的其他合同类型的公证，例如劳动合同、土地承包经营合同、企业承包经营合同等其他合同的公证。

对法律行为的公证，是公证机构办理最多的一项公证业务，而合同公证又是法律行为公证中最常见的。合同当事人依法向特定执业区域内的公证机构申请办理合同公证，可以有效地防止因签订合同的当事人不符合法律规定的资格，或者因合同条款不完善甚至内容违法等导致合同的法律效力受到影响，进而有效地保障了交易安全。

（2）继承

继承是继承人依法承受被继承人生前所遗留的个人财产的民事法律行为。《中华人民共和国继承法》规定，继承从被继承人死亡时开始，遗产是公民死亡时遗留的个人合法财产。继承有法定继承和遗嘱继承两种形式。为了保证继承行为依法进行，预防继承和遗产分割方面的纠纷，保护自然人的合法权益，继承人可以在继承遗产时向公证机构申请办理继承公证。公证机构通过办理当事人申请的继承公证，审查该行为内容的真实性与合法性，确认继承人的继承权与被继承财产的产权，提高继承行为的公信力，从而达到预防纠纷之目的。

（3）委托、声明、赠与、遗嘱

委托、声明、赠与、遗嘱这四项行为均属于单方民事法律行为，行为大都涉及行为人单方面处分民事权利的内容。行为人办理公证，可以增强行为的证明效力和公信力，更容易取信于他人，从而顺利达到实施这些行为的目的。

关于委托、赠与、遗嘱的公证将会在以后的章节中详细介绍，在此只简单地介绍关于声明的公证。申请人在涉外的民事活动中，为主张权利、放弃权利或承担义务而发表声明的，一般要求办理声明书公证。申请办理声明书公证应提交如下证件：1）申请人的身份证、户口簿或其他身份证明；2）声明人草拟的声明书；3）与声明书内容有关的材料，如放弃财产权利声明应提交其享有该项财产权利的证明；4）法人（企业）申办的应提交法人资格证明、营业执照、法定代表人身份证明，如法定代表人委托代理人申请的，还应提交法定代表人的授权委托书及代理人身份证明；5）个人放弃继承权的应亲自到公证处办理。

（4）财产分割

财产分割，俗称析产，是财产共有人分配共有财产的行为。常见的财产分割有家庭共有财产分割、夫妻共有财产分割、合伙共有财产分割、共同继承或受益的财产分割等。财产分割的形式一般为共有人之间形成了有关财产如何分割的协议，协议当事人可以向公证机构申请办理财产分割公证。

财产分割公证，是指公证机构依法证明当事人之间签订的共有财产分割协议的真实性、合法性的活动。财产分割协议公证，涉及动产的由当事人住所地、经常居住地、分割行为发生地的公证机构受理；涉及不动产的由不动产所在地公证机构受理。协议各方当事人应向公证处提交如下证明材料：1）各方当事人的身份证明（户口簿、身份证、营业执照等）；2）共有财产的产权证明；3）分割协议书草稿等。办理财产分割公证，有利于防止纠纷的发生，维护各共有人的合法权益。

（5）招标投标、拍卖

招标投标、拍卖公证属于现场监督类公证。招标投标公证是指公证机构根据招标方的申请，依照国家法律法规和招标文件的规定，对招标投标各方的主体资格和招标投标文件的真实性、合法性进行审查，对招标投标程序进行现场监督，并证明其真实性与合法性的活动。随着我国经济体制的改革与市场经济的发展，为促进竞争，形成良好的经济秩序，招标在城建、科研、机电设备引进、工业企业租赁经营等部门和行业中已广为实行。对招标活动进行公证是完善招标体制，使之纳入社会主义法制轨道的一个重要措施。为此，司法部于1992年10月发布实施了《招标投标公证程序细则》，使公证机构在依法开展此项业务时，有章可循，在操作程序上也更加规范和严谨，以免公证监督流于形式。办理招标投标、拍卖等各类现场监督公证，对于保证《中华人民共和国招标法》、《中华人民共和国拍卖法》等法律法规的贯彻实施将起到重要作用。

例如：

某银行新建一办公大楼，拟对其中的计算机房及计算机房专用空调工程进行公开招标。为保证整个招标活动的真实性、合法性，该行向公证处提出了公证申请。公证员在正式受理之前，根据《招标投标公证程序细则》的有关规定，首先重点审查了申请人的招标资格及招标文件的合法性，在确认其符合《招标投标公证程序细则》第7条规定的受理条件后，公证处于当日正式受理了该行的招标公证申请。

根据该行招标书的规定，两个项目的开标活动分两次在某饭店举行。在此阶段公证员重点审查的是投标书是否有效。有效标书应密封完好，投标文件按招标文件规定的内容、格式填写和编制完善，且投标文件上投标人的单位公章及法定代表人或其委托代理人的签字属实。经过现场检查，发现有一份投标书缺少法定代表人签字和单位公章，有一份投标书未密封，属《招标投标公证程序细则》第19条中所列的无效标书情况，因此被宣布为无效标书。对随后的评标和决标活动进行公证，公证员重点审查、监督其整个过程是否符合公正性和保密性的要求。根据《招标投标公证程序细则》第24条的规定，评标结束后，公证人员当场宣读公证词，对整个招标活动的真实性、合法性予以证明，并依法出具招标公证书。

2. 对有法律意义的事实的公证

（1）婚姻状况、亲属关系、收养关系

以上三项均属于有法律意义的事实。婚姻状况公证，是指公证机构根据申请人的申请，依法对其未婚、已婚、离婚状况法律事实的真实性、合法性予以证明的活动。办理婚姻状况公证，由当事人住所地或事实发生地的公证机构受理。亲属关系公证是公证处根据当事人的申请依法对申请人因血缘、婚姻、收养而与他人产生的相互关系的真实性、合法性予以证明的活动。收养关系公证即公证机构根据申请人的申请，依法对其建立、存在、解除收养关系的法律事实的真实性、合法性予以证明的活动。当事人办理婚姻状况、亲属关系、收养关系公证，一般是为了证明某种特定的人身关系（尤其是家庭成员之间的人身关系），对于维护和保障人身权利，促进家庭和睦和社会稳定具有重要意义。

（2）出生、生存、死亡、身份、经历、学历、学位、职务、职称、有无违法犯罪记录

这些都属于有法律意义的事实。当事人对上述有法律意义的事实申请办理公证，通常是为了发往中国境外使用。在对外交往活动中，一国公民在向他国申请办理签证等事务时，经常被要求提供相关公证书，国家与国家之间一般都相互承认对方国家公证机构所出具的公证书的效力。

3. 对具有法律意义的文书的公证

（1）公司章程

公司章程是具有法律意义的文书，是公司设立的主要条件和重要文件之一，是确定股东之间权利义务关系的基本法律文书。一般认为，公司章程是关于公司组织和行为的基本规范。正因为如此，许多国家在相关法律中都明确规定公司章程应当经公证人公证。但我国《公证法》将其列为自愿公证事项，当事人可以自主决定是否将本公司的章程向公证机构申请公证。办理公司章程公证，有利于确保章程的真实性、合法性，有利于依法加强对公司设立行为的规范和管理。

（2）文书上的签名、印鉴、日期，文书的副本、影印本与原本相符

文书上的签名、印鉴、日期是文书生效的必要条件和重要内容，是文书制作单位和个人对文书内容负责的书面意思表示和凭据。文书签名、印鉴、日期公证是指公证机构根据当事人的申请，依法对具有法律意义的文书上的签字人的签字及日期和文书制作单位所加盖的印鉴及日期的真实性、合法性予以证明的活动。上述文书主要包括：学位证书、学历证书、技术等级证书、驾驶证、夫妻关系证明书等。文书的副本与原本相符，是指在同时存在文书原本和副本的情况下，经公证机构加以证明，确认文书的副本与原本相符合，使得副本与原本具有同等法律效力。文书的影印本与原本相符，是指公证机构通过证明，确认文书的影印本（即复印件）与原

本相符，以便文书的使用人采证。

（3）债权文书

在此需要特别指出的是，在全国人大常委会讨论《公证法（草案）》时，有人建议应当在自愿公证事项中增加规定“赋予债权文书强制执行效力”公证事项。关于赋予债权文书的强制执行效力，在过去的《公证暂行条例》中是作为一项公证业务加以规定。考虑到现行《公证法》已经在第37条对公证债权文书的强制执行效力作了具体规定，并且关于债权文书的公证将在第7章“公证的效力”中进行详细的阐述，这里就简单地介绍一下对债权文书进行公证的相关内容。

对债权文书进行公证，是公证机构开展的一项重要业务。公证机构根据当事人的申请，依据规定对债权文书进行公证后，该债权文书即具有了执行效力。当债务人不履行债务或者履行债务不适当时，债权人可以不经过诉讼或者仲裁程序，直接向有管辖权的人民法院申请强制执行。

公证机构在办理债权文书公证时，应当就以下事项进行审查：1）公证债权文书的内容是否具有给付金钱、物品、有价证券等单方义务。可以办理强制执行公证的文书仅限于追偿金钱之债、物品和有价证券，同时，这种给付义务应为单务性质。因为在双务合同中，当事人双方互负给付义务，当事人的权利和义务处于不确定状态，会随着合同的履行不断地发生变化，不符合债权必须确定且无疑义的特征，因此，公证机构无法对其中一方的给付义务进行公证并赋予其强制执行力。2）债权债务关系明确，债权人和债务人对债权文书有关给付内容无异议。债权文书中应当对债权额、履行债务的期限、地点、履行方式等内容作出明确的规定，债权人和债务人对债权文书中的内容没有任何的争议。3）债权文书中载明债务人不履行义务或不适当履行义务时，债务人愿意接受依法强制执行的承诺。债权文书必须有债务人愿意接受强制执行的承诺，如果债务人未表示或者表示的意思不明确，则表明债务人未放弃诉权，债权人只能通过诉讼或者仲裁程序解决纠纷，而不宜在债务人未履行债务时，直接向人民法院申请强制执行。德国、奥地利、日本等国家的法律，也要求债权文书应当载明债务人愿受即时强制执行的意志或声明，或者债务人在该债权文书中明确承认该公证文书具有即时执行的效力。

当事人对债权文书进行公证一般是在合同履行之前向公证机构提出。但是，如果合同履行之前债权文书未经公证，而在合同履行过程中，债权人向公证机构申请公证的，公证机构经审查认为符合规定的条件的，也可以依法赋予债权文书以强制执行效力。公证机构对于事实清楚，证据充分，符合规定条件的债权文书，应当依法出具“具有强制执行力债权文书公证书”。

4．保全证据公证

保全证据公证是指公证机构对于日后可能灭失或者难以取得的证据，依法事先加以提取、收存、固定、描述，以保持该证据的真实性和证明力的措施。根据公证保全的证据形式的不同，保全证据公证通常可以分为：对证人证言及当事人陈述的保全公证；对书证、物证、视听资料和计算机软件的保全公证；对行为过程的保全公证等。我国《民事诉讼法》第69条规定，经过法定程序公证证明的法律事实和文书，人民法院应当作为认定事实的根据，但有相反证据足以推翻公证证明的除外。

这是公证的证明效力在法律上的具体体现。对于公证机构出具的保全证据公证书，人民法院和仲裁机构应当直接作为证据证明案件的事实，但有相反证据足以推翻公证书的除外。

在理论界关于证据保全应否作为公证的事项之一尚存在争议。不赞成将保全证据作为公证事项的理由主要在于保全证据公证与司法机关的证据保全容易发生冲突，但是基于公证实践中保全证据公证在维护当事人的合法权益方面发挥的重要作用，《公证法》仍将此列为公证事项之一。当然，司法行政部门和公证机构应当更加规范保全证据公证的相关问题，特别是要处理好公证保全证据和诉讼保全证据的关系，保证公证质量。

5. 自然人、法人或者其他组织自愿申请办理的其他公证事项

这其实是一个兜底条款，是对前10项未能穷尽列举的公证机构可以办理公证的事项的概括性规定。例如，民事法律行为中的票据背书公证、寄养行为公证、认领亲子公证等，有法律意义的事实中的国籍公证、健康状况公证、不可抗力事件公证、海损公证等，有法律意义的文书公证中的文书的节本、译本与原本相符公证，以及专利注册证书公证、商标注册证书公证、股东会或董事会决议公证等内容。对于这些公证申请事项，自然人、法人或者其他组织自愿申请办理公证的，只要符合真实性与合法性原则的，公证机构都可以办理。

（二）法定公证事项

在公证的证明业务中，与上述自愿公证事项相对应，还有法定公证事项。所谓法定公证事项，是指自然人、法人或者其他组织对于法律或者行政法规中规定应当办理公证的事项，应当依法向公证机构申请办理公证。根据《公证法》第11条第2款的规定，法律、行政法规规定应当公证的事项，有关自然人、法人或者其他组织应当向公证机构申请办理公证。根据这一规定，法定公证的事项只能由法律、行政法规规定，而地方性法规对此是无权规定的。

国务院颁布的《城市房屋拆迁管理条例》第14条规定：房屋拆迁管理部门代管的房屋需要拆迁的，拆迁补偿安置协议必须经公证机关公证，并办理证据保全。第17条规定：被拆迁人或者房屋承租人在裁决规定的搬迁期限内未搬迁的，由房屋所在地的市、县人民政府责成有关部门强制拆迁，或者由房屋拆迁管理部门依法申请人民法院强制拆迁。实施强制拆迁前，拆迁人应当就被拆除房屋的有关事项，向公证机构办理证据保全。第29条规定：拆迁产权不明确的房屋，拆迁人应当提出补偿安置方案，报房屋拆迁管理部门审核同意后实施拆迁。拆迁前，拆迁人应当就被拆迁房屋的有关事项向公证机关办理证据保全。这类事项被称为法定公证事项或必须公证事项，属于法律、行政法规规定应当公证的事项。当事人依法必须向公证机构申请办理公证，否则，如该事项为民事法律行为，则该行为将会因不具备法律、行政法规规定的形式要件而不发生法律效力。

二、公证机构的非证明业务

公证机构的证明活动是公证机构最主要、最基本的业务，但是除了证明业务外，为了体现公证机构的服务功能，《公证法》还规定公证机构可以办理与证明活动有关

的法律事务，即非证明业务，也是公证机构依法可以办理的辅助性的法律事务。根据《公证法》第12条的规定，公证机构根据自然人、法人或者其他组织的申请，可以办理的非证明业务具体包括以下五类：

（一）法律、行政法规规定由公证机构登记的事务

根据《中华人民共和国担保法》（以下简称《担保法》）第43条的规定，当事人以其他财产（即《担保法》第42条所列财产之外的财产）抵押的，可以自愿办理登记，“登记部门为抵押人所在地的公证部门”。这是现行法律对公证机构办理登记事务的规定。根据《担保法》的规定，当事人以其他财产抵押的，在公证机构办理登记后，即具有对抗第三人的效力。为落实《担保法》的这一规定，规范公证机构的抵押登记活动，2002年2月20日，司法部专门发布了《公证机构办理抵押登记办法》，对公证机构办理抵押登记的程序作出了具体明确的规定。

（二）提存

根据《合同法》的规定，提存是指由于债权人的原因而无法向其交付合同标的物，债务人就该标的物交给提存机构而消灭债务的一项法律制度。所谓的“债权人的原因”主要包括债权人无正当理由拒绝受领、债权人下落不明、债权人死亡未确定继承人或者丧失劳动能力未能确定监护人等。《合同法》规定的提存主要是以清偿为目的的。除此之外，我国《担保法》中还规定了以担保为目的的提存。为了加强对提存公证业务的管理，保证提存公证质量，1995年6月2日，司法部在总结以往提存公证工作实践的基础上，发布了《提存公证规则》，对公证机构办理提存公证的原因、条件、程序和法律效力等作了更为明确、具体的规定，具有很强的可操作性。《提存公证规则》既规定了以清偿为目的的提存，也规定了以担保为目的的提存。所谓以清偿为目的，就是通过办理提存使债务消灭；而以担保为目的的提存，乃是以提存作为担保债的履行的一种手段。

从实践来看，如果就公证机构接受并向对方当事人给付提存标的物的行为而言，提存属于与证明活动有关的法律事务。但公证机构接受给付提存标的物都是以其出具的提存公证书为依据的，从这个意义上讲，提存也是一项证明业务。十多年来，全国各地公证机构依法积极开展办理提存公证业务，现在提存公证已经成为一项重要的公证业务，公证机构也成为当事人信赖的专门提存机构。

例如：

甲与乙拟订立矿石购销合同，双方对合同的基本条款达成了一致意见，但在签订合同时，双方当事人就“见货付款”还是“见款发货”发生了分歧。虽然双方都有诚意，但因合同标的较大（近二百万），且此前曾发生过付了款收不到货和发了货收不到款而诉争不止的现象，当事人对采取哪种方式履行合同都存有重重顾虑，双方为此互不相让，造成久商未决、久约未定的局面，在一定程度上对该购销业务产生了不利影响。鉴于此，双方当事人向公证处进行业务咨询。公证处在认真了解双方争执的焦点后，细致地解答了双方提出的问题，并进一步向双方当事人宣讲了“提存公证”在经济交往中所起的重要作用，双方当事人当即提出公证申请。

公证处严格按照司法部《提存公证规则》的规定，认真为当事人办理了公证，

并指导双方在协议中明确约定：由购货方将货款事先交存到公证处在银行的提存账户，然后由公证处书面通知供货方将货物运至指定的地点，由购货方组织人员验收合格，购、供货双方无争议后，由购货方书面通知公证处将款项给付供货方，并由供货方开具收据。若双方在履约过程中发生纷争，则货款冻结于公证处，由双方当事人向人民法院起诉，公证处依据人民法院的生效判决执行货款的给付。双方当事人通过办理提存协议公证，从根本上解决了分歧的焦点，使得购销合同顺利履行。

（三）保管遗嘱、遗产或者其他与公证事项有关的财产、物品、文书

这是对公证机构办理保管业务的规定。公证机构不是专门的保管机构，因此公证机构一般不承担保管义务。但是，在公证活动中，某些当事人因为个人的某种特殊需要，要求将与公证事项有关的财产、物品、文书等提交公证机构保管，公证机构应当予以受理。因此，《公证法》特别强调，公证机构办理的保管业务必须与其办理的公证事项有关，如果不作此限制，当事人将一切他们认为需要保管的文书、财产、物品等都提交公证机构保管，公证机构将不堪重负。公证机构保管的财产、文书一般包括经公证的遗嘱和遗嘱中指明的遗产，以及其他与申请办理公证事项有关的财产、物品、文书等。

另外，公证机构保管财产应当符合适宜保管的原则，不得接受易腐、易烂、易爆和具有放射性以及体积较大等一切不适合保管的财产和物品。公证机构根据当事人的申请保管财产、物品、文书的，应当与当事人签订保管协议书，写明保管文书、财产、物品的名称、种类、数量、保管期限和费用等，明确双方的权利义务关系。

（四）代写与公证事项有关的法律事务文书

公证机构在自然人、法人或其他组织提出申请后，可以为当事人代写与公证事项有关的法律事务文书，这是对公证机构代书业务的规定。在实践中，一些公证申请人因为不具备法律知识，在申请公证时，无法提交其申请办理公证所需的法律文书，如遗嘱、委托书、声明书、合同等。公证机构可以根据申请人的请求，代其撰写法律文书。考虑到公证机构的特殊性质，《公证法》将公证机构代书业务的范围限定在与“公证事项有关”的范围之内。因此，对于那些与办理公证无关的法律事务文书，公证机构一般不予代写。公证机构在起草与公证事项有关的法律事务文书时，应当尊重申请人的真实意思表示，文书内容应当合法。在存在多方当事人的情况下，必须遵循公平、公正原则，依法维护各方当事人的合法权益。

（五）提供公证法律咨询

公证机构是向社会提供专业法律服务的证明机构，公证机构的主要组成人员——公证员均为法律专业人员，因此公证机构完全有能力就当事人提出的有关公证法律问题提供咨询意见。对于当事人就有关公证法律事务向公证机构提出的咨询，公证机构应当依法提供准确、可靠的咨询意见，供其在处理相关事务时参考。根据当事人的需要，公证机构既可以提供口头公证法律咨询，也可以出具书面的法律意见。为了规范公证法律咨询业务，2003 年，司法部专门制定了公证机构出具法律意见书的格式（要素式格式），现在正在一些公证机构试行。司法部将在试行工作的基础上，总结经验，对公证法律意见书的格式加以完善，逐步在各地公证机构推广使用。

本章思考题

1. 公证机构的性质是什么？怎么理解？
2. 公证机构的任务有哪些？
3. 公证机构的证明对象有哪些？
4. 公证机构的证明对象与其业务范围是什么关系？

第十五章
公证机构的管理体制

第一节　公证机构的设置

一、我国公证机构设立的模式

二、公证机构设立的条件

三、公证机构设立的程序

四、公证机构负责人

第二节　公证机构的管理体制

一、行政监督指导与行业自律相结合

二、司法行政机关的行政管理

三、公证协会的行业自律

□·本章导读·□

公证机构的管理体制，是指国家司法行政管理部门和公证协会对公证机构的监督管理及其监督管理权限的规定。公证是独立的法律行业，公证处是直接向社会提供法律服务的机构，有其特有的运行规律和管理需要。科学的公证机构管理体制应包括两个不可分割的方面，即行政管理和行业管理。公证机构接受国家的监督管理是各国的通例，同时世界各国也普遍规定了公证人协会对公证行业的自律性管理。目前大陆法系的德国即采用这种体制对公证机构进行管理。德国的公证人管理体制是建立在公证公职性和自由职业性的基础上的：基于公职性，法院、司法行政机关代表国家对公证人行为的合法性进行强力监督；基于自由职业性，法院、司法行政机关的监督不得干预其具体执业行为，由公证人协会执行对公证人执业道德、执业纪律及执业规范程度的监督。

我国在《公证法》出台之前，一度实行按照行政机关的模式来管理公证机构。在这种体制之下，主要有以下表现：公证机构由国家设立，其人员编制由国家决定；公证处的经费、公证人员的工资福利由国家统包；公证处隶属于各级司法行政机关，形同司法行政机关的一个职能部门；公证处从机构设置、组织领导、经费管理到人员培训以及业务活动，均由司法行政机关统管。

应当肯定的是，公证机构自恢复重建以来，按照这种体制进行管理，积极办理公证事项，为我国公证制度的迅速发展起到了一定的促进作用。但是由于这种公证机构管理体制与公证机构的性质不符，并且随着我国政治、经济体制改革的不断深入，这种管理体制也越来越不利于公证工作的开展，所以迫切地需要对公证制度加以改革。当前，随着《公证法》的颁布与实施，我国逐渐开始推行一种具有我国特色的“两结合”管理体制，即将司法行政部门的行政管理，即行政监督指导，与公证协会的行业自律管理相结合的管理制度。

第一节　公证机构的设置

一、我国公证机构设立的模式

（一）四级公证处模式

新中国成立初期，我国没有设立专门的公证机构，公证职能由人民法院行使。1950 年前后，北京、天津、上海等大城市的人民法院相继设立了公证处办理公证业务。1951 年 9 月 4 日中央人民政府公布的《中华人民共和国人民法院暂行组织条例》规定，公证职能由人民法院行使。1954 年 9 月 21 日第一届全国人民代表大会第一次会议通过《中华人民共和国人民法院组织法》后，公证工作移交司法行政机关主管，并正式筹建国家公证机关。1956 年 7 月 10 日，国务院批准了司法部的《关于开展公证工作的请示报告》。该报告规定，在直辖市和 30 万人口以上的市设立公证处，受当地司法行政机关直接领导；人口不满 30 万的市和侨眷较多的县，如不具备条件设立公证处，则应在市中级人民法院或在市、县人民法院内附设公证室，其业务由省、自治区司法行政机关授权法院院长负责领导。1959 年，随着司法行政机关被撤销，绝大多数公证处随之撤销。1979 年司法部重建之后，决定恢复重建全国的公证机构。

1982 年国务院颁布的《公证暂行条例》第 5 条对公证机构的设置进行了规定：“直辖市、县（自治县，下同）、市设立公证处。经省、自治区、直辖市司法行政机关批准，市辖区也可设立公证处。”根据这一规定，直辖市、县、市必须设立公证处；市辖区是否设立公证处，由省、自治区、直辖市司法行政机关决定。《公证暂行条例》颁布实施后，为适应改革开放和经济发展的需要，司法部提出公证机构的设置要向上、向下、向外延伸，规定省、自治区可以设立公证处；经司法厅批准，报司法部备案，可以设立自治州公证处。这样我国就建立起了四级公证处体制，即国家公证处（后改名为“长安公证处”），省级公证处，市级公证处，县（市辖区）级公证处。同时，《公证暂行条例》规定：“公证处之间没有隶属关系。”各公证处不管设立于何级行政区划内，都是平等的。也就是说，在法律地位上，各公证处都具有独立法人地位，相互之间权利平等，不存在行政上的领导与被领导的关系，各自受所在地的司法行政机关的领导；在公证执业区域上，各公证处之间由于无上下级关系，各有其相互平等的执业区域范围，因而公证处之间就案件受理发生争议不能协商解决时，由其共同的上级司法行政机关指定某个公证机构受理；在公证业务上，各公证处独立办理业务，不受其他公证处的干涉；在公证效力上，各公证处所出具的公证文书具有同等的法律效力。

这种模式在一定程度上促进了公证处之间的竞争，推动了公证的发展。然而，随着市场经济和公证制度的深入发展，这种体制也暴露了一些弊端，主要表现在：

第一，公证处的名称具有浓厚的行政色彩，造成公证处地位的不平等。在这种四级公证处体制下，公证处是依照行政区划而设立的，就必然导致一个辖区内存在省、市、县（区）公证处不同等级的差异。公证处以省、市、区命名，更强化了这种事实上的不平等，形成了各公证处竞争不平等的局面，首先导致的是混乱的场面，扰乱了人们对公证文书效力一致性的看法，这不利于国家统一规范公证行为。

第二，无序的竞争导致公证质量的下降。在四级公证处体制之下，尽管在一定程度上促进了公证处之间的竞争，但是由于这种四级分设的体制在事实上导致了各公证机构之间的不平等，这在很大程度上也导致了无序的竞争。另外，公证机构由国家财政扶持转变为自收自支的单位，也不利于公证机构之间的竞争。为了在竞争中获得更加有利的地位，公证机构的商业属性越来越膨胀，而公证职能一旦商品化了，便难以保证公证质量。

由此可见，在1982年《公证暂行条例》规范下建立的四级公证处体制与公证事业的长远发展是不相适应的。在新的形势下，应当构建适应社会主义市场经济发展需要的公证机构的合理布局。

（二）现行公证机构的设置模式

《公证法》第7条规定：公证机构按照统筹规划、合理布局的原则，可以在县、不设区的市、直辖市或者市辖区设立；在设区的市、直辖市可以设立一个或若干个公证机构。公证机构不按行政区划层层设立。《公证机构执业管理办法》第8条规定：公证机构可以在县、不设区的市、设区的市、直辖市或者市辖区设立；在设区的市、直辖市可以设立一个或者若干个公证机构。公证机构不按行政区划层层设立。本条针对四级公证处体制的弊端对公证机构的设置作了相应的调整：

第一，明确了公证机构设置的原则，即统筹规划，合理布局。“统筹规划”旨在说明公证不是市场行为，“统筹规划”也意味着公证机构的设立要实行总量控制，而不是随意设置。“统筹规划，合理布局”是指要从本地的实际情况出发，以可持续发展的眼光，本着方便当事人的原则，科学、合理地确定公证机构的设置。各地要根据地区经济发展程度、人口数量、交通状况和对公证业务的实际需要等情况确定公证机构的设置。综合上述因素，在经济相对发达的地区，要争取设立两个或两个以上的公证机构，形成一个规范、有序、适度竞争的公证执业环境；在经济相对不发达的地区，可以只设立一个公证机构；在不具备设立条件的地区，可不再设立公证机构。

第二，明确了在国家、省一级、地区、盟、州不再设立公证机构，但允许继续在直辖市设立公证机构。

第三，明确了公证机构可以在县、不设区的市、设区的市、直辖市或者市辖区设立。

第四，明确了公证机构设置的数量。在设区的市、直辖市可以设立一个或者若干个公证机构。

第五，明确规定了公证机构不按行政区划层层设立。对于设区的市、直辖市来说，同一城市公证机构只能是同一层级，不再出现两个层级的公证机构。如果在设区的市、直辖市设立公证机构，在城区范围的市辖区就不再设立；如果城区范围的市辖区设立公证机构的，市就不再设立。

通过这一规定可以看出，公证机构在同一层级设立，将公证机构整体设立在一个平台上，各公证处主体地位平等。其旨意也就在于实现各公证处在法律上和事实上的平等，平等主体的适当公平竞争有利于提高公证效率和公证服务质量，进而提高公证质量和公证公信力。

二、公证机构设立的条件

公证机构是依法设立，不以营利为目的，独立行使公证职能、承担民事责任的证明机构。公证机构以自己的专业知识向社会提供公证法律服务。公证机构向社会提供的是两种特殊产品：一种是特殊有形产品——公证书；另一种是特殊无形产品——公信力。这种特殊性就要求公证机构必须要具备一定的条件才能设立。通过规定比较严格的行业准入机制，能够提高整个公证行业的公信力，保障公证行业的健康发展。

公证机构作为证明机构，具有区别于其他成员利益的团体利益，其独立承担民事责任需要一定的条件。根据《公证法》第 8 条的规定，设立公证机构，应当具备以下四个方面的条件：

第一，公证机构应当有自己的名称。名称是公证机构区别于其他单位或者公证机构的显著标志。“公证”是专有名词，只能由公证机构专门使用，其他任何单位和个人都不能使用。公证机构成立后，对自己的名称享有权利，其他任何单位和个人都不得侵犯。

第二，公证机构应当有固定的场所。固定场所是指在一定时期内具有相对稳定的办公场所，包括自有的场所和租用的场所。拥有固定的办公场所，是公证机构能独立承担民事责任的基础和前提，是公证机构独立享有民事权利和承担民事义务的物质基础。拥有固定的场所，可以方便当事人办理公证事项，向当事人提供更加优质的服务。如果一个公证机构没有固定的办公场所，则不能给社会大众提供一个稳定的预期，其公信力就会大打折扣。

第三，公证机构应当有两名以上公证员。公证是一种专业性很强的法律服务，必须由具备比较深厚的法学知识基础、比较丰富的法律实践经验、良好的道德水准的公证员担任。公证员是公证机构的主要组成人员，公证机构必须拥有一定数量的公证员，才能对外开展业务。拥有两名公证员是设立一个公证机构的最低标准，低于两名公证员，不得设立公证机构。

第四，公证机构应当有开展公证业务所必需的资金。公证机构有必要的资金是公证机构独立承担民事责任的基础和前提。有一定数量的资金有利于保障必要的办公设备，如购买独立办公用房、公证书专用纸保管用房、电脑、办公用车等。公证机构独立承担民事责任，是它拥有独立财产的必然反映和结果。一个有着较好资信的公证机构，能够更加容易获得社会的认可，其公信力得到提高。不具备开展公证业务所必需资金的不得设立公证机构。根据《公证机构执业管理办法》第13条的规定，公证机构的开办资金数额，由省、自治区、直辖市司法行政机关确定。在此可以参照2000年9月4日司法部《关于贯彻〈关于深化公证处工作改革的方案〉的若干意见》规定的标准。该意见规定：各公证处应按《关于深化公证处工作改革的方案》的要求尽快建立法人财产制度。公证处的法人资产应在30万元以上。根据该规定，公证机构在设立时，其开展业务所必需的资金不得少于30万元。

在《公证法》实施后拟设立的公证机构，应完全达到上述四个方面的要求才能许可设立；在《公证法》实施前已经建立的公证机构也要在合理的期限内达到该标准。

三、公证机构设立的程序

（一）公证机构设立的原则

公证机构的设立是指依照法定程序，公证机构得以成立并获得办理公证业务的资格过程。设立公证机构必须要按照法律规定的程序进行，任何未经法定程序设立的公证机构都是非法的。

一国公证机构设立的程序与其机构设立的原则密切相关。机构设立的原则在世界范围内主要有如下几种：（1）自由设立主义，即国家对于机构的设立，不加以任何干涉，不作任何限制，完全由当事人自由决断；（2）特许设立主义，即机构的设立需有专门的法令或国家特别许可；（3）许可设立主义，又称核准设立主义，指机构设立时除了应符合法律规定的条件外，还须经过主管行政机关的批准，主管行政机关依照规定进行审查，作出批准或不批准的决定；（4）登记主义，也称准则设立主义，指法律预先规定机构成立的条件，一旦符合成立条件，无须经主管部门批准，就可直接到登记机关进行登记，机构即可成立；（5）强制设立主义，即国家以法令规定某种行业或某种情况下必须设立一定机构。

我国《公证法》第9条规定，设立公证机构，由所在地的司法行政部门报省、自治区、直辖市人民政府司法行政部门按照规定程序批准后，颁发公证机构执业证书。在我国设立公证机构，除应当符合《公证法》规定的条件外，还需经省、自治区、直辖市人民政府司法行政部门批准。因此，我国公证机构的设立采取的是许可设立主义原则。

（二）公证机构审批程序

根据《公证机构执业管理办法》第14条的规定，设立公证机构的审批权依法属于省、自治区、直辖市人民政府司法行政部门，其他任何机关无权批准公证机构的设立。所在地的司法行政部门具体是指县司法局、不设区的市司法局、市辖区司法局等。在直辖市设立的，由直辖市人民政府司法行政部门自行依规定程序批准设立。

设立公证机构，由所在地司法行政机关组建，逐级报省、自治区、直辖市司法行政机关审批。申请设立公证机构，应提交下列材料：（1）设立公证机构的申请和组建报告；（2）拟采用的公证机构名称；（3）拟任公证员名单、简历、居民身份证复印件和符合担任公证员条件的证明材料；（4）拟推选的公证机构负责人的情况说明；（5）开办资金证明；（6）办公场所证明；（7）其他需要提交的材料。

省、自治区、直辖市人民政府司法行政部门在审批时，应当依法审查如下内容：

第一，该公证机构的设立是否符合统筹规划、合理布局的原则。

第二，该公证机构的设立是否符合公证机构设立的规则，即《公证法》第 7 条的规定。

第三，该公证机构是否已经具备了《公证法》所要求的四项条件。

第四，报送的主体是否正确。即是否由所在地的司法行政部门逐级报送审批。

省、自治区、直辖市司法行政机关应当自收到申请材料之日起 30 日内，完成审核，作出批准设立或者不予批准设立的决定。对准予设立的，颁发公证机构执业证书；对不准予设立的，应当在决定中告知不予批准的理由。批准设立公证机构的决定，应当报司法部备案。

公证机构执业证书，是公证机构享有公证证明权的标志，没有公证机构执业证书，不得以公证机构的名义从事公证证明活动。公证机构应当按照公证机构执业证书载明的权限办理公证事项，不得逾越此范围。

四、公证机构负责人

依法设立公证机构，不仅包括公证机构的设立要符合法律规定的规则、条件和程序，还包括公证机构负责人的任职条件、产生方式及其产生程序也应符合法律规定的要求。

（一）公证机构负责人的任职条件

公证机构的负责人是指在公证机构担任领导并担负责任的人，包括公证机构的主任、副主任。公证机构是向社会提供专业法律服务的证明机构，为了保障服务的质量，必须保证公证执业活动的主体即公证员具有与从事这项工作相适应的综合素质，因此《公证法》有关条款对公证员规定了较高的任职条件。而作为公证机构的负责人，他们不但要管理公证机构内部行政事务，更应当熟悉公证业务工作，以便于全面加强对各项工作的指导、管理和监督。为此，必须对公证机构负责人的任职条件进行必要的限制。根据《公证法》第 10 条的规定，公证机构负责人的任职条件主要包括以下两点：

1. 公证机构的负责人必须具有公证员资格。公证机构的负责人只有具有公证员资格，才能执行公证职务，才能保证他们掌握与担任这一职务相适应的业务知识。

2. 公证机构的负责人应当有 3 年以上的执业经验。这是为了确保公证机构的负责人具备必要的公证工作经验。应当说，这一规定是有针对性的。在《公证法》颁布以前，一些地方的司法行政部门出于种种考虑，将一些不具有公证员资格的人员安排到公证机构担任负责人，影响了公证机构业务工作的正常开展。这一做法在《公证法》施行后也得到了纠正。

（二）公证机构负责人的产生方式和程序

《公证法》对公证机构负责人的产生方式、程序与该法施行前相比，有相当大的区别。《公证法》施行前，公证机构的负责人的产生方式主要有两种，即任命制和聘任制。这两种方式的共同特点是公证机构的负责人都直接由同级司法行政机关决定。

综合考虑公证机构与国家机关性质上的差异，为了保证公证机构独立行使公证职能，体现机构内部的民主管理，《公证法》采取以下方式和程序确定公证机构的负责人。首先，由公证机构的组成人员（即包括公证员在内的所有在编人员）按照《公证法》等法律、法规规定的条件和程序以及国务院司法行政部门的有关规定，通过内部酝酿、投票等方式从本公证机构内部推选出本机构的负责人人选。其次，在推选出负责人之后，报请公证机构所在地的司法行政部门核准。所在地司法行政部门经审核，认为公证机构的推选符合条件和程序的，应当予以批准，反之则不予批准。所在地的司法行政部门核准后，应当将核准的情况报所属的省、自治区、直辖市人民政府司法行政部门备案，以备查考。

《公证法》已经于2006年3月1日起施行，在这之后新设公证机构的负责人的产生及原有公证机构的负责人的变更均应符合《公证法》所规定的条件与程序。

第二节　公证机构的管理体制

一、行政监督指导与行业自律相结合

2000年7月31日国务院批准的《关于深化公证工作改革的方案》明确规定，要建立与社会主义市场经济体制相适应的具有中国特色的公证制度。随着公证制度的改革和发展，我国已建立起司法行政机关行政管理与公证协会自律管理相结合的公证管理体制。《公证法》在第一章总则中进一步确立了这一管理体制，明确规定："司法行政部门依照本法规定对公证机构、公证员和公证协会进行监督、指导"，同时也规定了"公证协会是公证业的自律性组织，对公证机构、公证员的执业活动进行监督"。

在行政管理与行业自律管理相结合的公证管理体制下，公证机构管理工作由司法行政机关和公证协会共同完成。两者从不同的角度进行管理，但这两类管理，又不是截然分开的，它们相辅相成，需要各级司法行政机关和各公证协会之间的协调配合才能真正做好。这种"两结合"的公证管理体制，具体地说，司法行政机关监督、指导公证机构工作，主要侧重于组织和队伍建设、法律法规和政策的制定、执业监督处罚等宏观管理；公证协会是公证行业的自律性组织，侧重于行业规范、业务交流和培训、行业奖惩、维护权益等工作。

二、司法行政机关的行政管理

由司法行政部门对公证业实施行政管理，符合我国公证管理实际，也与国外通行做法一致。《公证法》第5条明确规定："司法行政部门依照本法规定对公证机构、公证员和公证协会进行监督、指导。"从法律上确认了司法行政机关与公证机构、公证员和公证协会之间的关系，规定了司法行政部门的管理权限和形式。根据有关法律、法规规定和公证体制改革的有关精神，司法行政机关的监督、指导公证工作主要是对公证机构进行宏观管理。

（一）监督管理的范围

《公证机构执业管理办法》第24条规定：司法行政机关依法对公证机构的组织建设、队伍建设、执业活动、质量控制、内部管理等情况进行监督。根据《公证机构执业管理办法》的相关规定，我国将司法行政机关对公证行业实施的监督管理分为两级，

一级为省、自治区、直辖市司法行政机关，另一级为设区的市和公证机构所在地司法行政机关，两级司法行政机关各有其监督管理的范围：

1. 省、自治区、直辖市司法行政机关对公证机构的下列事项实施监督：（1）公证机构保持法定设立条件的情况；（2）公证机构执行应当报批或者备案事项的情况；（3）公证机构和公证员的执业情况；（4）公证质量的监控情况；（5）法律、法规和司法部规定的其他监督检查事项。

2. 设区的市和公证机构所在地司法行政机关对本地公证机构的下列事项实施监督：（1）组织建设情况；（2）执业活动情况；（3）公证质量情况；（4）公证员执业年度考核情况；（5）档案管理情况；（6）财务制度执行情况；（7）内部管理制度建设情况；（8）司法部和省、自治区、直辖市司法行政机关要求进行监督检查的其他事项。

公证机构存在下列情形之一的，所在地司法行政机关应当进行重点监督检查：（1）被投诉或者举报的；（2）执业中有不良记录的；（3）未保持法定设立条件的；（4）年度考核发现内部管理存在严重问题的。

司法行政机关实施监督检查，可以对公证机构进行实地检查，要求公证机构和公证员说明有关情况，调阅公证机构相关材料和公证档案，向相关单位和人员调查、核实有关情况。公证机构和公证员应当接受司法行政机关依法实施的监督检查，如实说明有关情况、提供相关资料，不得谎报、隐匿、伪造、销毁相关证据材料。

（二）年度考核

公证机构由所在地司法行政机关在每年的第一季度进行年度考核。年度考核，应当依照《公证法》的要求和《公证机构执业管理办法》第 26 条规定的监督事项，审查公证机构的年度工作报告，结合日常监督检查掌握的情况，由所在地司法行政机关对公证机构的年度执业和管理情况作出综合评估。考核等次及其标准，由司法部制定。年度考核结果，应当书面告知公证机构，并报上一级司法行政机关备案。

特别需要指出的是，司法行政部门履行“监督、指导”职责时，应当遵守《公证法》关于公证机构“依法独立行使公证职能”的规定，即司法行政部门无权干预公证机构及其公证员独立行使办证权，无权撤销公证书，但对公证机构及其公证员执业活动的违法行为有权实施行政处罚。

三、公证协会的行业自律

公证机构所进行的活动是具有特定法律意义的职能活动，但公证处不同于其他行政机关，公证活动也不同于其他行政管理活动，具有很强的专业性。所以，如果将对公证员职业道德和职业纪律等的管理和监督权仅仅赋予司法行政机关，则容易导致因司法行政机关专业知识的欠缺而难以作出公正的评价。这就要依靠另一管理体制，即行业管理或行业自律来完成。

《公证法》第 4 条规定：全国设立中国公证协会，省、自治区、直辖市设立地方公证协会。中国公证协会和地方公证协会是社会团体法人。中国公证协会章程由会员代表大会制定，报国务院司法行政部门备案。公证协会是公证业的自律性组织，依据章程开展活动，对公证机构、公证员的执业活动进行监督。这一规定第一次明确了公证协会的法律地位，为今后进一步建立和完善行业自律与行政管理相结合的管理体制奠定了法律基础。

中国公证协会，原名中国公证员协会，是在1990年3月第一次全国公证员代表大会上宣告成立的，并且在此次大会上审议通过了《中国公证员协会章程》。根据该章程的规定，全国设立中国公证协会，在省、自治区、直辖市设立地方公证协会。中国公证协会是全国公证业的行业管理组织，负责对全国范围内的公证机构和公证员的执业活动进行监督。省级公证协会是省级行政区域内公证业的行业管理组织，负责对本行政区域内公证机构和公证员的执业活动进行监督。中国公证协会有权对各省级公证协会的工作进行指导和监督，但两级公证协会间依据章程无隶属关系。

（一）公证协会的特性

公证协会在法人属性上讲是社会团体法人，但是在管理职能上，却与一般的社会团体法人有本质不同。公证协会作为公证业的自律性管理组织具有以下三个方面的特性：

1. 自律性。公证协会是公证业内部自我管理、自我约束的行业管理组织。公证协会的自律性表现在：第一，公证协会由公证机构、公证员、公证管理人员等与公证事业有关的专业人员和机构组成；第二，公证协会的权力来自于协会章程，协会章程由会员代表大会制定和修改；第三，公证协会的会长、副会长、常务理事均为执业公证员；第四，公证协会的主要经费来源为会员会费。

2. 管理性。公证协会的管理性有以下三点：第一，公证协会可以制定行业规范；第二，公证协会可以对公证机构、公证员进行行业惩戒；第三，公证协会可以配合司法行政部门指导全国或各省级行政区域内公证机构的业务工作。

3. 行业性。公证机构的行业性体现为以下四点：第一，公证协会的宗旨是监督会员认真履行职责，维护会员的合法权益，繁荣发展我国的公证事业；第二，公证协会的职责是进行行业管理、监督、指导，维护会员合法权益，举办会员福利事业，制定行业规范等；第三，公证协会的会员绝大部分为公证机构和公证员；第四，中国公证协会作为公证业的行业管理组织，已经成为国际拉丁公证联盟的会员。

（二）公证协会监督的性质

公证协会对公证机构、公证员的执业活动进行监督是《公证法》赋予公证协会的法定职责。根据《公证法》的规定，除公证协会对公证机构、公证员进行监督外，司法行政部门对公证机构、公证员也可以进行监督。虽然均为监督，但两者却有很大的区别：司法行政部门的监督是行政监督，对公证机构、公证员实施的处罚是行政处罚，行使的是行政执法权；而公证协会的监督是行业性的自律监督，对公证机构、公证员进行的处罚是行业惩戒。

（三）公证协会自律的内容

《公证法》的相关规定表明，公证协会依据法律授权，有责任和义务推进公证行业的自律。公证协会的章程，对会员具有约束力。根据章程的规定，公证协会主要负责事务性的公证业务管理工作和提供相关的服务，主要包括以下内容：

1. 协助政府主管部门监督公证工作。行政机关查处公证机构的违法行为，可以委托公证协会对公证机构的违法行为进行调查、核实。接受委托的公证协会应当查明事实、核实证据，并向司法行政机关提出实施行政处罚的建议。

在行政管理与行业自律“两结合”的管理体制下，公证协会行使监督职能，主要体现在业务指导与行业规范的制定、落实，以及行业惩戒、协助司法行政机关查处会员的违纪行为等方面。

2. 维护会员的合法权益，保障会员依法履行职责。作为个体的会员，其保护自身的能力是有限的，必须依靠集体的力量来维护自身的合法权益。

3. 对会员进行职业道德纪律教育与业务培训。职业道德和职业纪律的培养，是公证行业自律管理的重要内容和手段。开展必要的培训，组织会员开展学术研究和工作经验交流也是公证协会的重要职责。

4. 其他事务性管理活动，如管理公证赔偿基金、公证专用纸、公证信息系统；负责海峡两岸公证文书的使用、查证和寄送副本工作；开展对外和港、澳、台地区公证方面的交流与合作事务等。

综上，我国从立法上对公证机构的管理体制进行了一定程度的规范。公证协会的行业自律与司法行政机关的监督管理两者相结合，共同构成了我国公证机构的管理体制，这种“两结合”的管理体制将是公证行业的一项长期制度。

司法行政机关对公证机构、公证员进行监督与指导，这种监督与指导应侧重于宏观上的管理与调控；而公证协会作为公证行业的自律性组织，严格依据其章程开展各项活动，对公证机构和公证员也可以进行监督，只不过这种监督侧重于做好微观方面的管理工作。在行政管理与行业自律“两结合”的管理体制下，要正确处理好司法行政机关和公证协会的关系，要充分发挥两个方面的优势，避免出现争相管理或互相推诿的现象，既要有分工，又要有合作，既要相互独立，又要互相配合。

本章思考题

1. 设立公证机构的条件包括哪些？
2. 某直辖市一辖区欲设立一公证机构，该遵守怎样的程序？
3. 怎样理解我国公证协会的行业特性？
4. 如何理解当前我国“两结合”的公证管理体制？

第十六章
公证员

第一节　公证员概述

一、我国公证员的概念

二、严格准入条件，确定公证员职业化

三、公证员的配备

第二节　公证员的条件和专业职务评聘制度

一、公证员的基本条件

二、公证员任职特许条件

三、公证员任职禁止条件

四、公证员专业职务评聘制度

第三节　公证员的产生和免除

一、公证员产生程序

二、公证员职务的免除

第四节　公证员的权利与义务

一、公证员的权利

二、公证员的义务

三、公证员的执业禁止行为

第五节　公证员的职业道德

一、公证员职业道德的概念

二、公证员职业道德的依据

三、公证员职业道德的内容

□·本章导读·□

公证员，国际上一般称为公证人，最早出现于古罗马时期。由于法律传统的不同，世界各国/地区关于公证人的概念及法律地位有着质的不同。一是公证人为国家公务人员，如苏联的公证人、葡萄牙的公证人及我国台湾地区的法院公证人。二是公证人为自由职业者，大多数英美法系国家的公证人即属此类。比如美国现有的公证人人数约六十万人，只要提出申请，经过简单的考核或宣誓，即可取得公证人资格，其业务也属于营业性质，公证书的内容也大多限制在对签名的认证。三是介于两者之间具有双重性的大陆法系国家公证人，如法国、德国、意大利、阿根廷、墨西哥、西班牙、日本等国家，以及美国的路易斯安那州、加拿大的魁北克地区。在这些国家和地区，公证人一方面作为自由职业者，自负盈亏，照章纳税，独立开展业务；另一方面，公证人又是在执行国家公务，履行国家赋予的使命。民法、商法、公司法、家庭法、票据法等国家法律中规定了公证人的主要业务，包括不动产事务、公司事务及遗嘱、继承、家庭财产事务等，公证人制作的公证文书具有极高的法律效力。在法国、意大利等国还授权公证人作为不动产税的征收人。如此重要的法律地位要求公证人必须是公正、优秀的法律人，必须受过正规的高等法学教育，并通过国家组织的专门考试方能取得从业资格。

第一节　公证员概述

一、我国公证员的概念

在《公证法》审议和征求意见的过程中，主要有三种不同意见：第一种意见认为应当把公证员定性为国家公务员，这种观点认为公证法是公法，公证员行使的是国家证明权，依法履行公职，应当按照国家公务员的标准进行管理和规范。第二种意见认为公证员接受国家法律的授权，站在中立的立场上独立行使司法证明权，但由于公证机构的特殊性，应当且正在逐步转变为自收自支、自我发展的国有事业单位，故公证员的身份不同于公务员，应定性为执行国家授权的国家公职人员。第三种意见认为公证员应为具有双重身份的法律职业者，一方面接受国家法律的授权，依法行使公证权，保护国家利益不受侵害；另一方面，公证员应当是独立的自由职业者，站在中立的立场上通过自己的法律执业行为保证社会利益和自然人利益得到实现。这种观点认为我国是拉丁公证联盟的成员国，公证制度应与大陆法系国家一致；公证法之所以为公法，是基于公证的职能、公证员的执业准入以及公证文书的效力等在法律上的确定；公证员行使的公证证明权是社会公权而非国家公权。

针对各方面提出的不同意见，全国人大法律委员会经反复研究认为，目前我国的公证制度正处在变革当中，根据国务院批准的司法部《关于深化公证工作改革的方案》，公证体制的改革随着市场经济的发展不断深入，如何构建多种形式的公证机构组织形式正在探索之中，公证员的概念界定应与公证制度的发展进程相一致。因此，《公证法》第16条表述为："公证员是符合本法规定的条件，在公证机构从事公证业务的执业人员。"

二、严格准入条件，确定公证员职业化

我国的公证制度始于1946年，20世纪50年代末至70年代末，受“左”倾错误思潮的影响，我国的公证制度近乎被取消，直至1979年才开始恢复重建。公证制度恢复之初，没有明确的公证员选任标准和程序，没有建立公证员任职资格制度，社会各界缺乏对公证的重视，管理者习惯运用行政手段进行管理，老百姓不善于运用包括公证在内的法律手段维护自身的合法权益。公证员依附于人民法院和司法行政机关，公证员队伍的准入门槛很低，公证行业难以吸引高素质的人才。因此使得公证员队伍中部分人员学历水平偏低，法律知识不足，知识结构不尽合理，职业道德素质亦良莠不齐，难以适应快速发展的经济状况及社会对公证工作的要求。

为此《公证法》第16条明确规定，必须是符合《公证法》规定的条件并在公证机构从事公证业务的执业人员方可称其为公证员，这就从法律上确定了公证员的职业化。公证员职业化有利于提高公证公信力、权威性和独立性。通过公证员职业化建设有利于全面提高公证员的素质，具备高素质的公证员能够更好地为社会提供优质的公证法律服务，从而提高了公证的公证力。目前，公证员在整个法律职业群体中，地位比较低，通过公证员职业化建设，能够有效地提高公证员的社会认可度，提高自己在法律职业群体中的地位和形象。通过提高公证人员的社会地位，才能够更有效地吸收高素质的人才进入公证队伍，形成良性循环。公证员职业化有利于培养公证员的独立意识，依据法律，根据自己的判断对公证事项予以证明，从而实现公证员的独立性。

三、公证员的配备

公证员的配备，又叫公证员的数量控制，在拉丁公证国家称为定额条款，是指一定公证管辖区域内的公证员的数量应该与该区域内的公证业务需求相适应。

实行公证员数量控制是拉丁公证制度核心原则之一。德国《公证人法》规定，被任命的公证人总数应该与司法实践的需求相适应。意大利《公证法》规定，公证人数额参考人口、业务量、地域和通信手段等因素。奥地利《公证人法》规定，联邦司法部长有权根据法院管辖区的法院组织、人口、经济关系或交通关系发生的重大变化，在必要时，用命令的方式增设公证人职位，废除现行的职位或转移公证人的任职地。韩国《公证人法》规定，归属于各地方检察厅的公证人人数，由司法部长根据各地方检察厅管辖区的情况分别规定。在我国《公证法》施行之前，根据《公证暂行条例》的规定，公证处是国家机关，公证员是公务员，所以公证员的数量是国家人事管理部门按人事编制控制的。我国现行《公证法》参考多数拉丁公证国家的立法经验，根据我国的实际情况，特别制定了对公证员数量进行控制的规定。

实行公证员的数量控制，有两方面的考虑。一方面，公证是国家设立的一项旨在预防纠纷、减少诉讼的准司法证明制度，并且公证的业务主要集中在民商事领域，从这个角度看，公证制度的设计应该便利于公证申请人，并尽量贴近社会生活。如果公证员人数太少，社会的公证需求就不能得到有效满足。此外，公证员业务繁重也可能导致工作质量下降，长此以往，公证制度的功能必然不能得到充分发挥。在我国西部

地区和经济相对不发达的地区，由于公证人员流失，有些公证处已经不具备从事公证业务的最基本人员条件，公证业务几乎陷于瘫痪。另一方面，控制公证员的数量，也是为了维持公证质量，避免公证员之间恶性竞争。如果一定区域内公证员的数量太多，而公证实际需求不足，必然导致公证员之间恶性竞争，滋生弊端，进而影响整个公证业的服务质量和正常执业秩序。在东部沿海地区和经济相对发达的地区，由于公证机构和公证员数量的增长速度超过了公证需求的增长速度，公证机构和公证员之间的不正当竞争，以及由此导致的公证服务质量下降，已经成为一个突出的问题。《公证法》第 7 条对公证机构设置的改革所作的规定也体现了这一立法精神。

在我国，公证员数量确定的具体实施标准、方法和程序，由省、自治区、直辖市人民政府的司法行政部门依照公证法的原则和司法部的实施性规定，根据本地区公证机构的设置情况和公证业务的需求具体制定。这主要是因为我国地域辽阔，地区之间人口、环境、经济和文化发展水平差别巨大，司法行政部门很难面面俱到地考虑各地区的具体情况而制定一个统一的公证员的数量配备方案。

省、自治区、直辖市人民政府的司法行政部门制定的公证员配备方案必须报国务院司法行政部门备案，并由其监督该方案的执行情况。

第二节　公证员的条件和专业职务评聘制度

一、公证员的基本条件

《公证法》第 18 条规定：“担任公证员，应当具备下列条件：（一）具有中华人民共和国国籍；（二）年龄二十五周岁以上六十五周岁以下；（三）公道正派，遵纪守法，品行良好；（四）通过国家司法考试；（五）在公证机构实习二年以上或者具有三年以上其他法律职业经历并在公证机构实习一年以上，经考核合格。”

从该法条来看，我国公证员应具备的基本条件包括：

（一）国籍条件

我国的公证员必须是中华人民共和国公民，即需要有中国国籍，外国人、无国籍人不得在我国从事公证职业。这主要是因为我国公证法律制度是国家司法制度的一个重要方面，关系到国家司法权的行使，公证的效力远远超出一般私证的效力，特别是表现在诉讼过程中的证明效力，公证权的行使与国家主权之间有着千丝万缕的联系，因此我国的公证权必须掌握在中国公民手中。

（二）年龄条件

我国《公证法》第 18 条明确规定公证员年龄在 25 周岁以上 65 周岁以下，这一规定主要是出于对公证工作的特殊性考虑。公证员是在公证机构独立办理事务的法律专业人员，公证业务涉及社会生活的各个方面，这就要求公证员具有较为丰富的法律知识、社会阅历、人生经验，以及处理各种复杂问题的能力，否则很难胜任这一重要社会角色，所以，《公证法》将公证员的任职年龄从原来的 18 周岁提高到现在的 25 周岁，而且年龄必须在 65 周岁以下，这样才能承受公证工作的辛劳，也有利于公证员系统在人员上的新老交替。

（三）品德条件

由于公证员是在行使具有公信力的证明权，并为社会提供法律服务，其职务行为从某种意义上说关系到整个公证行业的形象，这就要求公证员有良好的道德品质，高尚的思想情操，廉洁公正，以事实为依据，以法律为准绳，客观公正地办理公证事务，维护公证机构的形象及公证文书的权威。

（四）业务条件

公证员的业务条件由两个方面构成：（1）通过国家司法考试；（2）在公证机构实习二年以上或者具有三年以上其他法律职业经历并在公证机构实习一年以上，经考核合格。

国家通过立法提高了公证员准入的门槛，旨在提高公证从业人员的素质。与律师队伍相比，目前我国公证员队伍学历普遍偏低，知识结构不尽合理，缺乏高层次人才，职业道德素质良莠不齐。在全国注册的公证员中，大学本科以上学历的占有率很低。为了维护公证的公信力，公证员应该从受过系统法学知识教育的群体中挑选，同时又是全国统一司法考试合格者。只有这样，才能造就一支符合市场需求的高素质的公证队伍，为公证取信于社会提供人才支撑。

此外，公证员职业具有极强的实务性和操作性，除了扎实的法学知识功底外，娴熟的业务技能和丰富的经验也是一名合格公证员必备的条件。《公证法》规定担任公证员必须有在公证机构的实习经历，其目的是为了保证公证员在任职前掌握从事公证职业所必备的法律技巧，并且可以避免一些缺乏实际经验的公证员给当事人的合法权益造成损害。

二、公证员任职特许条件

为吸收有较高法学造诣和丰富法律工作经历的高层次人员进入公证队伍，提高公证员队伍素质，《公证法》还规定了特许程序，允许高层次法律人才经过考核担任公证员。

公证员任职的特许条件，包括以下几个层次的内容：

1. 特许条件的对象。简单地说，主要是三类人：（1）从事法学教学、研究工作，具有高级职称的人员，如大学教授、研究机构的研究员；（2）公务员；（3）律师。

2. 对公务员和律师的要求。（1）学历要求：必须具有本科以上学历；（2）经历要求：必须是已经从事审判、检察、法制工作、法律服务满 10 年；（3）必须是已经离开原工作岗位。

3. 程序。凡是符合规定的特许条件的人员，都必须要经过考核合格后，才可以担任公证员。

三、公证员任职禁止条件

《公证法》在第 18 条规定了公证员任职的基本条件的同时，又在第 20 条以列举的方式规定了公证员任职的禁止条件。只要具有下列情形之一，就不得担任公证员：

（一）无民事行为能力人或者限制民事行为能力人

根据《民法通则》及其相关司法解释，限制民事行为能力人是指具有部分的行为能力，不完全具有以自己的独立行为进行民事活动的人。具体说，限制民事行为能力人包括10周岁以上的未成年人和虽已成年，但由于精神存有障碍而不能完全辨认自己行为的精神病人。无民事行为能力人是指完全不具有以自己的独立行为从事民事活动的人，具体说，无民事行为能力人包括不满10周岁的未成年人和完全不能辨认自己行为的精神病人。

毫无疑问，需要较高知识水平和实践能力的公证行业，是不可能由无民事行为能力人或者限制行为能力人来执业的。

（二）因故意犯罪或者职务过失犯罪受过刑事处罚的人员

根据《刑法》的规定，明知自己的行为会发生危害社会的结果，并希望或者放任这种结果发生，因而构成犯罪的，是故意犯罪；应当预见自己的行为可能发生危害社会的结果，因为疏忽大意而没有预见，或者已经预见而轻信能够避免，以至于发生这种结果的，是过失犯罪。国家工作人员利用职务上的便利，进行非法活动，或者滥用职权，或者对工作严重不负责任，不履行或不正确履行职责，破坏国家对职务行为的管理活动，致使国家和人民利益遭受重大损失的，是职务犯罪。公证员从事的是为全社会提供法律服务的公共职务行为，遵纪守法和品行良好是公证员履行职务所必须具备的条件。犯罪行为是一种严重危害社会的行为，故意犯罪说明行为人主观上有危害社会的意图，职务过失犯罪说明行为人不能按规定履行职务，故意犯罪和职务过失犯罪与公证员职务所要求的服务性和职责性是完全矛盾的，所以因故意犯罪和职务过失犯罪受过刑事处罚的人，不能担任公证员。这里需要特别指出必须是因职务过失犯罪受过刑事处罚的人员才是《公证法》禁止的人员，如果仅是因为过失犯罪而受刑事处罚的人则不属于禁止的范围。

（三）被开除公职的人员

对于公职，《公证法》并没有明确界定其含义，但可以根据其他法律的相关规定，来理解公职人员的范围。(1) 国家工作人员。所谓国家工作人员，是指国家机关中从事公务的人员。国有公司、企业、事业单位、人民团体中从事公务的人员和国家机关、国有公司、企业、事业单位委派到非国有公司、企业、事业单位、社会团体从事公务的人员，以及其他依照法律从事公务的人员，以国家工作人员论。(2) 在依照法律、法规规定行使国家行政管理权的组织中从事公务的人员，或者在受国家机关委托代表国家机关行使职权的组织中从事公务的人员，或者虽未列入国家机关人员编制但在国家机关中从事公务的人员。

（四）被吊销执业证书的人员

执业证书是具备从事特定行业的能力的证明。吊销执业证书是专业人员所受到的最严重的职业处分，吊销执业证书的处罚对于受处罚人终生有效，也就是说，专业人员受到吊销执业证书的处罚，就意味其终生不能从事该项职业。受过吊销执业证书处罚的专业人员，也终生不具备担任公证员的条件。

四、公证员专业职务评聘制度

1988年中央职称改革工作领导小组印发的《公证员职务试行条例》规定，公证员职务实行限额聘任，公证员职务分为：公证员助理、四级公证员、三级公证员、二级公证员和一级公证员。其中公证员助理和四级公证员为初级职务，三级公证员为中级职务，二级公证员和一级公证员为高级职务。评聘或任命公证员职务，以履行岗位职责的专业知识、学识水平、解决实际问题的能力和工作成就为主要依据，并应具备相应的学历和专业工作经历，最后还要有较高的政治思想水平和职业道德。

（一）公证员助理

公证员助理的任职条件是：高等院校法律专科毕业生和中等法律学校毕业生，见习1年期满，经考核合格，初步掌握必要的法律基础和公证业务知识，基本了解办证程序，能办理公证业务中的有关事务性工作。公证员助理主要负责：（1）接受当事人咨询；（2）审核公证申请人的资格是否符合法律的规定；（3）受理公证申请；（4）协助公证员进行调查、取证、制作谈话笔录；（5）协助公证员办理遗嘱、招标、现场监督等需要两名公证人员办理的公证事项；（6）整理、装订、移交公证卷宗。

（二）四级公证员

四级公证员的任职条件：获得法学硕士学位，获得第二学士学位，或研究生班结业证书，高等院校法律本科毕业生见习满1年，高等法律专科毕业生担任公证员助理满2年以上，经考核合格，基本掌握法律基础知识和公证业务知识，能独立承办一般的公证事项。四级公证员主要负责：（1）处理群众来信、来访，解答有关公证事项的询问，办理其他公证处委托调查的事项；（2）独立承办一般的公证事务；（3）协助三级以上公证员办理公证事项；（4）办理其他公证事务。

（三）三级公证员

三级公证员的任职条件：获得法学博士学位，获得法学硕士学位，或第二学士学位，或研究生班结业证书并担任四级公证员2年以上，高等院校法律本科和法律专科毕业生担任四级公证员4年以上，经考核具备下列条件者，可聘任或任命为三级公证员：（1）能比较系统地掌握法律知识和公证业务知识；（2）熟悉办证程序，能独立承办公证事项；（3）有指导四级公证员工作的能力；（4）初步掌握一门外语。三级公证员主要负责：（1）处理群众来信、来访，解答有关公证事项的询问；（2）办理公证事项；（3）指导四级公证员以下的人员工作；（4）办理其他公证事务。

（四）二级公证员

二级公证员的任职条件：获得法学博士学位担任三级公证员2年以上，高等院校法律本科以上毕业生担任三级公证员5年以上，经考核具备下列条件者，可聘任或任命为二级公证员：（1）系统掌握法律知识和公证业务知识，具备同本职工作相适应的其他学科知识；（2）有丰富的公证业务经验，能办理较复杂的公证业务事项，解决公证业务中遇到的疑难问题，工作成绩显著；（3）有指导三级以下公证员工作的能力；（4）能提出公证理论研究课题，并组织、承担研究工作和写出较高水平的专业论文或论著；（5）掌握一门外语。二级公证员主要负责：（1）办理复杂的公证事项；（2）指导三级公证员以下人员的工作和业务进修；（3）组织、承担公证专题研究工作；

(4) 研究、解决公证业务活动中遇到的疑难问题。

（五）一级公证员

一级公证员的任职条件：大学本科以上毕业生，担任二级公证员 5 年以上，经考核合格具备下列条件者，可聘任或任命为一级公证员：(1) 具有丰富的法律知识和公证业务知识，并掌握同本职工作有关的其他学科知识；(2) 能够解决公证业务上的重大疑难问题，具有全面指导公证业务工作的能力，工作成绩显著；(3) 能提出有重要意义的公证理论研究课题，并能组织、承担、指导研究工作和写出较高水平的专业论文和论著；(4) 熟练掌握一门以上外语。一级公证员主要负责：(1) 办理重大、疑难的公证事项，研究解决公证业务中遇到的重大疑难问题；(2) 指导二级公证员以下人员的工作和业务进修；(3) 组织、承担、指导公证理论研究工作。

第三节　公证员的产生和免除

一、公证员产生程序

（一）提出申请

个人提出申请是公证员产生的开始环节。它是指符合公证员条件的人员提出自愿担任公证员的书面请求。具体而言，就是既要符合公证员任职的基本条件或符合公证员任职的特许条件，又不属于法律规定的禁止条件的个人，以书面形式提出自愿担任公证员的请求。

（二）推荐

符合公证员条件的个人提出申请后，还必须由公证机构负责推荐。作为推荐人的公证机构，对其推荐的人员是否符合公证员任职条件负有考察、证实义务。

（三）报请审核

根据公证机构的推荐，由所在地的司法行政部门把申请人的申请和相关证明材料报请省、自治区、直辖市人民政府司法行政部门，由省级人民政府司法行政部门进行审核。这种审核，属于实质审查，需要依据《公证法》并结合申请人提供的相关证明材料，对其是否符合公证员任职条件进行全面严格审查。对于符合任职条件的申请人，应当依法报国务院司法行政部门；而对于不符合任职条件的申请人，应当驳回其申请，并退回相关材料。

（四）任命

根据省级人民政府司法行政部门依法报送的符合任职条件的申请人，由国务院司法行政部门统一任命，一般来讲，是由现任司法部长签发任命令或任命状。

（五）颁发执业证书

省级人民政府司法行政部门根据司法部的任命，对申请人颁发公证员执业证书。这是公证员产生的最后一个环节。公证员执业证书，是其能够独立办理公证业务的凭证，在没有获得执业证书之前，不得单独办理公证业务。

二、公证员职务的免除

《公证法》第 24 条规定了公证员职务免除的条件和程序。

（一）公证员免职的条件

1. 丧失中华人民共和国国籍的情形。我国国籍的丧失是指由于某种原因一个人失去了我国国籍。一般而言，有两种情形：（1）自愿丧失，即基于个人意愿退出我国国籍；（2）非自愿丧失，指因某些法律事实出现，导致当事人丧失原有的我国国籍。这些事实一般有涉外婚姻、收养、已加入外国国籍等。丧失我国国籍，当然就不能再担任我国公证员。

2. 年满 65 周岁或者因健康原因不能继续履行职务的情形。《公证法》第 18 条规定公证员任职年龄的上限是 65 周岁。已经年满 65 周岁的，自然也就不符合继续担任公证员的条件了。而对于未满 65 周岁，仍然符合公证员任职条件的人，如果因健康原因不能继续履行职务的，属于行为人的主观不能。公证工作是一项复杂的脑力和体力劳动，不仅需要丰富的专业知识和技能，还需要有完成公证工作的身体条件。身体健康状况不好，是很难胜任公证工作的。因此，由于健康原因不能继续行使职务的公证员应当免除公证员职务。

3. 自愿辞去公证员职务的情形。辞职是公证员的一项法定权利，应当尊重当事人的这种自由选择。

4. 被吊销公证员执业证书的情形。公证员执业证书是执业凭证，被吊销了执业证书的公证员，已经不再具有公证员资格了，故应该依照法定程序予以免职。

（二）公证员免职的程序

公证员职务的免除有着严格的程序要求：（1）由所在地的司法行政部门报省一级人民政府司法行政部门；（2）再由省一级人民政府司法行政部门提请国务院司法行政部门；（3）由国务院司法行政部门予以免职。对照公证员的产生程序，我们可以看出《公证法》遵循了“谁任命谁免职”的原则。

第四节　公证员的权利与义务

一、公证员的权利

公证员的权利，是指依法设定的、为保障公证员执行职务而赋予的各项权利。作为公证员，在公证活动过程中，依法享有一定的权利，有利于公证员更好地履行职责。《公证法》第 22 条第 2 款明确规定了公证员享有的权利包括：获得报酬权，享受保险和福利待遇；提出辞职、申诉或者控告的权利；非因法定事由和非经法定程序，不被免职或者处罚。

（一）有权获得劳动报酬，享受保险和福利待遇

根据《宪法》有关规定，中华人民共和国公民有劳动的权利和义务。劳动者有权获得报酬，享受福利待遇和保险。公证员作为法律工作者，既然在公证活动中，付出

了一定的脑力劳动和体力劳动，就有权获得报酬、享受保险和福利待遇。公证员的报酬，并不是直接由当事人交给承办业务的公证员，而是按照收费标准，公证机构对于办理的公证业务合理收取费用后，再分配给公证员。

（二）有权提出辞职、申诉或者控告

《宪法》第41条规定，中华人民共和国公民对于任何国家机关和国家工作人员的违法失职行为，有向有关国家机关提出申诉、控告或者检举的权利。可见，公证员享有申诉、控告权利是《宪法》关于公民基本权利的规定在《公证法》中的体现和落实。此外，公证员作为自由职业者，有权自由决定是否继续在某公证机构工作，也有权决定是否继续从事公证事业。任何机关、机构、个人都应当尊重这种选择的自由。当然，对于企图利用辞职掩盖自己违法行为逃避惩罚的，应当严格依照有关规定进行处罚。

（三）非因法定事由和非经法定程序，不被免职或者处罚

这是为保障公证员能够依法独立执业、排除其他组织和个人的非法干预而规定的。公证的性质和宗旨决定了公证员只服从于法律，其只有违反了法律才应受到制裁，任何组织和个人不得在法律规定的事由和程序之外，凭自身意志对公证员进行处罚。由于公证员是经过严格的遴选程序最终由司法部任命的，所以公证员的免职、处罚也必须经过法定程序由法定机关作出。

需要说明的是，所谓“法定事由”和“法定程序”的“法”并非仅限于法律和行政法规，国务院司法行政部门作为行政主管机关，中国公证协会作为行业自律组织，在不违背《公证法》规定的前提下制定的部门规章和行业规范，也属于公证员应当遵循之“法”，国务院司法行政部门和中国公证协会可依之对违反者给予行政处罚或行业惩戒。

二、公证员的义务

公证员的义务是指法律规定的，公证员在办理公证业务中应当履行一定行为或不应当为一定行为的范围或权限，对公证员的义务，《公证法》第22条第1款作出了明确的规定。

（一）遵纪守法

公证员在公证活动中，必须遵守国家各项法律的规定和行业纪律。这里的法律，应作广义理解，不仅包括全国人大及其常务委员会制定或修改的法律，还包括行政法规、地方性法规、部门规章等具有法律效力的规范性文件。行业纪律主要是指中国公证协会和地方公证协会制定的章程和各种行为规范。遵纪守法，就要求公证员必须严格依照法定条件和法定程序，办理公证业务。

（二）恪守职业道德

职业道德，是指一定社会的道德规范在一定的职业行为和职业关系中的具体体现。公证员的职业道德，正是社会一般道德和司法职业道德在公证活动范围的特殊体现，是社会主义司法道德的重要组成部分，是公证员必须遵循的职业行为准则。

公证员职业道德建设是公证队伍建设的重要组成部分，是提高公证员队伍整体素质的重要内容。它对于公证员认真履行职责，恪守执业纪律，提高工作效率，充分发挥公证的职能有着重要意义。

（三）依法履行公证职责

1. 公证员应当按照权限履行职责。公证员只能在法律规定的范围内行使职权，不得超越法律的规定活动，否则就属于滥用职权。公证证明的对象很多，而且随着社会的发展，新的公证事项会不断出现，所以该权限不能理解为“法律没有明文规定可予以公证的就不能公证”，而是指不能行使应当由其他机关或组织行使的职权，如纠纷裁判权、专业鉴定权等。

2. 公证员应当依照规定的程序履行职责。程序正义是实体正义的保障，公开、公正的程序能够使得实体的权利、义务得到公平的体现，有利于更好地维护公众的合法权益，所以公证员应当按照规定的程序办理公证。

3. 公证员应当正确适用实体法。实体法是以确认权利义务关系和法律责任为主要内容的法律，是判断公证对象是否合法的依据。公证员在办理公证过程中，必须正确适用公证事项所涉及的实体法，以保障该事项主体适格、当事人意思表示真实、标的物确定（或可能）、不违反社会公益，真正做到预防纠纷。

4. 公证员应当认真履行职责。一是公证员应当亲自履行职责，不得委托他人履行；二是应当坚守工作岗位，不得擅离职守；三是应当努力提高工作效率和工作质量，反对“官老爷”作风。

（四）保守执业秘密

由于工作原因，公证员易于接触到国家、当事人的秘密和隐私。因此，《公证法》特别规定，公证员对于执业活动中知道的国家秘密和商业秘密、个人隐私，负有保密义务。如遗嘱公证，应作为密卷进行保存；再如招标投标公证，评标过程应严格保密，公证员对此必须守口如瓶。另外，公证员还应当保守公证工作秘密，对于办证过程中形成的内部意见、内部材料和不应当透露的其他与公证工作有关的信息，一律不得泄露。

三、公证员的执业禁止行为

公证员的执业禁止行为，是指公证员在公证活动中不能从事的行为，即“行为禁区”，公证员一旦从事该行为，就要承担法律责任。禁止行为如下：

（一）同时在两个以上公证机构执业

如果允许公证员同时在两个以上的公证机构执业，会导致公证员致力于扩大“地盘”，追求个人利益的最大化，这与公证的价值背道而驰；允许公证员同时在两个以上公证机构执业，将导致公证机构和司法行政部门的管理、监督工作目标指向不明，陷入混乱、无序的状态。

（二）从事有报酬的其他职业

公证的价值和功效要求公证员持一种中立性的态度，对各方当事人所追求的利益进行衡平，如允许公证员从事有报酬的其他职业，公证员与某些当事人之间将不可避免地先行产生利益交错，在办理有利害关系的公证事项时容易徇私枉法、滋生腐败，此时公证将失去其中立性和衡平作用。所以公证员从事有报酬的其他职业，违反公证职责，有损公证职业的纯洁和尊严，应予禁止。《公证法》第 41 条第 4 项规定，公证员从事有报酬的其他职业，由司法行政部门给予相应行政处罚。除此之外，《公证员职业道德基本准则》第23条还规定，公证员不得经商和从事与公证员职务、身份不相符的活动。

在大陆法系的一些国家，如德国，公证人经监管人允许可以从事其他有报酬的职业。《公证法》在审议过程中，也有意见认为可以适当允许公证员从事其他职业，只要该职业不影响公证执业。《公证法》没有采取这一主张，因为：（1）我国的监管体系还不完善，如允许公证员从事其他有报酬的职业，容易导致监管失控；（2）我国的公证员队伍职业道德素养尚待提高，允许其从事其他有报酬的职业可能导致本末倒置和“寻租”行为；（3）公证员行使的是专属性的具有公信力的证明权，他们从事其他有报酬的职业不能为民众的情感所认可；（4）在德国等国家，允许公证人从事其他有报酬的职业也仅仅属于特殊情况下的例外。

所谓“从事有报酬的其他职业”，是指与其他组织或个人形成可为《公务员法》、《劳动法》等调整的身份关系、占据一定工作岗位、承担相关岗位职责、领取货币等具有经济价值的报酬的行为。包括：（1）兼任党政机关、立法机关和政协组织中领取报酬的职务；（2）兼任法官、检察官、律师；（3）兼任企业、事业单位的职务；（4）个人投资开办公司、个人独资企业、合伙企业、个体工商户；（5）从事有偿的其他中介活动等。对于已经从事上述有关职业的人员，如果要任命其为公证员，则该人员必须退出该职业；如果一名公证员要从事上述有关职业，则应当依照《公证法》的有关规定提出辞职或者依照法律规定的程序免除其职务。

应该说明的是从事有报酬的其他职业与从事有报酬的其他行为并非同一概念，公证员作为客座教授、客座研究员、仲裁员、陪审员也会领取一定的报酬，但客座教授、客座研究员、仲裁员、陪审员并不构成一种职业，故公证员就此领取报酬并不违反《公证法》的规定；另外，利用自有资金进行投资运作并非就完全等同于从事其他有报酬的职业，公证员以个人名义将自有资金投入证券市场并无不妥，只要其不成为控股股东、不参与公司日常经营即可。

（三）为本人及近亲属办理公证或者办理与本人及近亲属有利害关系的公证

回避制度是现代诉讼和非诉讼法律活动中的一项重要程序制度，在公证活动中，公证员对于与自己或自己的近亲属有某种利害关系的公证事项不享有公证权力。这是由公证的性质和任务决定的，公证员在公证活动中必须秉公办证、公正无私、清正廉洁，一旦允许公证员在其中追求私益，则公正将无法实现。从各国公证立法来看，对公证员回避制度的规定是普遍的，均将之视为公证文书合法性和真实性的保障。我国《公证法》第41条第5项规定，公证员违反回避制度的，由司法行政部门给予相应行政处罚。除《公证法》之外，《公证程序规则》第23条对公证员回避也作出了规定；《公证员惩戒规则（试行）》第13条第6项规定公证员违反回避规定的，予以严重警告。

（四）私自出具公证书

我国公证实行机构本位主义，公证机构对公证员的执业行为需要承担民事责任，根据权利义务相一致的原则，公证员出具公证书应当经由所在公证机构同意。《公证法》第22条规定，公证员应当依法履行公证职责，这包括依照法定程序办理公证。《公证程序规则》第40条规定：“符合《公证法》、本规则及有关办证规则规定条件的公证事项，由承办公证员拟制公证书，连同被证明的文书、当事人提供的证明材料及核实情况的材料、公证审查意见，报公证机构的负责人或其指定的公证员审批。但按规定不需要审批的公证事项除外。公证机构的负责人或者被指定负责审批的公证员不得审批自己承办的公证事项。”《公证法》没有规定审批程序，考虑到机构本位主义的实现和公证质量的保障，审批程序将会通过部门规章在一定时期内继续存在，违反审批程序出证即视为私自出具公证书，应根据《公证法》第 42 条第 1 项的规定给予处罚。

（五）为不真实、不合法的事项出具公证书

真实、合法是公证活动的基本原则，是公证建立和保持公信力的核心所在，各国立法均严厉禁止对不真实、不合法的事项进行公证，《公证法》第 2 条、第 42 条第 2 项正是这两大原则的体现，《公证员职业道德基本准则》、《公证员惩戒规则（试行）》等也有相关规定。一个事项只有同时符合真实、合法两个条件，才能予以公证。不真实、不合法的情况包括：(1) 事项违反法律。当事人主体资格不当、意思表示瑕疵、标的物受限、有悖于社会公益均可导致违反法律。(2) 事项虽不违法，也是真实的，但是没有法律意义。(3) 事项不真实。真实分为事实真实和法律真实，有些公证事项应当达到事实真实，如身份，有些公证事项要达到法律真实，如遗嘱。(4) 事项既不真实又不合法。

（六）侵占、挪用公证费或者侵占、盗窃公证专用物品

我国《宪法》规定，公共财产神圣不可侵犯。我国公证实行机构本位主义，公证费、公证专用物品是公证机构正常开展业务的经济保障，是公证机构的公共财产，侵占、挪用公证费或者侵占、盗窃公证专用物品均属于侵犯公证机构公共财产的行为。公证机构向当事人收取的报酬和由此增值、衍生的金钱都属于公证费，上级机关为支持公证事业而划拨的资金也视为公证费，公证机构所接受的馈赠和所监管的资金、提存资金不属于公证费。公证专用物品是指公证专用水印纸、公证员签名印章、公证机构公章和钢印、公证票证、公证档案等不可替代的特定物，复印纸张、打印机等可替代的种类物不属于公证专用物品，但有些种类物可经特定化而成为公证专用物品，如保存公证信息资料的电脑。公证员有本项禁止之行为的，应当承担如下法律责任：(1) 依据《公证法》第 42 条第 3 项的规定给予行政处罚；(2) 依据《公证员惩戒规则（试行）》给予行业惩戒；(3) 构成犯罪的，依照《刑法》的有关规定处以刑罚；(4) 向公证机构返还财产或赔偿损失。

（七）毁损、篡改公证文书或者公证档案

公证文书是指公证机构就其办理的公证事项出具的法律文书或公证机构出具的其他法律文书。公证文书包括公证书和由公证机构出具的其他法律文书，如法律意见书、拒绝或终止公证的决定书、撤销或维持公证书的决定书等；其中公证书的内容又包括公证词和公证证明的文书。公证文书属于司法文书，对当事人、其他个人和组织具有法律规定的效力。毁损、篡改生效的公证文书，一方面规避了公证程序控制，容易出现错证、假证；另一方面也使得公证文书的效力处于不稳定甚至互相冲突的状态之中，损害公证的严肃性和权威性。公证文书如有错误，应当依照法定程序收回、修正或撤销，不能擅自毁损、篡改。

公证档案是司法业务档案，公证机构将办理公证过程中所收集和形成的所有法律文件立卷归档形成公证档案。公证档案是公证机构进行公证证明活动和当事人从事民事活动的真实记录，体现了公证机构的基本职能。公证档案不少涉及国家秘密、商业秘密或者当事人隐私，是公证机构出具公证文书的证据依托，反映了一个时期社会生活的特点和不同时期的社会变迁。这是其他材料所不可替代的，公证员因此被称为“书写历史的人”，所以绝不容许对公证档案毁损、篡改。公证档案应当依照《公证法》以及《公证程序规则》、《公证文书立卷归档办法》、《公证档案管理办法》的规定进行管理，违反规定致使原始立卷材料部分或全部灭失的，即为毁损公证档案；对原始立卷材料进行调换或作文字改动的，即为篡改公证档案。应当指出的是，公证卷宗归档之后，如发现公证文书错误而需要进行修正的，此时公证档案也应随之修正，这种修正行为不属于毁损、篡改公证档案。

（八）泄露在执业活动中知悉的国家秘密、商业秘密或者个人隐私

《公证法》第 23 条规定：公证员应当保守执业秘密。执业秘密包括国家秘密、当事人的商业秘密或者个人隐私以及公证机构的内部秘密。《公证法》第 42 条第 5 项规定，公证员泄露国家秘密、商业秘密或者个人隐私的，由司法行政部门给予相应行政处罚，构成犯罪的，依法追究刑事责任。

（九）法律、法规、国务院司法行政部门规定禁止的其他行为

“其他行为”主要是指以上八项行为之外的其他不应有的行为。《公证法》第 23 条规定的禁止性行为，多数与公证员履行职务行为有关，具有较强的针对性，但并不是说其禁止性行为就八项。公证员首先是作为一个公民存在的，国家法律尤以《刑法》为代表所作的对于一般公民的禁止性规定对公证员同样适用；《公证法》虽然没有对公证员的身份属性作出明确定位，但公证员行使的是中立的证明权这一点却毋庸置疑，所以公证员仍然属于法律职业人，法律职业人所应普遍遵守的规则，公证员也不能例外。

第五节　公证员的职业道德

一、公证员职业道德的概念

公证员职业道德指公证员在办理公证事务、履行公证职责的过程中或者从事与之相关的活动时所应遵守的道德规范。公证员助理和公证机构其他工作人员，应当参照执行公证员职业道德的有关规定。

二、公证员职业道德的依据

公证员职业道德的依据是 2010 年 12 月 28 日中国公证协会六届二次理事会修订后的《公证员职业道德基本准则》（公协字［2011］第 003 号）。

三、公证员职业道德的内容

（一）忠于法律、尽职履责

具体要求是：公证员应当忠于宪法和法律，自觉践行社会主义法治理念。公证员应当政治坚定、业务精通、维护公正、恪守诚信，坚定不移地做中国特色社会主义事业的建设者、捍卫者。公证员应当依法办理公证事项，恪守客观、公正的原则，做到以事实为依据、以法律为准绳。公证员应当自觉遵守法定回避制度，不得为本人及近亲属办理公证或者办理与本人及近亲属有利害关系的公证。公证员应当自觉履行执业保密义务，不得泄露在执业中知悉的国家秘密、商业秘密或个人隐私，更不能利用知悉的秘密为自己或他人谋取利益。公证员在履行职责时，对发现的违法、违规或违反社会公德的行为，应当按照法律规定的权限，积极采取措施予以纠正、制止。

（二）爱岗敬业、规范服务

具体要求是：公证员应当珍惜职业荣誉，强化服务意识，勤勉敬业、恪尽职守，为当事人提供优质高效的公证法律服务。公证员在履行职责时，应当告知当事人、代理人和参与人的权利与义务，并就权利和义务的真实意思和可能产生的法律后果作出明确解释，避免形式上的简单告知。公证员在执行职务时，应当平等、热情地对待当事人、代理人和参与人，要注重其民族、种族、国籍、宗教信仰、性别、年龄、健康状况、职业的差别，避免言行不慎使对方产生歧义。公证员应当严格按照规定的程序和期限办理公证事项，注重提高办证质量和效率，杜绝疏忽大意、敷衍塞责和延误办证的行为。公证员应当注重礼仪，做到着装规范、举止文明，维护职业形象。现场宣读公证词时，应当语言规范、吐字清晰，避免使用可能引起他人反感的语言表达方式。公证员如果发现已生效的公证文书存在问题或其他公证员有违法、违规行为，应当及时向有关部门反映。公证员不得利用媒体或采用其他方式，对正在办理或已办结的公证事项发表不当评论，更不得发表有损公证严肃性和权威性的言论。

（三）加强修养、提高素质

具体要求是：公证员应当牢固树立社会主义荣辱观，遵守社会公德，倡导良好社会风尚。公证员应当道德高尚、诚实信用、谦虚谨慎，具有良好的个人修养和品行。公证员应当忠于职守、不徇私情、弘扬正义，自觉维护社会公平和公众利益。公证员应当热爱集体，团结协作，相互支持、相互配合、相互监督，共同营造健康、有序、和谐的工作环境。公证员应当不断提高自身的业务能力和职业素养，保证自己的执业品质和专业技能满足正确履行职责的需要。公证员应当树立终身学习理念，勤勉进取，努力钻研，不断提高职业素质和执业水平。

（四）廉洁自律、尊重同行

具体要求是：公证员应当树立廉洁自律意识，遵守职业道德和执业纪律，不得从事有报酬的其他职业和与公证员职务、身份不相符的活动。公证员应当妥善处理个人事务，不得利用公证员的身份和职务为自己、亲属或他人谋取利益。公证员不得索取或接受当事人及其代理人、利害关系人的答谢款待、馈赠财物或其他利益。公证员应当相互尊重，与同行保持良好的合作关系，公平竞争，同业互助，共谋发展。公证员不得以不正当方式或途径对其他公证员正在办理的公证事项进行干预或施加影响。公证员不得从事以下不正当竞争行为：（1）利用媒体或其他手段炫耀自己，贬损他人，排斥同行，为自己招揽业务；（2）以支付介绍费、给予回扣、许诺提供利益等方式承揽业务；（3）利用与行政机关、社会团体的特殊关系进行业务垄断；（4）其他不正当竞争行为。

本章思考题

1. 担任公证员应具备哪些基本条件？
2. 在什么情况下公证员会被免职？
3. 公证员执业的禁止行为有哪些？
4. 公证员的义务有哪些？

第十七章 公证程序

□·本章导读·□

公证程序是公证机构和公证当事人依照法律、法规实施公证行为，办理公证事项时必须遵循的步骤。公证制度是保证实体法正确实施的程序性法律制度，而公证程序则是公证法的核心内容，是公证机构进行公证活动的基础。只有严格遵守公证程序，才能保证公证机构正确执行国家法律，依法行使公证职权，确保公证的真实性、合法性，从而保障公证当事人的合法权益。

公证程序内容包括公证当事人、公证执业区域、公证的普通程序、公证的特别程序和公证争议处理。公证普通程序包括申请与受理、审查、出证三个阶段和办理公证的其他程序规则，如公证期限、终止公证和不予公证等内容；公证的特别程序是公证机构在办理某些特殊类型的公证事项时所应当遵循的程序，如现场监督类公证、保全证据公证、公证调解等。

第一节　公证当事人

公证当事人，是指与公证事项有利害关系并以自己的名义向公证机构提出公证申请，在公证活动中享有权利和承担义务的自然人、法人或者其他组织。

公证当事人是公证法律关系的主体之一，要成为当事人，必须具备四个条件：

第一，当事人应具备民事权利能力和民事行为能力。无论是自然人、法人或者其他组织申请公证，都必须具有权利能力和完全民事行为能力，能够享有公证中的权利义务，同时能够亲自进行公证活动，独立地行使权利和履行义务。

第二，以自己的名义向公证机构提出公证申请。其主要包括三层含义：其一，公证申请必须由自然人、法人或者其他组织以自己的名义提出，而非以他人的名义提出。代理人由于不是以自己的名义提出公证申请而参与公证活动，因此其不是当事人，仅是公证活动的参与人之一。其二，申请应当向公证机构提出。公证机构是从事公证活动的法定机构，申请公证必须向公证机构提出。其三，提出的应当是公证申请。向公证机构提出申请的是公证事项范围以外的事项的，其申请人不能成为当事人。

第三，当事人与申请事项有利害关系。申请公证的事项对申请人的身份关系或者财产关系将产生重大影响，当事人以自己的名义申请公证，其目的在于经过公证，保护自己依法享有的民事、经济上的权利。其申请公证的事项包括：（1）当事人自己亲历亲为的事项，如当事人自己所为的民事法律行为。（2）与当事人有直接关系的事项，如婚姻关系、亲属关系等。（3）其他对当事人产生重大影响的事项。

第四，在公证活动中享有权利和承担义务。即当事人能以自己的名义独立承担公证活动中的权利义务。公证当事人的权利包括公证请求权、委托权、回避申请权等；公证当事人的义务包括举证、交纳公证费等义务。

在申请公证过程中，必须审查当事人的主体资格。我国《公证程序规则》第10条规定：“无民事行为能力人或者限制民事行为能力人申办公证，应当由其监护人代理。法人申办公证，应当由其法定代表人代表。其他组织申办公证，应当由其负责人代表。”无民事行为能力人或者限制民事行为能力人由于不能完整表达自己的意思或者不能辨认自己行为的法律后果，因而必须由其监护人代理，不能独自申办公证；法人和其他组织是法律上的拟制人，不宜由任一自然人表达拟制人的意思，必须由其代表人或者负责人统一行使。

当事人可以在一般的公证事项中委托他人代理申办公证。在现实生活中，由于各种原因，比如当事人生病住院、在海外学习、交通不便等，使一些当事人不能亲自前往公证机构提出申请。因此，《公证法》规定当事人可以委托他人代理申办公证，但是申办遗嘱、遗赠扶养协议、赠与、认领亲子、收养关系、解除收养关系、生存状态、委托、声明、保证以及其他与自然人人身有密切关系的公证事项，应当由当事人亲自办理，不得委托他人代理。同时我国《公证法》基于回避原则作出了一项禁止性规定，公证员、公证机构的其他工作人员不得代理当事人在本公证机构申办公证。

居住在香港、澳门、台湾地区的当事人，委托他人代理申办涉及继承、财产权利处分、人身关系变更等重要公证事项的，其授权委托书应当经其居住地的公证人（机构）公证，或者经司法部指定的机构或者人员证明；而居住在国外的当事人，委托他人代理申办涉及继承、财产权利处分、人身关系变更等重要公证事项的，其授权委托书应当经其居住地的公证人（机构）或我国驻外国使（领）馆公证。

第二节　公证执业区域

公证执业区域是指各公证机构之间受理公证业务的地域范围，它是司法行政机关对公证机构之间受理公证业务的地域范围所进行的横向划分。根据《公证法》的规定，由于各公证机构之间无隶属关系，地位平等，因此公证机构受理公证事项不存在上下级之间的纵向分工。划定公证执业区域的意义在于：一方面可以明确公证机构执业的范围或者说受理公证事项的基本准则；另一方面可以明确当事人申请办理公证时向哪个地方的公证机构申请。

一、公证执业区域的划定

根据《公证机构执业管理办法》第 10 条的规定以及当地公证机构设置方案，省、自治区、直辖市司法行政机关以下列区域单位划定公证机构受理公证业务的地域范围：(1) 县、不设区的市、市辖区的辖区；(2) 设区的市、直辖市的辖区或者所辖城区的全部市辖区。各公证机构受理的公证业务必须是本执业区域的公证业务，但受理以后，在办理公证过程中，如果需要超出公证执业区域从事一些公证行为也是允许的。

例如：

家住 A 市 B 区的甲某向 B 区公证机构申请证据保全公证，但某些证据在 A 市 C 区，B 区公证机构受理后，可以委派公证机构的工作人员前往 C 区实施证据保全行为，而不受只在 B 区从事证据保全的限制。

二、公证机构受理公证事项的基本准则

（一）根据有关地域确定公证机构

1. 公证事项由当事人住所地的公证机构受理

住所地是指自然人的户籍所在地、法人或者其他组织的主要办事机构所在地。自

然人的户籍所在地一般是以其户口簿或者居民身份证上登记的地址为准，法人或者其他组织的主要办事机构所在地一般是以营业执照上登记的地址为准。只要申请人的户籍所在地或者主要办事机构所在地在本公证机构的执业区域内，该公证机构就有权受理当事人的公证申请。

2. 公证事项由当事人经常居住地的公证机构受理

经常居住地是指自然人离开住所后连续居住一年以上的地方，但住院治病的除外。一般来说，公民的住所地与经常居住地是一致的，当两者不一致时，由经常居住地的公证机构受理公证事项就比较合适。

3. 公证事项由法律行为地的公证机构受理

法律行为地是指当事人实施法律行为的地点。法律行为从主体上可以分为单方法律行为、双方法律行为和共同法律行为，一般情况下，属于单方发生的，如遗嘱、声明等单方法律行为，就由该行为发生地的公证机构受理；属于双方发生的，如收养、解除收养等双方法律行为，就由收养人或者被收养人所在地的公证机构受理；如果一个法律行为的发生地涉及两个或者两个以上有权受理的公证机构的，可以由当事人协商一致，选择一个公证机构。

4. 公证事项由事实发生地的公证机构受理

法律事实是指由法律规范所规定的能够引起法律关系产生、变更和消灭的现象。法律事实可分为两类：一是行为，即以人的意志为转移的法律事实；二是事件，即不以人的意志为转移的法律事实，如出生、死亡、失踪等，法律事实一般是由具有法律意义的文书来表示，当事人可以向法律事实发生地的公证机构申请公证。

5. 凡申请办理涉及不动产的公证事项，由不动产所在地的公证机构受理

不动产主要是指土地、地上建筑物及其附属物，不动产转让包括不动产所有权和使用权的转让。涉及不动产的公证事项，由不动产所在地的公证机构受理，非不动产所在地的公证机构无权受理不动产公证事项；但涉及不动产的委托、声明、赠与、遗嘱的公证事项，既可以由不动产所在地的公证机构受理，也可以由当事人住所地、经常居住地、行为地或事实发生地的公证机构受理。

例如：

住所地在重庆市A区的甲某在上海市B区有一处房产，其欲委托在上海的亲戚乙某变卖该房产，需要申办委托书公证的，甲某既可以向重庆市A区（住所地）的公证机构申请委托公证，也可以向上海市B区（不动产所在地）的公证机构申请办理委托公证。

在公证申请中，除了不动产公证以外的其他公证事项，它们是并行的关系，在确定公证机构时，只要满足条件，当事人可以任意选择向当事人住所地、经常居住地、行为地或者事实发生地的公证机构申请。当事人向两个以上可以受理该公证事项的公证机构提出申请的，由最先受理申请的公证机构办理。

（二）当事人协商选择公证机构

申办同一公证事项的几个当事人因住所地、经常居住地、行为地或者事实发生地不在同一公证机构执业区域时，就会存在当事人之间决定由谁去申办公证事项或者向哪个公证机构申办公证事项的问题。《公证程序规则》第15条规定：“二个以上当事人

共同申办同一公证事项的，可以共同到行为地、事实发生地或者其中一名当事人住所地、经常居住地的公证机构申办。”当事人之间可以协商确定共同向一个公证机构提出申请，如果当事人之间协商不成，则公证机构不能受理，也不能由公证机构之间通过协商确定受理的公证机构。

三、有关涉外公证书的外交认证制度

外交认证，又称领事认证，是指外交、领事机关对公证证明文书上公证机构或认证机关的最后一个签名或印章的真实性予以证明的活动。《公证法》第 33 条规定：“公证书需要在国外使用，使用国要求先认证的，应当经中华人民共和国外交部或者外交部授权的机构和有关国家驻中华人民共和国使（领）馆认证。”所以公证是外交认证的前提，只有公证书需要在国外使用时，才有外交认证的必要。外交认证和公证的主要区别有：

（1）证明对象不同。公证的证明对象是民事法律行为、有法律意义的事实和文书；而外交认证的对象则是公证书上公证机构或认证机关的签名或印章。

（2）受理机构不同。公证是由公证机构受理，而办理外交认证的机构是中华人民共和国外交部或者外交部授权的机构和有关国家驻中华人民共和国使（领）馆。

（3）审查要求不同。公证审查的是民事法律行为、有法律意义的事实和文书的真实性、合法性；而外交认证则不需要审查上述内容，只需审查公证机构的签名或印章是否属实。

（4）目的不同。公证的目的是通过证明民事法律行为、有法律意义的事实和文书的真实性、合法性来预防纠纷，保障自然人、法人或者其他组织的合法权益。外交认证的目的在于使一国的公证机构所制作的公证书能为使用国当局确信，而保证其在域外具有效力。

有权认证机关在办理外交认证时需要注意的事项有：

（1）公证书因发往国外使用而需要外交认证时必须附有指定的公证书译文，译文上不盖公证机构的印章，公证员也无须签字或盖章。

（2）公证员应在公证书上亲笔签字或盖章，不得以代签字或代盖印章的方式代替。

（3）发往与我国尚未建立外交关系的国家的公证书，应交我国外交部领事司认证后，转请与该国有外交关系的第三国驻华使领馆认证，然后再发往该国使用。

（4）发往虽与我国建立外交关系，但尚未设立使馆的国家的公证书，只办理我国外交领事馆认证。

第三节　公证的普通程序

一、公证的申请与受理

（一）公证的申请

公证申请是指自然人、法人或者其他组织向公证机构提出办理公证事项的请求。

《公证程序规则》第17条第1款规定："自然人、法人或者其他组织向公证机构申请办理公证，应当填写公证申请表。"因此，我国公证申请方式只有书面申请，不能口头申请。办理申请的步骤主要有：

1. 填写公证申请表

申请人提出申请时，应按照规定填写公证申请表，公证申请表应当载明下列内容：（1）申请人及其代理人的基本情况。具体来说，申请人或者其代理人是自然人的，一般包括姓名、性别、出生日期、身份证号码、工作单位以及联系方式等。申请人或者其代理人是法人的，一般包括名称、地址、法定代表人或负责人以及联系方式等。（2）申请公证的事项及公证书的用途。（3）申请公证的文书的名称。（4）提交证明材料的名称、份数及有关证人的姓名、住址、联系方式。（5）申请的日期。（6）其他需要说明的情况。

自然人在申请公证时，原则上应当亲自填写公证申请表，并签名或者盖章，但如果该申请人因不识字或者身体健康等原因亲自填写有困难的，公证人员也可以代为填写，经申请人核对后，再由其签名或者盖章，不能签名或者盖章的由本人捺指印。

2. 提交必要的证明材料

申请人申请公证应当向公证机构提交与公证事项有关的材料，以求证明与公证内容有关事实的真实性和合法性。申请人应当提交如下材料：

（1）自然人的身份证明，法人的资格证明及其法定代表人的身份证明，其他组织的资格证明及其负责人的身份证明。

（2）委托他人代为申请的，代理人须提交当事人的授权委托书，法定代理人或者其他代理人须提交有代理权的证明。

（3）申请公证的文书。如《合同书》、《遗嘱书》、《赠与书》、《声明书》、《毕业证书》、《学位证书》等，作为法律文书，申请人应提交原件，法定机关制作的文书，应当提交正本或经公证人员审核无误的副本或复印本。

（4）申请公证的事项的证明材料，涉及财产关系的须提交有关财产权利证明，如《房产证》、《土地使用权证》、转让专利技术的《专利证》等。

（5）与申请公证的事项有关的其他材料。

在提交材料的要求上，我国《公证法》第27条规定："申请办理公证的当事人应当向公证机构如实说明申请公证事项的有关情况，提供真实、合法、充分的证明材料；提供的证明材料不充分的，公证机构可以要求补充。"因此，当事人应提交真实、合法、充分的材料。

（二）公证的受理

公证的受理是指公证机构接受申请公证事项的当事人的申请，并同意给予办理公证的行为。受理是公证机构公证行为的开始，同时表明其法律关系的产生。

1. 公证机构受理应具备的主要条件

（1）申请人与申请公证的事项有利害关系。

（2）申请人之间对申请公证的事项无争议。公证与诉讼、仲裁等救济途径不同，它是一种非诉活动，其目的不是解决争议或者纠纷，因此《公证法》规定，对于有争议事项的公证申请，公证机构不予受理。

（3）申请公证的事项属于公证机构的业务范围。对于超出公证机构业务范围的申请事项，公证机构不予受理，公证机构应当告知申请人到有关部门请求解决。

（4）申请公证的事项符合公证机构受理公证事项的基本准则。

法律、行政法规规定应当公证的事项，符合上述第（1）、（2）、（4）点规定条件的，公证机构应当受理；对不符合规定条件的公证申请，公证机构不予受理，并通知申请人。

2. 公证机构受理的程序

（1）制作受理通知单。公证机构受理公证申请后，应及时向申请人发送受理通知单，申请人或其代理人应当在回执上签收。受理通知单是公证机构制作并发给公证申请人，告知申请人已经作出受理公证申请决定的文书。公证书中的受理日期，是公证期限的起算点，也是公证法律关系的起始点，它标志着公证行为的开始。当事人和公证机构及公证员在公证活动开始后均应自觉履行义务，并依法行使权利。

（2）告知当事人。为了使当事人和利害关系人了解公证活动中的实体和程序权利，以维护其合法权益，公证机构受理公证申请后，应当告知当事人申请公证事项的法律意义和可能产生的法律后果，并告知其在办理公证过程中享有的权利和承担的义务。同时，告知必须采用书面形式，告知的内容、方式和时间应当记录归档。

（3）在公证登记簿上登记。这是公证事项的登记制度，公证机构办理公证时，应当由承办公证员填写公证登记簿，登记事项包括：公证事项类别、当事人姓名（名称）、代理人（代表人）姓名、受理日期、承办人、审批人（签发人）、结案方式、办结日期、公证书编号等。

（4）建立公证卷宗。公证机构受理公证申请后，承办公证员应着手立卷的准备工作，开始收集有关的证明材料，整理询问笔录和核实有关材料等，建立公证卷宗。

（5）收取公证费。公证机构受理公证申请后，应当按照规定向当事人收取公证费。公证办结后，经核定的公证费与预收数额不一致的，应当办理退还或者补收手续。对符合法律援助条件的当事人，公证机构应当按照规定减收或者免收公证费。

二、公证的审查

（一）审查的内容

审查是公证机构对申请公证的当事人的资格、申请公证的有关民事法律行为、有法律意义的事实和文书的材料的真实性和合法性的审定、核实。公证审查是公证行为中最重要、最关键的一个步骤，它直接关系到公证机构出具的公证书的质量。《公证法》第28条规定："公证机构办理公证，应当根据不同公证事项的办证规则，分别审查下列事项：（一）当事人的身份、申请办理该项公证的资格以及相应的权利；（二）提供的文书内容是否完备，含义是否明晰，签名、印鉴是否齐全；（三）提供的证明材料是否真实、合法、充分；（四）申请公证的事项是否真实、合法。"

我国香港地区以及国外许多国家的公证制度只对文书的形式及提供的材料内容进行公证，不对其真实性和合法性进行实质公证，但我国大陆采取实质审查主义，即对待证的事项负有进行真实性和合法性审查的义务。公证机构审查的重点内容包括以下几个方面：

1. 当事人的人数、身份、资格和民事行为能力。公证员应当核实必须亲自到场的当事人及人数；审查当事人以及代理人的身份是否属实；审查当事人主体的民事权利能力和民事行为能力。

2. 当事人的意思表示和相应的权利。公证机构审查当事人的意思表示是否真实、自愿，以避免弄虚作假、欺诈、乘人之危等违法行为的出现；审查当事人是否享有与申办的公证事项相关的权利，以保证公证证明事项的真实性和合法性。

3. 需要公证的行为、事实或文书的内容是否真实、合法。

4. 需要公证的文书内容是否完善、文字是否准确，签名、印鉴是否齐全。

5. 当事人提供的材料是否真实、充分。公证机构在审查中，对申请公证的事项的真实性、合法性有疑义的，认为当事人的情况说明或者提供的证明材料不充分、不完备或者有疑义的，可以要求当事人作出说明或者补充证明材料。当事人拒绝说明有关情况或者拒绝补充证明材料的，公证机构不予办理公证。

（二）核实程序

公证机构在审查中，对申请公证的事项以及当事人提供的证明材料，按照有关规则需要核实或者对其有疑义的，应当进行核实。公证机构可采用下列方式核实公证事项的有关情况以及证明材料：

1. 通过询问当事人、公证事项的利害关系人核实。

2. 通过询问证人核实。

3. 向有关单位或者个人了解相关情况或者核实，收集相关书证、物证、视听资料等证明材料。

4. 通过现场勘验核实。通过现场勘验核实时，应当制作勘验笔录，由核实人员及见证人签名或者盖章。根据需要，可以采用绘图、照相、录像或者录音等方式对勘验情况或者实物证据予以记载。

5. 委托专业机构或者专业人员鉴定、检验检测、翻译。通过委托专业机构或者专业人员鉴定、检验检测、翻译的，应当告知当事人由其委托办理，或者征得当事人的同意代为办理。鉴定意见、检验检测结论、翻译材料，应当由相关专业机构及承办鉴定、检验检测、翻译的人员盖章和签名。委托鉴定、检验检测、翻译所需的费用，由当事人支付。

采用询问方式向当事人、公证事项的利害关系人或者有关证人了解、核实公证事项的有关情况以及证明材料时，应当告知被询问人享有的权利、承担的义务及法律责任；在向当事人、公证事项的利害关系人、证人或者有关单位、个人核实或者收集有关公证事项的证明材料时，需要摘抄、复印（复制）有关资料、证明原件、档案材料或者对实物证据照相并作文字描述记载的，摘抄、复印（复制）的材料或者物证照片及文字描述记载应当与原件或者物证相符，并由资料、原件、物证所有人或者档案保管人对摘抄、复印（复制）的材料或者物证照片及文字描述记载核对后签名或者盖章。

如果待核实的事项或者材料在异地，可委托异地公证机构代为核实。委托异地公证机构核实公证事项及其有关证明材料的，应当出具委托核实函，对需要核实的事项及内容提出明确的要求。受委托的公证机构收到委托函后，应当在一个月内完成核实。因故不能完成或者无法核实的，应当在上述期限内函告委托核实的公证机构。

公证机构派员外出核实的，应当由二人进行，但核实、收集书证的除外。特殊情况下只有一人外出核实的，应当有一名见证人在场，依照法律规定，有关单位或者个人应当予以协助。

三、出证

出证是公证机构根据审查的结果，对符合出证条件的公证事项，在法定期限内，按照规定程序审批、制作、发送公证书的活动。出证是公证机构活动的结果，是受理审查等公证工作的归宿。

（一）出证的条件

出证的条件即公证机构出具公证书的标准。公证书具有较强的法律效力，一旦出具，将对当事人和利害关系人的权益产生重大影响。因此，明确出证的条件才能更好地规范公证活动。

1. 民事法律行为公证的出证条件

（1）当事人具有从事该行为的资格和相应的民事行为能力。当事人是公证事项的权利义务主体，当其为一定的法律行为时，必须具有从事该行为的民事权利能力和民事行为能力。

（2）当事人的意思表示真实。指行为人在没有外在强制或诱惑的情况下，根据自己内心的真实效果，独立作出的意思表示。意思表示真实是法律行为生效的必要条件，也是办理法律行为公证的条件。如果在公证中发生欺诈、威胁、乘人之危或重大误解等影响当事人真实意思表示的情况，应加以纠正，防止违法行为的发生，确保公证的质量。

（3）该行为的内容和形式合法，不违背社会公德。法律行为的合法包括内容合法和形式合法两个方面：在内容上不得损害国家、集体或他人的利益，不得违反法律和社会公共利益；在形式上应符合法律规定的各种形式要件，并成为法律行为成立的有效要件。

（4）《公证法》规定的其他条件。

2. 有法律意义的事实或者文书公证的出证条件

（1）该事实或者文书与当事人有利害关系。该事实或文书对当事人的权利义务或活动产生一定法律效果。

（2）事实或者文书真实无误。真实无误，是指事实或文书是客观存在的，不是虚假或伪造的，事实或文书的内容与客观实际相一致，不得夸大、缩小或任意改变。

（3）事实或者文书的内容和形式合法，不违背社会公德。

（4）《公证法》规定的其他条件。

3. 文书上的签名、印鉴、日期公证的出证条件

（1）其签名、印鉴、日期应当准确、属实。

（2）文书的副本、影印本等文本的公证，其文本内容应当与原本相符。

4. 具有强制执行效力的债权文书公证的出证条件

（1）债权文书以给付货币、物品或者有价证券为内容。

（2）债权债务关系明确，债权人和债务人对债权文书有关给付内容无疑义。

(3) 债权文书中载明当债务人不履行或者不适当履行义务时，债务人愿意接受强制执行的承诺。

(4)《公证法》规定的其他条件。

（二）公证书的制作

公证书的制作有严格的要求，必须由具备公证员资格的公证员按照司法部规定的格式制作签章。制作程序主要包括草拟、审批、编号、打印、盖章等，涉外公证书还需要翻译和有关部门的认证。公证书一般包括以下几个方面内容：

1. 公证书编号。编号包括年度、公证机构代码、公证书类别、公证书编码。

2. 当事人及其代理人的基本情况。当事人及其代理人是自然人的，应写明其姓名、性别、年龄、住址等；当事人是法人的，应写明法人名称、法定代表人、住所等。

3. 公证证词。这是公证书的核心内容，应写明公证证明的事项、具体范围和内容，以及适用的法律、法规等。

4. 承办公证员的签名（签名章）、公证机构印章。

5. 出证日期。

需要注意的是，公证证词证明的文书也是公证书的组成部分，无论是当事人手写的还是公证机构打印的文书，只要是在公证证词中予以证明的，均是公证书的组成部分，与公证证词具有同等法律效力。

制作公证书应当使用全国通用的文字。在民族自治地方，根据当事人的要求，可以同时制作当地通用的民族文字文本，两种文字的文本具有同等效力；发往我国的香港、澳门、台湾地区使用的公证书应当使用全国通用的文字；发往国外使用的公证书应当使用全国通用的文字，根据需要和当事人的要求，公证书可以附外文译文。

（三）公证书的发送

公证书制作完毕后，公证机构应当依法将公证书发送给当事人。公证书可以由当事人自己到公证机构领取，也可以委托其代理人到公证机构领取，还可以应当事人的要求由公证机构发送。

当事人领取公证书应当出示领取凭证和身份证件；如果代理人领取公证书，原则上要出示委托书、领取凭证和身份证件；如果要求公证机构代为发送的，当事人应当交付寄送费用、明确的地址等。公证机构应保留寄送凭证，以备查询。当事人或其代理人收到公证书的，应当在回执上签收。

对于发往国外使用的公证书，使用国要求先认证的，应当经中华人民共和国外交部或者外交部授权的机构和有关国家驻中华人民共和国使（领）馆认证。

四、公证期限、终止公证和不予办理公证

（一）公证期限

公证期限是公证机构办理公证事项和处理某些公证事务的法定时间限制。公证期限的意义在于保证公证机构及时有效地依法履行职责，并保护当事人的合法权益。根据《公证程序规则》的规定，公证期限可以分为办证期限和其他公证期限。

办证期限是指公证机构办理公证事项从受理到办结的最长期限。一般情况下，公证机构经审查，认为申请提供的证明材料真实、合法、充分，申请公证的事项真实、

合法的，应当自受理公证申请之日起 15 个工作日内向当事人出具公证书。但是因不可抗力、补充证明材料或者需要核实有关情况的，所需时间不计算在期限内。公证机构委托异地公证机构核实公证事项及其有关证明材料的，受委托的公证机构收到委托函后，应当在一个月内完成核实。因故不能完成或者无法核实的，应当在上述期限内函告委托核实的公证机构。

对现场监督公证而言，公证期限是 7 天。办理招标投标、拍卖和开奖等现场监督公证的，应在现场宣读公证证词后 7 日内将公证书发送当事人。办理提存公证的，公证机构应当从提存之日起 3 日内出具提存公证书。

（二）终止公证

终止公证，是指公证申请受理后，在办理公证的过程中，由于出现法定事由致使公证事项不能继续办理，或者继续办理已无意义时，作出停止公证程序的决定。终止公证是公证程序中一种特殊的结束方式。

1. 终止公证的法定情形

公证事项出现下列情形之一的，公证机构应当终止公证：

（1）因当事人的原因致使该公证事项在 6 个月内不能办结的；

（2）公证书出具前当事人撤回公证申请的；

（3）因申请公证的自然人死亡、法人或者其他组织终止，不能继续办理公证或者继续办理公证已无意义的；

（4）当事人阻挠、妨碍公证机构及承办公证员按规定的程序、期限办理公证的；

（5）其他应当终止的情形。

2. 终止公证的程序规则

终止公证的，由承办公证员写出书面报告，报公证机构负责人审批。报告的内容主要包括：所办理公证事项的概况和办理现状、当事人基本情况、终止公证的事实和理由以及承办公证员本人的处理意见。终止公证的决定应当书面通知当事人或其代理人。终止公证的，公证机构应当根据终止的原因及责任，酌情退还部分公证费。

（三）不予办理公证

不予办理公证是指在办理公证的过程中，公证机构发现证明对象不真实、不合法或者当事人有妨害公证活动的行为时，拒绝给予办理公证。

1. 不予办理公证的法定原因

根据《公证法》第 31 条和《公证程序规则》第 48 条的规定，有下列情形之一的，公证机构不予办理公证：

（1）无民事行为能力人或者限制民事行为能力人没有监护人代理申请办理公证的；

（2）当事人与申请公证的事项没有利害关系的；

（3）申请公证的事项属专业技术鉴定、评估事项的；

（4）当事人之间对申请公证的事项有争议的；

（5）当事人虚构、隐瞒事实，或者提供虚假证明材料的；

（6）当事人提供的证明材料不充分或者拒绝补充证明材料的；

（7）申请公证的事项不真实、不合法的；

（8）申请公证的事项违背社会公德的；

(9) 当事人拒绝按照规定支付公证费的。

2. 不予办理公证的程序规则

不予办理公证的，由承办公证员写出书面报告，报公证机构负责人审批。不予办理公证的决定应当书面通知当事人或其代理人。不予办理公证的，公证机构应当根据不予办理的原因及责任，酌情退还部分或者全部公证费。

第四节　公证的特别程序

公证的特别程序，是指公证机构在办理某些特殊类别的公证事项时，依法所适用的程序。它区别于普通程序，但仍是公证程序的组成部分。由于它只是适用于法律规定的特定公证事项，在办理公证事务时，依据特别法优于普通法的法律原则，就应当优先适用特别程序。没有特别程序规定的，才适用普通程序。依照法律规定，公证的特别程序适用的范围有：招标投标、拍卖和开奖公证、保全证据公证、出具执行书和公证调解等。

一、招标投标、拍卖和开奖公证的特别程序

（一）概念

1. 招标投标

招标投标，是指招标方以公告或邀请的方式，将其招标的项目和招标程序公布于众，愿意承担该项目的自然人、法人或者其他组织，按照招标人的要求进行投标，招标人从中选出最佳投标，并与该投标人签订合同的活动。

招标投标公证，是指公证机构根据招标方的请求，依照法定程序，确认招标投标各项主体资格及整个活动的真实性、合法性的证明活动。招标投标的公证对于完善招标投标机制，规范招标投标行为，保护招标投标各方的合法权益，促进市场经济的发展有着重要意义。

2. 拍卖

拍卖是指拍卖人按照事先公告的程序，公开叫价，竞争购买的活动。拍卖公证是指公证机构根据拍卖人的申请，依照法定程序，证明其拍卖活动的真实性、合法性的证明活动。

3. 开奖

开奖，是指对设定的奖品、奖金，采取抽奖、摇奖或评奖的方式确定中奖人的活动。开奖公证，是指公证机构根据有奖活动主办单位的申请，依照法定程序，对抽奖、摇奖或评奖活动的真实性、合法性予以证明的活动。

（二）共同特征

1. 一般是采取现场公证。基于招标投标、拍卖和开奖活动的特殊性，通常由主办方申请公证机构到现场公证。

2. 是特定人与不特定的多数人进行的活动。申请公证的事项有多方主体参加，但除主办方以外，其他参加主体在申请公证的活动开始前处于不特定状态，所以公证申

请通常由主办现场活动的一方提出，公证机构在受理阶段也是仅对主办方的资格进行审查。

3. 具有公开性和竞争性。现场活动的主办方必须在活动举办前拟定活动规则，并以适当的方式公开；在活动中均以公开竞争的方式确定其中标人、应买人或中奖人。

4. 一次性完成。整个活动是一次性完成，无法重复进行。

（三）招标投标、拍卖和开奖公证的办理

1. 由特定的一方当事人向公证机构申请办理公证。

2. 公证机构指派两名公证员亲临现场，依照有关规定，通过事前审查、现场监督，对公证事项的真实性、合法性进行证明。

3. 经审查核实，该公证事项真实合法的，现场宣读公证证词，并在宣读后 7 日内将《公证书》发送给当事人，该《公证书》自宣读公证证词之日起生效。

4. 办理现场监督类公证，承办公证员发现当事人有弄虚作假、徇私舞弊、违反活动规则、违反国家法律和有关规定行为的，应当及时要求当事人改正。当事人拒不改正的，不予办理公证。

二、保全证据公证的特别程序

保全证据公证是指在诉讼活动外，公证机构根据自然人、法人或其他组织的申请，依照法定程序对日后可能灭失或者难以取得的证据，事先加以提取、收存、固定、描述等方式进行保全的活动。

（一）对证据的审查

保全证据行为并不必然具有合法性，其是否具有合法性，取决于证据的取得方式。如果证据是采用法律法规禁止的方式取得的，比如以侵害他人合法权益或者违反法律禁止性规定的方法取得的证据，则不能作为认定案件事实的依据。因此公证机构在保全证据的过程中要严格审查下列内容：（1）申请保全的证据来源；（2）保全证据的方式、方法以及被保全的证据的取得是否侵害他人的合法权益；（3）保全的证据是否与当事人有利害关系；（4）参与保全证据的相关人是否具有相应的资格等。

（二）保全证据公证的办理

1. 由当事人向公证机构提出证据保全的申请。

2. 公证机构派员外出办理公证，应当由二人共同办理，其中至少一人是公证员，承办公证员应当亲自办理。

3. 公证员对证据的合法性进行审查，审查合格的予以公证，如果承办公证员发现当事人是采用法律、法规禁止的方式取得证据的，应当不予办理公证。

三、出具执行证书

关于出具执行证书程序，《公证法》并未作出明确规定，该程序设计的主要依据是 2000 年 9 月 1 日最高人民法院和司法部的联合通知。《公证程序规则》第 55 条第 1 款亦规定："债务人不履行或者不适当履行经公证的具有强制执行效力的债权文书的，公证机构可以根据债权人的申请，依照有关规定出具执行证书。执行证书应当在法律规定的执行期限内出具。”

《公证程序规则》第39条规定了具有强制执行效力的债权文书的公证，应当符合下列条件：（1）债权文书以给付货币、物品或者有价证券为内容；（2）债权债务关系明确，债权人和债务人对债权文书有关给付内容无疑义；（3）债权文书中载明当债务人不履行或者不适当履行义务时，债务人愿意接受强制执行的承诺；（4）《公证法》规定的其他条件。债权文书被赋予强制执行效力以后，在债务人不履行或者不适当履行债务时，债权人为了实现债权，还必须凭经过公证的具有强制执行效力的债权文书向原公证机构提出出具执行证书的申请，公证机构依照有关规定出具执行证书后，当事人再凭公证书和执行证书向人民法院申请执行。执行证书的内容并不是具有强制执行效力的债权公证文书的内容的简单重复，它需要对债权债务既成事实和变化加以确认，出具执行证书既是对债务人动态履行事实的审查，同时又标志着执行程序的启动。

公证机构出具执行书时应当注意以下事项：

1. 赋予债权文书强制执行效力的公证书是本公证机构出具的。

2. 当事人申请公证机构出具执行证书的原因是债务人有拒绝履行、迟延履行或者瑕疵履行的情形。

3. 执行证书应当载明申请人、被申请执行人、申请执行标的和申请执行的期限，债务人已经履行的部分，应当在申请执行标的中予以扣除。因债务人不履行或者不适当履行而发生的违约金、滞纳金、利息等，可以应债权人的要求列入申请执行标的。

4. 关于执行证书出具的期限。《公证法》没有明确规定出具执行证书的期限，但司法部有相关规定，即债权人申请公证机构出具执行证书的，应当适用《民事诉讼法》。2012年8月31日修改通过的《民事诉讼法》第239条规定：“申请执行的期间为二年。申请执行时效的中止、中断，适用法律有关诉讼时效中止、中断的规定。前款规定的期间，从法律文书规定履行期间的最后一日起计算；法律文书规定分期履行的，从规定的每次履行期间的最后一日起计算；法律文书未规定履行期间的，从法律文书生效之日起计算。”因此债权人申请公证机构出具执行证书的，应当在《民事诉讼法》第239条规定的期限内提出；逾期提出的，公证机构不予受理。

5. 出具执行证书后，公证机构应当告知申请人有执行管辖权的人民法院。根据《民事诉讼法》第238条的规定，对公证机构依法赋予强制执行效力的债权文书，一方当事人不履行的，对方当事人可以向有管辖权的人民法院申请执行，受申请的人民法院应当执行。但公证债权文书确有错误的，人民法院裁定不予执行，并将裁定书送达双方当事人和公证机构。

四、公证调解

调解是通过说服教育和劝导协商，在当事人双方互相谅解的基础上解决纠纷的措施，是处理民事、经济、刑事自诉、行政赔偿案件的重要方式之一。调解可以分为诉讼外调解和诉讼内调解，其中诉讼外调解又包括人民调解、行政调解和仲裁调解等。公证机构开展的公证调解属于诉讼外调解的范畴。

公证调解是指公证机构根据当事人的申请，针对经过公证的事项在履行过程中发生的纠纷，依照法律和事实，对当事人双方进行说服教育、劝导协调，促使当事人之间和解，消除纠纷的活动。与其他调解主要是诉讼调解和仲裁调解相比，公证调解有以下几个特点：

1. 公证调解具有非强制性。公证调解基于当事人的自愿申请而启动，当事人有权自主决定是否进行调解。公证调解的程序和结果不具有强制性，对于正在进行的公证调解和已经达成的协议的公证调解，当事人可以反悔，寻求其他救济方式。

2. 公证调解对象的有限性。一般进入诉讼和仲裁的案件都可以通过调解程序加以解决，但是对于公证调解而言，只有纠纷发生前进行过公证的案件才可以进行调解，对于没有经过公证的案件一般不予调解。

3. 公证调解的附加性。在诉讼和仲裁制度中，调解是一种与判决裁决程序相并行的纠纷处理程序，是诉讼和仲裁的组成部分。在公证制度中，公证证明是公证机构的主要业务，公证程序一般基于公证证明的结束而终结，公证调解并不必然是公证程序的组成部分。公证调解是公证机构提供的一种附加性法律服务，是公证机构已经履行完毕公证职责的附加活动。对纠纷的调解是基于当事人的信任以及深化公证法律服务的需要。

预防纠纷，减少诉讼，维护社会主义法治和正常的民事、经济流转秩序，是公证机构的主要任务。公证机构主要是通过办理公证来实现上述任务，但公证不是保证，经过公证的民事法律行为在履行过程中经常会发生纠纷，这就需要公证机构帮助解决。经过公证的事项在履行过程中发生争议后，当事人可以请求出具公证书的公证机构进行调解，公证机构应当受理并进行调解。

经过公证程序调解后，当事人之间达成协议并申请公证的，只要符合公证申请条件，公证机构可以办理公证，对于当事人在履行过程中再次发生的纠纷，基于当事人的申请，公证机构仍然可以给予公证调解。当事人之间达成调解协议但并没有申请公证的，公证机构不能强制当事人必须办理公证，当事人在履行过程中再次发生的纠纷，公证机构不再给予公证调解。在调解过程中当事人放弃调解、无法达成调解协议或者达成调解协议后又反悔的，公证机构应当及时告知当事人向法院起诉或者依法提请仲裁，不得要求当事人继续调解。

第五节　公证争议处理

公证争议是指当事人、公证事项的利害关系人认为公证书有错误，而与公证机构就错误是否存在、过错责任和公证赔偿数额所发生的争议。公证救济是指当事人或者公证事项的利害关系人在其合法权益受到或者可能受到公证活动的侵害时，可依法请求纠正公证行为、赔偿损失。公证救济主要包括向公证协会投诉、向人民法院提起民事诉讼和公证机构复查三种途径。

一、公证投诉

当事人、公证事项的利害关系人对公证机构作出的撤销或者不予撤销公证书的决定有异议的，可以向地方公证协会投诉。公证投诉制度的建立有利于增强公证行业的公信力，维护公证机构的声誉和公证投诉人的合法权益，有利于查处投诉工作的制度化、规范化。其主要特点有：

1. 公证投诉的主体是当事人和公证事项的利害关系人。

2. 公证投诉的受理机构是被投诉公证机构所在地的公证协会。我国公证管理体制实行的是司法行政机关行政管理和公证协会行业管理相结合的管理模式。依据《公证法》的规定，公证协会是公证业的自律性组织，依据章程开展活动，对公证机构、公证员的执业活动进行监督。公证协会经授权，有权处理当事人、公证事项的利害关系人的投诉。

3. 公证投诉的原因是当事人、公证事项的利害关系人对公证机构作出的撤销或者不予撤销公证书的决定有异议。

二、民事诉讼

当事人、公证事项的利害关系人对公证书涉及当事人之间或者当事人与公证事项的利害关系人之间实体权利义务的内容有争议的，公证机构应当告知其可以就该争议向人民法院提起民事诉讼。

当事人、公证事项的利害关系人因实体权利义务发生争议提起民事诉讼的条件有：(1) 必须是当事人、公证事项的利害关系人之间对公证事项涉及的实体权利义务内容产生的争议。如果不是实体的权利义务争议，则不能通过民事诉讼解决。(2) 争议的性质必须是民事争议。(3) 争议发生在当事人之间或者当事人与公证事项的利害关系人之间。

就公证事项争议提起民事诉讼所要遵循的规则，适用我国的《民事诉讼法》。

三、公证复查

公证复查是指公证机构根据当事人、公证事项的利害关系人的申请，对相关的公证书进行复查并作出相应处理决定的活动。《公证法》第 39 条规定：“当事人、公证事项的利害关系人认为公证书有错误的，可以向出具该公证书的公证机构提出复查。公证书的内容违法或者与事实不符的，公证机构应当撤销该公证书并予以公告，该公证书自始无效；公证书有其他错误的，公证机构应当予以更正。”其目的是保障当事人、公证事项的利害关系人的合法权益。

（一）复查申请

复查申请应当以书面形式提出，载明申请人认为公证书存在的错误及其理由，提出撤销或者更正公证书的具体要求，并提供相关证明材料。

当事人认为公证书有错误的，可以在收到公证书之日起一年内，向出具该公证书的公证机构提出复查。公证事项的利害关系人认为公证书有错误的，可以自知道或者应当知道该项公证之日起一年内向出具该公证书的公证机构提出复查，但能证明自己不知道的除外。提出复查的期限自公证书出具之日起最长不得超过 20 年。

（二）复查审理

公证机构收到复查申请后，应当指派原承办公证员之外的公证员进行复查，且应当自收到复查申请之日起 30 内完成复查，作出复查处理决定，发给申请人。需要对公证书作撤销或者更正、补正处理的，应当在作出复查处理决定后 10 日内完成。复查结论及处理意见，应当报公证机构的负责人审批。复查处理决定及处理后的公证书，应当存入原公证案卷。

公证机构办理复查，因不可抗力、需要补充证明材料或者需要核实有关情况的，所需时间不计算在上述规定的期限内，但需要补充证明材料或者需要核实有关情况的，最长不得超过 6 个月。

公证机构进行复查，应当对申请人提出的公证书的错误及其理由进行审查、核实，区别不同情况，按照以下规定予以处理：

1. 公证书的内容合法、正确、办理程序无误的，作出维持公证书的处理决定。

2. 公证书的内容合法、正确，仅证词表述或者格式不当的，应当收回公证书，更正后重新发给当事人；不能收回的，另行出具补正公证书。

3. 公证书的基本内容违法或者与事实不符的，应当作出撤销公证书的处理决定。

4. 公证书的部分内容违法或者与事实不符的，可以出具补正公证书，撤销对违法或者与事实不符部分的证明内容；也可以收回公证书，对违法或者与事实不符的部分进行删除、更正后，重新发给当事人。

5. 公证书的内容合法、正确，但在办理过程中有违反程序规定、缺乏必要手续的情形，应当补办缺漏的程序和手续；无法补办或者严重违反公证程序的，应当撤销公证书。

被撤销的公证书应当收回，并予以公告，该公证书自始无效。公证书被撤销的，所收的公证费按以下规定处理：

1. 因公证机构的过错撤销公证书的，收取的公证费应当全部退还当事人；

2. 因当事人的过错撤销公证书的，收取的公证费不予退还；

3. 因公证机构和当事人双方的过错撤销公证书的，收取的公证费酌情退还。

公证机构撤销公证书的，应当报地方公证协会备案。

本章思考题

1. 简述公证当事人需要具备的条件。
2. 简述公证和外交认证的区别。
3. 公证机构受理公证申请的一般程序有何具体规定？
4. 公证机构在什么情况下可以终止公证？
5. 试论公证争议解决的方法。

第十八章

公证的效力

本章导读

公证的效力，是指公证证明在法律上的作用和约束力。公证之所以产生效力，是公证机构以其自身的信用为担保，依照法定的程序和条件，对申请公证事项的真实性、合法性进行严格审查核实的结果。

根据《公证法》、《民事诉讼法》及相关法律的规定，公证具有三种基本的法律效力：证明效力、强制执行的效力和使法律行为生效的效力。

第一节　证明效力

一、证明效力的含义

证明效力，是指公证证明的内容是一种可靠的证据，在诉讼中具有不同于一般证据的证明力。《公证法》第 36 条对公证的证明效力作出了规定：经公证的民事法律行为、有法律意义的事实和文书，应当作为认定事实的根据，但有相反证据足以推翻该项公证的除外。目前，我国的理论界和实务界对公证这一效力的表述不尽一致，有的称之为证据效力，有的称之为证明效力，还有的将两者混合使用。我们认为，证明效力的表述可能更全面、更准确一些，证据效力没有完全揭示公证效力的深刻内涵。第一，从公证活动的实质看，公证是公证机构依照法定程序对民事法律行为、有法律意义的事实和文书的真实性、合法性予以证明的活动。公证活动实质上是一种法律证明活动，公证所起的作用是证明作用，这种作用主要表现为，根据法律的规定，经公证证明的事实应当作为认定事实的根据，当事人无须举证证明。第二，从词源词义上看，根据《现代汉语词典》的解释：证据，是指能够证明某事物真实性的有关事实或材料；证明，是指用可靠的材料来表明或断定人或事物的真实性。也就是说，证据是一种事实或材料，是一种静态的描述，而证明是判断真实性的过程，是一种动态的描述，这种对事物真实性的判断与公证活动的实质是完全一致的。从一定意义上讲，证据效力侧重于事实判断，而证明效力侧重于价值判断。第三，从实践情况看，在一般情况下，公证文书本身并不是证据，作为证据的只是它所证明的对象。从《公证法》第 36 条的表述也可以看出这一点，只有根据法律规定或当事人约定，公证作为法律行为的生效要件或成立要件时，公证文书本身才直接作为证据使用。可见，证据效力的表述带有片面性。第四，从国外立法看，法国是现代公证制度的起源地，《法国公证法》第 19 条规定："公证证书不仅具有裁判上的证明力，而且在法兰西共和国的全部领域内具有执行力。"这一规定清楚地表明，公证效力主要包括证明力和执行力。

二、证明效力来源

一是公证的证明效力具有法定性，公证的证明力直接源于法律的规定，它排除了法官的自由心证。这是公证证明与其他证明最根本的区别。比如，我国《民事诉讼法》第 67 条规定："人民法院对有关单位和个人提出的证明文书，应当辨别真伪，审查确定其效力"。而该法第 69 条规定："经过法定程序公证证明的法律事实和文书，人民法院应当作为认定事实的根据，但有相反证据足以推翻公证证明的除外。"法律直接推定公证证明的事实为真实，并赋予其完全的证明力。最高人民法院《关于适用〈中华人民共和国民事诉讼法〉的若干问题的意见》和最高人民法院《关于民事诉讼证据的若干规定》均规定，已为有效公证书所证明的事实，当事人无须举证。《公证法》在现有规定的基础上，又对公证的证明效力作了进一步的扩张。与大陆法系国家相比较，从制度规定上讲，我国公证的证明力的地位更加突出，因为，在我国除了公证书可以排除法官自由心证外，其他所有证明文书的证明力均需经法庭审查后确定。而在大陆法系国家，具备一定形式要件的文书都排斥法官自由心证，公证书只是这类文书中的一种。

二是公证是公证机构根据自然人、法人或者其他组织的申请，依照法定程序对民事法律行为、有法律意义的事实和文书的真实性、合法性予以证明的活动。遵守法律，坚持客观公正的原则是法律对公证活动的最基本要求。

三、公证证明的效力范围

1. 公证的证明效力具有普遍性。主要表现在：

（1）从领域上讲，公证的证明效力不仅存在于当事人之间，还广泛体现在司法诉讼活动、行政管理活动、仲裁调解活动、日常民商事活动之中。

（2）从空间上讲，公证的证明效力不仅在国内有效，还具有域外效力，它不受政治制度、意识形态、文化传统等因素的影响。从一定意义上讲，公证文书是唯一能够通用于全球的有效法律文书。目前，我国的公证文书已经发往一百多个国家和地区使用。

（3）从时间上讲，公证证明的效力不因时间流逝而改变，它可以永久存续下去。鉴于此，《公证档案管理办法》对公证档案保管期限作出明确规定，对一些重要的公证档案要求列为永久卷，一直保存下去。

2. 公证的证明效力具有优先性。这是从公证证明力强弱的角度考察的。公证文书不管用于何种场合，都较其他文书具有更强的证明力。公证书在法院诉讼、仲裁机构的仲裁、人民调解委员会的调解、行政机关办理与行政相对人有关的行政事务等活动中，都具有优于一般证据的证明力。“文书证明力优先”是法国民事证据制度最具特色之处。尽管我国的《民事诉讼法》、《公证法》没有明确规定这个原则，但在公证证明效力的规定上也体现了这个精神。因为，从逻辑上讲，如果将公证文书作为认定事实的依据，同时也就意味着经公证的事实在证明效力上是强于其他证明材料的，除非存在与公证证明相反的证据并达到足以推翻公证证明的程度。比如，我国《继承法》第20条规定：“自书、代书、录音、口头遗嘱，不得撤销、变更公证遗嘱。”这一规定表明，当存在多份遗嘱时，无论其内容是否相抵触，如果有公证遗嘱，则应当以公证遗嘱为准，公证遗嘱具有优先的证明力。

四、证明效力的相对性

公证的证明效力是法律推定的，既然是推定，则是允许当事人提出反证予以推翻的，这在民事诉讼制度上称为“可反驳的推定”，这是各国立法的通例。从《公证法》第36条的规定看，在经过公证的民事法律行为、有法律意义的事实和文书具有法定的证明效力的前提下，允许当事人、公证事项的利害关系人提出相反的证据予以推翻。根据《民事诉讼法》第69条的规定，相反证据足以推翻公证证明的，应当否定公证证明的效力。对于公证而言，不能因为其具有极强的法律效力就不加怀疑地将其作为证据，还应考虑各种导致公证书不真实、不合法的情况。因此，不能认为公证书具有无可辩驳的证明力。把公证文书的效力绝对化，就会剥夺当事人提出证据以维护其合法权利的抗辩权。在民事诉讼过程中，对于当事人提交的公证证明，法院也应当进行审查，判断证据的真伪，必要时应当向公证机构调查核实；同时，还要审查公证书与其他证据之间有无矛盾，经过审查判断后，没有足够证据推翻公证时，才应认定公证的效力。从这个意义上说，公证的证明效力不是绝对的，而是相对的。

例如：

2007 年 3 月 12 日，家住重庆市南岸区的程女士拿到母亲生前公证的遗嘱，她对遗嘱内容产生怀疑：母亲程清华为什么只留给自己几张桌椅，而哥哥却得了房产。发现公证程序疑点后，程女士将南岸区公证处告上法庭，请求撤销遗嘱公证书。南岸区法院经审理后认为，南岸区公证处于 1997 年 4 月 23 日在办理该公证书时有如下不当之处：一是公证员在为程女士母亲代书遗嘱时，无两个以上的见证人见证，遗嘱也没有代书人和其他见证人的签名，公证处对程女士母亲所作出的遗嘱公证，证明对象不符合《继承法》有关规定；二是司法部《公证程序规则》规定遗嘱公证应由两名公证员共同办理，而南岸区公证处在办理该公证时，只有一名公证员。最终南岸区法院判决：撤销南岸区公证处为程女士母亲制作的遗嘱公证书。

第二节　强制执行的效力

一、公证的强制执行效力的含义

公证的强制执行效力是指公证机构依法赋予强制执行效力的债权文书，债务人不履行义务时，债权人可以直接向有管辖权的人民法院申请强制执行，不再经过诉讼程序，人民法院应当采取强制执行措施。

一般情况下，公证文书仅有证明效力，而不产生强制执行效力。但是，对于经过公证的债权文书，法律赋予了强制执行的效力，这主要是考虑到对于一些债权债务关系比较简单的债权文书，当事人在申请办理公证时，各自的权利和义务均已明确，并对违约的后果即强制执行作出承诺，一旦债务人不履行债务，债权人就可以直接持债权文书向人民法院申请强制执行，无须再经过诉讼或者仲裁程序，这样，有利于减少诉讼和仲裁案件，减轻法院和仲裁机构的负担，对当事人来说也比较便捷，节省了时间和财力，有利于纠纷的及时解决。同时，债权文书经过公证后，债务人更加明确了不履行债务会给自己带来的不利因素，从而加强履约的责任心，有助于防止纠纷的发生。此外，根据我国审判和仲裁程序的规定，民事纠纷的解决需要一定的时间，允许债权人直接持经公证的债权文书向人民法院申请强制执行，可以有效地防止债务人在案件受理和诉讼期间转移财产，逃避债务，从而保证债权的实现。

《公证法》第 37 条对公证的强制执行效力作出了完整的表述。公证的执行效力是以证明效力为基础的，是证明效力的自然延伸。法律之所以能够赋予公证债权文书以强制执行效力，主要基于以下三个原因：第一，这种债权文书以给付为内容，具有可执行性；第二，当事人就强制执行达成一致意见，债务人有接受强制执行的承诺；第三，公证证明能够确保债权文书的真实性、合法性，从而达到与法院裁判同样清晰、确定的程度，可以作为执行的根据。

德国、日本以及我国台湾地区等部分大陆法系国家和地区的法律中，都明确规定经公证的债权文书系执行名义之一。比如，日本《民事诉讼法》第22条规定："根据下列文书进行强制执行：……5. 对于支付一定金额或者给付其他替代物或一定数额的有价证券的请求，由公证人做成的，记载债务人立即服从强制执行的公证文书……"我国台湾地区的"强制执行法"第4条规定："强制执行，依下列执行名义：……四、依'公证法'规定的为强制执行之公证书……"

二、具有强制执行效力的债权文书

公证的强制执行效力是通过公证机构赋予强制执行效力的债权文书体现出来的。具有强制执行效力的债权文书，是指公证机构根据债权人的申请，认为无疑义的，依法出具公证书并赋予强制执行力的债权文书，与人民法院的判决同样具有强制执行的法律效力。公证机构运用这一手段预防并解决那些事实清楚、是非明确的债权债务纠纷，能有效地节省诉讼时间，避免日后陷入烦琐的诉讼之中。

（一）出具强制执行效力公证文书的条件

根据《公证程序规则》第39条的规定，公证机构赋予强制执行效力的债权文书应具备以下条件：

1. 债权文书以给付一定货币、物品或有价证券为内容。赋予强制执行效力的债权文书要求其内容必须适宜强制执行，否则，赋予强制执行效力的公证行为就失去了意义。根据《公证法》的规定，公证机构只能对以给付货币、物品、有价证券为内容的债权文书赋予强制执行效力。

2. 债权债务关系明确，债权人和债务人对债权文书有关给付内容无疑义。赋予债权文书强制执行力的目的在于预防和迅速解决纠纷。如果债权债务关系不明确，则无法起到预防纠纷和迅速解决纠纷的目的。同时，如果当事人之间对给付内容有争议，公证机构一般也不能予以公证。

3. 债权文书中载明债务人不履行义务或不完全履行义务时，债务人愿意接受强制执行的承诺。债权文书必须有债务人愿意接受强制执行的承诺，如果债务人未表示或者表示的意思不明确，则表明债务人未放弃诉权，所以，债权人只能通过诉讼或者仲裁程序解决纠纷，而不宜在债务人未履行债务时，直接向人民法院申请强制执行。德国、奥地利、日本等国家的法律，也要求债权文书应当载明债务人愿受即时强制执行的意志或声明，或者债务人在该债权文书中明确承认该公证文书具有即时执行的效力。

（二）公证机构赋予强制执行效力的债权文书的范围

根据《公证法》的规定，公证可以分为民事法律行为公证、有法律意义的事实公证、有法律意义的文书公证。在这三种公证中，只有民事法律行为能够被赋予强制执行效力，因为只有民事法律行为是以债权文书的形式表现出来的。但也不是所有的经过公证的债权文书都能够具有执行效力，《公证法》又进一步设定了两个条件：第一，从客观上讲，债权文书必须以给付为内容；第二，从主观上讲，债务人必须要有自愿接受强制执行的承诺。这两个条件缺一不可。在《公证法》出台前，最高人民法院和司法部曾经下发了《关于公证机关赋予强制执行效力的债权文书执行有关问题的联合通知》，将给付的内容限定为货币、物品、有价证券。但是，从民法理论上讲，给付应当包括金钱给付、物的给付及行为的给付，行为给付中的行为又包括作为和不作为。《公证法》并未对给付的内容作进一步的限定，给付内容中完全可以包括行为的给付，从而进一步扩展了公证执行效力的范围。可见，对给付的内容作出限制性的解释，将行为给付排除在给付范围之外，是不符合公证法立法精神的，同时也使公证文书的强制执行效果大打折扣。

三、公证的执行效力必须借助司法机关的强制力才能得以实现

公证机构的职责是依法对债权文书进行公证，从而使其成为法院的执行根据。

根据最高人民法院《关于人民法院执行工作若干问题的规定（试行）》的规定，公证机构依法赋予强制执行效力的公证债权文书，由被执行人住所地或被执行财产所在地人民法院执行。离开了司法机关的配合，公证债权文书的强制执行效力就无法得到应有的保障。

四、公证的执行效力具有可异议性

公证的强制执行效力并不意味着对公证机构赋予强制执行效力的债权文书人民法院可以不加审查地强制执行。公证并不是对当事人的民事法律行为、有意义的法律事实和文书的最终确认，公证行为的效力仅限于证明法律事实或者证明当事人的真实意思。在公证证明过程中，由于各种因素的影响，也难免存在错误，因此人民法院在执行公证机构赋予强制执行效力的债权文书时，应该认真审查。《民事诉讼法》第238条规定，公证债权文书确有错误的，人民法院裁定不予执行，并将裁定书送达双方当事人和公证机关。这说明人民法院对是否执行公证机构赋予强制执行效力的债权文书具有最终审查权，也体现了司法对公证的监督。但是，这里有一个重要的问题，就是谁有权提出异议。我们认为，这种异议权应当属于被执行人，即当事人、公证事项的利害关系人，法院不具有这种权力，它只能对公证机构依法赋予强制执行效力的公证债权文书作形式审查，不能依其职权主动提出异议。

一般来说，被执行人提出证据证明公证债权文书有下列情形之一的，执行法院经组成合议庭审查核实，应当裁定不予执行：（1）公证债权文书属于依法不得赋予强制执行效力的债权文书；（2）公证债权文书未载明债务人不履行或者不适当履行义务，愿意接受强制执行的；（3）债务人一方未亲自或者委托代理人到场公证的；（4）债务人未收到公证债权文书的；（5）公证债权文书的内容违背事实或违背法律的。公证债权文书被法院裁定不予执行的，当事人可以重新依法申请公证，也可以直接向法院起诉。

第三节　使法律行为生效的效力

某些民事法律行为，按照法律规定或者当事人约定，只有经过公证证明才能发生

法律效力，否则就不能发生法律效力，公证的这种效能称为公证作为法律行为生效的效力。公证之所以能够具有使法律行为生效的效力，是因为国家通过法律规定将公证作为法律行为的生效要件，以便更好地规范民事法律主体的民事法律行为，保护自然人、法人和其他组织的合法权益，法律、法规关于公证作为法律行为生效的强制性规定，当事人不得违反。这些民事法律行为即是法定公证事项。

一、法定公证效力的含义

法定公证效力，是指法律、行政法规规定采用公证形式设立、变更的法律行为或须经公证证明的法律事实、文书，自然人、法人或其他组织必须申请办理公证，公证机构应当依法给予公证；经过公证，其设立、变更法律行为，或者确认有法律意义的文书和事实的行为才能成立并发生法律效力。法律、行政法规规定应当公证的事项，有关自然人、法人或者其他组织应当向公证机构申请办理公证。

法定公证效力主要包含以下三层意思：

1. 法定公证效力不是指一种单一的法律效力。法定公证的效力可能是证明效力、法律行为成立或生效要件效力，也可能是公示及对抗第三人效力、不可撤销效力等。法定公证的效力到底是什么，取决于法律、行政法规的具体规定，取决于法律设定法定公证事项的目的与宗旨。

法定公证的效力主要有以下几种：（1）证明效力。我国《婚姻登记条例》第 5 条规定："办理结婚登记的香港居民、澳门居民、台湾居民应当出具下列证件和证明材料：（一）本人的有效通行证、身份证；（二）经居住地公证机构公证的本人无配偶以及与对方当事人没有直系血亲和三代以内旁系血亲关系的声明。"（2）法律行为成立或生效要件效力。如我国原《城市房屋拆迁管理条例》（现已被废止）第 14 条规定：房屋拆迁管理部门代管的房屋需要拆迁的，拆迁补偿安置协议必须经公证机关公证，并办理证据保全。在这种情况下，拆迁补偿安置协议只有经过公证后才能生效。（3）公示及对抗第三人效力。我国《担保法》第 43 条规定：当事人以其他财产抵押的，可以自愿办理抵押物登记，抵押合同自签订之日起生效。当事人未办理抵押物登记的，不得对抗第三人。当事人办理抵押物登记的，登记部门为抵押人所在地的公证部门。（4）不可撤销效力。我国《合同法》第 186 条规定：经过公证的赠与合同，赠与人在赠与财产的权利转移之前，不得撤销赠与。

2. 法定公证效力只能由法律、行政法规规定。法定公证事项和法定公证的法律效力都只能由法律、行政法规规定，地方性法规、部门规章和地方政府规章都无权创设法律、行政法规没有规定的法定公证事项和法定公证的法律效力。根据《立法法》第 87 条的规定，对于地方性法规、部门规章和地方政府规章中创设的法律、行政法规没有规定的法定公证事项和法定公证效力的有关规定，都应当由有权机关予以改变或者撤销。此外，《公证法》也明确规定，法定公证的创设权仅限于法律和行政法规，地方性法律和部门规章均不能设定法定公证事项。

3. 法定公证效力的实质是公证制度对民商事活动领域的强制介入。公证介入民商事活动有两种基本方式：一种是自愿选择介入，另一种是法定强制介入。法定公证即属于第二种方式。

二、法定公证的意义

法定公证制度，是国家运用公证制度保障民商事交易活动安全的重要手段，它有助于确定和保障民事法律行为意思表示的真实性、合法性。《德国民法典》将公证认证和做成公证书作为意思表示的“形式强制”而规定下来，它的主要目的有四个：一是提醒行为人审慎决定；二是确保意思表示真实；三是永久性地保全证据；四是减少或简化诉讼程序。在大陆法系国家，国家通过设置法定公证事项已经将公证制度的功能和作用发挥得淋漓尽致。相比较而言，目前我国法定公证的事项很少，法定公证效力体现得也不充分，但随着公证事业的发展和公证立法的完善，法定公证制度的功能与价值一定会为越来越多的人所认识，法定公证效力将会得到更加充分的体现。

三、法定公证的范围

目前我国法定公证主要有以下三种情况：

（一）根据法律、法规和行政规章的规定，某项法律行为必须公证才能生效

目前，世界上许多国家在公证法中明确规定了法定公证事项的范围。如《日本公证人法》中规定，下列事项须经公证人公证：制作财产继承目录；确定有价证券是信托财产；对破产财产贴封条及确认财产评估的结果；对设立公司时的财产进行评估。《法国公证法》也规定五项内容系法定公证：遗产的分割和拍卖；亲属关系的认定；赠与行为；不动产的买卖、分割、转让、抵押、拍卖和出租；债权的转让、抵押权和质权的设立与变更。我国《公证法》第 11 条第 2 款和第 38 条对法定公证效力的基本原则作出了规定，而在一些法律制度中也可以找到一些零散的规定，如：《民事诉讼法》第 264 条规定：“在中华人民共和国领域内没有住所的外国人、无国籍人、外国企业和组织委托中华人民共和国律师或者其他人代理诉讼，从中华人民共和国领域外寄交或者托交的授权委托书，应当经所在国公证机关证明，并经中华人民共和国驻该国使领馆认证，或者履行中华人民共和国与该所在国订立的有关条约中规定的证明手续后，才具有效力。”《继承法》及其司法解释规定：遗嘱人如需撤销、变更其原来所立的经过公证证明的遗嘱，仍须办理公证，否则，原来的公证遗嘱将继续有效，而遗嘱人自行订立的撤销、变更原公证遗嘱内容的新遗嘱，则不能发生法律效力。

（二）由当事人之间约定某种法律行为必须办理公证

对于某些民事法律行为，虽然法律没有规定必须公证，但是，当事人双方商定某项法律行为必须经过公证才能成立，公证就是该项法律行为成立的必要条件。如果不办理公证，该项法律行为就不能成立，也就不发生法律效力。

（三）按照国际惯例、国际条约或双边协定，某些事项必须办理公证

根据国际惯例或双边协定，在国外使用的某些文书，必须经过公证，才能在域外发生法律效力。例如出国使用的学历证明、亲属关系证明等文书，必须办理公证，但两国协议免除公证的除外。

四、法定公证的效力

根据法律、行政法规的规定，对于必须公证的法律事实、文书，如果欠缺公证要件，则不能起证明作用。人民法院或者其他机关对欠缺公证要件的法律事实或文书也不予认可。

对一些重大民事法律行为，为了防止侵害自然人、法人或其他组织的合法权益和影响社会秩序的结果发生，法律规定自然人、法人或其他组织必须到公证机构办理公证的，其设立、变更法律行为或者确认有法律意义的文书和事实的行为才能成立并发生法律效力。公证机构的公证对于当事人的法律行为而言，是其生效要件。生效要件是法律行为发生法律效力、具有约束力的必要条件，欠缺公证要件，法律行为不发生当事人预期的法律效果。

本章思考题

1. 公证有哪几种效力？各自的含义是什么？
2. 公证机关出具强制执行效力公证文书的条件是什么？
3. 公证作为法律行为成立要件的效力有哪几种情况？

第十九章

公证机构及公证员的法律责任

□·本章导读·□

公证机构及公证员办理公证，应当遵守法律，坚持客观、公正的原则。公证机构及公证员的法律责任是指公证机构及其公证员在办理公证业务时违反相关的法律规定，违反客观、公正的公证原则，从事了法律所禁止的行为，所应当承担的法律责任。公证机构及公证员的法律责任不完全等同于公证法律责任。公证法律责任有广义与狭义之分，广义的公证法律责任是指公证机构、公证员、公证当事人和参与公证活动的其他人员对其违反与公证有关的法律、法规、规章的行为所造成的危害结果所应当承担的法律责任；而狭义的公证法律责任即是本章所讲的公证机构及公证员的法律责任。

公证是公证机构和公证员行使国家证明权的活动。明确公证法律责任，对维护国家法制和公证工作秩序，预防、减少、制裁公证活动中的违法行为，督促公证机构和公证员恪尽职守，依法办事，不断提高公证质量，保护国家利益和公民、法人的合法权益，维护社会主义法制都具有重要意义。

公证机构及其公证员的法律责任，按责任主体的不同，可以分为公证员的法律责任和公证机构的法律责任；按责任性质的不同，可以分为行政法律责任、民事法律责任和刑事法律责任。

第一节　行政法律责任

在公证活动中，行政法律责任是指司法行政部门对于公证机构及公证员在办理公证活动或者其他与公证有关的活动时，因违反法律和有关公证管理的行政法规所给予的行政处分。根据《中华人民共和国公证法》第 41、42 条的规定，公证机构与公证员在法定的 12 种情形下应承担相应的行政责任。

行政法律责任包括 5 种：警告、罚款、停止执业、没收违法所得和吊销执业证书。公证机构及公证员的行政法律责任有以下特点：第一，分级处罚原则。有权行使行政处罚权的主体共有两级，一级是省、自治区、直辖市人民政府司法行政部门，另一级是设区的市人民政府司法行政部门。应当注意，司法部，不设区的市、县、区人民政府司法行政部门在此没有行政处罚权。在 5 种形式的行政处罚中，警告、罚款、停止执业与没收违法所得这 4 种行政处罚，两级行政执法主体均有权作出，而吊销执业证书的行政处罚只有省、自治区、直辖市人民政府司法行政部门才有权作出。第二，责任法定原则。所谓责任法定原则，是指只有法律上明确规定的行为才能成为追究行政法律责任的依据，具体是指法律规定的 12 种情形。《公证法》第 41 条集中规定了一般违法行为的行政责任，第 42 条则对较严重的违法行为规定了更为严重的行政处罚。

一、一般违法行为的行政法律责任

《公证法》第 41 条规定：“公证机构及其公证员有下列行为之一的，由省、自治区、直辖市或者设区的市人民政府司法行政部门给予警告；情节严重的，对公证机构处一万元以上五万元以下罚款，对公证员处一千元以上五千元以下罚款，并可以给予三个月以上六个月以下停止执业的处罚；有违法所得的，没收违法所得：（一）以诋毁其他公证机构、公证员或者支付回扣、佣金等不正当手段争揽公证业务的；（二）违反规定的收费标准收取公证费的；（三）同时在二个以上公证机构执业的；（四）从事有报酬的其他职业的；（五）为本人及近亲属办理公证或者办理与本人及近亲属有利害关系的公证的；（六）依照法律、行政法规的规定，应当给予处罚的其他行为。”

根据本条的规定，公证机构及其公证员将对下列行为，承担相应的行政法律责任：

1. 以诋毁其他公证机构、公证员或者支付回扣、佣金等不正当手段争揽公证业务

所谓“诋毁”，是指以不存在的或者虚假的信息对其他公证机构、公证员的声誉进行打击、破坏；所谓“回扣”，指公证机构为了招揽业务，不正当地、直接或间接地向申请公证的当事人或者招揽到公证业务的其他人员提供的任何礼品、赏金或任何其他形式的补偿；所谓“佣金”，指公证机构为了招揽业务，向申请公证的当事人或者招揽到公证业务的其他人员支付的服务酬金。实践中，佣金通常可分为“明佣”和“暗佣”，“明佣”即公证机构明确表示佣金数量或者表明佣金在公证费用中的比率；“暗

佣”指公证机构没有明示佣金的多少，也没有明示佣金率，而是由双方私底下确定。

《公证法》规定公证证明权由公证机构统一行使，公证机构是行使公证证明权的唯一机构，但这并不排斥各公证机构之间的适度竞争。《公证法》第25条规定：自然人、法人或者其他组织申请办理公证，可以向住所地、经常居住地、行为地或者事实发生地的公证机构提出。申请办理涉及不动产的公证，应当向不动产所在地的公证机构提出；申请办理涉及不动产的委托、声明、赠与、遗嘱的公证，也可以向住所地、经常居住地、行为地或事实发生地的公证机构提出。由此可见，我国在办理公证业务中，仍然允许公证机构之间存在适度的竞争关系。由于竞争关系的存在，就有可能出现有的公证机构以诋毁其他公证机构、公证员或者支付回扣、佣金等不正当手段争揽公证业务的现象。这种现象将严重损害公证机构作为国家法定证明机构的形象，破坏正常的公证程序，降低公证质量，损害自然人、法人或者其他组织的合法权益。必须禁止这种不正当竞争。

2. 违反规定的收费标准收取公证费

公证机构是不以营利为目的的证明机构，不是市场经营主体，不能自己决定公证业务的收费标准。按照《公证法》的规定，公证费的收费标准由国务院财政部门、价格主管部门会同国务院司法行政部门制定。现行的全国性的公证收费标准是原国家发展计划委员会和司法部于1998年5月发布的《关于调整公证服务收费标准的通知》（计价费［1998］814号），该通知对各类公证业务的收费标准作出了明确的规定。

但是在实践中，常常出现一些公证机构擅自提高公证费用，任意向申请公证的当事人收取公证费用的现象，这违反了《公证法》的规定，加重了公证当事人的负担，必须对这种行为予以禁止。为此，《公证法》明确规定公证机构不得违反规定的收费标准收取公证费。如果公证机构违反规定的收费标准收取公证费的，应当承担行政责任。

3. 同时在两个以上公证机构执业

公证员是符合《公证法》规定的条件，在公证机构从事公证业务的执业人员。《公证法》规定，公证员的数量根据公证业务需要确定。如果允许公证员在两个以上公证机构执业，就有可能违反该原则。此外，担任公证员，应当由符合公证员条件的人员提出申请，经公证机构推荐，由所在地的司法行政部门报省、自治区、直辖市人民政府司法行政部门审核同意后，报国务院司法行政部门任命，并由省、自治区、直辖市人民政府司法行政部门颁发公证员执业证书。《公证法》规定，公证机构应当建立业务、财务、资产等管理制度，对公证员的执业行为进行监督，建立执业过错责任追究制度。由此可见，从公证员的推荐到对公证员的监督，每个公证员都是与具体的公证机构联系在一起的，如果允许公证员在两个以上的公证机构执业，不但不利于对公证员的监督和管理，而且还会使公证秩序变得混乱，不利于公证活动正常有序地进行。所以，法律专门规定了公证员不得在两个以上公证机构执业。

4. 从事有报酬的其他职业

公证的价值与功效要求公证员持一种中立的态度，对各方当事人所追求的利益进行衡平。实践中常常出现公证员在从事公证业务的同时，还从事有报酬的其他职业，如有的公证员从事律师业务，有的直接或者间接经商办企业。这些活动不但不利于对公证员的管理，而且还损害了公证员的形象，削弱了公证机构及其公证员的公信力。

公证员从事有报酬的其他职业，违反公证职责，有损公证职业的纯洁和尊严，应予禁止。有鉴于此，司法部在（1985）司发公字第117号批复中明确规定，公证员不能兼做其他工作职务。《公证法》采纳了这一规定，该法第23条就明确规定公证员不得“从事有报酬的其他职业”。

5. 为本人及近亲属办理公证或者办理与本人及近亲属有利害关系的公证

公证是公证机构根据自然人、法人或者其他组织的申请，依照法定程序对民事法律行为，有法律意义的事实和文书的真实性、合法性予以证明的活动。经过公证的民事法律行为、法律事实和文书，除有相反证据足以推翻该项公证以外，应当作为认定事实的根据。对经公证的以给付为内容并载明债务人愿意接受强制执行承诺的债权文书，债务人不履行或者履行不适当的，债权人可以依法向有管辖权的人民法院申请强制执行。可见，公证机构及其公证员出具的公证书具有极强的证明力和公信力。

要确保公证书的这种效力，就必须确保公证员在公证活动中不徇私枉法，对申请公证的事项以及公证当事人提供的所有材料依法审查，对按照有关规则需要核实或者对其真实性有怀疑的，应当进行核实，对不得公证的事项要坚决拒绝。但如果公证员为本人及近亲属办理公证或者办理与本人及近亲属有利害关系的公证的，公证员就有可能徇私枉法，滥用自己的职权，出具不真实、不合法的公证书或者私自出具公证书等，损害他人的利益。为避免这种现象的出现，法律规定公证员不得为本人及近亲属办理公证或者办理与本人及近亲属有利害关系的公证。

6. 依照法律、行政法规的规定，应当给予处罚的其他行为

随着公证业务的发展，仍有可能出现《公证法》尚未列举完全的其他形式的违法行为，因而《公证法》允许其他法律或者行政法规规定应当给予行政处罚的其他行为。但是需要强调的是，这种行政处罚涉及司法行政部门的行政处罚权范围，根据我国行政法律的规定，行政部门行使行政处罚权必须有明确的法律、行政法规规定，否则不得行使行政处罚权。所以，司法行政部门若要对某一违法行为行使行政处罚权，必须以法律、行政法规有明确规定为前提，不得任意行使。

二、严重违法行为的行政法律责任

《公证法》第42条第1款规定：“公证机构及其公证员有下列行为之一的，由省、自治区、直辖市或者设区的市人民政府司法行政部门对公证机构给予警告，并处二万元以上十万元以下罚款，并可以给予一个月以上三个月以下停业整顿的处罚；对公证员给予警告，并处二千元以上一万元以下罚款，并可以给予三个月以上十二个月以下停止执业的处罚；有违法所得的，没收违法所得；情节严重的，由省、自治区、直辖市人民政府司法行政部门吊销公证员执业证书……（一）私自出具公证书的；（二）为不真实、不合法的事项出具公证书的；（三）侵占、挪用公证费或者侵占、盗窃公证专用物品的；（四）毁损、篡改公证文书或者公证档案的；（五）泄露在执业活动中知悉的国家秘密、商业秘密或者个人隐私的；（六）依照法律、行政法规的规定，应当给予处罚的其他行为。”

以上列举的六项违法行为，较之《公证法》第41条的违法行为，不管从性质上还是从程度上看都更为严重，因而法律对这些严重的违法行为规定了更重的法律

责任。

司法行政机关在对公证机构及公证员作出行政处罚决定之前，应当告知其查明的违法行为事实、处罚的理由及依据，并告知其依法享有的权利。口头告知的，应当制作笔录。公证机构及公证员有权进行陈述和申辩，有权依法申请听证。公证机构及公证员对行政处罚不服的，可以依法申请行政复议或者提起行政诉讼。

第二节　民事法律责任

公证活动中的民事法律责任是指公证机构、公证员在公证活动中违反有关法律、行政法规的规定，给当事人及公证事项的利害关系人造成损失所应承担的民事赔偿责任。这种民事赔偿责任即公证赔偿责任主要是一种财产责任。司法部在《关于深化公证工作改革的方案》中明确规定了要建立完善的公证赔偿制度。公证赔偿制度的建立，有利于切实保障自然人、法人或者其他组织的合法权益，有利于提高公证质量，维护公证声誉，保障公证制度健康发展。

一、各国（地区）公证民事赔偿模式

考察世界各国、各地区关于公证民事赔偿模式的规定，大致有以下几种：

1. 法国式。根据《法国公证机关条例》的规定，当事人对于公证员由于本身业务上的行为而造成的损失，可以直接向法院提出赔偿诉讼。公证员承担民事赔偿责任实行过错责任原则。如果法院认定应当进行公证赔偿，则由公证人事务所对外承担公证赔偿责任，事务所对外承担责任后再解决内部的责任问题。

2. 墨西哥式。根据《墨西哥联邦直辖区公证人法》的规定，对于公证人应负的民事责任，由民事法院在管辖范围内进行处理；同时，这也不妨碍联邦直辖区行政机关对相应公证人予以行政上的惩戒处分，即实行双罚制。

3. 德国式。《德国公证人法》区分了故意与过失两种形态，规定公证人如有故意违反职务义务的行为，受害人可以直接向违法公证人请求赔偿；公证人如果仅有过失，则受害人须先以其他方法寻求赔偿，只有在以其他方式求偿失败后，才可以向公证人提出赔偿要求。

4. 我国台湾地区。在我国台湾地区，根据其“公证法”，公证赔偿方式有两种：一种是通过保险理赔的方式来进行，在依此方法得不到补偿时，被害人还可依“国家赔偿法”所定程序请求救济；另一种是请求“国家”赔偿，其赔偿义务机关为该民间公证人所属之地方法院或其分院。

二、我国公证赔偿模式

我国在《公证法》颁布以前，对于公证赔偿，在《公证暂行条例》和《公证程序规则》这两个规范性文件中都没有涉及。在这两个文件中仅提到了关于撤销错误的公证书的问题，而且撤销错误的公证书后，也仅仅只涉及公证费用的退还问题，

而没有涉及赔偿问题。实际上，在2000年10月1日之前，公证处基本上是作为行政机关在从事公证执业，对公证员是作为公务员进行管理，其赔偿当然也比照国家赔偿进行。根据司法部经国务院批准的《关于深化公证工作改革的方案》，自2000年10月1日起，公证行业不再实行国家赔偿，开始引入过错赔偿责任制度，并提出要建立完善的公证赔偿制度。

在《公证法》颁布以后，我国的公证赔偿制度以法律的形式得以确立下来。《公证法》第43条规定：公证机构及其公证员因过错给当事人、公证事项的利害关系人造成损失的，由公证机构承担相应的赔偿责任；公证机构赔偿后，可以向有故意或者重大过失的公证员追偿。当事人、公证事项的利害关系人与公证机构因赔偿发生争议的，可以向人民法院提起民事诉讼。通过该条规定不难看出，我国《公证法》采用的是机构本位的立法模式，机构本位是指公证书的公信力由公证机构予以保障，公证人在公证机构执业，公证机构承担第一责任。与机构本位相对应的是公证人本位，所谓公证人本位是指公证书的公信力由公证人予以保障，公证人独立执业，公证人承担第一责任。我国现行立法采用机构本位的立法模式是符合我国现阶段实际情况的。在现阶段，公证机构经过长期的发展，在社会中已经积累了较高的公信力，继续由公证机构向社会提供证明服务，并承担由此带来的法律责任符合整个社会的一般法律预期。

三、公证赔偿的法律要件

根据公证工作进一步深化改革的需要，并且考虑到公证行业已经建立的公证赔偿制度，《公证法》规定了公证机构承担民事赔偿责任的四个要件：

第一，公证机构承担赔偿责任的前提，是公证机构及其公证员存在过错，即公证赔偿的归责原则为过错原则。传统民法承继了罗马法“无过错即无赔偿”的法理，概括出一般侵权的四个构成要件：一为有侵权行为；二为有损害后果；三为侵权行为与损害后果之间存在因果关系；四为侵权人有过错。因此，公证机构只应对基于自己的过错而给当事人及公证事项的利害关系人造成的损失承担赔偿责任。对于非因自己的过错而造成的损失，公证机构不负赔偿责任。

公证赔偿之所以采用过错原则，是由于公证制度的局限性，公证员并不能保证公证活动不存在任何的错漏，公证员对于公证对象只能起合理的保证作用。合理的保证责任是基于公证的成本效益原则。一般来说，公证工作越细，出现错漏的概率越小，但是它同时意味着申请人所要支付的公证费用也越高。公证作为国家证明制度的产物，本来就是要用来降低交易成本的，如果公证不但不能降低成本，增加效益，反而提升交易成本，公证制度就得不偿失了。考虑到成本效益原则，公证风险更有其存在的合理性，这也正是公证员承担过错赔偿责任的理论基础。如果公证员已尽到合理的职业关注，整个工作过程不存在过错。对于此类情况下发生的错误公证，公证机构及其公证员不承担任何责任。

另外需要说明的是对“过错”的界定，侵权法上的过错包括故意和过失，虽然目前理论界对公证过错的认定标准存在一定的分歧，但通说认为仍存在一个相对客观的判断标准——即是否履行了尽职义务，是否严格按照法律、行政法规及规章的规定出具公证书。首先，看其是否符合实体法的规定，比如继承权公证，若将继承关系分析错误无疑是存在过错的；其次，要看是否符合程序法的规定，看其是否严格按照公证程序的规定办理。此外，承担公证赔偿，必须是在办理公证证明及其辅助性事务的过程中存在过错。

第二，当事人及公证事项的利害关系人受到损失。当事人及公证事项的利害关系人如果没有因为公证机构及其公证员的过错行为而遭受损失，则公证机构不予赔偿。赔偿的范围原则上仅限于直接经济损失，对于间接经济损失，一般不予赔偿。《关于深化公证工作改革的方案》明确规定：公证赔偿实行有限责任制，以公证处的资产为限，赔偿范围为公证机构及其工作人员在履行公证职务中，因过错给当事人造成的直接经济损失。

第三，公证赔偿的请求人，是当事人及公证事项的利害关系人。《公证法》规定提出公证赔偿的主体不仅包括申请公证的当事人，还应包括基于对公证书的信赖从事一定的法律行为，结果却因这种信赖而使自身利益受损的与公证申请人发生法律关系的相对人。

例如：

甲公司欲与乙公司签订一购销合同，甲公司为谨慎起见，要求乙公司提交公证机构证明的有关其资信方面的材料。乙公司向公证机构提交了虚假的资信文件，而公证机构由于重大过失未能审查出该文件的虚假性而出具了公证书。甲公司基于对公证书的信任而与乙公司签订了合同。之后，甲公司发现乙公司的资产长期处于不良状态，根本无力履行合同。对于甲公司因此而遭受的损失，公证机构应承担赔偿责任。

需要注意的是，公证当事人及公证事项利害关系人因此而遭受的损失与公证机构的过错必须有必然的因果关系，如果当事人及公证事项的利害关系人所遭受的实际损失并非因公证机构及公证员的过错所造成的，则公证机构不予赔偿。因此应避免无限制地扩大公证机构的赔偿范围，避免当事人或利害关系人不适当地将本应该由自己承担的契约风险转嫁给公证机构。

第四，公证赔偿责任的承担方式是先由公证机构承担相应的赔偿责任，而后公证机构可以向有故意或重大过失行为的公证员追偿，法律在这一规定上的设计再次体现了我国公证立法上所采取的机构本位主义模式。

从理论上讲，公证赔偿责任具有两重性，因为具体侵权行为的实施人与侵权责任的承担者是两个不同的主体。具体实施侵权行为的人往往是具体承办某项公证业务的公证员，而侵权责任的承担者依照法律规定，首先应当是该公证员所属的公证机构。因而在此需要注意，在公证赔偿的外部关系上，赔偿责任的具体承担者仅仅是公证机构而非公证员，公证机构和公证员并不是连带关系也不是补充责任关系。对于公证机构而言，公证机构的责任类似民法中关于雇主责任的特殊侵权责任。在责任承担上，公证机构要对公证当事人及公证事项的利害关系人的损失先行承担相应的赔偿责任；公证机构赔偿后，可以向具体的侵权行为人，即有故意或者重大过失行为的公证员进行追偿。

四、公证赔偿的保障机制

由于我国公证机构长期采用行政体制，造成一些公证机构经济不独立，绝大多数公证机构缺乏必要的资产，甚至完全没有资产。目前国内许多公证机构不具备承担赔偿责任的实际能力，如果不建立公证责任保险、公证赔偿基金、公证赔偿后备金等有效的赔偿保障机制，公证赔偿制度将难以实现。

（一）公证责任保险制度

公证责任保险是公证机构在依法履行公证职务时，因工作过错给当事人或利害关系人造成直接经济损失，依法应当承担公证赔偿责任的，在公证执业责任保险合同规定的范围内，由保险人对公证机构应当承担的民事赔偿金及有关费用给予支付的法律制度。《公证法》第 15 条规定，公证机构应当参加公证执业责任保险。可见，《公证法》将参加执业责任保险作为公证机构的法定义务，这既是为了弥补公证机构赔偿能力之不足，以达到规避部分赔偿风险之目的，又保证了公证机构具有适当的民事赔偿能力，确保赔偿得以实现。

1. 我国公证责任保险的特点

第一，实行强制性全行业统一投保。这就集中了全行业的整体优势，较好地解决了公证机构的赔偿能力问题。

第二，保障率高。保险责任几乎涵盖了公证责任的全部内容，最高赔偿总限额为所交保费的 200 倍，单项赔偿限额为该项公证收费的 1 000 倍至 1 200 倍，基本满足了公证赔偿的需要。

第三，实行索赔发生制，即只要在保险单保险的期限内提出索赔要求并依法应当承担赔偿责任的，保险公司都应负责赔偿。被保险人可以直接向保险人进行索赔，也可以委托省级公证协会代为索赔。

第四，实行浮动费率制，并制定了《费率浮动规则》。被保险人按上一自然年度本机构总收入的一定比例（浮动费率，可协商调整），在每年年检注册前缴纳保险费。

第五，索赔程序简洁，实行明列单证索赔制，建立了公证责任保险赔偿网站，可通过计算机网络索赔，保证迅速赔付，最大限度地预防了索赔纠纷。

2. 公证保险责任的条件

公证保险责任的发生应当基于以下条件：一是公证机构及其公证人员在执业过程中存在过错；二是因公证机构及其公证人员的过错给公证申请人或利害关系人造成了损失。如果公证机构及其公证人员没有过错，或当事人没有遭受损失，或其遭受的损失与公证机构及其公证人员的执业过错没有因果关系，则公证机构不承担赔偿责任。就赔偿的性质而言，公证赔偿应为补偿性赔偿，补偿的范围通常仅限于直接经济损失，对于间接经济损失，公证机构一般不予赔偿。

3. 公证保险责任赔偿的范围

公证保险人所应承担的赔偿责任，一般包括：（1）人民法院判定或经保险人同意由公证机构与公证责任赔偿当事人协商确定的因公证责任引起的赔偿金额；（2）人民法院收取的诉讼费；（3）其他诉讼费用，如律师费，调查取证费用等；

(4) 法律规定或保险合同约定应当由保险人承担的费用。

按照原中国公证员协会（现改称为中国公证协会）与中国人民保险公司签订的《公证责任保险合同》，公证责任赔偿数额由人民法院以判决书或调解书的方式确定，采用调解书时，赔偿数额要事先征得保险人同意；由被保险人与公证责任索赔人以非诉讼方式确定的赔偿数额，必须事先经保险人书面同意，当保险人和被保险人就调解方案中赔偿数额意见不一致时，保险人具有决定权。

（二）公证赔偿基金

公证赔偿基金是为了适应公证改革需要建立的现代风险保障体制，以确保公证机构的赔偿能力，维护公证行业的信誉，根据司法部《关于深化公证工作改革的方案》建立的专门用于偿付公证责任赔偿费用的专项基金。公证赔偿基金实行统一提取，分级管理，集中使用，专款专用的原则。由中国公证协会统一负责公证赔偿基金的管理工作。

（三）公证赔偿后备金

公证赔偿后备金是公证赔偿基金中用于支付公证责任保险金后剩余的部分。它主要用于支付公证责任保险保险责任范围以外的公证责任赔偿的费用，如偿付公证责任保险中的绝对免赔额、超过个案保险赔偿限额的公证赔偿费用，不属于保险赔偿范围的公证责任赔偿费用等。

总的来看，以上三项制度均属于公证行业的补偿制度，共同构成了我国公证行业的行业救济制度。其中，公证责任保险已经成为公证行业补偿制度的主干，是公证机构的重要经济保障，为维护公证行业信誉发挥了重要的作用。

第三节　刑事法律责任

公证活动中的刑事法律责任，是指公证机构、公证员在办理公证业务或履行其他公证职责过程中，触犯了《刑法》的规定，构成犯罪，依法应当承担的受到刑事制裁的法律后果。

我国《公证法》第 42 条规定，公证机构及其公证员有下列行为之一，情节严重，构成犯罪的，依法追究刑事责任：(1) 私自出具公证书的；(2) 为不真实、不合法的事项出具公证书的；(3) 侵占、挪用公证费或者侵占、盗窃公证专用物品的；(4) 毁损、篡改公证文书或者公证档案的；(5) 泄露在执业活动中知悉的国家秘密、商业秘密或者个人隐私的；(6) 依照法律、行政法规的规定，应当给予处罚的其他行为。法律对这六种严重的违法行为不仅规定了较重的行政法律责任，而且在行为符合我国《刑法》所规定的犯罪构成要件时，还有可能触犯《刑法》，构成犯罪，依法还需承担相应的刑事责任。

刑事责任是公证机构及公证员法律责任中最严厉的一种。从公证的立法与实践来看，公证机构及其公证员承担刑事责任主要有以下几种情形：

（一）公证员因履行职务不当引起的刑事责任

在我国现阶段，存在三种体制的公证机构，即行政体制、事业体制与合作制。

在行政体制的公证机构中，其公证员属于国家工作人员，如公证员因玩忽职守行为给社会造成严重后果，构成犯罪的，根据《刑法》第397条的规定，应当追究其刑事责任。而在后两种体制下的公证机构的公证人员，由于不符合玩忽职守罪的主体要件，因而不可能构成玩忽职守罪。公证员玩忽职守，是指公证员在公证活动中严重不负责任，不履行或不正确履行法定职责的行为。根据司法部、最高人民检察院《关于认真办理公证人员玩忽职守案件的通知》的规定，公证员是玩忽职守罪的主体，公证人员玩忽职守的，应当视情节轻重，追究行政责任乃至刑事责任。

（二）公证员故意提供虚假证明文件，情节严重的

根据《刑法》第229条的规定，承担资产评估、验资、验证、会计、审计、法律服务等职责的中介组织的人员故意提供虚假证明文件，情节严重的，构成中介组织人员提供虚假证明文件罪。我国《公证法》将公证机构定性为证明机构，并未明确其中介组织的性质，但是我们认为，从其业务范围来看，公证机构实际上履行着证明、验证、法律服务方面的职能，故公证机构的公证员在公证业务中故意提供虚假证明文件的，可以构成中介组织人员提供虚假证明文件罪。

（三）公证员泄露在执业活动中知悉的国家秘密，情节严重的

根据《刑法》第398条的规定，国家机关工作人员违反《保守国家秘密法》的规定，故意或过失泄露国家秘密，情节严重的，构成故意泄露国家秘密罪或者过失泄露国家秘密罪。非国家工作人员犯此罪的，依照国家机关工作人员的相关规定酌情处罚。公证活动有些会涉及国家秘密，根据《保守国家秘密法》的要求，公证员应当保守在执业活动中知悉的国家秘密，不应当以任何形式泄露。公证员泄露在执业活动中知悉的国家秘密，情节严重的，依法应当承担相应的刑事责任。

本章思考题

1. 在公证活动中，导致行政法律责任产生的情形有哪些？
2. 怎样理解公证赔偿责任的承担方式？
3. 试论公证赔偿制度的归责原则。
4. 我国公证赔偿的保障机制包括哪些内容？

第二十章
合同公证

第一节 合同公证概述

一、合同公证的概念及特征
二、合同公证的功能与意义

第二节 《合同法》规范之内合同类型的公证

一、买卖合同公证
二、赠与合同公证
三、借款合同公证
四、建设工程合同公证
五、租赁合同公证
六、融资租赁合同公证
七、委托合同公证
八、技术合同公证

第三节 《合同法》规范之外合同类型的公证

一、农村承包经营合同公证
二、企业承包经营合同公证
三、企业兼并合同公证
四、联营合同公证
五、劳动合同公证

本章导读

合同公证是公证机构根据合同当事人的申请，依照法定程序，对当事人之间签订的合同的真实性、合法性进行审查、确认，并作出证明的一种非诉讼活动。办好合同公证对于促进经济发展，保证交易安全具有重要意义。

第一节　合同公证概述

一、合同公证的概念及特征

合同公证是国家对合同的签订、履行实行监督管理，预防纠纷，减少诉讼，维护当事人合法权益的重要法律手段。它具有以下法律特征：

1. 合同公证的双方当事人即主体是特定的。根据2006年7月1日起施行的《公证程序规则》第4条、第5条的规定，我国证明合同真实、合法的机构是公证处，公证处是国家法律规定的专门证明机构，依法统一行使国家公证权。公证人员代表公证处具体办理公证业务。任何其他机关、团体或个人都无权代行对合同的公证职能。作为合同公证的当事人，必须是合同的签订人，是具有一定民事权利能力和民事行为能力的公民、法人或其他组织。除此之外，任何人都不能成为合同公证的当事人。

2. 合同公证的对象，即证明对象，是双方当事人签订的合同。它既包括《合同法》规定的合同，如买卖合同、供用电水热气合同、赠与合同、借款合同、租赁合同、融资租赁合同、建设工程合同、承揽合同、运输合同、技术合同、保管合同、仓储合同、委托合同、行纪合同、居间合同等，还包括《合同法》规范之外的合同，如当事人依法订立的农村承包经营合同、企业承包经营合同、联营合同、劳动合同、土地使用权出让（转让）合同等。

3. 合同公证并不是签订所有合同的必经程序。合同公证分为两种：一种是合同双方当事人为了使合同约定的条款得到法律上的保障，并得以顺利履行，经协商自愿向公证机关申请的合同公证，即自愿公证；另一种是按照国家法律、法规或有关规定，必须经过公证，合同才能取得法律效力的合同公证，即强制公证。

4. 合同公证是一种非诉讼法律活动。其目的是通过公证活动，证明合同的真实性与合法性，以保障合同的履行，维护当事人双方的合法权益。

二、合同公证的功能与意义

市场经济是契约经济，合同成了经济交往和民事流转的主要纽带和桥梁。进行合同公证，是用法律手段规范合同当事人双方的法律行为，以提高合同的公信力，确保合同的履行，从而保证合同当事人的合法权益，维护社会秩序。具体来说，合同公证具有以下功能：

第一，预防合同纠纷，减少诉讼。由于有些当事人不熟悉法律规定，不清楚合同签订的程序与必备条款，不了解对方当事人的资信情况，难免订立条款不完善、责任不明确、内容不真实的合同。但是，一旦进行了合同公证，由具有专业知识的公证员通过行使国家公证权对合同的真实性与合法性进行审查，并根据审查结果对合同条款进行修改和完善，就会使合同建立在真实、合法、可靠的基础上，从而强化合同的效力，消除合同纠纷隐患，预防合同纠纷，减少诉讼。

第二，促进纠纷的迅速、及时解决，维护当事人的合法权益。根据法律规定，除有相反的证据足以推翻公证证明以外，经法定程序公证证明的法律行为、具有法律意义的事实与文书，人民法院应当作为认定案件事实的根据。因此，即使当事人之间因合同发生纠纷而诉诸法院或者申请仲裁，经公证的合同会成为一种具有特殊效力的证据，除非有相反的证据足以推翻该公证证明，法院或仲裁机构应当直接认定该合同的内容与效力，从而促进纠纷的迅速、及时解决，维护当事人的合法权益。

第三，加强对经济活动的法律监督，维护正常的民事经济流转秩序。在合同公证程序中，公证机构从法律的角度，对合同主体及内容的真实性、合法性进行审查，制止不具备民事主体资格的当事人签订合同，防止当事人采取欺诈、胁迫等手段签订合同，纠正合同中的差错与漏洞，督促当事人认真履行合同，从而维护正常的民事经济流转秩序，促进经济发展。

第四，宣传和维护法制，确保国家法律正确实施。公证机构在对当事人签订的合同的真实性、合法性进行审查时，通过肯定其真实的、合法的内容，指出并纠正其不真实的、不合法的部分，促使当事人坚持诚信、依法立约，也就是在宣传和维护国家的法律制度，确保国家法律的正确实施。

第二节　《合同法》规范之内合同类型的公证

我国《合同法》已经规定了买卖合同、借款合同、建设工程合同、委托合同、技术合同等 15 种基本合同类型，本节主要介绍 8 种常见的有代表性的合同公证，其他的就不再一一赘述。

一、买卖合同公证

（一）买卖合同公证的概念

所谓买卖合同，是指出卖人转移标的物的所有权于买受人，买受人支付相应价款的合同。买卖合同是标的物的所有权与价金对等转移的合同。

买卖合同公证是国家公证机构根据法律规定和买卖双方当事人的申请，依法定程序证明当事人之间签订买卖合同的行为以及买卖合同本身的真实性与合法性的非诉讼活动。买卖合同是最常见、最典型的经济合同。买卖合同公证是公证机构合同公证业务中最常见、最主要的项目，它有利于及时发现买卖合同中存在的问题，预防纠纷，减少诉讼。

（二）办理买卖合同公证的程序

1. 申请与受理

买卖合同的当事人应当向公证机构提出申请，填写公证申请表并提交下列证明材料：

（1）当事人主体资格证明。法人提交营业执照副本及法定代表人资格证明和身份证明；自然人提交身份证明，如居民身份证、户口簿等；委托他人代理的，提交授权委托书和代理人的身份证明。

（2）买卖合同书文本及其附件。

（3）出卖人对标的物的所有权证明或其有权处分的证明。合同标的属于国家计划物资的，应当提供有关的国家计划及主管单位的批件；合同标的属国家控制社会集团购买的商品的，买方应当提供当地控制社会集团购买力办公室的批准文件。

（4）公证机构要求提交的其他材料。

公证机构初步审查后，认为符合受理公证的法定条件，应当予以受理，并书面通知申请人；如不符合申请条件，公证机构应当作出不予受理的决定，并告知当事人对不受理决定不服的申诉程序。

2. 审查并依法出具证明

公证机构受理当事人的公证申请后，应当重点审查以下内容：

（1）当事人双方的主体资格、权利能力、行为能力以及担保人的担保能力是否符合法律规定；

（2）合同内容是否真实、合法，条款是否齐全；

（3）出卖人应当有权对标的物进行处分，已经征得共有人或其他有权机关的同意；

（4）当事人的意思表示是否真实，有无欺诈、胁迫、乘人之危、重大误解等情形；

（5）有关证明文件和材料是否齐全、真实、有效。

公证机关经认真审查，认为买卖合同当事人有主体资格，双方意思表示真实、一致，合同内容和形式合法、真实，不违背社会的公共利益的，应依法出具公证书。

二、赠与合同公证

（一）赠与合同公证的概念

所谓赠与合同，是指赠与人在法律允许的范围内，自愿将自己所有的或有权处分的财产无偿地给予受赠人，受赠人予以接受而达成的协议。赠与的财产既可以是动产或不动产，也可以是某种特定的权利，如知识产权中的财产权等。

赠与合同公证，是指公证机构根据当事人的申请，依法对赠与人与受赠人之间签订的赠与合同的真实性、合法性予以证明的活动。赠与合同公证是一种常见的公证事项，办理赠与合同公证有利于稳定财产关系、预防赠与纠纷、保护赠与人与受赠人的合法权益。

（二）办理赠与合同公证的程序

1. 申请与受理

当事人申请办理赠与合同公证，应当亲自向公证机构提出申请，填写公证申请表，并提交以下证明材料：

（1）申请人的身份证明。申请人是法人的，应提交法人资格证明及法定代表人身份证明，由法定代理人代为申请的，应提交法定代理人资格及其身份证明。

（2）赠与合同书或赠与书、受赠书。

（3）赠与财产清单和产权证明。

（4）赠与财产是共有财产的，应提交其他共有人同意赠与的意见书；赠与财产是国有财产的，应提交政府主管部门的批准文件；赠与财产是集体财产的，应提交集体组织成员同意赠与的书面意见。

（5）其他有关材料。

公证机构初步审查后，认为符合受理公证的法定条件的，应当予以受理，并书面通知申请人；对不符合条件的申请，公证机构应作出不予受理的决定，并告知当事人对不受理决定不服的申诉程序。

2. 审查并依法出具证明

公证机构受理当事人的赠与合同公证申请后，应当重点审查以下内容：

（1）审查当事人的主体资格，特别是赠与人的民事权利能力和民事行为能力。赠与人是公民的，必须具有完全的民事行为能力。无民事行为能力人所实施的赠与行为，以及限制民事行为能力的人所实施的与其民事行为能力不相适应的赠与行为，均为无效。

（2）赠与人的意思表示是否真实。

（3）所赠财产的产权是否为赠与人所有或有权处分的。

（4）赠与合同的内容是否合法，合同条款是否明确、完备。

（5）所提交的材料是否真实、齐全。

经过审查核实，对于符合条件的赠与合同，公证机构应依法出具公证书。

三、借款合同公证

（一）借款合同公证的概念

合同是指借款人向贷款人借款，到期返还借款并支付利息的合同。借款合同有狭义与广义之分，狭义的借款合同仅指金融机构向单位或个人提供借款的合同；广义的借款合同除信贷合同外，还包括民间借贷合同。

借款合同公证，是指公证机构根据借款合同借、贷双方当事人的申请，依照法定程序，证明借款合同的签订和内容真实、合法的活动。

（二）借款合同公证的程序

1. 申请与受理

当事人向公证机构申请办理借款合同公证，应提交以下证明材料：

（1）当事人的身份证明或法人资格证明，法定代表人的资格和身份证明；代理人代为申请的，应提交授权委托书和代理人的身份证明。

（2）贷款方为金融机构的，提供《经营金融业务许可证》；涉及外汇内容的应当同时提交《经营外汇业务许可证》。

（3）借款合同文书及其附件。

（4）有担保人的，提交有关担保文件；抵押贷款的，提交抵押物清单、所有权或经营管理权证明。

（5）公证员认为应当提供的其他证明材料。

公证机构初步审查后，认为符合受理公证的法定条件的，应当予以受理，并书面通知申请人；对不符合条件的申请，公证机构应当作出不予受理的决定，并告知当事人对不受理决定不服的申诉程序。

2. 审查并依法出具证明

公证机构办理借款合同公证，应当重点审查以下内容：

（1）双方当事人的主体资格是否合法；

（2）双方当事人的意思表示是否真实；

（3）借款金额、期限、利率、用途是否明确约定，是否符合有关规定；

（4）借款的用途是否违反法律的禁止性规定，借款的额度是否符合法律的规定；

（5）对于约定抵押的借款合同，用于抵押的财产是否符合法律的规定；

（6）双方当事人履行合同的能力。

公证机构经过审查，如果认为事实清楚，证明材料齐全，当事人有主体资格，意思表示真实、一致，合同内容真实、合法，应当依法出具公证书。

例如：

甲向乙借款用于装修门面。双方约定：乙借给甲12万元用于门面装修，年利率20%，三年内还清，甲以其现住房屋作为抵押，该房屋为甲与其弟丙二人共有。考虑到双方都不熟悉法律规范，于是二人约定到公证处办理借款合同公证。

公证机构受理后，公证员经审查后发现，双方约定的借款用途、期限、抵押物的性质等符合法律规定，但是仍有不完善之处。

第一，有关利率的约定不合法。根据最高人民法院的司法解释，民间借贷利息最高不得超过银行同期存款利率的4倍。而双方约定的年利率20%显然超过了该限度。

第二，甲用于抵押的房屋属于与丙的共有物，若以该房屋作为借款合同的抵押物并办理公证，必须提供丙同意抵押的书面意见。

基于以上两点，双方协议修改了借款合同的年利率，并且补充提交了丙同意将共有房屋用于抵押的书面意见。在对借款合同及当事人提供的材料进行全面审查后，公证处认为该借款合同及担保协议真实、合法，符合出证条件，依法出具了借款合同公证书。

四、建设工程合同公证

（一）建设工程合同公证的概念

所谓建设工程合同，是指承包人进行工程建设，发包人支付价款的合同。建设工程合同一般包括工程勘察、设计、施工合同。建设工程合同中的当事人，一方是委托他人建设并支付报酬的发包人，另一方是进行工程建设的承包人。

建设工程合同公证，是指公证机构根据当事人的申请，依法证明发包人与承包人之间签订的建设工程合同的真实性、合法性的活动。

（二）建设工程合同公证的程序

1. 申请与受理

当事人申办建设工程合同公证，在向公证机构提出申请时，应填写公证申请表，并提交以下证明材料：

（1）双方当事人的法人资格证明：法人营业执照，承包人的资质证明，法定代表人资格证明和身份证明；有委托代理人的，还应提交授权委托书和代理人的身份证明。

（2）建设项目的立项批准书，开工许可证，主管部门核准的建设工程概算，规划部门颁发的建设工程用地规划许可证。

（3）通过招标投标程序选定承包人的，需提交招标文件、投标文件以及与招标投标有关的其他资料；未实行招标的，应提交建设主管部门出具的不需要招标的批文。

（4）建设工程合同文本。

（5）有担保人的，担保人应作为公证之一方当事人，并提供其主体资格证明和资信证明。

（6）公证员认为应当提供的其他证明材料。

公证机构初步审查后，认为符合受理条件的，应予以受理，并书面通知申请人；如果认为不符合受理条件的，公证机构应作出不予受理的决定，并告知当事人对不受理决定不服的申诉程序。

2. 审查并依法出具证明

公证机构依法受理当事人的建设工程合同公证申请后，在审查相关材料时，应重点审查以下事项：

（1）承包人应当具备建设项目本身以及招标文件、合同等要求的技术资质条件。

（2）双方的履约能力。

（3）建设项目的法律文件和法律手续是否完备，取得各种许可证明。

（4）合同内容是否真实、合法，遵守法律的强制性规定。这些强制性规定包括承包人不得将其承包的全部建设工程转包给第三人，不得将其承包的全部工程肢解之后以分包的名义转包给第三人；禁止承包人将工程分包给不具备相应资质条件的第三人；禁止分包单位将其承包的工程再分包；建设工程的主体部分必须由承包人完成；工程质量必须符合法律、法规、有关规定和招标文件的要求；禁止承包人垫付工程款项；等等。

（5）签订合同的程序是否符合法定程序。对于依法应当采取招投标方式确定承包人、施工人、设计人的建设工程合同，必须采取招投标的方式，否则将因签订合同的程序不合法而不能予以公证。

（6）合同条款是否齐全、明确。在建设工程合同中，当事人必须对工程质量、工程期限、工程范围和内容、工程造价、设计文件及预算、技术资料的提供日期、材料和设备、工程验收等内容以合同条款的方式作出明确约定。

公证机构审查结束后，如果认为合同当事人有主体资格和履约能力，合同内容真实，签订合同的程序等不违背国家法律、法规、政策的规定，即可依法出具公证书。

五、租赁合同公证

（一）租赁合同公证的概念

所谓租赁合同，是指出租人将租赁物交付承租人占有、使用、收益，承租人支付租金的合同。租赁是满足当事人对物的临时使用或收益需要，充分发挥物的效益，降低成本的有效经济形式，在社会经济生活中具有十分重要的地位和作用。

租赁合同公证，是指公证机构根据当事人的申请，依法证明当事人之间签订租赁合同的真实性与合法性的活动。

（二）办理租赁合同公证的程序

1. 申请与受理

当事人申办租赁合同公证，应向公证机构提出申请，填写公证申请表，并提交以下证明材料：

（1）当事人双方的主体资格证明和身份证明，如当事人为法人，应提供法人资格证明和法定代表人身份证明；如当事人为公民，应提交本人身份证件；委托他人代为办理的，代理人应提交有效的授权委托书及身份证明。

（2）出租物的所有权证明及与出租物有关的技术资料，如房屋所有权证、平面图、机器设备的说明等。

（3）出租物为共有的，还应提交共有人同意出租的书面意见。

（4）出租方要求提供担保的，承租方应当提交担保书。

（5）财产租赁合同文本。

（6）公证员认为应当提供的其他证件、文件、材料。

公证机构初步审查后，认为符合受理公证的法定条件的，应当予以受理，并书面通知申请人。

2. 审查并依法出具证明

公证机构受理租赁合同公证申请后，应进行审查，重点审查以下事项：

（1）当事人双方的主体资格。

（2）审查租赁物是否合法。根据规定，租赁物必须是特定物、非易耗物、法律不禁止流通的物。

（3）租赁物为限制流通物的，是否经有关主管部门批准。

（4）租赁物为共有物的，审查共有人的意思表示。

（5）特殊主体如机关、事业单位、国有企业作为出租人的，应当提交主管部门的批准文件。

（6）承租人租赁财物的目的与用途是否违反法律的禁止性规定。

公证机构审查后，认为租赁合同内容真实、合法，当事人具备主体资格，符合法定条件的，应当依法出具公证书。

六、融资租赁合同公证

（一）融资租赁合同公证的概念

融资租赁合同是出租人根据承租人对出卖人、租赁物的选择，向出卖人购买租赁物，提供给承租人使用，承租人支付租金的合同。在融资租赁交易中，一般包含两种合同关系即租赁合同与买卖合同，以及三方当事人，即出租人、承租人、出卖人（即供货人），其中融资租赁合同是融资租赁交易的核心与纽带。

融资租赁合同公证是指公证机构根据当事人的申请，依法证明出租人、承租人、出卖人订立融资租赁合同的行为以及合同本身的真实性、合法性的活动。

（二）融资租赁合同公证的程序

1. 申请与受理

当事人申请办理融资租赁合同公证，在向公证机构提出申请后，应当填写公证申请表，并提交下列材料：

（1）合同各方当事人的主体资格证明，如法人资格证明、营业执照副本和法定代表人的身份证明，出租人经营融资租赁业务的合法资格的证明等；

（2）代理人代为申请的，委托代理人应当提交授权委托书及代理人的身份证件；

（3）融资租赁合同文件及其附件，如融资租赁物的技术资料等；

（4）融资租赁物为国家限制租赁物的，当事人应当提交有权机关同意租赁的批件；

（5）公证机构要求提供的其他证件、材料。

公证机构初步审查后，认为符合条件的，应当依法予以受理，并书面通知申请人。

2. 审查并依法出具证明

公证机构在办理融资租赁合同公证时，应当重点审查以下事项：

（1）当事人和担保人的身份、资格和行为能力；

（2）合同内容是否真实、合法，材料是否齐全，当事人意思表示是否真实；

（3）租赁物本身是否合法；

（4）出租人是否具有开展融资租赁业务的资格，是否存在非法经营的问题；

（5）承租人的租赁目的与用途是否违反法律的禁止性规定，是否存在非法经营甚至从事非法活动的问题。

公证机构经过审查，认为融资租赁合同真实、合法，符合法定条件的，即可出具公证书。

七、委托合同公证

（一）委托合同公证的概念

委托合同，也叫委任合同，是受托人以委托人的名义，由委托人支付相应费用，在委托权限范围内办理委托事务的协议。

委托合同公证是指公证机构根据当事人的申请，依法证明委托人与受托人之间签订委托协议的真实性、合法性的活动。公证机构办理委托合同公证，对于明确委托人与受托人之间的权利义务关系，保证受托人代理行为的合法有效，预防和减少纠纷的发生，都具有重要意义。

（二）办理委托合同公证的程序

1. 申请与受理

当事人向公证机构申请办理委托合同公证，委托人应当填写公证申请表，并提供以下证明材料：

（1）委托人、受托人身份证明，由法人申办的，应提交法人资格证明和法定代表人身份证明。

（2）委托合同文本。当事人申办公证的委托合同书，必须由委托人和受托人亲自签名或盖章。

（3）与委托事项相关的证明、材料。

（4）公证员认为应当提交的其他证明材料。

2. 审查并依法出具证明

公证机构受理当事人的委托合同公证申请后，应当重点审查以下内容：

（1）凡依照法律规定或依双方约定由行为人本人亲自实施的民事行为，应由其本人亲自实施，公证机构对此类委托不予办理委托公证。

（2）委托人的民事行为能力。无民事行为能力人不能实施委托行为，限制行为能力人的委托行为必须征得其法定代理人的同意。

（3）当事人的意思表示是否真实，有无欺诈或胁迫情况存在。

（4）委托事项是否符合法律规定和社会公德。违法和违背社会公德的行为，不能成为委托授权的标的，对此，公证机构有权拒绝公证。

（5）委托合同的内容是否明确、具体，条款是否完整、齐全，签名、盖章是否真实等。

公证机关经认真审查，认为委托合同委托人具有主体资格，双方意思表示真实、一致，合同内容和形式合法、真实，不违反法律和社会公德的，应依法出具公证书。

八、技术合同公证

（一）技术合同公证的概念

技术合同是当事人就技术开发、转让、咨询或者服务订立的确立相互之间权利与义务的合同。技术合同的标的是知识形态的特殊商品。根据其内容不同，技术合同可分为技术开发合同、技术转让合同、技术咨询合同、技术服务合同等类型。

技术合同公证是指公证机构根据当事人的申请，依法定程序证明当事人之间就技术开发、转让、咨询或者服务签订合同的行为以及合同本身的真实性、合法性的非诉讼活动。技术在社会经济生活中的重要性以及技术合同本身的特殊性决定了技术合同公证具有十分重要的意义。

（二）技术合同公证的程序

1. 申请与受理

申请办理技术合同公证，当事人向公证机构提出申请时，应填写公证申请表，并提交下列证明材料：

（1）当事人的法人资格证明、营业执照副本、法定代表人证明；当事人为公民的，应当提交公民的身份证明，如居民身份证、户口簿等；委托代理人代为申请的，应当提交授权委托书和代理人的身份证明。

（2）技术主管部门下达的科研计划，属于列入国家或者地方计划的科研项目合同，要提交相应部门的审批文件。

（3）转让方应当提交技术转让项目的技术鉴定书及有关资料，专利权人应当提交专利证书。

（4）转让方应当提交技术可以转让的证明，对职务技术成果的转让，必须提交其所在单位的认可证明。

（5）转让保密技术或国防科技成果的，应当提交有关主管部门的批件。

（6）技术合同文本及有关的附件。

（7）公证机构认为应当提交的其他证明材料。

对于符合上述条件的公证申请，公证机构应当予以受理、登记，制作受理通知书并发给当事人，建立公证卷宗；对于不符合上述条件的申请行为，公证机关应当告知申请人进行补正或作出不予受理的决定书，并通知申请人。

2. 审查并依法出具证明

公证机构在办理技术合同公证时，应当对下列事项进行审查：

（1）技术合同是否成立。

技术合同的成立有以下几种情况：

1）双方签字盖章合同即成立。对于无须批准的技术合同，经双方当事人签字并在合同上加盖单位的印章后即宣告成立。

2）合同经批准后才能成立。如内容涉及国家安全或重大利益需要保密的技术合同，应当由核定密级的机关审批。

3）附条件和附期限的技术合同，需待条件和期限成就后合同才能够成立。

（2）技术合同是否有效。根据《合同法》第329条的规定，非法垄断技术、妨碍技术进步或者侵害他人技术成果的技术合同无效。公证员在进行审查时，应当特别注意该合同是否存在上述无效的情形。

（3）技术合同的条款是否完备。技术合同的种类不同，其应当具备的条款的具体内容也不一样。《合同法》第324条规定了技术合同的一般条款，共计11项。公证员在审查申请公证的技术合同时，应当审查该合同是否具备法定的11项内容。

公证人员对技术合同进行全面审查后，如认为技术合同条款完备、内容合法，应向有关机关进行报批，获得批准后及时制作公证书送达当事人。

第三节　《合同法》规范之外合同类型的公证

除《合同法》规定的15种基本合同类型之外，我国其他法律、行政法规还对某些合同作了具体规定。实践中，公证机构除了办理《合同法》规定的合同的公证外，还根据市场经济发展的需要，开展了农村承包经营合同、企业承包经营合同、企业兼并合同、联营合同、劳动合同、担保合同、土地使用权转让（出让）合同、股权转让协议、投资协议等新型合同的公证业务。以下重点介绍比较常用的农村承包经营合同、企业承包经营合同、企业兼并合同、劳动合同和担保合同的公证问题，其余合同的公证不再赘述。

一、农村承包经营合同公证

（一）农村承包经营合同公证的概念

农村承包经营合同是指集体经济组织与本集体经济组织成员之间，或者与本集体经济组织以外单位或个人之间，就经营集体所有或国家所有集体使用的资产所达成的协议。主要包括：土地承包合同、林业承包合同、牧业承包合同、渔业承包合同、工副业承包合同、果园承包合同等。在这些承包合同中，标的物的所有权并不发生转移，仍然属于集体组织，承包者取得的只是承包经营权，即对承包标的物的使用和收益的权利。

农村承包经营合同公证，是指公证机构根据当事人的申请，依法定程序，证明农村承包经营户与农村集体经济组织之间签订农村承包经营合同的真实性、合法性的活动。其对促进农村经济体制改革发挥着重要作用。

（二）办理农村承包经营合同公证的程序

1. 申请与受理

当事人申办农村承包经营合同公证的，向公证机构提出申请时，应填写公证申请表，并提供以下证明材料：

（1）作为发包方的集体经济组织的资格证明和负责人的身份证明；承包方的身份证明；当事人委托代办公证的，应提交授权委托书和代理人身份证明。

（2）承包方的身份证明，对承包者身份有特别要求的，还应提供相应的证明文件。

（3）村民代表大会或村民委员会关于承包事项的决议。

（4）发包方应当提交承包标的所有权或使用权的证明。

（5）承包经营合同文本。

（6）公证人员认为应提交的其他材料。

公证机构对当事人的公证申请进行审查后，符合条件的，应当受理，制作受理通知书。

2. 审查并依法出具证明

公证机构受理农村承包经营合同公证申请后，应重点审查以下事项：

（1）发包方的主体资格，发包对象是否为其所有，有无相应的权利证书；审查发包方代表人和代理人的行为能力和代理证书是否真实，授权是否明确。

（2）承包方的生产经营能力和行为能力，有无进行承包经营的资格和能力；对承包行为和后果有无正确的认识。

（3）当事人双方的意思表示是否真实、一致，有无欺诈、胁迫或串通损害国家、集体、第三人利益的行为。

（4）承包的项目和经营范围是否明确。

（5）合同条款是否完备，合同内容是否符合《农村土地承包法》、《农业技术推广法》、《农业法》等法律、法规关于农业生产的规定。

（6）是否有承包合同的批准手续。

公证机构受理后经审查，认为事实清楚、内容合法、证据材料充分，应依法出具公证书。

二、企业承包经营合同公证

（一）企业承包经营合同的概念

企业承包经营合同是指在确保企业性质不变的前提下，依照所有权与经营权相分离的原则，承包方与发包方为明确相互权利、义务关系而签订的协议。订立企业承包经营合同是实行企业承包经营的法定形式。

企业承包经营合同公证是指公证机构根据当事人的申请，依法定程序证明企业承包经营发包方与承包方之间签订合同的行为以及合同本身的真实性、合法性的非诉讼活动。企业承包经营合同的履行期限一般较长，加上受市场行情、国家政策的影响较大，合同双方当事人都可能对对方当事人缺乏信心，从而影响企业在承包经营期间及后续的发展。因此，通过合同公证，不但有助于完善合同条款，确保合同的效力，而且有利于当事人树立信心，提高企业的生产经营效率与效益，确保和促进企业的可持续发展。

（二）办理企业承包经营合同公证的程序

1. 申请与受理

申请办理企业承包经营合同公证，当事人应当分别提交以下材料：

（1）发包方应当提交的材料：

1）发包方的法人资格证明、法定代表人的身份证明；委托代理人办理公证事项的，应当提交授权委托书和委托代理人的身份证明。

2）企业主管部门同意其实行承包经营的有关批准文件。

3）实行承包经营的企业的现有资产审计报告、评估报告、企业的会计报表等。

4）通过招标确定承包人的，应当提交能够证明承包人中标的证明文件，如招标书、决标记录、中标证明书等。

5）企业承包经营合同文本。

6）公证人员要求提供的其他材料。

（2）承包方应当提交的材料：

1）承包方为企业法人的，应当提交法人的营业执照副本、资产和经营状况证明、法定代表人的身份证明；承包方为企业全体员工的，应提交员工代表大会的决议；合伙承包的，应提交合伙人个人状况的证明以及合伙协议；个人承包的，应当提交个人的身份证明及其所在单位同意的证明或者其他证明。

2）企业经营者符合国家有关法律规定和发包方要求的厂长（经理）具体条件的证明材料。

3）担保合同及抵押物的有效权利证明；抵押物若为共有物的，应同时提供共有人同意的声明。

4）公证人员要求提供的其他材料。

2. 审查并依法作出证明

对于符合上述条件的公证申请，公证机构应当予以受理。在受理公证申请之后，公证机构应重点审查以下内容：

（1）合同的双方当事人是否具备法定的主体资格。实行承包经营的企业通常是国有企业和集体所有制企业，发包方往往是企业的主管部门，承包方既可以是法人，也可以是个人、合伙、企业的全体职工，只有具备主体资格的人才能签订企业承包经营合同。

（2）企业承包经营合同是否符合法律、法规的原则及规定。例如，根据有关规定，实行承包经营的，企业的性质不变，当事人在企业承包经营合同中约定改变企业性质的，就属于违反法律规定；实行承包经营的目的是实现全民所有制企业的所有权与经营权分离，当事人签订的企业承包经营合同如不能体现两权分离的，也就违背了实行承包经营制的宗旨。

（3）合同是否具备法定的必备条款，内容是否明确，有无损害国家利益或集体利益的条款和内容。

（4）订立承包经营合同的程序是否合法。根据有关规定，企业实行承包经营，一般应采取招投标的方式确定承包人。依法必须通过招投标的方式确定承包的，当事人申请办理企业承包合同公证时，公证员应当审查合同是否通过招投标确定承包人，招投标的程序是否符合法律规定。

经审查，企业承包经营合同的双方当事人均具有主体资格，企业的承包方式及其内容和程序合法，合同条款完备，公证机构即可依法出具证明书。

三、企业兼并合同公证

（一）企业兼并合同公证的概念

企业兼并合同是指两个具有法人资格的企业之间，就一个企业有偿、概括地承受另一企业的资产及其债权、债务，实现产权转移，致使被兼并的企业丧失全部产权和法人资格而达成的协议。企业兼并是市场经济条件下资产交易的形态之一，也是优胜劣汰的市场机制作用的结果。

企业兼并合同公证是指公证机构根据法律规定和当事人的申请，依法定程序证明兼并企业与被兼并企业签订企业兼并合同的行为以及合同本身的真实性、合法性的活动。企业兼并意味着被兼并企业的终止，它涉及大量的资产流转和人员变化。进行企业兼并合同公证，有利于确保企业兼并合法、有序地进行，对于保护国家和集体的财产所有权、维护企业及其职工的合法权益都具有十分重要的意义。

（二）办理企业兼并合同公证的程序

1. 申请与受理

当事人申请企业兼并合同公证时应当填写公证申请表，并提交以下材料：

（1）兼并企业或被兼并企业的法人资格证明，法人代表证明和法定代表人本人的身份证明；委托代理人代办的，应提交委托书和代理人的身份证明。

（2）双方就兼并达成的意向书。

（3）双方当事人要求兼并的申请报告以及主管批准文件。

（4）被兼并企业的清产核资明细表及资产评估组织对兼并企业的验收、评估报告，债权债务清理报告。

（5）资产评估小组组成人员名单，成立文件。

（6）被兼并企业的资产权利证书。

（7）涉及第三人权利义务的有关材料。

（8）兼并合同的文本。

（9）法律、法规规定应当提供的其他材料和公证人员认为应提交的其他证件、材料。

对于符合上述条件的公证申请，公证机构通过形式审查后应当予以受理，再进一步进行实质审查，即审查合同内容是否真实、合法，合同条款是否完备。

2. 审查并依法出具证明

公证机构受理申请后，应主要审查以下事项：

（1）合同双方当事人是否具备法人资格，法人代表身份证明及委托代理相关证明文件是否真实有效。

（2）审查当事人的意思表示是否真实，有没有串通损害他人利益或社会利益以及其他不符合兼并宗旨的情况。

（3）全面把握企业兼并合同是否符合法律、法规、现行政策的规定，条款是否完备。

（4）企业兼并程序是否符合法律规定。企业实行兼并，应当征得主管部门同意，并由职工或职工大会作出决议，经对被兼并的企业进行清产核资，确定兼并价格，才能签订企业兼并合同。报批、民主评议、清产核资等程序应完整，不能省略某个程序。

（5）企业资产评估活动是否真实合法，有无抽逃资金、侵吞国家资产等现象发生。

（6）公证人员认为应当审查的其他事项。

公证机构经过审查，兼并合同的主体合法、内容完备、意思表示真实，其他事项均符合相关法律规定的，公证机构应依法出具公证书。

四、联营合同公证

（一）联营合同公证的概念

联营合同是指两个或两个以上的经济组织为了达到一定的经济目的，约定共同出资、联合经营而达成的协议。根据联营各方关系的紧密程度不同，联营合同可分为法人型联营合同、合伙型联营合同、合作型联营合同三种。法人型联营合同就是当事人各方约定联营后组成新的法人的联营合同。合伙型联营合同是当事人约定联营后不组成新的法人，仅组成合伙体的联营合同。在合伙型联营体中，各方按约定分享利润、分担亏损，并对联营债务承担无限连带责任。合作型联营合同是指当事人之间仅以协作的方式实行联营，各方当事人完全独立地自主经营、自负盈亏的联营合同。

联营合同公证是指公证机构根据法律规定和联营当事人的申请，依法定程序证明当事人之间签订联营合同的行为以及合同本身的真实性、合法性的非诉讼活动。通过公证完善联营合同，防止虚假陈述，对于确保联营合同的效力，维护联营各方的合法权益，都具有重要作用。

（二）办理联营合同公证的程序

1. 申请与受理

当事人向公证机构提出公证申请后，应当填写公证申请表，并提交以下证明材料：

（1）联营各方法人资格证明、法定代表人身份证明；联营方为农村承包经营户、个体工商户、一般公民的，应当提交营业执照的副本、公民的身份证明。

（2）联营企业的主管部门及其他部门对联营项目的批准文件。

（3）联营项目涉及土地使用权变更、供用电计划及其他国家有特殊规定的领域的，应当提交有关部门的专业批文。

（4）以技术成果、专利权、商标专用权等作为投资的，应当提交技术成果鉴定书、专利证书、商标注册证书等相应的证明文件。

（5）联营合同文本及联营组织的章程。

（6）公证机构认为应当提交的其他证明材料。

2. 审查并依法出具证明

公证机构受理当事人办理联营合同公证的申请后，应当重点审查以下内容：

（1）联营各方是否具备主体资格；

（2）联营各方当事人的意思表示是否真实；

（3）联营合同是否符合法律、法规、规章的规定；

（4）联营合同的条款是否完备，不同类型的联营，其联营合同的具体条款也不相同，公证机构应当根据当事人约定的联营类型审查其联营合同是否完备；

（5）联营合同是否符合联营的原则要求。如联营各方订立联营合同是否坚持“平等互利、协商一致、等价有偿”的原则，是否依法办理了审批手续等。

公证机构审查后，认为联营各方的意思表示是真实的，合同内容是合法的，公证机构应当依法出具公证书。

五、劳动合同公证

（一）劳动合同公证的概念

劳动合同，是指劳动者与用人单位确立劳动关系，明确双方权利义务的协议。劳动合同的种类很多，如长期固定工聘用合同、干部或企业经营者聘用合同、临时工或季节工聘用合同等。目前，劳动合同已成为我国确立劳动法律关系的依据，成为现阶段建立和维护劳动力市场正常运作的法律武器。

劳动合同公证是指公证机构根据用人单位和劳动者的申请，依法确认双方签订劳动合同的真实性、合法性的证明活动。劳动合同公证对于完善合同条款，消除双方思想顾虑，提高合同履约率，预防和减少劳动合同纠纷，都具有十分重要的意义。

（二）办理劳动合同公证的程序

1. 申请与受理

当事人向公证机构提出公证申请之后，应填写公证申请表，并且双方当事人应分别提供以下材料：

（1）聘用方应当提交的材料：

1）劳动主管部门批准的招聘计划和招聘指标；

2）招聘单位的资格证明，代表人或代理人的身份证件，代理人的授权委托书；

3）招聘简章、招聘条件及与招聘有关的规章制度；

4）采用公开招标方式招聘干部或企业经营者的，应提供有关招标文件、记录等材料；

5）签订技术培训、人才定向培训协议，要提供与代培单位签订的代培合同；

6）合同草稿；

7）公证机构要求提供的其他材料。

（2）受聘方应当提交的材料：

1）本人的身份证明与健康状况证明，如受聘方为未满 18 周岁的未成年人的，必须提供其法定代理人同意的证明；

2）所在地人才交流中心、街道、乡镇出具的无工作证明或停薪留职证明；

3）与聘用方要求相一致的学历证明、技术等级证书；

4）合同草稿；

5）公证机构要求提供的其他材料。

对于符合上述条件的劳动合同公证申请，公证机构应予以受理，并进一步审查劳动合同的条款和内容；不符合上述条件的劳动合同申请，公证机构应拒绝受理，并作出拒绝受理的决定书；对于当事人的申请行为虽有欠缺，但是可以补正的，公证机构应告知当事人在完善相关手续后再提出申请。

2. 审查并依法出具证明

公证机构受理当事人的申请后，应对以下事项予以重点审查：

（1）劳动合同当事人是否具有合法的主体资格。

（2）劳动合同是否符合劳动报酬法律规定、劳动保护法律规定和社会保险法律制度；如果劳动合同一方当事人为不满18周岁的未成年人的，公证机构还须审查是否符合《劳动法》等有关法律法规关于聘用未成年人的规定。

（3）劳动合同订立的程序是否合法。劳动合同的订立一般包括招工、报名、考核、录用和签订劳动合同五个阶段，公证机构应当逐阶段进行审查，以确保合同的合法性。

（4）劳动合同的条款是否完备。劳动合同的条款一般包括：1）用人单位的名称、性质、地址，受聘方的姓名、年龄、文化程度、专业技术等基本情况；2）工作任务；3）试用期限、聘用期限；4）劳动条件；5）劳动报酬及保险福利待遇；6）劳动者的权利、义务；7）劳动纪律、技术培训及安全操作条款；8）劳动合同终止或解除的条件；9）违约责任；10）其他约定条款等。

公证机构审查结束后，认为当事人双方具有签订劳动合同的资格和行为能力，双方意思表示真实，劳动合同条款齐全，签订劳动合同的程序合法的，应依法出具公证书。

本章思考题

1. 合同公证在市场经济中有哪些作用？
2. 什么是买卖合同公证？申请买卖合同公证应当经过哪些程序？
3. 什么是赠与合同公证？办理赠与合同公证应当重点审查哪些内容？
4. 什么是劳动合同公证？申请劳动合同公证应当提交哪些材料？

第二十一章 继承权、遗嘱和遗产分割协议公证

本章导读

继承权、遗嘱和遗产分割协议公证是公证的重要业务内容。这些业务的重要特点之一是与人身有着密切联系。

第一节 继承权公证

一、继承权公证的概念

继承，是指继承人依照法律的规定，承受被继承人生前个人所有的财产权利和义务的行为。法律赋予继承人享受被继承人遗产的权利，称为继承权。继承权有一个最突出的特征，就是出现了“被继承人死亡”这一法律事实，它包括自然死亡、被法院宣告死亡。如果没有被继承人死亡这一事实，就不发生继承权的问题。

继承的形式有两种，即法定继承和遗嘱继承。（1）法定继承是指按照法律规定的继承人范围、继承顺序和遗产分配份额所进行的继承。法定继承中的继承人叫法定继承人。我国《继承法》规定的法定继承人分为两个顺序。第一顺序：配偶、子女、父母。第二顺序：兄弟姐妹、祖父母、外祖父母。继承开始后，先由第一顺序继承人继承，第二顺序继承人不得继承。没有第一顺序继承人的，由第二顺序继承人继承。（2）遗嘱继承是指按照死者生前遗嘱指定的继承人所进行的继承。我国公民可以通过立遗嘱将自己拥有的财产的全部或一部分，指定由法定继承人中的一人或者数人继承；也可以通过立遗嘱将自己拥有的财产赠送给国家、集体或者法定继承人以外的人。

继承权公证，是指公证机关根据当事人的申请，依照有关法律规定，证明继承人对被继承人的财产享有继承权的一种法律行为。申请办理继承权公证有很多好处，它有利于保护公民个人财产所有权、避免发生不必要的家庭财产纠纷，维护社会和家庭的安定团结，对促进社会主义物质文明和精神文明建设都具有重要的作用。

二、办理继承权公证的程序

（一）申请与受理

依据我国《公证法》第 25 条的规定，继承公证由被继承人住所地或者遗产所在地的公证机构受理，所继承的遗产不在同一地时，由主要遗产所在地的公证机构受理，但是，涉及不动产的继承公证，均由不动产所在地的公证机构受理。如果继承人较多，由若干名继承人到同一个有权受理的公证机构申请公证。有时被继承人遗产所在地分属几个公证辖区时，可由当事人协商选择其中的一个公证机构办理公证。

例如：

李先生的父亲是北京人，后来在南宁当兵并在当地定居下来，一直在广西工作生活。2011 年年初，李先生的父母先后去世，在南宁留下了一套房子及一笔存款，在北京有祖屋一间。作为父母唯一的子女，李先生想继承父母留下的遗产。可李先生家在广州市，父母的遗产分别在南宁和北京，李先生要继承其父母在南宁留下的房子和存款，就只能到南宁当地公证机构申请办理；要继承其父母在北京的房子就要到北京公证机构申请办理。

当事人申请办理继承权公证时，应提供下列证明材料：

（1）继承人的身份证明。如居民身份证、户口簿等。

（2）申请继承的遗产的产权证明。如房屋所有权证明、银行存折等。

（3）被继承人的死亡证明。该证明应由被继承人死亡时的医院或原户籍所在地公安派出所出具。如果继承人已死亡，也应出具继承人的死亡证明。

（4）被继承人的亲属关系证明和有无依靠被继承人生活的人的证明。如继承人所在单位人事部门出具的社会关系证明等。

（5）代位继承人申办公证的，还应提供继承人先于被继承人死亡的证明及申请人与继承人关系的证明。

（6）继承人如果委托亲友或机构代理申请公证时，就应向公证机构出具委托书。委托书一般应经公证机构公证；来自国外的委托书还必须经所在国公证机构公证和我国驻该国外交领事机构认证。

（7）公证机构要求提交的其他材料。

（二）审查

公证机构受理了当事人的申请后，需向当事人询问有关继承的具体情况，查明如下几个问题：

1. 被继承人的姓名（包括别名）、性别、出生日期、生前住址、死亡地点、时间、死因、婚姻状况、近亲属状况等。审查被继承人的姓名、性别、年龄等基本身份情况，是为了防止他人冒充继承人或被继承人，或将同名同姓的人误以为是被继承人。查清被继承人的死亡原因，也就是看其是否为正常死亡，有无继承人对被继承人施以虐待、迫害等情形。因为这直接关涉该继承人有无继承权，依据《继承法》第 7 条的规定，虐待、杀害被继承人的，应当剥夺其继承权。

2. 查明被继承人生前是否立有遗嘱或签订了遗赠扶养协议；遗嘱的性质、订立日期、有无变更、所涉及的遗产和继承人等。处理继承事务时，遗赠扶养协议优先于遗嘱继承，遗嘱继承又优先于法定继承，法定继承必须是在没有遗嘱和遗赠的前提下进行。

被继承人虽然立有遗嘱，但具有下列情形之一的，公证员仍然可以对法定继承进行公证：被继承人生前虽留下遗嘱，但因该遗嘱违反法律而归于无效；遗嘱继承人放弃继承权或受遗赠人放弃受遗赠权；遗嘱继承人、受遗赠人先于被继承人死亡；遗嘱继承人因法定原因而丧失继承权；被继承人生前所立遗嘱中没有处分的遗产可按法定继承办理；被继承人生前遗嘱部分无效，对无效部分可按法定继承办理。

公证员办理遗嘱公证时，应当着重查清：被继承人生前所立遗嘱是否真实、合法；有没有被变更和撤销的情形；提起公证请求的当事人是否为遗嘱中所指定的人。

3. 核实遗产的范围、数量、种类、价值、状况、所在地等基本情况与继承人的陈述是否一致；遗产中是否包括有共有财产，共有人是谁，被继承人占有多少份额；除已知遗产外，被继承人有无其他债权和债务。遗产必须是被继承人生前的合法所得，必须是被继承人生前的合法财产，必须是从被继承人与他人共同财产中分割出来的那部分财产，而且被继承人生前欠税、负债的，应先从遗产中优先清偿所欠税款及债务。

4. 审查继承人的范围、人数、资格、权利能力和行为能力等。查明有无依靠被继承人生活又无其他生活来源的人，以及对被继承人尽到了主要的赡养义务的人。公证员要审查是否遗漏了其他相关的合法继承人，以避免因疏忽大意而损害了这些继承人的合法权益。

5. 在有继承人死亡的情况下，审查其死亡时间和有关当事人是否真正具有代位继承人的资格。

6. 审查当事人接受或放弃继承的具体情况。接受继承是公民以明示或默示的方式，同意接受被继承人的遗产的行为。而放弃继承是公民不同意接受被继承人的遗产行为，放弃继承的意思表示必须在遗产处理前以明示的方式作出，并且不能附加任何条件。

例如：

谭某于2002年2月28日在南京市死亡，死亡后留有一处坐落于南京市鼓楼区建设新村的夫妻共有房产，谭某生前无遗嘱，谭某的父亲仍健在，谭母于2004年1月12日在谭某死亡后去世。谭某与潘某夫妇共有两个子女，谭父、谭母夫妇共有谭某和其妹妹两个子女，谭某的妹妹已于2000年8月死亡，其生前离异并有一子。2004年3月，潘女士带着身份证、户口本、房屋所有权证、其丈夫谭某的死亡证明及谭某单位出具的一份家庭成员证明，来到公证机构申请办理房产继承权公证。

在此案例中潘女士需补充如下证明材料：(1) 谭某母亲的死亡证明；(2) 谭某单位出具的个人履历表复印件。

(三) 出证

公证机构经过审查当事人提供的有关材料、询问当事人、外出调查访问之后，如果认为与继承相关的事实清楚，证据充分，继承的意思表示真实、合法，当事人具有继承遗产的资格，遗产处分合法、适当，继承关系合法，继承人之间无争议，没有遗漏合法继承人，继承人中没有实施侵害被继承人或其他继承人合法权益的行为，也就是达到真实性和合法性的要求，应当按照法定程序，为继承人出具继承公证书。

例如：

卢某与薛某婚后生有一女。两年后，二人离婚。薛某曾继承其父母房屋3间、存款6 000元，约定为夫妻共同财产，可离婚时薛某一分钱都没给妻子卢某。女儿随母卢某生活。离婚不久，薛某因车祸身亡，卢某和家人一起料理了后事。薛某的姐姐认为其弟弟的遗产应由她继承，遂与卢某发生争执，二人一起来到公证机构申请办理继承权公证。

此案中，卢某与薛某已离婚，财产亦分割完毕，卢某对薛某的遗产已不享有继承权。薛某离婚后，其女儿应当作为第一顺序继承人继承父亲的遗产。薛某的姐姐为第二顺序继承人，第一顺序继承人存在时，第二顺序继承人不得继承。公证员只能为卢某的女儿办理继承权公证。

(四) 拒绝公证

公证人员在审查继承公证的申请时，如果发现存在以下情形时，应当立即拒绝为其公证，以维护法律的尊严和被继承人的合法权益：

1. 继承人有故意杀害被继承人、为争夺遗产而杀害其他继承人、遗弃被继承人，或者虐待被继承人且情节严重、伪造篡改或者销毁遗嘱且情节严重等法定的导致丧失继承权的行为。

2. 遗嘱违背立遗嘱人的真实意愿，是其在受威胁、强迫和欺骗的情况下订立的。

3. 申请人无继承权。被他人收养的子女一般不能再继承生父母的遗产，生父母对已送养的子女的遗产，一般也无权继承。

4. 遗嘱内容违反国家法律。如，把属于国家、集体或者他人所有的财产，当做个人遗产，用遗嘱转移或按法定继承转移。

三、放弃继承权公证

(一) 放弃继承权公证的概念

放弃继承权公证是指公证机构根据当事人的申请，证明继承人放弃其所享有的继承他人遗产的权利的意思表示真实、合法的活动。我国法律一方面保护公民的合法继承遗产的权利，另一方面也允许公民自愿放弃自己的继承权，但是放弃继承权应当依法作出明确的意思表示。《继承法》第25条明确规定：继承开始后，继承人放弃继承的，应当在遗产处理前，作出放弃继承的表示；没有表示的，视为接受继承。

（二）放弃继承的程序

根据《公证法》和《公证程序规则》的有关规定，公民申请办理放弃继承权公证，应当亲自到其住所地或行为发生地的公证机构提出申请，而不能委托他人代理。申办时应当逐项填写公证申请表，并提供以下文件、材料：本人签字的放弃继承权的声明书，并且注意在被继承人死亡前放弃继承权不具有实际的法律意义；本人的身份证明；被继承人死亡的证明；本人与被继承人关系的证明，可以由其所在单位、街道办事处或乡镇政府提供，只要能证明其的确享有继承权就可以。

第二节　遗嘱公证

一、遗嘱的概念

所谓遗嘱是指遗嘱人生前在法律允许的范围内，按照法律规定的方式对其遗产或其他事务所作的个人处分，并于遗嘱人死亡时发生效力的法律行为。遗嘱有以下几个特征：

1. 遗嘱是单方法律行为，即遗嘱是基于遗嘱人单方面的意思表示即可发生预期法律后果的法律行为。

2. 遗嘱人必须具备完全民事行为能力，即限制行为能力人和无民事行为能力人所立遗嘱无效。

3. 设立遗嘱不能进行代理。遗嘱的内容必须是遗嘱人的真实意思表示，应由遗嘱人本人亲自作出，不能由他人代理。如是代书遗嘱，也必须由本人在遗嘱上签名，并要有两个以上无利害关系的见证人在场见证。

4. 遗嘱是要式法律行为。一般情况下，遗嘱必须是书面的，只有在遗嘱人生命垂危或者在其他紧急情况下，才能采用口头形式，而且要求有两个以上的见证人在场见证。危急情况解除后，遗嘱人能够以书面形式或录音形式立遗嘱的，所立口头遗嘱因此失效。

5. 遗嘱是遗嘱人死亡时才发生法律效力的行为。因为遗嘱是遗嘱人生前以遗嘱方式对其死亡后的财产归属问题所作的处分，死亡前还可以加以变更、撤销，所以，遗嘱必须以遗嘱人的死亡作为生效的条件。

二、遗嘱的生效条件

在实践中，并非只要是遗嘱人作出的任何遗嘱都是合法有效的，遗嘱要想生效，必须同时具备以下条件：

1. 遗嘱人具有完全民事行为能力。最高人民法院《关于贯彻执行〈中华人民共和国继承法〉若干问题的意见》第41条规定："遗嘱人立遗嘱时必须有行为能力。无行为能力人所立的遗嘱，即使其本人后来有了行为能力，仍属无效遗嘱。遗嘱人立遗嘱时有行为能力，后来丧失了行为能力，不影响遗嘱的效力。"有盲、聋、哑等生理缺陷而无精神病的成年人，他们是有完全行为能力的，所以他们所立遗嘱仍是有效的。

2. 遗嘱人所立的遗嘱必须是其真实意思表示。意思表示不真实有如下几种情况：(1) 遗嘱人受胁迫所立的遗嘱；(2) 遗嘱人受欺骗所立的遗嘱；(3) 被非遗嘱人假造的遗嘱；(4) 被篡改的遗嘱；(5) 遗嘱人在神志不清的状态下所立的遗嘱。

3. 遗嘱人遗嘱所处分的财产必须是有处分权的。在现实生活中，常见到丈夫立遗嘱不经妻子同意便处分了全部夫妻财产。另外，根据最高人民法院《关于贯彻执行〈中华人民共和国继承法〉若干问题的意见》第39条的规定，"遗嘱人生前的行为与遗嘱的意思表示相反，而使遗嘱处分的财产在继承开始前灭失、部分灭失或所有权转移、部分转移的，遗嘱视为被撤销或部分撤销"。

4. 遗嘱的内容必须合法。内容不合法的遗嘱主要有三种情况：(1) 遗嘱取消了缺乏劳动能力又没有生活来源的继承人的继承权；(2) 遗嘱没有为胎儿保留必要的继承份额；(3) 遗嘱内容违反其他法律。

5. 遗嘱的形式必须合法。可采用公证、自书、代书、录音、口头等形式。如果遗嘱人先后立了多份遗嘱，以最后所立的为准，但任何遗嘱都不能和已经公证过的遗嘱相抵触。

三、遗嘱公证的概念和法律效力

遗嘱公证是指公证机构依据当事人的申请，依法证明遗嘱人设立遗嘱的行为真实合法，并出具公证书的活动。公证遗嘱是经过公证机构证明的遗嘱，它的重要特征是内容真实、合法，具有较强的法律效力。

公证遗嘱一经成立即具有法律效力，主要表现在：

1. 不可任意变更性

一般在有数份遗嘱的情况下，应以遗嘱人最后订立的遗嘱为准。而对于公证遗嘱，却不能以自书、代书、录音、口头形式予以撤销、变更。立遗嘱人要想变更、撤销公证遗嘱，只能到公证机构办理变更或撤销手续。如果不经过公证证明，自行宣告变更或撤销原公证遗嘱，其行为不发生法律效力，原订立的公证遗嘱仍有效。

但这种不可变更性不是绝对的，随着时间的推移，客观情况会不断发生变化。如立遗嘱人在订立遗嘱时，所有的法定继承人都能自食其力，而在立遗嘱人死亡时，恰恰某一被取消继承权的法定继承人突然丧失了劳动能力，且无经济来源，此时原公证遗嘱就发生了部分无效的情况，应为不能自食其力的法定继承人保留继承份额。

2. 在法定遗嘱形式中，公证遗嘱的效力最高

不管是公民立下自书、代书、录音或口头遗嘱，后又申办公证遗嘱的，还是先订立公证遗嘱，后又订立其他形式的遗嘱的，公证遗嘱由于是公证机构对遗嘱的真实合法性的证明，所以效力最高。也就是说，在遗嘱人存有多份遗嘱而且内容相抵触的情况下，若有公证遗嘱，则仅此遗嘱有效，而不论公证遗嘱是否是当事人生前最后所订立的。

例如：

李某是一位中学高级教师，在当地中学教育界颇有名气。他早年丧妻，独自把三个孩子（长子李甲、次子李乙、小女李丙）抚养成人。1997 年，李某退休后变卖了自己的三居室住房，跟随长子李甲生活。1998 年，李某亲自到公证机构办理了一份遗嘱，表明其过世后全部存款 34 万元中的 24 万元由长子李甲继承，10 万元由次子李乙继承。事隔不久，李某因突发脑中风造成半身不遂，长子李甲和其妻忙于工作难以悉心照料。次子李乙见状就将父亲接到自己家中进行照料，并请了钟点工帮忙。李某觉得先前所立遗嘱不太妥当，就在病床上当着其妻之弟的面重新书写了一份遗嘱，表示死后存款 34 万元由次子李乙继承 24 万元，长子李甲和小女李丙各继承 5 万元。2000 年 3 月，长子李甲因突发心脏病死亡。同年 9 月，李某病故。针对 34 万元存款，长子之妻王某和其子李丁根据李某生前所订立的公证遗嘱，要求公证机构为其办理继承权公证。次子李乙和小女李丙则拿出父亲最后所订立的遗嘱，要求公证机构据此办理公证。

在这起案例中，公证遗嘱和自书遗嘱同时存在且内容相抵触，应当以公证遗嘱为准。

四、遗嘱公证的程序

订立公证遗嘱应到公证机构依法定程序进行，且必须由立遗嘱人亲自办理，不得由他人代理。具体规则如下：

1. 立遗嘱人应向住所地的公证机构提出申请，并填写公证申请表。

申请表应记明以下内容：

（1）申请人的姓名、性别、出生日期、身份证号码、工作单位、住址等；

（2）请求公证的事项及公证书的用途；

（3）提交材料的名称、份数及有关证人的姓名、地址；

（4）申请的时间及其他需要说明的问题。

立遗嘱人应在申请表上签名或盖章；填写申请表有困难的，可由公证员代填。

2. 立遗嘱人申请遗嘱公证应提交身份证明、遗嘱所涉及财产的所有权证明及其他证明材料。

3. 公证机构认为符合规定、决定受理申请的，应发给受理通知单，并按规定标准收取公证费。立遗嘱人如交纳公证费有困难的，可提出书面申请缓交。

4. 公证人员通过询问证人、调取书证物证、视听资料、现场勘验、进行鉴定等方式，对遗嘱涉及的事项、财产进行审查。立遗嘱人应当如实陈述与公证事项有关的事实，并提供相应的材料。

办理遗嘱公证时，应对以下内容进行实质审查：

其一，立遗嘱人在立遗嘱时是否具有完全民事行为能力；

其二，申请公证的遗嘱是否能体现立遗嘱人的真实意愿；

其三，遗嘱的内容是否违背国家的有关法律和政策，是否有损社会公共利益。

由于我国对遗嘱自由有一定的限制，规定遗嘱不得取消胎儿和继承人中无劳动能力又缺乏经济来源的人应当得到的、适当的遗产份额，所以公证机构应认真审查立遗嘱人的所有继承人的情况，确认遗嘱的合法性。

例如：

张某于1981年结婚，与妻子生有一子，现已成年。1991年，张某与其妻离婚，后来认识李某，并生育了一个女儿，但张某与李某并未办理结婚登记。1993年，张某与李某感情破裂，签订了一份协议书，约定李某为女儿的监护人，双方共同承担抚养义务。张某同意给予李某20万元，其中10万元作为女儿未成年前的全部生活及教育费用，10万元作为女儿成年后的购房费用。

张某有重大疾病，为防止以后因财产发生纠纷，前来公证机构申请遗嘱公证。其遗嘱的内容为："一处房产由儿子继承；另一处房产及去世后的银行的剩余存款由其哥哥继承；由于女儿的抚养已通过协议书一次性全部解决，所以不再给予女儿任何遗产。"

在此案例中，由于张某的女儿尚未成年且无生活来源，即使张某已与该女儿的母亲签订了抚养协议，仍必须在遗嘱中为其女儿保留相应的财产份额，所以，因该遗嘱的内容有违背国家法律之处，公证员应拒绝为其公证。

此外，公证机构还应该严格审查遗嘱见证人、遗嘱执行人的资格：如对遗嘱见证人的身份情况进行调查，若属于无行为能力人、限制行为能力人、该财产的继承人、该财产的受遗赠人或者是与该财产继承人、受遗赠人有亲属、财产关系的人，则不予办理该项遗嘱的公证。

公证机构应核对遗嘱执行人的身份，确认其是否被立遗嘱人所指定。

5. 遗嘱公证应由两名公证人员共同办理。特殊情况下由一名公证员办理时，至少应有一名见证人在场，见证人应在遗嘱和笔录上签名。

6. 经公证人员审查合格、认为可以出具证明，承办公证员草拟公证书后，连同卷宗报批。任何人不得审批自己承办的公证事项。

7. 审批合格后，按司法部规定或批准的格式制作公证书，且不得涂改、挖补，必须修改的应加盖公证机构校对章。公证机构应制作公证书正本和若干副本发给立遗嘱人。

8. 除法律另有规定外，遗嘱公证书从审批人批准之日起生效。审批人批准日期即为出证日期。

公证机构要为当事人保密，在遗嘱发生法律效力前，遗嘱卷宗不得借阅，有关人员不得向外透露遗嘱内容。遗嘱公证卷应列为密卷单独保存，立遗嘱人死亡后，转为普通卷保存。

9. 遗嘱公证书由立遗嘱人到公证机构领取；必要时，也可由公证机构发送。立遗嘱人应在公证书送达回执上签名或盖章，并注明收到日期、份数和公证书的编号。

五、公证遗嘱的变更、撤销

口头、自书、代书、录音遗嘱需要进行变更、撤销时，可以用同样的方式进行，也可以用公证方式进行。而对于公证遗嘱的变更和撤销，必须以公证方式进行，口头、自书、代书、录音这四种方式都不能变更或撤销公证遗嘱。

公证遗嘱的变更是指遗嘱公证人依法改变、增减原遗嘱的部分内容。变更公证遗嘱必须经过原公证机构公证，情况紧急下，可向就近的公证机构申请变更，并且由办理变更的公证机构通知原公证机构备案。

公证遗嘱的撤销是指立遗嘱人撤销原遗嘱的全部内容。撤销公证遗嘱也必须经过原公证机构公证。立遗嘱人向公证机构申请公证时，应在后立的遗嘱上写明“撤销原某年某月某日遗嘱”的字样，并经原公证机构办理必要的手续。原来有见证人在场见证的，应找到见证人再次见证撤销的情况。例如，在本节第一个案例中，李某要想变更公证遗嘱必须经过原公证机构公证，所以其后所立的自书遗嘱无效。

例如：

李甲和李乙是兄弟，其父为李兵。李甲游手好闲，长期在外流浪，一直未婚，对父母也从不关心；李乙勤俭持家，结婚生子，孝敬父母。1998年，李甲因犯盗窃罪被判处有期徒刑5年。李兵一气之下，宣布与李甲断绝父子关系。2001年8月，李兵在体检中查出患胃癌，且已到晚期。为避免自己死后亲属为遗产闹纠纷，李兵到本市的公证机构办理了遗嘱公证，其全部遗产归其妻及次子李乙继承。2002年5月，由于在劳改期间有立功表现，李甲被提前释放。令李兵意想不到的是，原来不通事理的大儿子经过改造，竟然与从前判若两人，对父母十分孝顺，李兵对以前作出的剥夺大儿子继承权的遗嘱感到十分后悔，便又亲笔写下书面遗嘱，宣布原来所立遗嘱无效。考虑到李甲无子女，老来可能无人照顾，李兵在遗嘱中决定将其遗产的2/3留给李甲。立完遗嘱不久，李兵病情恶化，很快就离开了人世。

在此案例中，李兵留下的第一份遗嘱是经过公证的，而第二份遗嘱没有经过公证，因此第一份遗嘱在效力上高于第二份遗嘱。对于李兵的遗产，应当按照第一份遗嘱执行，李甲没有继承李兵遗产的权利。李兵撤销或变更第一份遗嘱，没有以公证的形式进行，所以不具有法律效力，也就是说不能产生撤销或变更第一份公证遗嘱的效力。

六、办理遗嘱公证的注意事项

（一）办理遗嘱公证普遍应注意的事项

1. 认真审查遗嘱人的民事行为能力，严格限制见证人的范围

遗嘱人在订立遗嘱时，一般必须具有完全民事行为能力。通常情况下，公证机构的审查不会出现失误，但对于精神病人应谨慎分析并且区别对待，关键是查明订立遗嘱时当事人的精神状况。如果是该精神病人在丧失完全民事行为能力前订立的遗嘱，并有证据表明该遗嘱真实、合法，同时该精神病人在精神正常时有公证遗嘱的意思，公证机构应当给予公证。这样有利于保护精神病患者神智正常时的合法民事权利。

在只有一名公证员办理公证的特殊情况下，应当有一名见证人在场，并要求该见证人在笔录和遗嘱上签名、盖章。

2. 公证遗嘱必须由本人亲自进行

公证遗嘱必须由立遗嘱人亲自到本人住所地或立遗嘱行为的发生地的公证机构进行办理，不得委托他人代理。立遗嘱人因伤病或其他特殊情况确实不能亲往公证机构办理的，公证机构可以派两名公证员到立遗嘱人所在地办理。

3. 注意保密

为了防止引起家庭纠纷，损害立遗嘱人的合法利益，遗嘱生效前公证机构要为立遗嘱人保守秘密。立遗嘱人申请办理遗嘱公证若有陪同人员在场，当公证员与立遗嘱人交谈时，应要求陪同人员予以回避。公证机构应当事人的要求，可以为其保管遗嘱，在保管期间也要注意保密，避免泄露。

4. 深入、全面了解立遗嘱人的产权状况

法律规定立遗嘱人只能处分自己享有所有权并且没有争议的财产，公证机构必须认真查清立遗嘱人所处分的财产是否为其所有，是否存有争议。

5. 正确处理立遗嘱人在办理遗嘱公证的过程中死亡的遗嘱效力

如果立遗嘱人在公证办理完毕前死亡，依据我国《公证程序规则》的规定，公证机构应当终止公证。但并不意味着遗嘱的无效，因为办理公证的公证人员即为遗嘱见证人，且与遗嘱无任何利害关系，所以，虽然公证遗嘱尚未办理完毕，但遗嘱仍可以按照法律的规定以自书、代书等方式发生法律效力。

（二）单独遗嘱公证中应注意的事项

单独遗嘱是单个公民以遗嘱的方式处分其个人所有的财产，在办理此类公证时，要注意查清立遗嘱人处分的财产是否为其本人所有。具体来说：

1. 立遗嘱人无权擅自处分夫妻共同财产

我国法律明确规定，夫妻在共同生活期间的合法所得都是共同财产，双方都享有所有权。公证员在审查时，要注意查清立遗嘱人所处分的财产是否是其应有份额内的财产，若该遗嘱涉及其无权处分的共同财产中另一方的份额，则不给予公证。

2. 立遗嘱人无权擅自处分家庭共同财产

家庭共同财产是指家庭成员共同劳动、共同生活所得的共有财产。我国传统上一般在分家之前，参与共同积累家庭财产的家庭成员，对家庭共有财产享有所有权，并不进行分割。因此，公民在申办公证遗嘱时，只能在自己享有的份额内进行处分，而不能擅自处分其他家庭成员的共同财产。公证员在审查时，要查清家庭共同财产的范围和申请人的应有份额。

（三）共同遗嘱公证中应注意的事项

与单独遗嘱相区别，共同遗嘱是指共同享有财产的两个以上公民对他们共同所有的财产预先进行死后的处分。共同遗嘱人一般是具有共同财产的人，而且其共同财产不宜分割，他们之间无论谁先死亡，另一方都要受共同遗嘱的约束。实践中，立共同遗嘱的人多为夫妻双方，也有母子、父子、婆媳等双方或多方。他们订立共同遗嘱，一般采取两种方式：一种是双方共同约定在一方死后，另一方为唯一的遗产继承人，取消其他人的继承权；另一种是共同遗嘱人共同约定，将他们的财产在死后留给某一个或某几个人继承。

在第一种情形下，一般不易产生纷争，只要不违背法律规定的遗嘱的有效要件，就应当承认并予以公证；在第二种情形下，共同遗嘱人某一方死亡后，另一方可能继续生存若干年，这会使相关财产长期处于不稳定状态，其他方难以再对遗嘱进行相应变更，因此，对于共同遗嘱的公证申请，公证机构应予以拒绝。

第三节　遗产分割协议公证

一、遗产分割协议公证的概念

（一）遗产分割协议公证的概念

继承人就被继承人遗留的财产进行协商后，达成一致意见来分割，这种一致意见就是遗产分割协议。

遗产分割协议公证，是指公证机构根据当事人的申请，依法证明当事人之间签订的遗产分割协议真实、合法的活动。

（二）与继承权公证的区别

继承权公证与遗产分割协议公证相关，实践中，常常是若干遗产继承人首先办理继承权公证，在公证机构对继承权确认后，再就遗产分割协议公证。二者主要的区别在于：

1. 申请公证的当事人的范围不同

申请继承权公证的当事人一般是处于较优先继承顺序的人或是遗嘱继承人；而申请遗产分割协议公证的当事人的范围较广，包括法定继承人、受遗赠人、死者生前扶养且没有生活能力的人等。

2. 申请公证的目的不同

申请继承权公证，其目的在于确认申请人应享有的继承权；而申请遗产分割协议公证的目的则在于请求公证机构证明遗产分割协议的真实性和合法性，取得分割遗产的有效法律凭据。

二、办理遗产分割协议公证，当事人应提交的证件、文件或材料

根据《公证法》和《公证程序规则》的有关规定，当事人申请办理遗产分割协议公证，应当到被继承人主要遗产所在地或继承人比较集中的住所地的公证机构申请办理。而且，所有接受继承的合法继承人，应当一起到该公证机构提出申请。他们需要提交的有关证明文件和资料，主要包括：

1. 申请人各自的身份证明材料。

如申请人的居民身份证、户口簿等。没有完全民事行为能力的当事人应由其监护人代为申请；委托他人代为申办的，应向公证机构提交相应证明材料。

2. 申请人各自享有继承资格的证明材料。

比如，被继承人的遗嘱原件、继承权证明书、亲属关系证明书等。若参加遗产分割的是代位继承人或被转继承人，则应提交被代位继承人或被转继承人的死亡证明和本人与被代位继承人或被转继承人的亲属关系证明。

3. 被继承人的死亡证明和其所遗留的遗产的产权证明。

4. 当事人所达成的遗产分割协议。遗产分割协议的内容主要包括：协议各方的姓名、性别、年龄、职业和住址；分割遗产的名称、数量、所处位置等；具体的分

割意见，也就是当事人各自可以分得的遗产的多少、种类等；分割后如何兑现等问题；所有当事人核实后的签名或盖章。

三、办理遗产分割协议公证应注意的事项

1. 审查遗产分割协议是否真实有效

遗产分割协议是否经过享有合法继承权的当事人的集体协商，各方有无反对意见。如果其中有继承人要放弃继承权的，必须在法定时间内作出明确表示，并向公证机构提交放弃继承权声明书。如果存在当事人的遗漏，公证人员应说服申请人再行协商分割并重新制作分割协议。

2. 审查遗产分割协议的内容是否合法、适当

包括审查遗产分割协议中是否为胎儿保留了应有的份额，若胎儿出生时是死体，保留的份额再按法定继承办理；查清楚遗产分割协议中对被继承人生前所立遗嘱或遗赠中指定财产的处理是否合法，在出现法定情形时，被继承人的部分或全部遗产是否按照法定继承方式办理；审查遗产分割协议中关于继承份额的确定和遗产的具体分配方案是否合法、恰当。正确的遗产分配原则是：（1）法定继承均等原则，即在法定继承人中，继承人都有权分得遗产，不因性别、年龄等因素而有所歧视；（2）适当照顾弱势群体原则，对生活有特殊困难、无生活能力的继承人可以考虑适当多分一些遗产；（3）权利与义务相一致的原则，也就是对那些尽到了主要赡养义务的人或与被继承人共同生活的继承人，可以适当多分遗产，反之则可以少分或不分；（4）最大限度发挥遗产的效用原则，即分割遗产应从有利于生产和生活考虑，避免社会资源的浪费。

本章思考题

1. 继承权公证的程序规则是什么？审查时应重点审查哪些内容？
2. 遗嘱公证的程序规则是什么？审查时应重点审查哪些内容？
3. 财产分割协议公证的程序规则是什么？审查时应重点审查哪些内容？

第二十二章 与婚姻关系有关的公证

□·本章导读·□

婚姻状况是指有关公民婚姻嫁娶的事实现状，包括已婚、离婚、未婚和未再婚四种情形。婚姻状况公证是指公证机构根据当事人的申请，依法对其现存的婚姻状况这一法律事实的真实性、合法性予以证明的活动。它与当事人身份、财产上的权利义务有密切联系，常用于当事人申请入境签证、到国外定居、出国探亲、办理结婚手续等事项，也用于国内部分经济、民事活动中，在民事公证中占有重要的地位。

□□□□

第一节 婚姻状况公证

一、已婚状况公证

已婚状况公证是指公证机构依法证明当事人现存的婚姻（夫妻）关系真实、合法的活动。已婚状况公证分为结婚公证和夫妻关系公证。

（一）已婚状况公证的申请

当事人申办已婚状况公证，应向其户籍所在地的公证机构提出申请，并提交下列证明材料：(1) 当事人的居民身份证、户口簿。代为申请的，应提交授权委托书及受托人的身份证。(2) 结婚证。如果当事人结婚证件已丢失而要求办理结婚公证的，应要求当事人到婚姻登记机关补办《夫妻关系证明书》。(3) 档案管理部门出具的婚姻状况证明。(4) 应提交的其他材料。

(二) 已婚状况公证的出证条件

1. 结婚公证的出证条件

当事人持有我国婚姻登记机关出具的《结婚证书》、《夫妻关系证明书》的，公证机构在审查合格后可出具结婚公证书，公证书一般包括夫妻双方的姓名、性别、出生日期，结婚的时间、地点、方式并加贴二人照片。

2. 夫妻关系公证的出证条件

凡不具备结婚公证条件，但在现实中又确是夫妻关系的，公证机构只能为其出具夫妻关系公证书。例如对于在我国 1950 年《婚姻法》实施前建立的事实婚姻关系的公证，公证机构一般不出具结婚公证书，当事人的档案中有关于结婚事实的记载，同时为群众公认并有两个以上知情人作证的，公证机构也只能为其出具夫妻关系公证书。夫妻关系公证书的内容和结婚公证书的内容基本相同，只是前者没有结婚的时间和地点。正是因为夫妻关系公证无涉婚姻的起点和过程，它仅能证明婚姻的结果，所以在使用中受到很大的限制，甚至不被某些国家所接受。

(三) 办理已婚状况公证时的注意事项

1. 公证证明的婚姻关系，必须是为我国法律所承认的婚姻关系，包括经合法手续登记的婚姻、1950 年《婚姻法》颁布前建立的事实婚姻关系、新中国成立前建立的婚姻关系以及当时存在的一夫多妻制的婚姻关系。

2. 对于申请人要求办理“打算结婚声明书”公证的申请，公证机构不予受理。

3. 对于申请人要求办理“夫妻关系未破裂”公证的申请，公证机构不予受理。

4. 公证机构在审查申请人的结婚证时，应注意结婚登记时当事人是否达到了法定婚龄。如登记时尚未达到法定婚龄但申办公证时已达到的，公证机构只应证明其结婚证的复印件内容与原件相符，不可出具结婚公证书；如申请人在申办结婚公证时也未达到法定婚龄的，公证机构应当不予办理公证。

二、离婚公证

离婚公证是指公证机构根据人民法院出具的判决书、调解书，婚姻登记机关出具的离婚证书或解除婚姻关系证明书，依法证明当事人的婚姻关系已经解除的事实真实、合法的活动。

办理离婚公证，申请人须提交的证明材料与申办已婚状况公证基本相同，但由于是离婚公证，申请人还必须提交人民法院或婚姻登记机关出具的已生效的离婚判决书、调解书或离婚证书。但我国公民持未经国内中级人民法院裁定承认的外国法院的离婚判决书申办离婚公证的，公证机构不予受理。同时，对于在新中国成立前已经离婚的当事人申请公证的，公证机构经过调查，根据当事人所在单位的证明及两名以上知情人证实，可为其出具离婚公证书。

三、未婚、未再婚公证

未婚公证是指公证机构根据当事人的申请，依法证明当事人未结过婚的事实真实的活动。

未再婚公证是指公证机构根据当事人的申请，依法证明当事人婚姻关系因离婚或丧偶而终止后未再结婚的事实真实的活动。因未再婚的情况不同，未再婚公证分为离婚后未再婚公证和丧偶后未再婚公证两种。

当事人可以向其户籍所在地的公证机构申请办理，如其无法亲自前往办理，也可委托他人代理。当事人须提交的证明材料有：(1) 申请人的身份证明；(2) 申请人未曾登记结婚或未再婚的证明信；(3) 已经离境的申请人应提交出国护照；(4) 公证机构认为应提交的其他材料。

公证机构对当事人提交的材料要认真审查，经核实准确无误后为当事人出具公证书。同时公证机构在办理未婚公证时应注意，对于未达到法定婚龄的申请人申办未婚公证的，公证机构不予办理，但可以出具申请人尚未达到法定婚龄的公证书。

未婚、未再婚公证很大一部分用于当事人申请入境签证、到国外定居、出国探亲、办理结婚手续等涉外事项上，因此有必要谈及涉外未婚、未再婚公证的问题。《婚姻登记条例》自 2003 年 10 月 1 日实施后，公证机构在办理涉外未婚、未再婚公证时遇到了一些新情况：一是我国婚姻登记机关在为我国公民办理结婚登记时，不再要求当事人提供所在单位或村（居）民委员会的证明，单位或村（居）民委员会已无法准确掌握有关当事人的婚姻状况；二是户籍管理部门也不能掌握准确的居民婚姻状况，户口簿上登记的婚姻状况不能及时准确地反映当事人的婚姻状况；三是婚姻登记机关目前没有全国联网，各婚姻登记机关不能提供有关当事人未婚、未再婚的证明。上述情况的出现，导致公证机构难以查实当事人是否为未婚或未再婚。因此，司法部于 2003 年 12 月 31 日发布了《司法部关于暂时调整涉外未婚、未再婚公证办证方式问题的通知》，对涉外未婚、未再婚公证暂作如下调整：

1. 根据当事人的申请，可对当事人的未婚、未再婚声明书予以公证。办理未婚、未再婚声明书公证时，应注意：(1) 须向当事人说明声明书公证与原规定格式的实体性未婚或未再婚公证不同，国外使用机构有可能不予采证；(2) 应当要求当事人在声明书中表明“本人保证上述声明完全真实，如有不实，愿承担一切法律责任”。

2. 根据当事人的申请，对能提供证明材料并经查证属实的，公证机构可以对当事人在其户籍所在地婚姻登记机关无婚姻登记记录的事实进行公证。

3. 当事人申请办理未婚、未再婚公证的，不宜再按《关于修改部分民事公证书格式及公证书译文、贴照片等问题的通知》和《关于发布〈公证书格式〉（试行）的通知》所规定之第 34 式未婚公证书格式（之一至之四）和第 38 式未再婚公证书格式（之一、之二）出具公证书。但是对于尚未达到法定结婚年龄的，以及在 2003 年 10 月 1 日前已经离境，要求证明离境前未曾在中华人民共和国境内登记结婚或再婚的，如能提供证明材料，公证机构仍可按原有公证程序及公证书格式出具公证书。

第二节　婚前财产协议和夫妻财产协议公证

男女双方因结婚而建立夫妻关系，在共同的生活中必然会形成一定的财产关系。无论是实行法定财产制还是约定财产制，夫妻间的财产关系会因离婚而终止，进而会发生夫妻财产的清算、共同财产的分割、共同债务的清偿、经济帮助的给付等问题，所以，财产关系是婚姻家庭关系中最重要的内容之一。事先对夫妻财产关系进行公证，有利于稳定夫妻关系和家庭财产关系，可以预防和减少由此引起的财产纠纷，保护夫妻双方的合法权益，促进社会的安定团结。有关夫妻财产关系的公证可以分婚前财产协议公证和夫妻财产协议公证。

一、婚前财产协议公证

（一）婚前财产协议公证的概念

婚前财产协议公证，是指公证机构根据当事人的申请，依照法定程序，对夫妻或者未婚夫妻双方就各自婚前的财产和债务的范围以及权利的归属达成协议行为的真实性、合法性给予证明的活动。

婚前财产协议公证分两种形式：一种是为未婚夫妻在结婚登记前达成的婚前财产协议办理公证；另一种是为夫妻双方在婚姻关系存续期间达成的婚前财产协议办理公证。

婚前财产是指夫妻双方在结婚登记以前各自所有的财产。在理解婚前财产时应注意以下几个方面：

1. 判断是否属于婚前财产的关键在于财产权的取得时间是在结婚之前还是结婚之后。如果财产权的取得时间是在婚前，但婚后才实际占有该项财产，其性质仍属于婚前个人财产。比如夫妻一方在婚前接受继承，但遗产是在婚后才分割，该遗产虽然是婚后才实际取得，但应认定为一方婚前财产。

2. 夫妻一方的婚前财产，不因婚姻关系的延续而转化为夫妻共同财产，但当事人另有约定的除外。最高人民法院曾在 1993 年的司法解释中规定："一方婚前个人所有的财产，婚后由双方共同使用、经营、管理的，房屋和其他价值较大的生产资料经过 8 年，贵重的生活资料经过 4 年，可视为夫妻共同财产。"该司法解释规定婚前财产只要经夫妻共同使用、经营、管理并经过一定期限就可以转化为夫妻共同财产。这种规定既不符合婚后所得共同制的原理，也不符合所有权取得的理论，而且有超越司法解释权限之嫌。修正后的《婚姻法》没有采纳这一司法实践中的做法，《婚姻法》第 18 条第 1 项明确规定一方的婚前财产为个人财产。为此，最高人民法院《关于适用〈中华人民共和国婚姻法〉若干问题的解释（一）》第 19 条指出："婚姻法第十八条规定为夫妻一方所有的财产，不因婚姻关系的延续而转化为夫妻共同财产。但当事人另有约定的除外。"由于前一司法解释与新的司法解释相抵触，因而应以新的司法解释为准。

3. 婚前个人财产在婚后共同生活中自然毁损、消耗、灭失，离婚时一方要求以夫妻共同财产抵偿的，不予支持。

（二）办理婚前财产协议公证的程序

1. 申请

当事人双方申请婚前财产协议公证时，应向其住所地或协议签订地的公证机构提出申请，填写公证申请表，并提交以下证明材料：

（1）个人的身份证明，如身份证、户口簿等，已婚的还需提交结婚证。

（2）与协议内容有关的财产所有权证明，如房屋产权证。

（3）双方已经草拟好的协议书。协议书的内容一般包括：当事人的姓名、性别、职业、住址等个人基本情况；财产的名称、数量、价值、状况、归属；婚前财产的使用、维修、处分的原则等。双方当事人的签名和订约日期应暂空缺，待公证员对协议进行审查后，再签字。

（4）应当提交的其他材料。

值得注意的是，当事人双方必须亲自到公证机构申办婚前财产协议公证，不能委托他人代理，也不能仅由一方当事人申办。

例如：

张某和王某出钱为其儿子买了一套房子，准备用于结婚，但又怕自己的孩子发生婚变，同时受传统思想的影响，以为自己现在买的房子会在孩子结婚一段时间后变成夫妻共同财产，在孩子离婚的时候自己的辛苦钱会无偿地分给女方一半。于是张某和王某带着儿子的身份证、户口簿，来到不动产所在地的公证处要求为其儿子办理婚前财产公证，目的是想证明房子所有权是儿子一个人的，但又不想让儿子的女朋友知道，怕影响双方的感情。公证人员在了解情况后，告知张某和王某有关婚前财产协议的公证不能由他人代办，只能由当事人双方本人亲自来公证处办理，因此，未受理张某和王某的该公证申请。

2. 审查

公证机构办理婚前财产协议公证时，应重点审查以下内容：

（1）当事人的身份和民事行为能力；（2）当事人的意思表示是否真实；（3）协议内容是否完善，文字是否准确，签名、印鉴是否齐全；（4）协议的内容和形式是否真实、合法，是否符合社会公序良俗原则；（5）当事人提供的证明材料是否真实、有效；（6）公证员认为应当审查的其他内容。

同时，公证机构在受理公证申请后，承办公证员可以询问当事人有关情况，当事人应如实回答公证员的提问。公证员应履行必要的告知义务，告知当事人签订财产协议后承担的义务和后果。当事人应配合公证员做完公证笔录，并在笔录上签字确认。公证机构审查确认无误后，出具婚前财产协议公证书，并发送给双方当事人。

二、夫妻财产协议公证

（一）夫妻财产协议公证的概念

夫妻财产协议是指夫妻在法定财产制之外，依法以契约的方式对婚姻期间的财产所有权、使用权等所作的约定。我国实行的是以法定财产制为主，以约定财产制为辅的夫妻财产所有制。《婚姻法》第19条第1款规定："夫妻可以约定婚姻关系存续期间所得的财产以及婚前财产归各自所有、共同所有或部分各自所有、部分共同所有。"夫妻对婚姻关系存续期间所得的财产以及婚前财产的约定，对双方具有约束力。同时，该法第17条规定夫妻在婚姻关系存续期间所得的下列财产，归夫妻共同所有：（1）工资、奖金；（2）生产、经营的收益；（3）知识产权的收益；（4）继承或赠与所得的财产，但该法第18条第3项规定的除外；（5）其他应当归夫妻双方共同所有的财产。该法又在第18条规定夫妻在婚姻关系存续期间的下列财产为夫妻一方的财产：（1）一方的婚前财产；（2）一方因身体受到伤害获得的医疗费、残疾人生活补助费等费用；（3）遗嘱或赠与合同中确定只归夫或妻一方的财产；（4）一方专用的生活用品；（5）其他应当归一方的财产。

夫妻财产协议公证，是指公证机构根据当事人的申请，依法证明夫妻双方就夫妻关系存续期间实行何种财产制和所得财产的分配及产权归属事项达成协议行为的真实性、合法性的活动。它对于完善夫妻财产协议内容，保证协议真实合法，预防纠纷，减少诉讼，起着重要的作用。

（二）办理夫妻财产协议公证的程序

1. 申请

申请办理夫妻财产协议公证时，当事人双方应当亲自向其住所地或协议签订地的公证机构提出申请，填写公证申请表，并提交以下证明材料：

（1）申请人的身份证明。即居民身份证或者户口簿及其复印件。

（2）夫妻财产协议书草稿。协议书草稿应当包括以下内容：当事人的姓名、性别、职业、住址等基本情况；现有夫妻财产（债务）的名称、数量、规格、种类、价值、状况等；现有夫妻财产的归属及今后夫妻关系存续期间所得财产（债务）的归属；夫妻关系存续期间，财产的使用、维修、处分的原则；其他约定，如夫妻关系终止时，财产分割原则，共同债务如何清偿等。当事人书写协议有困难的，公证人员可以代为书写。

（3）与协议内容有关的所有权证明、使用权证明材料及双方签署的财产清单。

（4）应当提交的其他材料。

2. 审查

公证机构在收到当事人提出的夫妻财产协议公证的申请后，应重点审查下列内容：

（1）当事人的身份和民事行为能力。申请办理夫妻财产协议公证的当事人必须具有完全民事行为能力，而且当事人双方必须亲自申请，不得委托他人代理。

（2）当事人的意思表示是否真实。夫妻双方的意思表示必须真实自愿，以欺诈、胁迫等方式使对方在违背真实意思的情况下作出的约定是无效的。

（3）协议的内容和形式是否真实、合法，是否符合社会公序良俗原则。对于协议内容或形式不真实、不合法或者违背社会公序良俗原则的公证申请，公证机构应当不予公证。

（4）协议内容是否完善，文字是否准确，签名、印鉴是否齐全。协议内容不完善、用词不当的，公证人员应当指导当事人予以改正。当事人拒绝修改的，公证人员应在公证笔录中写明，只要该内容不影响协议的真实性、合法性，公证机构仍可以予以公证。

（5）夫妻财产协议不得对他人的财产进行约定。一般也不得约定夫妻财产归一方所有或婚前财产归他方所有，因为这种约定实质上是赠与行为，可以另行办理赠与公证。

公证机构审核后，确认申请人的申请符合条件的，依法出具公证书。

本章思考题

1. 简述婚姻状况公证的几种类型及概念。
2. 试论办理已婚状况公证时应注意的事项。
3. 公证机构在审查夫妻财产协议公证时应重点审查哪些内容？

第二十三章
收养关系公证

本章导读

收养关系公证，是指公证机构根据当事人的申请，对当事人之间进行的收养法律行为，依法证明其真实性与合法性的活动。按照公证的不同内容，收养关系公证可以分为确认收养关系公证和解除收养关系公证；按照收养人是否为外国人，收养关系公证可以划分为国内收养关系公证和涉外收养关系公证。通过对依法确立的收养关系予以公证证明，明确各方当事人的权利义务，减少纠纷，有利于维护当事人特别是老人和儿童的合法权益，保障社会的稳定。

第一节　确认收养关系公证

一、收养的概念和法律特征

收养是自然人依照法定程序，把他人的子女领养为自己的子女，使本来没有血缘关系的收养人与被收养人之间形成拟制血亲父母子女关系的法律行为。收养法律关系涉及三方行为主体：一是领养他人子女的人，即收养人，亦即养父母；二是被他人收养的人，即被收养人，亦即养子女；三是将子女或儿童送给他人收养的父母、其他监护人或者社会福利机构，即送养人。

收养关系的法律特征：

1. 收养是一种法律行为。收养关系不同于自然血亲关系，它基于当事人的法律行为而产生。原本没有自然血亲关系的收养人与被收养人之间产生父母子女间的权利义务的唯一法律事实是当事人按照法律规定的条件和程序，以意思表示为构成要素的收养行为。收养行为的当事人进行收养活动，是按照自己的意愿，希望通过自己的行为达到相应的法律效果，因而收养行为是以意思表示为构成要素，能够引起行为人预期创设身份关系法律效果的法律行为。收养不仅涉及当事人的人身关系和财产关系，而且关系到社会公共利益，因此，收养关系的成立和解除必须符合法律规定的条件和程序，否则没有法律效力。我国对于1992年4月1日《中华人民共和国收养法》实施以前的“事实收养”原则上予以承认，但是对于该法生效以后发生的“事实收养”不予承认，当事人之间不发生养父母子女的法律关系。

2. 收养是一种产生拟制血亲关系的法律行为。收养关系和自然血亲关系不同，收养人与被收养人的亲属关系可依法产生，也可依法解除；而自然血亲关系则是自然产生，一旦产生，就不能解除，只能是自然消灭。

3. 收养是变更亲属身份和权利义务的法律行为。收养关系一旦成立，在收养人和被收养人之间就产生了等同直系血亲的权利义务关系，而养子女和其生父母之间的权利义务关系，因收养关系的成立而解除。

4. 收养关系产生于非直系血亲之间。原本就有血亲关系的人，如父母与子女、祖父母、外祖父母与孙子女、外孙子女等直系血亲之间，其自然血缘关系密切，辈分分明，如允许互相收养，势必造成亲属关系的混乱；而且对于直系血亲之间的权利义务，《婚姻法》已经作出明确的规定，因此，没有必要在直系血亲之间建立收养关系。我国《收养法》规定收养人应具备的条件之一是无子女，这实际上也就排除了收养人与被收养人之间原是直系血亲的可能。

二、收养关系成立的实质要件

根据我国《收养法》的规定，建立收养关系，除必须符合平等自愿、协商一致等原则外，收养人、送养人和被送养人还须具备以下实质要件：

（一）收养人的条件

根据我国《收养法》第6条的规定，收养人应同时具备下列条件：（1）无子女；（2）有抚养、教育被收养人的能力；（3）未患有在医学上认为不应当收养女性的疾病；（4）年满30周岁。有配偶者收养子女，必须夫妻共同收养。无配偶的男性收养女性的，收养人与被收养人的年龄应当相差40周岁以上。收养人只能收养1名子女，但收养孤儿、残疾儿童或社会福利机构抚养的查找不到生父母的弃婴和儿童，可以不受收养人无子女及收养1名子女的限制。此外，公民收养三代以内同辈旁系血亲的子女，可以不受送养人有特殊困难无力抚养子女以及被收养人不满14周岁的限制。华侨收养三代以内同辈旁系血亲的子女，可以不受无子女的限制。继父或者继母经继子女的生父母同意，可以收养继子女，并可以不受上述收养人的条件、送养人有特殊困难，以及被收养人不满 14 周岁、只能收养 1 名子女的限制。

（二）送养人的条件

根据我国《收养法》第 5 条的规定，下列公民、组织可以作为送养人：（1）孤儿的监护人；（2）社会福利机构；（3）有特殊困难无力抚养子女的父母。生父母送养子女的，须生父母双方共同同意送养，如果生父母一方不明或者查找不到的，可由生父母单方送养。未成年人的父母均不具备完全民事行为能力的，该未成年人的监护人不得将其送养，但父母对该未成年人有严重危害的除外。监护人送养未成年人孤儿的，须征得抚养义务人同意；抚养义务人不同意送养，监护人又不同意继续监护的，应当依照我国《民法通则》的规定变更监护人。

（三）被收养人的条件

根据我国《收养法》第 4 条的规定，下列年龄不满 14 周岁的未成年人可以被收养：（1）丧失父母的孤儿；（2）查找不到生父母的弃婴和儿童；（3）生父母有特殊困难无力抚养的子女。被收养人是 10 周岁以上的未成年人的，收养应征得其同意，不得由父母包办，更不得用威胁、诱惑、变相买卖等手段进行收养。此外，收养已婚的被收养人，还须征得其配偶同意；配偶不同意的，不得办理收养。

三、收养关系成立的程序要件

根据我国《收养法》第 15 条的规定，收养关系成立应履行的程序规范为：收养关系当事人应当向县级以上人民政府民政部门办理登记手续，收养关系自登记之日起成立。办理登记的民政部门对于当事人收养查找不到生父母的弃婴和儿童的，应当在登记之前予以公告。如果收养关系的当事人愿意订立收养协议的，可以订立收养协议。如果收养关系的当事人各方或者一方要求办理收养公证的，应当办理收养公证。

确认收养关系的公证，是指公证机构根据法律规定和当事人的申请，依法证明当事人之间进行的收养法律行为的真实性、合法性的活动。它是一项涉及人身关系和财产关系的重大法律行为，因此不能由他人代理申请，必须由本人亲自实施。我国《公证法》第 26 条规定："自然人、法人或者其他组织可以委托他人办理公证，但遗嘱、生存、收养关系等应当由本人办理公证的除外。"在办理公证过程中，应当遵循的程序主要有：

（一）当事人申请收养关系公证应提交有关材料

申请办理收养关系公证，应由收养人、有识别能力的被收养人和送养人三方亲自到收养人住所地的公证机构提出申请，填写公证申请表，并提交以下材料：（1）收养人、送养人和被收养人的身份证明；（2）收养人和被收养人的出生证明；（3）收养人和送养人的婚姻状况证明；（4）收养人的职业、经济状况和健康状况证明；（5）收养人和送养人的子女情况证明；（6）双方的收养协议；（7）其他有关材料。

（二）公证机构办理确认收养关系公证应重点审查的事项

公证机构办理收养关系公证时，应重点审查以下事项：（1）当事人各方的身份证明的真实性；（2）收养人、送养人是否具有民事行为能力；（3）当事人各方的意思表示是否真实、收养的动机和意图是否正当；（4）收养人的经济状况、健康状况、道德品质和抚养能力；（5）收养协议的内容是否真实、合法，有关材料是否齐全；（6）如果被收养人年满 10 周岁，是否征得了其本人同意。

公证机构经过审查，认为收养关系真实、合法的，应出具公证书并发送给当事人。

四、收养关系公证的证明效力

我国《婚姻法》第 26 条第 1 款规定："国家保护合法的收养关系。"怎样才能使收养关系合法呢？一般是要求在民政部门登记，但双方协议要求公证的，公证机构依照法定程序，对收养当事人双方的条件以及其收养的动机、目的进行审查，确认其收养关系真实、合法以后进行公证。收养关系公证具有证据效力，受法律保护，它可以督促收养人和被收养人履行各自的权利义务。

值得关注的是，收养登记和收养关系公证之间的区别。依据我国《收养法》的规定，收养关系当事人可以在办理收养登记前提出公证申请，也可以在办理收养登记后提出公证申请。当事人同时办理了收养登记和收养关系公证的，收养关系成立以登记之日为准。即收养关系公证并不是收养关系成立与生效的要件，其只是起到证明的作用。

第二节　解除收养关系公证

一、解除收养关系的概念和条件

解除收养是指收养人与被收养人由于一定的原因使收养关系无法维持下去时，经双方协商同意，依法终止收养双方的人身和财产权利义务关系的行为。

解除收养的条件有以下几点：

（1）收养人和被收养人双方自愿解除收养关系。在被收养人未成年之前，收养人一般不得解除收养关系。但是收养双方因感情原因，难以共同生活，都要求解除收养关系时，应当予以解除。养子女已年满 10 周岁的，应征得其同意。

（2）收养关系一方有正当理由而要求解除收养关系。收养人不履行抚养义务，有虐待、遗弃等侵害未成年养子女合法权益行为的，送养人有权要求解除收养关系；养子女行为不端，经常在外寻衅滋事，屡教不改，收养人要求解除收养的，可以解除。

（3）养父母与成年养子女关系恶化，无法共同生活，可以协议解除收养关系。例如成年养子女经常打骂收养人、不尽赡养义务，在这种情况下，如果养父母因年老无生活能力的，应当要求养子女给付一定的生活费用后，解除收养关系。

例如：

张某和李某婚后无子女且年事已高，担心日后无人赡养照顾，于 1990 年收养王某为养女，并到当地公证机构办理了收养公证。收养关系成立后，由于被收养人年满 14 周岁，收养人和被收养人之间难以真正建立起养父母子女间的感情，王某长大成人后也未能很好地履行对两位老人应尽的赡养义务，并且与养父母之间的关系越来越疏远和冷淡。考虑到这种收养关系继续下去已无实际意义，张某和李某向当地公证机构提出解除收养关系的公证申请。公证机构耐心地做了调解，但张某和李某态度坚决，并表示过去对王某的抚养教育费用不再要求追偿。在公证员的建议下，张某和李某与其养女王某达成了解除收养关系的协议，并就两位老人的赡养以及财产分割等问题做了妥善安排，公证机构在对解除收养关系的协议进行审核无误后，经民政部门办理解除收养关系登记后，为双方当事人办理了解除收养关系公证。

在本案中，由于养女王某没有尽到赡养义务，使养父母无法与之共同生活，收养人张某和李某要求解除收养关系是正当的。因此，公证机构为他们办理了解除收养关系公证，证明他们之间的收养关系已解除。

二、解除收养关系公证的程序要件

解除收养关系公证，是指公证机构根据当事人的申请，依法证明养父母与养子女解除收养关系的民事法律行为真实、合法的活动。当事人解除收养关系应当达成书面协议，并应到民政部门办理解除收养关系的登记；收养关系经公证证明的，应当到公证机构办理解除收养关系的公证证明。

1. 申办解除收养关系公证时，当事人应当亲自到公证机构填写申请表，并提交以下证明材料：

（1）身份证件，包括户口簿、身份证；

（2）收养关系成立的公证书或者其他能够证明收养关系成立的证明材料；

（3）解除收养关系协议书。该协议书应包括以下内容：1）当事人双方同意解除收养关系的意思表示。养子女年满 10 周岁的，应征得其本人同意，并在该协议书中写明。2）当事人双方对既缺乏劳动能力又无生活来源的父母或者未成年养子女的生活安置问题以及养父母在收养期间支出的生活费和教育费的补偿问题都作了约定。

2. 在当事人提出解除收养关系公证申请后，公证机构应当全面、认真地审查以下内容：

（1）当事人所提交的证明材料是否真实、有效。

（2）当事人解除收养关系的意思表示是否真实。收养人与有行为能力的被收养人中有一方不同意解除的或者收养人与无行为能力的被收养人的生父母中有一方不同意解除的，不得办理解除收养关系公证。

（3）解除收养关系的原因和理由是否正当、属实。

（4）当事人双方解除收养关系后有无独立生活能力以及对生活是否作出妥善安排。例如，收养人或被收养人一方患病，生活不能自理的，不能办理解除收养关系公证。

（5）解除收养关系协议条款是否完备。

凡是符合法律规定的解除收养关系条件的，公证机构应当出具解除收养关系的公证证明；对于不符合解除收养关系条件的，公证人员应进行说服教育，动员当事人撤回解除收养关系公证的申请。如果当事人双方在是否解除收养关系的问题上发生争执，且在财产和生活方面的纠纷无法解决，公证人员应当拒绝作出公证，并建议当事人到人民法院起诉，通过诉讼解除收养关系。

三、解除收养关系公证的证明效力

（一）收养关系的解除对养子女与养父母以及其他近亲属的效力

收养关系解除后，养子女与养父母之间的权利义务关系即行消除，不再具有抚养教育、管教保护、赡养扶助和继承遗产的关系。同时，养子女与养父母的其他近亲属如养祖父母、养兄弟姐妹之间的权利义务关系也随收养关系的解除而消除。

（二）收养关系的解除对养子女与生父母以及其他近亲属的效力

收养关系解除后，未成年养子女与生父母以及其他近亲属之间的权利义务关系自行恢复；成年的养子女或者生父母不愿恢复彼此之间的权利义务关系的，任何一方或者他人不得强迫对方或者成年养子女与生父母恢复权利义务关系。

（三）收养关系解除后养子女对养父母的赡养

收养关系解除后，经养父母抚养成年的养子女，对缺乏劳动能力又无生活来源的养父母，应当给付一定的生活费；因养子女成年后虐待、遗弃养父母而解除收养关系的，养父母可要求养子女补偿收养期间支出的生活费和教育费。

第三节　涉外收养关系公证

涉外收养关系公证，是指公证机构根据当事人的申请，对外国人（包括夫妻一方或双方为外国国籍的）收养我国公民为子女以及双方解除收养关系的民事法律行为，依法证明其真实性和合法性的活动。涉外收养关系公证包括确认涉外收养关系和解除涉外收养关系两项具体业务。

根据我国《收养法》第 21 条的规定，外国人依照本法可以在中华人民共和国收养子女。外国人在中华人民共和国收养子女，应当经其所在国主管机关依照该国法律审查同意。收养人应当提供由其所在国有权机构出具的有关收养人的年龄、婚姻、职业、财产、健康、有无受过刑事处罚等状况的证明材料，该证明材料应当经其所在国外交机关或者外交机关授权的机构认证，并经中华人民共和国驻该国使领馆认证。该收养人应当与送养人订立书面协议，亲自向省级人民政府民政部门登记。

收养关系当事人各方或者一方要求办理收养公证的，应当到国务院司法行政部门认定的具有办理涉外公证资格的公证机构办理收养公证。

有关涉外收养关系公证的内容将在本书涉外公证一章详细介绍。

本章思考题

1. 什么是确认收养关系公证？简述申请确认收养关系公证应当提交的材料。
2. 公证机构办理确认收养公证应重点审查的事项有哪些？
3. 解除收养关系公证的条件是什么？

第二十四章 身份关系公证

第一节 出生、死亡、生存和定居公证

一、出生公证

二、死亡公证

三、生存公证

四、定居公证

第二节 经历和学历公证

一、经历公证

二、学历公证

第三节 亲属关系公证

第四节 未受刑事处分公证

本章导读

身份关系是指个人之间发生的与人的身份有关的特殊的法律关系。身份关系是否存在，直接关系到当事人对各种民事权利义务的取得与丧失，所以，公证机构依法对人身关系的法律事实进行公证，对于保障当事人的合法权益，明确其权利义务关系，维护社会法律关系秩序，特别是在涉外关系中有着重要作用。根据《公证法》的规定，我国公证机构办理的有关身份关系的公证，主要包括出生、死亡、生存、经历、学历、亲属关系等法律事实的公证。

第一节　出生、死亡、生存和定居公证

一、出生公证

出生，是指胎儿脱离母体且具有生命而成为民事权利主体的法律事实。关于出生时间的认定，学理上主要有“部分露出说”、“全部露出说”、“断脐带说”、“初啼说”、“独立呼吸说”等理论学说，我国主张出生时间应当是胎儿全部脱离母体且独立呼吸之时。

出生公证是公证机构根据当事人的申请，依照法定程序，对当事人何时何地出生这一法律事实的真实性予以证明的活动。出生公证用途广泛，主要是用于国外定居、求学、继承、结婚、办理出入境签证等方面，因此出生公证的办理对于当事人有重大意义。

当事人和公证机构在办理出生公证时必须遵循的程序：

1. 申请

当事人申办出生公证，可以向出生地或住所地公证机构申请，移居境外的当事人，应向其在境内的最后住所地公证机构申请。当事人应填写公证申请表并提交以下材料：（1）申请人的身份证明，如居民身份证、户口簿等；（2）接生医院签发的出生证、出生地基层组织出具的证明或申请人所在单位的证明，申请人属于在校学生的，可由所在学校出具证明；（3）代理人代为申请的，应当提交授权委托书和代理人的身份证明；（4）公证机构要求提交的其他材料。

公证员经过初审后，认为符合受理条件的，予以受理。对于提交材料不全的，要求当事人补全材料后，再予以受理。

2. 审查和出证

公证机构受理申请后，应对当事人提交的材料调查核实，认为所申办的公证事项事实清楚，材料充分，符合法律规定的，可以出具出生公证书。公证书上载明被证明人的姓名、性别、出生年月日、出生地点和生父母姓名等。

应注意的是，我国公证机构一般不对域外发生的事实进行公证，公证机构只为我国境内出生的我国自然人和外国人办理出生公证。由于出生公证主要用途在于对外使用，因此办理出生公证时应参考国外具体的要求，以保证公证书的效力。

二、死亡公证

自然人死亡属于重要的法律事件，可分自然死亡和宣告死亡两种，自然死亡是自然人生命的绝对消灭，是人的机体生命活动和新陈代谢的终止。宣告死亡是一种推定死亡，但它与自然死亡具有相同的法律后果，均会导致继承的开始、婚姻关系的消灭、民事权利能力的终止等法律后果。

死亡公证是指公证机构对某人死亡的法律事实的真实性进行确认的活动。死亡公证书主要是被用于继承遗产、领取抚恤金或福利费等方面。

当事人应向死亡事实发生地公证机构申请办理公证。当事人必须向公证机构提交医院或有关单位出具的死亡证明书，或人民法院的宣告死亡书以及尸体火化证明、派出所的注销户口证明等。公证机构受理申请后，要告知当事人对其所作的陈述和提供的证明应负的法律责任，因为人的死亡这一法律事实会引起一系列相关权利义务的变动；如果证明错误，可能造成严重后果和不良影响。为了确保公证书的真实合法性，公证机构在办理死亡公证时必须慎重，取得可靠证明后才能出具证明。如果当事人提交的证明不足以证实所要公证的事实，应要求其补充证据；若发现有故意涂改、伪造有关证据的，应对其批评教育或交有关部门处理。

公证机构对当事人提供的证明材料经审查核实，取得可靠证据后，应为其出具死亡证明书。死亡证明书应写明死者姓名、性别、出生年月、生前住址、死亡日期及地点，必要时还要写明死亡原因。

三、生存公证

生存公证是指公证机构根据当事人的申请，依法对当事人健在的事实予以证明的活动。生存公证书一般是用于当事人向定居国家或地区领取抚恤金、养老金。当事人申请办理生存公证，应当亲自到其住所地的公证机构提出申请，不得委托他人代理申请，如果当事人确实有特殊原因无法前往公证机构，公证机构可派员到其住所地办理有关手续。

当事人应当提交的材料包括当事人的身份证明、居住地证明以及姓名证明等。生存公证书的证明重点在于证明被证明人确实尚在人世，因此，公证员在审查时不能仅凭证明材料就出具公证书，必须要看到当事人本人，并核实身份才能出具。

四、定居公证

定居公证是公证机构根据当事人的申请，依法对其居住地点予以证明的活动。定居地公证书主要用于归国华侨和其他曾经在我国居住、工作过的我国公民及在我国居住的外国人向其曾经工作过的国家或地区有关部门领取养老金、退休金等事项。

定居公证证明的是被证明人定居的确切地点，定居公证书应当写明其姓名、性别、出生年月日、国籍、原居住国、何时来华定居、现在居住地址等。在当事人申请办理定居公证证明时，还必须遵守有关国家在手续和时间上的要求。特别要注意时效问题，一旦超过时限，就会妨碍当事人合法权益的实现。

第二节　经历和学历公证

一、经历公证

经历公证是指公证机构根据当事人的申请，依法对公民的工作经历这一法律事实的真实性予以证明的活动。它主要用于办理入境签证、到国外谋职、提供劳务和技术服务等。

1. 申请

当事人申办经历公证时，应向户籍所在地或本单位所在地的公证机构提出申请，填写公证申请表，并提交下列材料：

（1）本人居民身份证；

（2）所在单位或者上级主管单位出具的工作经历证明；

（3）提交国家主管部门正式颁发的职称证书或评定职称的文件；

（4）如委托他人代理，应向代理人出具授权委托书，代理人在办理时还需要提交自己的身份证。

2. 审查和出证

公证机构接受申请后，应当认真审查当事人提交的各种证明材料，必要时可采取查阅本人人事档案、询问证人等方式进行调查与核实。出具的经历公证书只证明申请人的工作经历，即何年何月在何单位从事何工作、任何职、在何年何月取得何职称、现在单位任何职等。在出证时应注意下列事项：

（1）公证书不能写成详细的履历书，不宜写学历，也不宜写技术程度和工资级别；

（2）用语要尊重他人的职业，做到文明用语；

（3）公证书中职称的写法要准确无误，对职称未定的，只能在主管部门出具证明或作出技术鉴定后方能出证，否则只能出具“从事某种工作”的证明；

（4）对从事家庭服务工作的当事人申办经历公证的，应由其服务的街道办事处出具证明，公证机构核实后，可出具公证证明书。

二、学历公证

学历公证是指公证机构依法对被证明人的毕业证书、肄业证书、学位证书以及学习成绩单等证件的真实性、合法性予以证明的活动。当事人申请办理学历公证和经历公证有类似的作用，主要用于出国留学、进修、谋职、对外提供劳务和技术等。

1. 申请

当事人申请办理学历公证，由申请人住所地或学校所在地的公证机构受理，如果当事人已移居国外，则应当向出国前在国内最后住所地或学校所在地公证机构申请办理。申请人应填写公证申请表，并提交以下材料：

（1）申请人的身份证明。

（2）申请人所在单位出具的办理学历公证的证明信；无工作单位的，由住所地街道办事处或存放档案的人才交流中心出具证明信；在校学习的，由所在学校出具证明信。

（3）如委托他人代理的，应向代理人出具授权委托书，代理人在办理时还需提交自己的身份证明。

（4）提交毕业证书（学位证书）或肄业证书原件及其复印件，需要附译文的，当事人应将中文证件和需要提交的译文一并提交。

（5）应提交的其他材料。

2. 审查

公证机构受理当事人的申请后要编号立卷，告知当事人办理公证所需的时间、费用等。同时还要对当事人的身份、行使权利和履行义务的能力及提交的证件是否真实合法进行审查，必要时应通过查阅原学校的档案资料进行核实，然后出证。公证机构在审查时要注意以下几个方面：

（1）审查当事人提供的毕业证书或肄业证书是否为有权颁发证书的学校所颁发，国家是否承认其学历。

（2）审查毕业证书或肄业证书的签名、印章是否齐全，证书的内容是否真实、合法。

（3）对于党校毕业和军事学校毕业的学历公证，公证机构不宜直接出具公证书，应当与该学校和有关主管部门联系，经同意后方可出具相应学历证明。

（4）对已经批准出国求学、就业的当事人申请办理学历证明，其原就读学校已被撤销的，由批准出境的市、县公证机构向他们原就读学校的接管单位进行调查，属实的则按规定办理学历公证书。如无接管单位，当事人档案中又有学历记载的，可由其所在单位的人事组织部门出具书面证明和原校两名同学证明。公证机构可依此为据，为其出具公证书。

第三节　亲属关系公证

亲属关系是基于婚姻、血缘或法律拟制而形成的人与人之间的社会关系。亲属关系以婚姻、血缘、收养、抚养关系为主要纽带，是一种人与人之间有固定身份和称谓的社会关系。

亲属关系公证，是指公证机构根据当事人的申请，依照法定程序，证明当事人之间因婚姻、血缘、收养和抚养而产生的彼此间具有法律上权利义务的亲属关系的真实性、合法性的活动。亲属关系公证的范围不限于直系血亲、旁系血亲和姻亲，只要属于我国《婚姻法》规定的亲属范围，均可公证。亲属关系公证主要是用于我国公民到国外定居、探亲、留学、继承遗产、领取抚恤金、赔偿金以及当事人回国探亲、定居、继承域外遗产、申请劳工伤亡赔偿等事务。其是具有涉外性质的公证，对保护我国公民合法权益有重要的意义。

当事人和公证机构在办理亲属关系公证时必须遵循如下程序：

（一）申请

当事人应当到其住所地的公证机构办理公证申请，并提交以下主要材料：（1）本人身份证明；（2）申请人为外国国籍的，应提交本人的护照、所在国的身份证件及其复印件；（3）申请人所在单位出具的亲属关系证明信，申请人无工作单位的，由其住所地街道办事处或乡镇人民政府出具的亲属关系证明信；（4）代理人代为申请的，须提交授权委托书和居民身份证及其复印件；（5）申请人应提交关系人的身份证、护照、旅游证或其他可以证明关系人身份的证明材料。

（二）审查

当事人提出申请后，公证机构应对其提交的证明材料进行审查，主要是审查办证目的、证明材料的真实性以及亲属关系产生的真实性、合法性，这是为了防止有些当事人利用虚假的亲属关系达到出国或其他不正当的目的。另外，为了保证公证书的有效性，公证机构应对申请人、关系人的姓名、出生日期进行核对，相互之间的称谓按照我国法律规定或习惯统一称谓。同时，公证机构还要考虑亲属关系公证书使用国的特殊规定和要求，按照实际情况出具公证书。

（三）办理亲属关系公证应注意的事项

1. 审查亲属关系产生的合法性，对要求办理具有封建色彩的“义父”、“干爹”等关系的公证申请，公证机构不予受理。

2. 对用于继承的亲属关系公证，无论法定继承人范围内的关系人是否死亡，均应列入公证书中。

3. 亲属关系公证书中一般不宜采用“婚前”或“非婚生”子女的提法，因为不同国家对非婚生子女的权利义务在法律上有不同的规定。

4. 对申请人申请与国外亲属的亲属关系证明的，只要能查清楚他们之间的亲属关系，就可以为其出具亲属关系公证。

5. 我国亲属关系公证原则上是当事人自愿申请办理，不具有强制性。但依据国际惯例或双边条约，专门用于出国的亲属关系证明，必须经过公证证明。

第四节　未受刑事处分公证

未受刑事处分公证是指公证机构根据当事人的申请，依法对其在中华人民共和国居住期间，未受过刑事处分这一法律事实给予证明的活动。未受过刑事处分公证书主要是用于当事人在国外定居、移民、结婚、收养子女等事项，许多国家基于自身利益考虑都要求赴该国定居者提供未受刑事处分公证。

当事人和公证机构在办理未受刑事处分公证时必须遵循的程序：

1. 申请

当事人申办未受刑事处分公证，应向其住所地公证机构提出申请。已移居域外的当事人，无论是我国公民，还是外国人，均应向其在中国最后住所地的公证机构提出申请。对于我国公民在国外居住期间未受刑事处分的公证，应告知当事人由其居住国办理。该证明在我国使用时，需由办理公证国外交部或其授权机关和我国驻该国的使、领馆认证。

当事人申请办理未受刑事处分公证应填写申请表，并提交下列证明材料：

（1）申请人的身份证明。已经出境的，应提交护照或有效旅行证件、通行证的复印件；已经注销户籍的，应提交原住所地派出所出具的户籍记载情况的证明。

（2）当事人所在工作单位或户籍所在地公安部门出具的“未受刑事处分”证明。

（3）代理人代为申请的，须提交授权委托书、代理人的居民身份证及复印件。

（4）公证机构认为应提交的其他证明材料。

2. 审查

公证机构受理申请后，应认真审查当事人提交的证明材料的真实性，经审查核实后为当事人出具未受刑事处分公证书。公证书的内容包括：当事人的姓名、性别、出生日期、现在住址；至证明材料截止日期或公证员实施调查的日期止，在中国居住期间，没有受过刑事处分；如当事人已离境，没有受过刑事处分的截止日期是当事人第一次出境时，我国边防检查部门在其护照上加盖印章的时间。

3. 办理未受刑事处分公证，应当注意的事项

（1）申请人必须达到我国《刑法》所规定的刑事责任年龄。如申请人未达到法定刑事责任年龄，就不能为其出具未受刑事处分公证。

（2）未受过刑事处分公证书的使用具有较强的时间性。有效期一般是 6 个月，期限届满后，当事人仍未离开的，需重新申办未受刑事处分公证。

（3）对于新中国成立前曾在国内居住，后移居外国的当事人申办其在国内居住期间未受过刑事处分公证的，原则上应予以办理。如果能查到当时的档案记载可为其出具是否受过刑事处分的公证书，如果确实无法查证，可为其出具无档案记载公证书。

（4）曾在外国驻华使、领馆工作，享有外交豁免权的外交、领事人员及其家属申办其在享有豁免权期间未受刑事处分公证的，公证机构不予受理。

本章思考题

1. 简述出生公证和死亡公证的办理程序。

2. 办理学历公证需要注意的事项有哪些?

3. 简述亲属关系公证的概念和用途。

第二十五章 涉外公证

第一节 涉外公证概述

一、涉外公证的特征

二、涉外公证的意义和作用

三、涉外公证的分类

四、我国对涉外公证的特别规定

第二节 涉外民事公证的常见业务

一、涉外继承公证

二、涉外收养公证

三、涉外亲属关系公证

四、涉外婚姻状况公证

五、出生、死亡公证

六、未受刑事处分公证

第三节 涉外经济公证的常见业务

一、涉外商标注册、专利公证

二、国际货物买卖合同公证

三、补偿贸易合同公证

本章导读

所谓涉外公证，一般是指公证机构办理的含有涉外因素的公证，即公证当事人、证明对象或公证书使用地诸因素中至少含有一个或一个以上涉外因素的公证。办好涉外公证是保障改革开放顺利进行的必要工作。

第一节 涉外公证概述

一、涉外公证的特征

涉外公证是与国内公证相对应的公证活动，是我国公证制度的有机组成部分。与国内公证相比较，涉外公证具有以下几个特征：第一，申办公证的主体具有涉外因素，即申办涉外公证的当事人包括外国人（自然人和法人）、无国籍人；第二，公证证明的客体具有涉外因素，即公证证明的对象（民事法律行为、有法律意义的事实和文书）具有涉外因素；第三，公证文书的使用地是在除本国以外的国家或地区；第四，适用法律具有双重性。由于涉外公证文书通常在域外使用，所以，公证机构在适用中国法律的同时也要注意不能违反公证书使用地的法律，否则将影响当事人对公证书的使用。

虽然涉外公证与国内公证具有较大的差别，但是两者之间也具有密切的联系。两者的联系主要表现在：第一，两者都是由公证机构独立行使公证职能，其法律效力相同；第二，两者都是根据当事人的申请和法律规定进行的证明活动；第三，两者公证的内容都是对民事法律行为、有法律意义的事实和文书确认其真实性和合法性；第四，在公证程序上，除特殊规定外，两者适用的办证程序基本相同。

二、涉外公证的意义和作用

应当说，涉外公证是国际交往中不可或缺的工具，它对促进我国与世界各国的交往与联系，保护国家、公民、法人或其他组织的合法权益具有以下重要意义：第一，通过涉外公证可以使国际交往增加透明度和可信度，有助于交往双方建立起良好的互信关系，从而促进民间和商业的交流，推动交往双方的经济发展；第二，有利于保护交往双方当事人的合法权益。由于涉外民事和经济交往都是发生在不同国家或地区的当事人之间，各个国家或地区的法律制度和文化环境都不尽相同，甚至存在巨大的差异，而国际交往一般都是跨度大、时间长的交往活动，如果交往双方的当事人没有充分了解对方的法律和文化，就容易产生各种纠纷，这将给国际交往带来种种不便。所以，公证以其特有的公信力和证明力为维护国际交往的双方当事人的权益起到不可替代的作用。

涉外公证事项的用途非常广泛，根据涉外公证的实践，其作用主要体现在以下几个方面：第一，用于获得出入境手续及其他的签证。根据法律和国际惯例，一国或地区在办理入境签证时，一般都要求申请人办理公证手续；另外，要加入他国国籍或取得居留权一般均需要申请人提交其原所在国公证机构出具的当事人相关情况证明。第二，用于民事和经济交往。由于各国地域和法律制度不同，交往双方对彼此的情况一般了解都不多，因此为证明对方身份和资信的真实性，一般都要求对方提供公证机构出具的相关证明。第三，用于域外的司法程序。依国际惯例和有关条约，在他国一方启动司法程序所需的资料，如证据材料的认证，一般均需办理公证。

三、涉外公证的分类

根据涉外公证办理业务的范围和性质的不同，一般可分为涉外民事公证和涉外经济公证两大类。

涉外民事公证是相对于国内民事公证而言的，是指公证当事人、所证明对象和公证书使用地诸因素中至少有一个或一个以上因素涉及外国的民事公证。涉外民事公证是涉外公证业务中一个重要的组成部分，尤其是随着国际交往的不断增多，涉外民事公证的需要也在不断增加，业务范围也在不断扩展。

涉外经济公证是指公证当事人、所证明对象和公证书使用地诸因素中至少有一个或一个以上因素涉及外国的经济公证。涉外经济公证按其公证书的使用目的不同大致可以分为两类：一是我国企业和其他组织到国外从事进出口贸易、设立办事机构、参加投标、承包工程、输出劳务、引进贷款和技术设备等；二是公证机构按照法律、法规的规定对涉外招标、拍卖等法律行为进行公证，对涉外房地产以及贸易等涉外经济合同进行公证。

四、我国对涉外公证的特别规定

（一）办理涉外公证事务的机构

办理涉外公证事务的机构有两类：一是由国内公证机构办理涉外公证业务；二是依照国际惯例，我国驻外使（领）馆办理与其驻在国相关的涉外公证业务。有关的国际条约对驻外使（领）馆办理公证业务作出了明确的规定，如《维也纳领事关系公约》中规定：领事可以担任公证员、民事登记员及类似之职。我国《公证法》第 45 条明确规定：“中华人民共和国驻外使（领）馆可以依照本法的规定或者中华人民共和国缔结或者参加的国际条约的规定，办理公证。”

（二）涉外公证文书的认证

认证是指一国外交、领事机关对公证书上的印鉴和签名的真实性，或对前一次认证机关的印鉴和签名的真实性予以证明，从而使其具有境外法律效力的行为。按照国际惯例，除公证书使用国另有规定或两国签有互免认证的协议外，凡是对外使用的公证文书，一般都要求办理认证。我国《公证法》第 33 条也明确规定：“公证书需要在国外使用，使用国要求先认证的，应当经中华人民共和国外交部或者外交部授权的机构和有关国家驻中华人民共和国使（领）馆认证。”

认证的目的是一国公证机构出具的公证文书能为另一国的有关当局所认可，不致因怀疑公证文书上的印鉴或签名的真实性而影响该文书的法律效力。我国办理认证的机关，在国内是外交部领事司和外交部授权的外国驻华领馆区的省、自治区以及直辖市的外事办公室；在国外则是中国驻外国的使（领）馆。

（三）涉外公证文书的制作

涉外公证文书，一般要求以中文作出。我国《公证法》第 32 条第 2 款明确规定：“公证书应当使用全国通用的文字。”《公证程序规则》第 43 条第 3 款也明确规定：“发往国外使用的公证书应当使用全国通用的文字。根据需要和当事人的要求，公证书可以附外文译文。”

第二节　涉外民事公证的常见业务

涉外民事公证是指我国公证机构根据当事人的申请，依法对涉外民事法律行为、有法律意义的事实和文书的真实性、合法性进行证明的活动。

近年来，我国对外交往日趋频繁，各种涉外民事往来不断增多，使涉外民事公证业务范围迅速扩大。据不完全统计，目前的涉外民事公证项目已由传统的涉外继承、涉外收养、亲属关系、婚姻状况、出生、死亡等项目发展到一百多种项目。涉外民事公证在涉外民事交往中发挥着重要的作用，其主要的业务类型有以下几种：

一、涉外继承公证

涉外继承公证，是指公证机构依据当事人的申请，对涉外继承关系中继承人继受被继承人遗产的权利进行确认，以及对继承人为继受国外遗产的有关法律行为、法律事实和法律文书的真实性、合法性进行确认的活动。

在涉外继承中，申请人一般要提交以下相关材料：第一，身份证明以及代理权证明。身份证明是指申请人的有效身份证件，申请人授权他人代为办理的，须提交经公证的授权委托书及受托人的有效身份证件。第二，被继承人的死亡证明。如在国内死亡的，可提供医院、公安机关出具的死亡证明，或户籍注销证明；如在国外死亡的，须出具所在地公证或认证的死亡证书；被宣告死亡的应提供法院宣告书。第三，遗产状况证明。第四，被继承人的亲属关系证明，以及有无依靠被继承人生活的人的证明。第五，与被继承人的关系证明。其中，若为遗嘱继承的，还需要提供遗嘱。

公证机构在审查涉外继承公证时，一般着重审查以下几个方面：第一，审查被继承人的死亡情况、生前住所和国籍等具体情况；第二，审查遗产是否真实、合法，并确认继承人的真实身份及与被继承人的关系等；第三，审查继承人的主体是否适格。

二、涉外收养公证

涉外收养公证是指外国人收养中国儿童的公证。通过办理涉外收养公证，旨在证明外国人收养中国儿童的行为具有真实性、合法性。

（一）涉外收养的程序

根据我国《收养法》第 21 条的规定，涉外收养的法定程序为：“外国人在中华人民共和国收养子女，应当经其所在国主管机关依照该国法律审查同意。收养人应当提供由其所在国有权机构出具的有关收养人的年龄、婚姻、职业、财产、健康、有无受过刑事处罚等状况的证明材料，该证明材料应当经其所在国外交机关或者外交机关授权的机构认证，并经中华人民共和国驻该国使领馆认证。该收养人应当与送养人订立书面协议，亲自向省级人民政府民政部门登记。收养关系当事人各方或者一方要求办理收养公证的，应当到国务院司法行政部门认定的具有办理涉外公证资格的公证机构办理收养公证。”

（二）涉外收养公证中应注意的几个问题

1. 收养人应亲自到公证机构申请办理公证，不得委托他人办理。

2. 收养人提供的材料应当经其所在国外交机关或者外交机关授权的机构认证，并经中华人民共和国驻该国使（领）馆认证。

3. 必须适用我国《收养法》及其他相关法律规定。适用收养人所在国的法律时，不得与我国法律、法规相冲突。

三、涉外亲属关系公证

涉外亲属关系公证是指公证机构对我国公民之间或与境外国家或地区的公民所存在的亲属关系予以证明。其公证的范围不仅仅包括直系血亲、旁系血亲、姻亲，而且只要是我国《婚姻法》规定的亲属范围均可公证。涉外亲属关系公证主要用于我国公民到国外办理定居、探亲、留学、继承遗产、领取抚恤金等事项。

公证机构在办理涉外亲属关系公证时，应注意以下几个问题：第一，公证人员在办理时要注意材料是否齐全，所提交的材料有无伪造、虚假情形，当事人之间亲属关系是否真实合法等；第二，公证书中关于亲属关系的称谓，应使用我国法定的和习惯上的统一称谓，不得使用地方方言。

四、涉外婚姻状况公证

涉外婚姻状况公证是指公证机构对涉外婚姻建立、变更、解除的状况的真实性、合法性予以证明，包括结婚、离婚、未婚、未再婚公证。这类公证主要用于申请人到国外定居、探亲、办理结婚手续等相关事项。

在办理涉外婚姻状况公证中，申请人应提供以下主要材料：第一，申请人有效身份证件（包括身份证、户口簿）；第二，结婚证或离婚证、法院判决书或调解书；第三，配偶一方的死亡证明（由医院、公安机关以及法院等有权机构出具）；第四，婚姻登记部门或计划生育部门出具的未婚证明。

应该注意的是，公证机构在面对当事人申请事实婚姻公证的，应先要求申请人办理结婚证，否则不得出具公证。对于事实婚姻的当事人申请未婚公证的，如果当事人确未办理结婚登记手续的，公证机构可证明其未曾登记结婚。

五、出生、死亡公证

出生公证是指公证机构对公民的出生这一事实予以证明的活动。出生是指胎儿安全脱离母体，独立存在的事实。出生公证一般由当事人或委托代理人申请，并主要提交以下材料：第一，本人生父母有效身份证件、户口簿；第二，出生证、户籍底籍或人事档案等资料的复印件。在出生公证中，公证机构应主要审查当事人的生父母情况，父母死亡的应在查证属实的基础上注明死亡，对于无法查证的可出具查无记载的证明，或者其近亲属以声明的方式予以公证。

死亡公证是指公证机构对公民的死亡这一事实予以证明的活动。死亡是指人的生命终止。当事人申请死亡公证的，主要提交以下材料：第一，死者有效身份证件或注销后的户口簿；第二，医院或公安机关的死亡证明、法院宣告书等。

六、未受刑事处分公证

未受刑事处分公证是指公证机构应我国公民或曾在我国居住的外国人的申请，对其在中国居住期间，未受过我国司法机关的刑事制裁这一事实进行证明的活动。凡我国公民和不享有外交豁免权并在我国居住半年以上的外国公民，均可向我国相关公证机构申办此项公证。

未受刑事处分公证主要用于当事人在国外定居、移民、结婚、收养子女等事项。应该注意的是，未达我国法定刑事责任年龄的人申请此项公证，公证机构不应受理。

第三节　涉外经济公证的常见业务

涉外经济公证是指公证当事人、所证明对象和公证书使用地诸因素中至少有一个或一个以上因素涉及外国的经济公证。

涉外经济公证按其公证书的使用目的不同大致可以分为以下两类：

一是我国企业和其他组织到国外从事进出口贸易、设立办事机构、参加投标、承包工程、输出劳务、引进贷款和技术设备，以及在域外参加诉讼、仲裁、索赔等，结合外国法律的要求，必须办理公证证明书，包括法人资格、公司章程、资信情况、银行保函、授权委托书、商标注册证书等。

二是公证机构按照法律、法规的规定对涉外招标、拍卖等法律行为进行公证，对涉外房地产以及对外贸易等涉外经济合同进行公证。

一、涉外商标注册、专利公证

涉外商标注册证明是指公证机构对已经取得商标专用权的合法商标的真实性、合法性予以证明的活动，也指我国公民、法人为了取得境外商标专用权而对所提交的有关文件材料予以证明的活动。商标注册是指商标使用人为了取得商标专用权，将其使用的商标依法向商标注册机关提出注册申请并取得商标专用权的行为。在涉外商标注册公证中，公证机构应对商标注册证的真实性予以查证，并应注意核查《商标国际注册马德里协定》的相关规定以及有关国际惯例。

涉外专利公证是指公证机构对专利权人向我国以外的国家或地区申请专利所提交的有关法律文件的真实性、合法性予以证明的活动。专利是指专利人对已经取得的发明、实用新型或外观设计依法享有专有使用的权利。在具体实务中，公证机构应主要审查当事人提供申请专利相关文件的真实性、合法性。但对专利申请人所申请的发明、实用新型或外观设计是否达致专利的实质要件，公证机构不作实质性审查。实质性应由专利申请受理机关审查。

二、国际货物买卖合同公证

国际货物买卖合同公证是指公证机构依当事人的申请，对其所签订的国际货物买卖合同之行为的真实性、合法性予以证明的活动。国际货物买卖合同是指不同国家的当事人之间订立的货物买卖协议。

在国际货物买卖合同公证中，当事人主要提交的材料有：第一，买卖双方的法人资格证明，法定代表人身份证明，代理人代为办理的需要提交授权委托书和本人身份证明，外方提供此项材料需要经所在国公证机构公证和领事认证；第二，买卖合同的中文文本和复印件；第三，需要主管部门批准的买卖货物要提交主管部门的批文。

公证机构在办理国际货物买卖合同公证时，主要审查和注意的问题有：第一，判断是否为国际货物买卖合同的依据不是双方当事人的国籍，而是双方当事人的营业地点；第二，合同双方的主体资格是否真实、合法；第三，双方当事人是否具有相应的民事行为能力；第四，双方当事人签订合同是否是其真实的意思表示；第五，合同的形式和内容是否违反法律法规的规定，是否合乎公序良俗等。

三、补偿贸易合同公证

补偿贸易合同公证是指公证机构根据合同当事人的申请，对当事人之间所签订补偿贸易合同的真实性、合法性予以证明的活动。补偿贸易是一种常见的国际经济合作形式，一般是指国际上一方从另一方进口设备、技术，也可以同时辅以必要的原材料、劳务等，在一定期限内，用进口的设备、技术制造的产品或所得利益，或用其他商品予以偿还的贸易方式。

在补偿贸易合同公证中，申请人主要提交的材料有：第一，申请人的身份证明；第二，担保人的身份和资格证明；第三，补偿贸易合同文本；第四，引进技术、设备的可行性报告，有关批准文件，双方资信情况的证明等；第五，其他证明材料，如引进设备的原始产地证明等。

本章思考题

1. 什么是涉外公证？
2. 涉外公证具有什么意义和作用？
3. 公证与认证的区别与联系何在？
4. 涉外收养公证的程序以及应注意的问题是什么？

主要参考文献

1. 陈绪刚．法律职业与法治——以英格兰为例．北京：清华大学出版社，2007

2. 美国律师协会编．美国律师协会职业行为示范规则（2004）．王进喜译．北京：中国人民公安大学出版社，2005

3. 王进喜．美国律师职业行为规则理论与实践．北京：中国人民公安大学出版社，2005

4. 陈宜，王进喜主编．律师公证制度与实务．北京：中国政法大学出版社，2008

5. 司法部律师公证工作指导司．中华人民共和国公证法讲话．北京：中国青年出版社，2005

6. 司法部，中国公证协会编．公证程序规则释义．北京：法律出版社，2006

《　　　　　　》※任课教师调查问卷

为了能更好地为您提供优秀的教材及良好的服务，也为了进一步提高我社法学教材出版的质量，希望您能协助我们完成本次小问卷，完成后您可以在我社网站中选择与您教学相关的1本教材作为今后的备选教材，我们会及时为您邮寄送达！如果您不方便邮寄，也可以申请加入我社的**法学教师QQ群：83961183（申请时请注明法学教师）**，然后下载本问卷填写，并发往我们指定的邮箱（cruplaw@163.com）。

邮寄地址：北京市海淀区中关村大街31号中国人民大学出版社411室收

邮　　编：100080

再次感谢您在百忙中抽出时间为我们填写这份调查问卷，您的举手之劳，将使我们获益匪浅！

基本信息及联系方式：※

姓名：________ 性别：________ 课程：________________

任教学校：________________ 院系（所）：________________

邮寄地址：________________ 邮编：________________

电话（办公）：________ 手机：________ 电子邮件：________

调查问卷：※

1. 您认为图书的哪类特性对您使用教材最有影响力？（　　）（可多选，按重要性排序）

   A. 各级规划教材、获奖教材　　B. 知名作者教材

   C. 完善的配套资源　　D. 自编教材

   E. 行政命令

2. 在教材配套资源中，您最需要哪些？（　　）（可多选，按重要性排序）

   A. 电子教案　　B. 教学案例

   C. 教学视频　　D. 配套习题、模拟试卷

3. 您对于本书的评价如何？（　　）

   A. 该书目前仍符合教学要求，表现不错将继续采用。

   B. 该书的配套资源需要改进，才会继续使用。

   C. 该书需要在内容或实例更新再版后才能满足我的教学，才会继续使用。

   D. 该书与同类教材差距很大，不准备继续采用了。

4. 从您的教学出发，谈谈对本书的改进建议：________________

____

____

选题征集：如果您有好的选题或出版需求，欢迎您联系我们：

联系人：黄　强　联系电话：010-62515955

索取样书：书名：________________________________

书号：________________________________

备注：※ 为必填项。